KINDER AUF DEM WEGE ZUM VERSTEHEN DER WELT

FORSCHUNGEN ZUR DIDAKTIK DES SACHUNTERRICHTS
BAND 1

herausgegeben von
Walter Köhnlein, Brunhilde Marquardt-Mau,
und Helmut Schreier

KINDER AUF DEM WEGE ZUM VERSTEHEN DER WELT

herausgegeben von

Walter Köhnlein, Brunhilde Marquardt-Mau
und Helmut Schreier

1997

VERLAG JULIUS KLINKHARDT · BAD HEILBRUNN

Schriftenreihe der
Gesellschaft für Didaktik des Sachunterrichts e.V.   GD
                                                      SU

und des Instituts für die Pädagogik der Naturwissenschaften (IPN)

GD Die Gesellschaft für Didaktik des Sachunterrichts (GDSU) e.V. ist ein Zusammenschluß
SU von Lehrenden aus Hochschule, Lehrerfort- und Weiterbildung und Schule. Ihre Aufgabe
ist die Förderung der Didaktik des Sachunterrichts als wissenschaftlicher Disziplin in Forschung
und Lehre sowie die Vertretung der Belange des Schulfaches Sachunterricht.

 Institut für die Pädagogik der Naturwissenschaften (IPN)
an der Universität Kiel, Olshausenstr. 62, 24098 Kiel

Das IPN ist ein Institut der Wissenschaftsgemeinschaft Gottfried Wilhelm Leibniz (Blaue Liste)
und wird als Forschungseinrichtung des Landes Schleswig-Holstein gemäß der „Rahmen-
vereinbarung Forschungsförderung zwischen Bund und Ländern" finanziert. Seine Aufgaben-
stellung ist überregional und gesamtstaatlich.
Das IPN soll durch seine Forschungen die Pädagogik der Naturwissenschaften weiterentwickeln
und fördern.
Das Institut gliedert sich in die Abteilungen Didaktik der Biologie, Didaktik der Chemie, Didaktik
der Physik, Erziehungswissenschaften, Pädagogisch- Psychologische Methodenlehre (einschließlich Datenverarbeitung) und die Zentralabteilung.

Die Deutsche Bibliothek – CIP-Einheitsaufnahme

Kinder auf dem Wege zum Verstehen der Welt / hrsg. von Walter
Köhnlein ... - Bad Heilbrunn : Klinkhardt, 1997
  (Forschungen zur Didaktik des Sachunterrichts ; Bd. 1)
  ISBN 3-7815-0914-1

1997.12.k. © by Julius Klinkhardt
Das Werk ist einschließlich aller seiner Teile urheberrechtlich geschützt. Jede Verwertung
außerhalb der engen Grenzen des Urheberrechtsgesetzes ist ohne Zustimmung des Verlages
unzulässig und strafbar. Das gilt insbesondere für Vervielfältigungen, Übersetzungen,
Mikroverfilmungen und die Einspeicherung und Verarbeitung in elektronischen Systemen.
Gesamtherstellung: WB-Druck GmbH & Co. Buchproduktions-KG, Rieden
Printed in Germany 1997
Gedruckt auf chlorfrei gebleichtem alterungsbeständigem Papier
ISBN 3-7815-0914-1

Inhalt

Helmut Schreier
Einleitung 7

I. Bilanzen von Forschungsprozessen zur Kindheit 15

Rainer Dollase
Entwicklungspsychologische Grundlagen des
kindlichen Weltverstehens 16

Maria Fölling-Albers
Kindheitsforschung im Wandel - Eine Analyse der
sozialwissenschaftlichen Forschungen zur „Veränderten Kindheit" 39

Ulrich Gebhard
Naturbeziehung und Naturerfahrung bei Kindern 55

Dagmar Richter
Kinder und politische Bildung 76

Astrid Kaiser, Petra Millhoffer
Mädchen und Jungen - ihre Selbstwahrnehmung
und ihr Zugang zur Welt 90

II. Überlegungen zum Verstehenskonzept 110

Kay Spreckelsen
Phänomenkreise als Verstehenshilfe 111

Martin Ganter
Philosophieren im Sachunterricht 128

Meike Aissen-Crewett
Ästhetische Zugänge zur Welterkenntnis bei Kindern –
Überlegungen zum natur- und naturwissenschaftsbezogenen
Sachunterricht 144

Erich Renner
Kinderwelten – Zur ethnographischen Dimension von Kindheit 180

III. Anregungen für eine konstruktivistische Wende 200

Renate Schulz-Zander, Roland Lauterbach
Kinder und Computer, Multimedia, Vernetzung und virtuelle Welten 201

Reinders Duit
Alltagsvorstellungen und Konzeptwechsel im naturwissenschaftlichen Unterricht – Forschungsstand und Perspektiven für den Sachunterricht der Primarstufe 233

Kornelia Möller
Untersuchungen zum Aufbau bereichsspezifischen Wissens in Lehr- Lernprozessen des Sachunterrichts 247

Ansgar Häußling
Sachlernen als Arbeit an Deutungskonzepten – Der Sachunterricht vor einer neuen Herausforderung 263

Autorinnen und Autoren 286

Einleitung

Die Gesellschaft für Didaktik des Sachunterrichts verfolgt das Ziel, die Sache des Sachunterrichts in Schule und Hochschule zu fördern. Die Buchreihe mit Publikationen von Forschungsergebnissen auf diesem Feld - „Forschungen zur Didaktik des Sachunterrichts" - dient der Absicht, das Profil unseres Gebiets als Disziplin herauszuarbeiten. Mit dem vorliegenden Band unternehmen wir eine Bestandsaufnahme der Disziplin. Es handelt sich um die Darstellung des gegenwärtigen Standes des Sachunterrichts als Forschungsgebiet, eine Positionsbeschreibung in Umrissen, die zur Klärung der Fragen beiträgt, woher wir mit dem Sachunterricht kommen, an welcher Stelle wir uns gegenwärtig befinden, und welchen künftigen Herausforderungen wir uns forschend zu stellen haben, - also das, was man im Englischen kurz „state of the art" nennt.

Die Herausgeber haben eine Reihe von namhaften Wissenschaftlern und Wissenschaftlerinnen eingeladen, sich an dieser Bestandsaufnahme zu beteiligen, und nahezu alle Angesprochenen sind unserer Einladung gefolgt. Sämtliche dreizehn hier zusammengestellten Texte sind Originalbeiträge.

Die Formulierung des Titels „Kinder auf dem Wege zum Verstehen der Welt" mag manchen Sachkundigen an den von Martin Wagenscheins Sammlung „Kinder auf dem Wege zur Physik" erinnern. Die Analogie täuscht insofern, als Wagenscheins Physik ein festgefügtes und wohlgeordnetes System war, das von den Kindern entdeckt sein wollte. Das „Verstehen der Welt" ist demgegenüber keineswegs eine vorgegebene Konstante, sondern ein Prozeß, der vielfältige Konstruktionsmöglichkeiten zuläßt. Es ist ein Merkmal der gegenwärtigen Lage, daß die Bezugsgrößen sich vervielfältigt, die meisten hergebrachten Maßstäbe sich verflüchtigt haben. Geblieben ist jedoch das Gegenüber von Kind und Welt, die Chance, Bildung durch Auseinandersetzung und Wechselseitigkeit zu realisieren.

Facettenreichtum und verwirrende Komplexität der Welt legen es vielleicht nahe, in dem anderen Pol, den Kindern mit ihren Interessen und Lernbedürfnissen, einen zuverlässigeren Ausgangspunkt für unser Arbeitsfeld anzunehmen. Unter diesem Blickwinkel kommt es dann zu Akzentverschiebungen der Perspektive, die sich in der Namengebung ausdrücken, wie etwa dem Vorschlag, den Sachunterricht in „Welterkundung" umzubenennen, - eine Bezeichnung, die den Prozeß der Erkundung durch Kinder zum Gegenstand macht. Der Akzent ist hierbei von der Sachverhalten der Welt mit ihren Objekten und Phänomenen entfernt, stattdessen rückt der von den Kindern her nach Wesen, Tiefe und Umfang definierte Erkundungsprozeß in den Mittelpunkt. Aber unter den im vorliegenden Band versammelten Beiträgen wären wenige Daten und Argumente geeignet, einen solchen Konzeptwechsel zu stützen. Wir lernen vielmehr, daß die Erfahrungen der Kinder vielschichtig und kaum prognostizierbar sind, so daß auch ihre Interessen eine schwankende Bezugsgröße ergeben müssen. Um die sorgfältige Auslegung und die eigene Bearbeitung der Sachverhalte, die der Sachunterricht darstellt, kommen wir anscheinend nicht herum. Das, was die „Sache" des Sachunterrichts ist, muß immer wieder unter Berücksichtigung der jeweiligen Situation bestimmt und von seiten der Didaktiker ins Spiel gebracht werden.

Die hier zusammengetragenen Texte befassen sich mit jedem der drei im Titel des Buches angesprochenen Begriffe. Sie gehen etwa folgenden Fagen nach: Was heißt „Kinder" und „Kindheit"?; Was heißt „Verstehen"?; Was heißt „Welt" oder „Wirklichkeit"? Zwar ist in jedem der Beiträge jeweils der gesamte Zusammenhang des Titels unter der Perspektive eines bestimmten Faches oder einer bestimmten Forschungs-Tradition reflektiert, aber Unterschiede der Betonung gestatten die Untergliederung in drei Teile, die dem Lesenden den Zugang erleichtern. So ergibt sich die äußere Form als ein Bild, das Bilanzierungsversuche (entsprechend dem Forschungstyp der Metaanalyse), Annäherungen an Verstehensprozesse von Kindern und Vorschläge oder Programme zur künftigen Orientierung der Forschung umfaßt. Die Reihenfolge entspricht der Vorstellung des fortschreitenden Forschungsprozesses: Am Anfang der Blick zurück, am Ende der Blick in die Zukunft (oder das, was wir dort wahrnehmen), dazwischen das, was in der Gegenwart zur Wirksamkeit zu gelangen versucht und in die Unterrichtspraxis hineindrängt.

Die innere Form unserer Textsammlung dient der Entfaltung einer Reihe von aktuellen Vorstellungen: Die Dekonstruktion fester Bezugsgrößen, die Akzeptanz exotischer (außerhalb des gewohnten Weltbildes liegender) Konzepte und Verfahren, der Paradigmenwechsel vom Entdecken zum Erfinden (die Herstellung von Wirklichkeit anstelle ihrer Vermittlung). Es ist wichtig zu sehen, daß diese verschiedenen „Botschaften" auf einer Ebene nebeneinander liegen. Der Konstruktivismus ist nicht die Folge des postmodernen Relativismus, und die Gleichwertigkeit von ästhetischen Prozessen und Erkenntnisprozessen geht weder aus der Akzeptanz anthropomorpher und animistischer Vorstellungen noch aus der Vorstellung einer „aleatorisch" (durch Faktoren und Einflüsse gesteuert, die sich der Voraussage entziehen) verlaufenden Kindheit hervor oder umgekehrt. Wechselwirkungen, die zwischen diesen Größen beschrieben werden können, begründen noch keinen Ursache-Wirkungszusammenhang. Eine Hierarchisierung wäre also nicht plausibel. Aber all diese Facetten sind Teile des Universums, in das die Forschung zum Sachunterricht der Gegenwart hineingeraten ist. Dies ist eine aufregende neue Welt, in der die Umwertung vieler der hergebrachten Werte stattgefunden hat, die das Gebiet unserer Disziplin traditionsgemäß abstecken.

Eines der kennzeichnenden Leitmotive des ersten Teils *Bilanzen von Forschungsprozessen zur Kindheit* wird im ersten Beitrag von Rainer Dollase zur Entwicklungspsychologie angeschlagen, die Relativierung der Geltung überkommener Vorstellungsmuster, also die Dekonstruktion jener Systeme, in die eingebunden wir die Entwicklung von Kindern einst wahrzunehmen lernten. Gleichzeitig geraten unerhörte Möglichkeiten in den Blick, das Spektrum und die Vielfalt der verfügbaren Spielräume wird erweitert, und was für die Ausnahme galt, stellt sich als ein zu erwartender Fall heraus. In ähnliche Richtung zielt die Klärung des mißverständlichen Gebrauchs des Schlagworts von der „Veränderten Kindheit" durch Maria Fölling-Albers: Sie zeigt, daß die kulturpessimistisch geprägte, einseitig das Defizitäre hervorhebende Rezeption der Sozialforschung durch Grundschulpädagogen der tatsächlich konstatierten komplexen Lage der Kinder nicht nur nicht gerecht wird, sondern auch pädagogische Möglichkeiten verhindert, die sich in dieser Situation auftun.

Ein zweites Motiv, das gleichsinnig von Dollase und von Ulrich Gebhard ins Spiel gebracht wird, betrifft thematisch den Gegenstandsbereich „Natur und Umwelt", formuliert aber im Grunde genommen den Zweifel an der Rechtmäßigkeit bestimmter didaktischer Grundsätze: Gebhard zeigt das päda-gogisch Wünschenswerte der animistisch geprägten und anthropomorphen Einstellungen, die es für den wissenschaftsorientierten Unterricht auszumerzen galt. Und Dollase spricht in diesem Zusammenhang einen noch weiter reichenden Zweifel an der stillschweigend unterstellten Überlegenheit der Denkgewohnheiten von Erwachsenen (gegenüber denen von Kindern) an: Könnte es sein, daß Kinder von Natur aus zu einem „ökologisch sanften" Verhalten neigen und erst durch langwierige kulturelle Überformungsprozesse in die Denk- und Verhaltensmuster einer naturzerstörenden Gesellschaft hineinerzogen werden?

Es drängt sich übrigens auf, in diesem Zusammenhang an die von dem Biologen Edward O. Wilson entwickelte Biophilie-Hypothese zu erinnern. Wilson beschreibt die nach Hunderttausenden von Jahren zu veranschlagende menschliche Evolution als genetisch-kulturelle Koevolution, bei der die Neigung zu anderen Lebewesen genetisch derart encodiert worden sei, daß jeder Mensch mit den entsprechenden Lern-Dispositionen ausgestattet geboren werde. Diese These hat seit Anfang der neunziger Jahre unter Wissenschaftlern in den U.S.A. zu Diskussionen geführt, an denen Biologen, Anthropologen, Philosophen, aber (noch) keine Pädagogen beteiligt waren. Die Frage, die unter unserer spezifischen Perspektive zu stellen wäre, lautet: Was ist zu tun, um den Sachunterricht so zu gestalten, daß die ursprünglichen (biophilischen bzw. ökologisch sanften) Tendenzen erhalten und gestärkt werden?

Der Bericht von Dagmar Richter „Kinder und politische Bildung" konstatiert die Tendenz zur „Entgrenzung", die auf didaktischer Ebene eine Analogie zum Relativierungsmotiv der Entwicklungspsychologie bildet. Auch hier geht der Verlust der festgefügten Ordnung einher mit neugewonnenen Möglichkeiten, die sich in der Befreiung von thematischen und parteilichen Fixierungen und in der Förderung demokratischer Grundformen - erinnert sei an Deweys „embryonische Gesellschaft" - im Klassenzimmer andeuten. Der Beitrag von Astrid Kaiser und Petra Millhoffer zum Thema „Mädchen und Jungen" legt die Deutung nahe, daß die lineare Zuschreibung von kooperativen (Mädchen) und konkurrenzförmigen (Jungen) Verhaltensmustern zugunsten einer differenzierteren Sicht in den Hintergrund tritt, entsprechend einer den angeführten Analysen analogen Betrachtungsweise, die sich auf die für Pädagogen und Pädagoginnen gleichermaßen ermutigende Aussage bringen läßt: Unterschiede zwischen den Individuen transzendieren (fallen stärker ins Gewicht als) die Geschlechtsdifferenz.

Der zweite Teil *Überlegungen zum Verstehenskonzept* enthält solche Texte, die auch als „Annäherungen an die Lebenswelt von Kindern" akzentuiert werden könnten. Das Verstehenskonzept ist hier insofern zentral und auf fundamentale Weise von dem unterschieden, das im drittenTeil zugrundegelegt wird - was bei Gelegenheit des dritten Teils näher zu erläutern ist -, als die Verfasser der vier Texte von der Möglichkeit ausgehen, daß Verstehen im Sinne der Entdeckung eines unabhängig vom erkennenden Menschen gegebenen Zusammenhangs überhaupt möglich ist. In diesem Sinne erinnert Kay Spreckelsen an die eigentliche Schlüsselqualifikation von Didaktikern des Sachunterrichts, die in ihrer Fähigkeit liegt, die zunächst gewissermaßen stummen und dumpfen Gegenstände der Umwelt in rätselhafte Phänomene zu verwandeln, welche Kinder ansprechen und die dazu geeignet sind, die lernenden Kinder auf die Spur zum Verstehen der Welt zu führen. Daß dies Verstehen eben nicht ins Abgründig-Chaotische, sondern in die wohlgeordnete und bewundernswert schöne Welt namens Kosmos mündet, ist auch die dem „Philosophieren im Sachunterricht" von Martin Ganter eingeschriebene Orientierung. Es handelt sich um das Vertrauen darauf, durch Gespräche und Nachdenken auch solche beunruhigenden Fragen klären zu können, die aus dem „Stoff" des Unterrichts herausfallen, also jenseits des Fundus von Aufgaben und Fragen („Schulfragen") liegen, der sich durch Tradition und Selektion herausgebildet hat.

In der Bereitschaft, das Philosophieren überhaupt als ernstzunehmende Ergänzung zu diskutieren, zeigt sich eine in mancher Hinsicht für die gegenwärtige Lage typische Aufgeschlossenheit der Vertreter des Lehrplans für neue Formen und Inhalte. Es ist eine Offenheit, die auch der Diskussion der „ästhetischen Zugänge zur Welterkenntnis" einen Platz einräumt, wie sie von Meike Aissen-Crewett vorgetragen wird, und in allerdings schwächerer Form selbst die Andersheit anderer Kulturen ins Spiel zu kommen gestattet, für die Erich Renner eine „ethnographische Dimension von Kindheit" entwickelt. Für den Bereich der Forschung exemplifizieren diese Annäherungen an den Sachunterricht eine Tendenz, die in der Praxis derart viele Ansprüche und Anliegen bedient - von der Verkehrs-, zur Aids-, zur Sexual-, zur Werte-, zur Eine-Welt-, zur Umwelterziehung, um nur ein paar Beispiele herauszugreifen -, daß man den Infarkt des Lehrplans befürchten könnte. Die Tatsache, daß es unter den Lernbereichen vor allem der Sachunterricht ist, dem zugemutet wird, diese aktuellen Ansprüche aufzufangen, braucht jedoch nicht unbedingt das Ergebnis einer besonderen Schwäche unseres Lernbereiches zu sein. Es ist ebenso konsequent, in der Eigenschaft der leichten Aktualisierbarkeit und der Bereitschaft zu neuen Verbindungen gerade eine besondere Stärke zu erblicken, den Ausdruck von Lebensnähe und Unmittelbarkeit.

Allerdings dürfen derart allgemeine Beobachtungen nicht von den tatsächlichen bildungspolitischen Maßnahmen, Setzungen und Zwängen in verschiedenen Bundesländern ablenken, denen der Sachunterricht in diesen Jahren unterworfen ist. Das Philosophieren mit Kindern könnte beispielsweise Material für eine interessante Fallstudie liefern. Denn es ist nicht allein die pädagogische Absicht, Kindern im Unterricht eine Möglichkeit zur Bearbeitung von „Grübelfragen" zu geben, welche die Aktualität dieser Bewegung befördert, sondern auch der Zwang, in Entsprechung zum Artikel 3 des Grundgesetzes in den Schulen Religionsunterricht anzubieten, was in den neuen Bundesländern wegen einer Lehrer- und Schülerschaft Schwierigkeiten bereitet, die mehrheitlich keiner Kirche angehört. Die Einrichtung eines Ersatzfaches wie z.B. „Ethik" oder auch „Philosophie" legt sich als einstweiliger Kompromiß wie von selber nahe, und die Diskussionen, die derartige Versuche erzeugen, stoßen eine Intensivierung der hergebrachten ähnlichen Diskussionen in den alten Bundesländern an.

Einstweilen hat das Land Brandenburg die Arbeit an einem neuen Fach namens „Lebensgestaltung-Ethik-Religionskunde (LER)" in Angriff genommen. In den Schuljahren 1 bis 4 soll LER „im Rahmen des Sachunterrichts erteilt" werden. Derartige Entwicklungen stehen dem Urteil aller Sachkundigen entgegen, demzufolge das Philosophieren in der Grundschule als Prinzip, nicht als Fach oder Unterfach - im Sekundarbereich gibt es andere Bedingungen - einzubringen ist, in der Hoffnung, auf diesem Wege einen Beitrag zur Enttrivialisierung des Unterrichts in den Lernbereichen zu leisten, von dem Kinder oft genug gelangweilt werden, weil die aufregende, spannende, interessante, abgründige Dimension der Dinge, Texte und Sachverhalte der Welt systematisch ausgeklammert bleibt.

Anregungen für eine konstruktivistische Wende ist der dritte Teil überschrieben, der Vorschläge und Programme für neue Ansätze der Forschung enthält, die den inflationär gebrauchten Ausdruck vom „Paradigmenwechsel" tatsächlich rechtfertigen. Denn der Denkansatz des Konstruktivismus, dessen Vorherrschaft gegenüber älteren hergebrachten Ansätzen sich heimlich auszubreiten beginnt, wird hier offen vorgetragen und im Hinblick auf die Folgen für die Forschung zum Sachunterricht bekräftigt. Nun handelt es sich beim Konstruktivismus, wie bei vielen wirkungsmächtigen Ideen, um einen im Kern sehr einfachen Gedanken, der allerdings geeignet erscheint, unsere Denkgewohnheiten umzukehren. Das, was wir Welt nennen, und zu dessen Verständnis wir Kindern zu verhelfen versuchen, ist nichts als ein Konstrukt, das im Gehirn aufgrund der (dürftigen und leicht zu manipulierenden) Wahrnehmungen und infolge der Interaktion mit anderen errichtet wird. Zu fragen, wie denn die Welt außerhalb und jenseits dieser Konstrukte „eigentlich" oder „in Wirklichkeit" beschaffen sei, lohnt - den Vertretern des „radikalen Konstruktivismus" folgend - nicht. Es wäre demnach auch genauer, wollte man Aussagen, die Urteile in der Form „es ist" enthalten, durch solche Aussagen ersetzen, die stattdessen „Viabilität" in Form von „es geht" ausdrücken. Eine der Folgen des konstruktivistischen Gedankens für die Didaktik liegt in der Notwendigkeit, solche Lehr- und Lernwege zu beschreiben, die es den Lernenden erleichtern, sich ein viables Bild von der Wirklichkeit zu konstruieren. Aussichtslos erscheint demgegenüber jede Instruktion.

Konstruktivismus, auf den Bereich der Didaktik übertragen, verstärkt somit vorhandene Tendenzen zur Individualisierung des Lernprozesses. Auf der anderen Seite stellt sich die Frage nach der Verbindlichkeit (und, im Schulwesen keine akademische Frage, der Nachprüfbarkeit) des konstruktivistisch erworbenen Wissens.

Die vielfältigen Chancen, die das konstruktivistische Paradigma eröffnet, wollen wahrgenommen, die vielfältigen Probleme, die es aufwirft, wollen bearbeitet werden. Mit den vier Texten des drittenTeils macht die GDSU gewissermaßen einen ersten Schachzug zur Eröffnung einer interessanten Diskussions- und Forschungsrunde. Es liegt nahe, daß die von Renate Schulz-Zander und Roland Lauterbach entwickelten Szenarien und Spekulationen über „Computer, Multimedia, Vernetzung und virtuelle Welten" ein Feld anvisieren, das weit genug ist, um dem konstruktivistischen Gedanken einen zentralen Stellenwert einzuräumen. Man sieht sich hier vor die Fragen gestellt: Besteht zwischen der fortschreitenden Entwicklung des Computerwesens und dem Konstruktivismus-Gedanken eine wechselseitige Abhängigkeit, bedingt das erste das zweite und umgekehrt? Falls die Welt, die wir im Titel meinen, mit den virtuellen Welten verschmelzen sollte, welche Folgen hätte das für den Sachunterricht?

Die beiden Berichte (bzw. Programme) von Reinders Duit - „Alltagsvorstellungen und Konzeptwechsel im naturwissenschaftlichen Unterricht" - und von Kornelia Möller - „Untersuchungen zum Aufbau bereichsspezifischen Wissens" - sind thematisch derart miteinander verzahnt, daß man den erstgenannten als allgemeine Grundlage des zweitgenannten, spezifischeren und programmatischeren lesen kann. Der Konzeptwechsel, um den es bei den hier angeführten Untersuchungen vor allem geht, gewinnt unter konstruktivistischer Perspektive seine volle Plausibilität. Allerdings wird die sog. moderate der sog. radikalen Variante des Konstruktivismus durchgängig bevorzugt. Der Vorteil der Mäßigung liegt u.a. darin, daß die Verbindung zu bewährten althergebrachten didaktischen Vorstellungen aufrecht erhalten werden kann (-was beim radikalen Ansatz nicht ohne weiteres möglich wäre-). So lassen sich beispielsweise viele Forschungen und Überlegungen von Piaget für den moderaten Konstruktivismus reklamieren. Bei hinreichend weitgetriebener Mäßigung könnte ein Punkt erreicht werden, an dem die Neuigkeit der konstruktivistischen Botschaft in der Flut altbekannter Appelle (Piagets „aktive Methoden") gleichsam untergeht. Es könnte aber sein, daß gerade die radikale Variante geeignet ist, die interessanteren Folgen für das didaktische Denken mit sich zu bringen. Vielleicht ist es deswegen ratsam, sie nicht von vornherein auszuklammern oder durch Hybridisierung mit den herrschenden Vorstellungen sogleich zu versöhnen, bevor nicht probeweise der Versuch unternommen wurde, zu sehen, wohin man käme, wenn man sich auf diese Sache in ihrer Radikalität einließe.

Einen solchermaßen gründlichen Ausblick auf mögliche Folgen unternimmt Ansgar Häußling im abschließenden Beitrag unseres Forschungsbandes, „Sachlernen als Arbeit an Deutungskonzepten". Noch einmal wird hier die Relativierung als durchgängig wirksames Motiv thematisiert und die Vielperspektivität und Konstruiertheit der Welt als Grundkonstante der Erfahrung verdeutlicht. Bei der Darstellung der Folgen deutet sich, neben vielen anderen Facetten, auch die Möglichkeit eines neuen Ethos an, das die Relativität der Welt nicht als Ursprung von Schwäche und - gegenüber etwa fundamentalistischen Positionen - Hilflosigkeit wahrnimmt, sondern als Fundament für eine neue Verbindlichkeit: Ein Ethos, das auf der Offenlegung von Kriterien und der Herleitung von Maximen beruht und die Verpflichtung zur öffentlichen Diskussion handlungsleitender Grundsätze einschließt.

Es ist faszinierend zu verfolgen, wie derartige Vorstellungen, die von den besten philosophischen Köpfen der Gegenwart in Amerika und Europa entwickelt werden, auf dem Felde der Didaktik des Sachunterrichts sich einzuwurzeln beginnen.

Im Namen der Herausgeber danke ich den Beiträgern dieses Bandes für ihre Mühe. Wir hoffen, daß der hier versammelte Sachverstand die Entwicklung unserer jungen Disziplin fördern hilft und wünschen dem Buch die ihm zukom-mende Verbreitung unter den Studierenden des Lernbereiches und seiner Didaktik.

Hamburg, im Oktober 1997

Helmut Schreier

I. Bilanzen von Forschungsprozessen zur Kindheit

Entwicklungspsychologische Grundlagen des kindlichen Weltverstehens

Rainer Dollase, Universität Bielefeld

Weithin wird akzeptiert, daß die Entwicklungspsychologie versucht, die Veränderungen des Erlebens und Verhaltens eines Menschen während seiner Lebensspanne zu beschreiben und zu erklären (vgl. Oerter, Montada 1982, S. 3 f). Die Beschreibung und Erklärung der Veränderung von Erleben und Verhalten schließt das Verstehen der Welt ein, allerdings ist der Begriff „Weltverstehen" heute ungebräuchlich. Er erinnert eher an Klassiker der Entwicklungspsychologie, z.b. an Wilhelm Hansen „Die Entwicklung des kindlichen Weltbildes" (1949, 2. Auflage). Heute ist die Frage nach der „Entwicklung des Weltverstehens" in die kognitive Entwicklungspsychologie bzw. die Informationsverarbeitungstheorie (z.B. nach Trautner 1992 bzw. Miller 1993) einzuordnen, deren Ahnen mit Namen wie Piaget, Bruner oder Wygotski (nach Gage und Berliner 1996) so wie vielen anderen angegeben werden. Das zugehörige Forschungsgebiet ist derart gigantisch umfangreich und komplex, daß eine knappe Zusammenfassung lediglich ein paar Grundstrukturen benennen kann.

1. Der Gegenstand: das Verstehen der Welt

Der umgangssprachliche Begriff „verstehen" ist keineswegs eindeutig, er hat mehrere Bedeutungen (z.b. von „ich verstehe mich als Arno Schmidt Fan" bis zu „ich verstehe etwas von Soziometrie"). „Weltverstehen" verweist auf Kognitionen des Menschen, die ihn befähigen, die soziale und nicht soziale Umwelt zu „verstehen" (im Sinne von „sich auskennen, besondere Kenntnisse haben").

Die psychologischen Vorstellungen von Kognitionen sind ganz allgemein „gespeicherte Kenntnisse" oder „durch einen Prozeß erlangte Erkenntnisse". Der Sitz dieser Kenntnisse ist das Gehirn, das man unter Absehung seines materiellen Substrats als eine Schaltzentrale, eine Art „Computer" konzipiert. Diese wird unterteilt in eine Reihe von Subinstanzen, die unterschiedliche Aufgaben übernehmen. Zum Weltverstehen ist also nicht nur Speicherung von Information nötig, sondern auch Verarbeitung, Motivierung und Steuerung.

Zunächst ist die kognitive Existenz eines „internen Modells" von Welt und vom Individuum anzunehmen. Dieses innere Bild von sich selbst und der Umwelt schließt Fakten, Zusammenhänge, Regelwissen, Prinzipien, Kenntnisse und Veränderungsmöglichkeiten ein (vgl. Brandtstädter 1980). Informationen im Umwelt- und Selbstmodell können in einer Art „Verarbeitungszentrum" bearbeitet und evaluiert werden. Wer die Welt vollständig verstanden hat, ist in der Lage, Probehandlungen auszuführen, d.h. seine zukünftigen Verhaltensweisen an einem validen internen Modell auszuprobieren, zu verwerfen oder sich zu ihrer Realisation zu entschließen. Verstehensprozesse werden zunehmend von vorhandenen Außenreizen, also der Anschauung, unabhängig. Die Informationen des internen Modells stammen aus unmittelbarer, selbständiger Erfahrung oder aus vermittelter, also z.b. aus Bildungs- und Erziehungsprozessen. Der Mensch wird angetrieben durch eine Art „Motivator" - entweder biogenetisch oder durch Ideale des Selbst oder der Umwelt. In einem „Perzeptor" wird der Wahrnehmungskontakt zur Umwelt gehalten - der Trichter, über den Informationen aus der Welt nach innen strömen - und in einem „Effektor" die Handlungen ausgeführt (Brandtstädter 1980).

Die verstehende Auseinandersetzung des Kindes mit seiner Umwelt produziert keineswegs nur Wissen, kognitive Schemata, Strategien etc. über sich selbst und die Umwelt, sondern auch sogenannte *metakognitive* Wissensbestandteile und -prozesse (vgl. Hasselhorn 1992 in Nold). Zu diesen Metakognitionen gehören z.B. das Wissen über das eigene kognitive System, das Wissen über Strategien, aber auch sogenanntes epistemisches Wissen, z.B. Wissen über die Inhalte und Grenzen des eigenen Wissens oder über dessen Verwendungsmöglichkeiten sowie über exekutive Prozesse, wodurch eigene Lernprozesse geplant, überwacht und gesteuert werden können. Hinzu käme auch noch eine gewisse Sensitivität für die Möglichkeiten kognitiver Aktivitäten (Erfahrungswissen und Intuition) sowie metakognitive Erfahrungen bezüglich der eigenen kognitiven Aktivität (z.B. bewußte kognitive Empfindungen und bewußte affektive Zustände). Wie weit allerdings Grundschulkinder über metakonzeptionelle Kognitionen verfügen, ist nach wie vor noch stritig (vgl. Sodian 1995).

Die internen Modelle von Welt, Umwelt und Selbst, wie auch die Metakognitionen, variieren von Mensch zu Mensch, variieren mit dem Lebensalter und sie sind, abhängig von einer Reihe externer Faktoren, z.B. Gesellschaft, Kultur u.ä., unterschiedlich valide, d.h. gültig für das Handeln und Erleben im Realitätsbereich.

Die internen Modelle verändern sich mit dem Lebensalter, es gibt komplexe Aufbau- und Abbauprozesse. Für die Zeit von der Geburt bis zum Erwachsenenalter gilt allerdings gemeinhin eine Zunahme an Komplexität und Validität dieser internen Modelle als gesichert.

Wenn man sagt, „dem Kinde gelingt ein zunehmend besseres Verstehen der Welt" so impliziert dies die Verfügbarkeit über einen Maßstab schlechten bzw. besseren Verstehens. Zumeist wird das erwachsene Verstehen als Norm oder Maßstab genommen - was leicht zu problematisieren ist. Auch die Messung des Verstehens von Welt am wissenschaftlichen Erkenntnisstand ist nicht unumstritten - dieser ist stets grob unvollständig, zum Teil falsch und möglicherweise unter funktionalen Überlegungen „schädlicher" für ein zukunftsfähiges Handeln als der kindliche Verstehenszustand. Jedenfalls gilt für kindliches, erwachsenes und wissenschaftliches Weltverstehen gleichermaßen die Unvollständigkeit, das Nicht- und Falschverstehen als normale Erscheinung.

Der Gegenstand „Weltverstehen" tangiert außer der kognitiven Entwicklungspsychologie zugleich auch andere Subdisziplinen der Psychologie, z.B. die Persönlichkeitspsychologie, die sich mit individuellen Unterschieden beschäftigt oder zunehmend mehr die sogenannte „Environmental psychology" (Umweltpsychologie oder ökologische Psychologie), die unter Einschluß entwicklungspsychologischer Fragestellungen das komplexe Verhältnis der Auseinandersetzungen und internen Aneignung von Kenntnissen über Welt und Umwelt thematisiert (vgl. Sundstrom u.a.1996; Wohlwill 1981; Fietkau und Goerlitz 1981 u.a.).

Die Entwickeltheit entwicklungspsychologischer Forschung macht eine knappe Zusammenfassung der entwicklungspsychologischen Grundlagen des kindlichen Weltverstehens schwierig: deshalb muß rechtzeitig auf umfangreiche Lehrbücher verwiesen werden (z.B. Oerter/Montada 1995; Mussen, Conger, Kagan, Huston 1993 u.a.).

2. Leitvorstellungen über Entwicklungsprozesse des Weltverstehens

Der Forschungs- und Erkenntnisflut in der Entwicklungspsychologie begegnet man notwendigerweise mit der Formulierung von Leitvorstellungen bzw. paradigmatischen Argumentationsmustern, die wesentliche Grundgedanken herausfiltern sollen.

2.1 Leitvorstellung: Evolutionstheorie des Mensch - Umweltverhältnisses und Weltverstehen

Als Ausgangspunkt für die Entwicklung von Leitvorstellungen bietet sich eine evolutionsbiologische Perspektive als Grundlage des kindlichen Weltverstehens an. Der Mensch als Selektionsergebnis wurde im Verlaufe der Phylogenese, wie andere Spezies, relativ optimal auf das Überleben in der Welt ausgerüstet. Es gelingt ihm universal, d.h. in allen Kulturen und zu allen Zeiten, sich in so weit an die Lebensbedingungen anzupassen, daß das Überleben seiner Spezies gesichert ist. Im Unterschied zu anderen lebenden Spezies ist der Mensch in vielen Bereichen umweltoffener programmiert, d.h. er kann durch spontane und, aus didaktischer Perspektive als chaotisch zu bewertende Lernprozesse, auch das erwerben und aneignen, was Gegenstand der *kulturellen* Evolution war, was also in den Genen nicht programmiert werden konnte. Diese umweltoffenere Programmierung ermöglicht erst Sozialisation, ermöglicht die Aneignung gesellschaftlicher, traditioneller, kultureller Zeichensysteme und ähnliches. Der Mensch ist so in der Lage, auch moderne Welt zu verstehen, auch gemachte, technische und künstliche Welt.

Daß es zu nur wenigen Mißverhältnissen und Asynchronitäten zwischen der langsam ablaufenden biologischen Evolution und der notwendig schnelleren kulturellen Evolution kommt, hängt damit zusammen, daß die kulturellen Produkte der Menschheit wiederum von Menschen ersonnen sind und gewissermaßen das Biologische encodieren bzw. es menschlich erfaßbar machen. Einen Gegensatz zwischen Natur und Kultur kann es nicht geben. Besonders deutlich hat dies Vowinckel (1995, S. 7) formuliert: „Das Material, in dem die kulturelle Evolution modelliert, ist hundertprozentig Natur. Selbst die scheinbar unnatürlichsten Verhaltensweisen, die künstlichsten Sozialgebilde werden der menschlichen Natur abgewonnen. Weder ersetzt Kultur fehlende Natur, noch unterdrückt Kultur Natur. Ebenso wenig hat beim Menschen kulturelle Evolution die biotische abgelöst. Kultur entsteht in Gesellschaften natürlicher Menschen, und sie formt und steuert diese Menschen mit natürlichen Mitteln." Von dieser Überlegung ausgehend, ist dem Heranwachsenden prinzipiell (nicht in jedem Einzelfall) alles auch von Menschen Gemachte, also auch Wissenschaft, Gesellschaft, Technik, potentiell verstehbar. Die biologische Evolution hat den Menschen für das Überleben in der vorfindlichen Natur ausgestattet. Sie ermöglicht zugleich das Verstehen und die Anpassung an die vom Menschen gemachte Umwelt.

Das verhindert allerdings nicht, daß die vom Menschen gemachte Umwelt, daß Technik, Verkehr oder auch Wissenschaft gelegentlich Produkte produzierten, die das Großteil der Menschen überfordern oder ängstigen, oder Entwicklungen heraufbeschworen, die viele Menschen „nicht mehr verstehen können". Nicht- und Falschverstehen ist allerdings normal (s.o.) und nicht dysfunktional, da es immer ausreichend viele gibt, die mit den von den meisten nicht verstandenen Dingen und Prozessen (nicht immer zum Nutzen aller) umzugehen verstehen (arbeitsteilige Differenzierung).

Man kann jedoch auch davon ausgehen, daß schwer verständliche Entwicklungen humanisiert werden. Jüngstes Beispiel war etwa die Bedienung von Computern, die noch zu Beginn der 70er Jahre das Erlernen einer höchst unanschaulichen Formelsprache erforderten und die heute über intuitive Benutzeroberflächen vonstatten gehen kann. Auch die Entdeckung von Spätfolgen der Technisierung (z.B. Atomenergie) führte weltweit wieder zu einer Zurücknahme von kultureller (hier: technischer) Evolution - wie erfolgreich etwa hier die Umweltbewegung sein kann, bleibt allerdings noch offen. Fortgeschrittene entwicklungspsychologische Theorien gehen deshalb heutzutage stets von einem dialektischen Verhältnis zwischen „inside"(den anthropologischen Konstanten, die Kognitionen) und „outside" (den sozialen und materiellen Umwelten) aus. Menschliches Handeln produziert partiell „outside" und ist dabei durch innere Determinanten gesteuert. Die Außenseite wiederum beeinflußt die „inside". Schon in den 70er Jahren hat z.B. Oerter darauf hingewiesen, daß die Evolution deshalb, trotz aller Widersprüche und Brüche, letztlich zu einer „Isomorphie" von „inside" und „outside" führen müßte (vgl.Oerter 1995).

2.2 Leitvorstellung: Weltverstehen wird bereichs- und methodenspezifisch erforscht

Prozesse und Ergebnisse des kindlichen Weltverstehens sind innerhalb der Entwicklungspsychologie Gegenstand der unterschiedlichsten theoretischen und empirischen Forschungsbereiche. Mit einer zunehmenden Differenzierung der Entwicklungspsychologie und einer Auslagerung von relevanten Bereichen in die Fachwissenschaften, ergeben sich zwangsläufig höchst bereichsspezifische Entwicklungspsychologien. In einem modernen entwicklungspsychologischen Lehrbuch (Oerter, Montada 1995) wird in folgende Bereiche der Entwicklung einzelner Funktionsbereiche unterschieden: Wahrnehmung und Psychomotorik (Wilkening & Krist), geistige Entwicklung (Montada), Entwicklung des Problemlösens (Oerter, Dreher), Entwicklung bereichsspezifischen Wissens (Sodian), Entwicklung des Gedächtnisses (Schneider/Büttner), Sprachentwicklung (Grimm), Motivation und Handlungssteuerung (Oerter), soziale Kognition (Silbereisen) und moralische Entwicklung (Montada). Es ist unschwer zu erkennen, daß eine solche intradisziplinäre Differenzierung auch eine Taxonomie der einzelnen Bereiche von Welt widerspiegelt. Bereichsübergreifende Ähnlichkeiten scheint es nur sehr wenige zu geben und auch die in Stufen und Phasenlehren ermittelten Erkenntnisse über das Fortschreiten des Weltverstehens lassen übergreifende Ähnlichkeiten nur auf hohem Abstraktionsniveau zu (s.o.).

Die Spezifität der Entwicklungspsychologien ist allerdings auch noch sehr unterschiedlichen Methoden geschuldet. Vornehmlich qualitative Studien, die zum Teil auf narrativen Interviews beruhen, liefern andere Ergebnisse als beispielsweise die Dilemmageschichten nach Kohlberg oder die klinischen Beobachtungen von Piaget im Zusammenhang mit kleinen Experimenten. Gänzlich anders lauten Ergebnisse, die mit Hilfe eines Variablen-Ansatzes (Zerlegung der Komplexität der Welt in kontinuierliche Variablen) und einer damit stattfindenden quantitativen Auswertung gewonnen werden. Hier stehen am Ende überwiegend Faktoren bzw. Einflußfaktoren, die Varianzen und Mittelwerte in die eine oder andere Richtung verschieben können. Als Beispiel seien etwa Untersuchungen zur Variable „Gedächtnisspanne" (kontinuierlich operationalisiert als Anzahl erinnerter Items) und ihrer Beeinflussungsfaktoren genannt (vgl. Schneider, Büttner 1995). Für das Verständnis des Weltverstehens von Kindern sind, so könnte man überspitzt sagen, quantitativ gesicherte qualitative Studien unerläßlich.

2.3 Leitvorstellung: Multifaktorielle Bedingtheit des Weltverstehens

Traditionellerweise werden die Entwicklungsprozesse mit Begriffen wie *Lernen*, *Reifung*, *Selbstkonstruktion* oder auch *Sozialisation* beschrieben. Sie verweisen im Einzelfall stets nur auf eine Dominanz von speziellen Einflußfaktoren (bei Sozialisation sind es z.B. gesellschaftliche Faktoren) bei der Herausbildung einer allgemeinen Anpassung, und damit auch bei der Entwicklung von Weltverstehen beim Kinde. So können Entwicklungsprozesse durch Umwelt, Schule, Erziehung, Familie stark determiniert werden, ebenso können Anlageunterschiede bedeutsam werden (vgl. die moderne Temperamentsforschung, Zentner 1993) oder aber auch Selbststeuerungsprozesse (Lerner, Busch-Rossnagel 1981). Die Vielfalt von steuernden Faktoren auf den Entwicklungsprozeß (multifaktorielle Genese) und die große Spannbreite individueller Unterschiede legitimiert eigentlich erst die Existenz einer speziellen Wissenschaft. Was im Großen und Ganzen ziemlich klar und eindeutig ist, gestaltet sich außerordentlich problematisch, wenn man das einzelne Individuum betrachtet. Das hängt damit zusammen, daß nicht nur viele Faktoren das Weltverstehen determinieren, sondern daß die vielen Faktoren komplizierte Wechselwirkungen mit manchmal unprognostizierbaren Ergebnissen eingehen.

2.4 Leitvorstellung: Zunahme kognitiver Entwicklung und Verstehens mit dem Lebensalter

Kann man die komplexe und komplizierte kognitive Entwicklung in einfachen Trends beschreiben? Zum Teil ja - durch die Abstraktion geht natürlich Detailinformation verloren. Die folgenden Ausführungen orientieren sich an Zusammenfassungen der kognitiven Entwicklung nach Piaget, Bruner oder Wygotski, sowie an der allgemeinen Informationsverarbeitungstheorie (vgl. Miller 1993; Gage, Berliner 1996).

Ein wichtiger Trend ist sicher: *Zunahme* des Weltwissens, *Zunahme* des bereichsspezifischen Wissens, *Zunahme* der Verfügbarkeit von mentalen Operationen, *verbessertes* Metagedächtnis, *größere* funktionale Kapazität, *zunehmende* Effizienz bei der Steuerung des Informationsflusses, *zunehmende* Fähigkeit zur parallelen Verarbeitung von Information etc.. Entwicklung des Verstehens ist also ein *Prozess der Zunahme und stetigen Verbesserung der kognitiven Informationsverarbeitung*. Das Kind versteht also die Welt zunehmend besser - das ist z.B. auch Globalinhalt der geistigen Entwicklung sensu Piaget. Auf dieser hohen Abstraktionsebene begegnen sich Alltagspsychologie und Wissenschaft („Das Kind wird immer verständiger" - also versteht die Welt mit zunehmendem Alter so, wie die Erwachsenen meinen, daß es richtig sei).

Interessant sind Abweichungen vom allgemeinen Zunahmetrend. Der von Piaget formulierte Äquilibrationsprozeß (Assimilation und Akkomodation) zeigt z.B., daß Kinder zunächst versuchen, ein kognitives Problem mit den bereits vorhandenen Denkschemata zu lösen (Assimilation). Nur wenn damit die Problemlösung nicht gelingt, findet eine Veränderung der Schemata statt (Akkomodation). Daraus ließe sich die Leitlinie „Verstehenskonflikte fördern die Entwicklung" formulieren. Das kann allerdings empirisch nicht so eindeutig behauptet werden, da die Verstehensentwicklung zugleich auch von Reifung abhängig ist und nicht nur von den erlebten Konflikten (Montada 1995).

Aus dem Zunahmetrend läßt sich die *„zunehmende Unabhängigkeit des Verstehens von der Anschauung"* als Leitlinie herausnehmen, da sie außer der Zunahme auch eine qualitative Veränderung des Verstehens bezeichnet. Die Fähigkeit zum Probehandeln macht schließlich den Eintritt in die formal-operatorischen Phasen der Intelligenzentwicklung aus.

Von einigen Autoren wird die Rolle der Sprache und Sprachentwicklung im Verstehensprozess betont, die wiederum vom interaktiven, sozialen Kontext der Verstehensentwicklung abhängt.(z.B. Wygotski, vgl. Gage, Berliner 1996). Daraus könnte man die Leitlinie „Verstehensentwicklung geschieht in der sozialen Interaktion mit Erwachsenen" formulieren. Die ist heute pädagogisch nötig, da die unqualifizierte Meinung um sich greift, das Kind könne sich allein durch Interaktion mit Gleichaltrigen und selbständig entwickeln - Fakt ist, daß z.B. für die Sprachentwicklung und die Kulturtechniken die intensive Interaktion mit einem erwachsenen Modell nötig ist.

Ähnlich pädagogisch bedeutsam wäre die Leitlinie „zunehmendes Wissen ist notwendig für zunehmendes Verstehen", da im Zusammenhang mit „Prozessorientierung" schulischen Lernens und der Achtung „toten Wissens" in Vergessenheit gerät, daß Weltverstehen nur auf Faktenwissen aufbauen kann. Wer nichts weiß, versteht nichts. Carey (1985; vgl. Gage, Berliner 1996) hat darauf verwiesen, daß Kindern im Vergleich zu Erwachsenen möglicherweise nur das bereichsspezifische Wissen fehle - sonst waren ihre Verstehensleistungen genauso gut wie die von Erwachsenen.

Von gewissem Reiz ist schließlich in allen Bereichen die Herstellung einer Analogie des wissenschaftlichen Erkenntnisprozesses und dem zunehmenden kindlichen Verstehensprozeß von Welt. Das Kind ist in gewisser Weise ein kleiner Forscher bzw. eine kleine Forscherin, das sich zumindest rudimentär ähnlich verhält, wie man sich in der Geschichte der wissenschaftlichen Erkenntnis gegenüber der Welt auch verhalten hat. Daraus ergibt sich die Leitlinie: „Das Kind als Forscher". Hypothesenbildung, -testung und -verwerfung oder -beibehaltung bilden Prozeßschritte der Erkenntnisgewinnung. Dieser Grundgedanke bestimmt partiell alle „konstruktivistischen Stadientheorien" (z.B. Piaget) wie auch spezifische Annahmen zur Sprachentwicklung (z.B. Chomsky) oder gar das „trial and error" learning (z.B.Hull).

3. Kernprobleme von Entwicklungsprozessen des Weltverstehens

Wenn auch im allgemeinen und prinzipiell eindeutig ist, daß die Humanentwicklung ein Prozeß zu immer besserem Verstehen der Welt ist, so ergeben sich doch zahlreiche Problematisierungen für Praxis und Forschung dadurch, daß es z.B. individuelle Unterschiede bei diesem Entwicklungsprozeß geben kann, daß die Aneignungsprozesse von Kenntnissen sehr verschiedenartig verlaufen können, daß die sachimmanente Entfaltungslogik eine entwicklungspsychologische dominiert bzw. ersetzt und daß das optimale Verstehen von Welt Varianten zuläßt.

3.1 Kernproblem: Die Bedeutung individueller Unterschiede für das Weltverstehen

Zunächst einmal unterscheiden sich Kinder bereits bei ihrer Geburt in einer Reihe von Fähigkeiten, die für die dem Verstehen vorausgehende Exploration von Welt unterschiedlich relevant sein dürften. Wie die moderne Temperamentsforschung (vgl. Zentner 1993) herausgefunden hat, gibt es über die Kindheit relativ stabile und offensichtlich *genetisch stark mitdeterminierte Unterschiede*, etwa in Aktivität, Passivität, sensorischer Reizschwelle, Intensität, Gehemmtheit, Anpassungsfähigkeit an Neues usw. Es ist naheliegend, daß beispielsweise schüchterne und inaktive Kinder in Phasen der Selbststeuerung deutlich andere Erfahrungen machen werden als aktive und auf Fremde offen zugehende Kinder. Durch unterschiedliche Angebote seitens der primären Sozialisatoren, werden zudem auch *kulturell vermittelt unterschiedliche Ausschnitte* der Welt den Kindern präsentiert. Das familiäre Anregungsmilieu oder die Qualität der Anregungen in Kindergarten und Grundschule dürften eine ähnliche Rolle spielen. Motivatorische Wechselwirkungen sind z.b. auch dort zu erwarten, wo Kinder mit ihrem Fähigkeitsprofil den Umgebungsanforderungen entsprechen oder auch nicht. Ihr „Fit" oder „Missfit" (Largo 1992) bzw. ihre „Passung" (Zentner 1993) entscheidet über Verhaltensstörungen und Fehlanpassungen, mithin über ein allgemeines Mißverstehen der mikrosozialen Umwelt. *Soziale Normen*, z.B. für junge Mädchen, für unterschiedliche Bildungsschichten etc., haben ebenfalls eine das Weltverständnis auf bestimmte Ausschnitte und eine bestimmte Verstehenstiefe orientierende Funktion. Die *zeitliche Lage* der Konfrontation mit Anregungen bzw. Konflikten kann (z.B. in der Sprachentwicklung, sensible Perioden) Entwicklungsprozesse erleichtern bzw. erschweren.

3.2 Kernproblem: Geordnete und ungeordnete Erwerbsformen von Weltverstehen

Als weitere Gruppe von Kernproblemen von Entwicklungsprozessen sind solche zu benennen, die sich auf die Art und Weise des Erwerbs zunehmenden Verstehens beziehen. Gerade die frühkindliche Sprachentwicklung gibt immer wieder Anlaß, darüber nachzudenken, daß kindliches Lernen und Verstehen auch ungeordnet und unsystematisch erfolgreich sein kann. Es ist ziemlich eindeutig, daß die frühkindliche Sprachentwicklung sich in natürlichen (nicht didaktisch vorbereiteten) Umwelten vollziehen kann, mit einer für das Kind mehr oder weniger ungeordneten und chaotischen Konfrontation mit humaner (Erwachsenen-)Sprache, aus der das Kind im Laufe der Zeit selbsttätig (und nur abhängig von Reifungsprozessen), die zugrundeliegende Struktur erarbeitet (vgl. Grimm 1995). Im Bereich der Vorschulerziehung, insbesondere bei Fragen

(vgl. Grimm 1995). Im Bereich der Vorschulerziehung, insbesondere bei Fragen einer didaktisch orientierten bzw. eher ganzheitlichen Arbeit im Kindergarten, ergaben sich ebenso leichte Vorteile für situationsgebundenes, d.h. spontanes Lernen und eher ungünstige Ergebnisse einer didaktisch systematischen Unterweisung von kleinen Kindern. Nur dort, wo durch die familiäre Sozialisation erhebliche Defizite erzeugt wurden, waren didaktisch begründete Interventionen erfolgreich (Lazar, Darlington 1982).

Entsprechendes Interesse und Motivation beim Kinde vorausgesetzt, können also auch autodidaktisch gesteuerte Lernprozesse Erfolge zeitigen. Motivationsprobleme entstehen vor allem dort, wo die kindliche Selbstexploration von Welt keinen Sinn bzw. keine Funktionalität erkennen kann. Große Mengen des aus der Wissenschaft abgeleiteten Wissensstoffes erweisen sich dem kindlichen Verständnis als nicht sinnvoll und nicht praktisch brauchbar, weshalb immer wieder Fragen darüber entstehen, wie man Kinder motivieren könne, bestimmte Dinge besser zu verstehen. Da, wo der unmittelbare Nutzen für Kinder evident ist, z.b. beim Lesen und Schreiben, stellen sich im Großen und Ganzen Motivationsprobleme in etwas schwächerer Ausprägung dar. Hierzu laufen Probleme zwischen unmittelbarer Erfahrung und vermittelten Lernprozessen in Bildungsinstitutionen analog ab.

Da jede Welt- oder Umweltsituation für den Menschen vieldeutig bzw. facettenreich ist, kann aus der Auseinandersetzung mit einer Situation bzw. einem Umweltausschnitt nicht darauf geschlossen werden, was nun präzise dadurch gelernt wurde. Ein Beispiel: Die Forschungen zum „heimlichen Lehrplan" in Schulen haben u.a. ermittelt, daß außer den offiziellen intentionalen Lerninhalten auch noch geheime, unentdeckte mitgelernt werden. Das Kind ist, wie jedes Individuum, dazu in der Lage, sich auf wenige Ausschnitte, auf Teile oder auch auf das Ganze, je nach dem, zu konzentrieren und daraus Entsprechendes über das Verstehen der Situation zu lernen. Das ist dann übrigens in der Wissenschaft genauso: eine Interaktion zwischen zwei Menschen kann unter den vielfältigsten wissenschaftlichen Aspekten betrachtet werden und somit auch sehr unterschiedlich disziplinär verstanden werden (vgl. Wohlwill 1981).

3.3 Kernproblem: Sachimmanente Entfaltungslogik statt entwicklungspsychologischer Erkenntnis?

Gelegentlich hat man den Eindruck, als schreite die Entwicklung des Verstehens gemäß einer sachimmanenten Entfaltungslogik (zum Begriff vgl. Heckhausen 1965) voran. Das würde bedeuten, daß man auf dem Wege logischen Argumen-

können müsse. Ein Beispiel: dem Verständnis des Vorgangs „Tauschen" muß das Verstehen der Prozesse „Geben" und „Nehmen" vorausgehen. Oder: dem Verständnis der Addition muß das Zählenkönnen vorausgehen. Obwohl gelegentlich solche sachimmanenten Entfaltungslogiken auch durch entwicklungspsychologische Forschungen repliziert werden, die dann im eigentlichen Sinne keine psychologischen Forschungsergebnisse mehr darstellen, erlebt man bei der Entwicklung des Verstehens immer wieder typische Abweichungen von der sachimmanenten Entfaltungslogik. So sind beispielsweise animistische oder artifizielle Fehldeutungen der Natur, wie von Piaget beschrieben, echte und zum Teil ja auch irrationale Ergebnisse empirisch psychologischer Forschung. Für didaktische Vorhaben ist die Lösung des Problems grundlegend: dort wo eine sachimmanente Entfaltungslogik vorliegt, ergibt sich die Reihung der Inhalte aus dieser und nicht aus der Entwicklungspsychologie.

3.4 Kernproblem: Die Ermittlung der „Richtigkeit" des Weltverstehens - Entwertung der Wissenschaft?

Bezogen auf das Weltverständnis und die Weltbewältigung ergibt sich eine dritte Gruppe von Problemen insofern, als durch Wissenschaft und Pädagogik nach dem optimalen bzw. richtigen Verständnis von Weltausschnitten gesucht wird. Dies ist dann notwendig, wenn man qua Erziehung und Unterricht die "richtige" Weltsicht an die Heranwachsenden weitergeben möchte. Man ist heute seitens der Entwicklungspsychologie etwas vorsichtiger, was die Konstatierung einer „Höherentwicklung" mit zunehmendem Alter betrifft - ebenso wie bei der Zubilligung von „Überlegenheit" für wissenschaftliche Weltsichten.

Ein Beispiel: Wenn man nach den gesellschaftlichen Folgen der Realisierung einer „niederen" Stufe der Moral oder der kognitiven Entwicklung fragen würde, könnte z.b. herauskommen, daß die „niedere" segensreichere Effekte für die Gesellschaft haben könnte als die „höhere". Animistische oder egozentrische Deutungen von Umwelt, die etwa typisch für eine Phase der kognitiven Entwicklung sind (anschauliches Denken), könnten, wie solche Anthropomorphisierungen der natürlichen Umwelt auch in fremden Kulturen zeigen, durchaus zu einer sanften Ökologie führen. Komplexität und Differenziertheit müssen nicht per se die Kennzeichen eines überlegenen Weltverständnisses sein.

Wissenschaft kennt die Wahrheit nicht. Die Nähe oder Ferne eines Weltverständnisses, also auch das von Kindern, zur Wahrheit kann man nur dann angeben, wenn man diese Wahrheit kennt. Wissenschaft entwickelt sich im übrigen permanent weiter - eine Devalidierung ihrer heutigen Erkenntnisse ist in Zukunft ohne weiteres möglich. Aus diesen beiden Argumenten ergeben sich weitere Begrenzungen und Relativierungen der Wissenschaft oder Fachsystematik als die besonders überlegene Form des Weltverstehens.

Da große Teile der wissenschaftlichen Erkenntnisse durch Abstraktionen der Realität, durch Kontrolle von Einflußfaktoren gewonnen worden sind, ist ihre Übertragbarkeit auf das alltägliche Leben mit der unkontrollierten Interaktion von Ursachen ohnehin anzuzweifeln. Durch die Expertenforschung, d.h. die psychologische Untersuchung von Menschen, die intuitiv komplexe Umweltsituationen gut verstehen (z.b. gute Lehrer, Schachspieler, Diagnostiker, Bürgermeister von fiktiven Orten etc., vgl. Bromme 1992), weiß man übrigens, daß es noch verborgene Verständnisse und optimale Verhaltensweisen zur Bemeisterung von Situationen gibt, die aus der nomothetischen (nach allgemeinen Gesetzen forschenden) Wissenschaft nicht ableitbar sind. So kann also das kindliche Weltverständnis nicht ohne weiteres als defizitär aufgefaßt werden - vielleicht ist es den komplexen Alltagssituationen besser angemessen als die Wissenschaft.

Schließlich: man kann sich im Alltag „richtig" verhalten ohne das richtige Verständnis, die richtige Theorie zu besitzen. Beispiel: man kann mit der Schwerkraft bestens zurechtkommen, ohne die Theorie der Gravität auch nur in Ansätzen verstanden zu haben.

Eine Variante der Frage nach dem „richtigen" Weltverstehen besteht darin, nach der für das Kind richtigen, weil verstehbaren Welt zu fragen. Für die pädagogische Nutzung entwicklungspsychologischer Grundlegungen des kindlichen Weltverstehens ist nicht nur das Ergebnis einer Auseinandersetzung mit beliebigen Umweltausschnitten von Interesse gewesen, sondern zugleich auch die Frage, in welchen Weltausschnitten ein spezifisches Individuum sich günstig entwickeln würde, d.h. ohne Anpassungsprobleme, Krisen u.ä. Dahinter steckt offenbar die Idee, daß bestimmte Umweltausschnitte günstige Verstehens- und Bewältigungsprozesse auslösen bzw. gestörte heilen können. Fraglos gibt es Umweltausschnitte, die in sich widersprüchlich sind oder das Individuum mit seinen Fähigkeiten überfordern (Passung s.o.) oder auch aufgrund ihrer Ambivalenz und Unprognostizierbarkeit kein konsistentes Verstehen ermöglichen. So ist dann auch die Frage verständlich, die seitens der ökologischen Psychologie gestellt wird, welche Umweltausschnitte (z.B. Stadtviertel) zur Prävention von Störungen besonders beitragen können. Das Verstehen der Welt kann also nicht nur vom Individuum, sondern auch von dem Realitätsausschnitt abhängig sein.

3.5 Kernproblem: Verhältnis Entwicklungspsychologie und Didaktik

Es ist fraglich, ob man für eine pädagogische Verwendung entwicklungspsychologischen Grundlagenwissens auf eine einheitliche Theorie des kindlichen Weltverstehens hinarbeiten sollte. Wie weiter unten noch an der Entwicklung des Naturverstehens bei Kindern gezeigt werden soll, können die moralischen, die sozialen und die fachinhaltlichen Ziele von Unterricht so unterschiedlich sein, daß eine allgemeine entwicklungspsychologische Theorie nur als Behinderung, als implizit normativ und damit oftmals herkömmliche Praxis konservierend fungieren könnte (Dollase 1985).

Hierzu ein Beispiel: die Entwicklungspsychologie der Kinderzeichnung ermittelte eine spezifische Abfolge der zeichnerischen Menschen-Darstellung von Kindern. Die spezifische Methodik der Untersuchung (z.B. „Zeichne einen Mann!") führt zu einer Abfolge von Kritzeleien, Kopffüßlern, Röntgenbildern bis hin zum visuellen Realismus. Soll sich nun eine Kunstdidaktik an diesen Ergebnissen orientieren? Wären etwa abstrakte Mal- und Zeichenaufgaben im Grundschulalter zu verbieten? Wohl kaum. Die pädagogische oder didaktische Herausforderung durch Unterricht, Bildung und Erziehung würde eher ihrerseits nun die Notwendigkeit begründen, eine Entwicklungspsychologie der Auseinandersetzung mit abstrakten Malereiaufgaben zu schreiben.

4. Natur und Umwelt als Entwicklungsaufgabe

Das folgende Kapitel hat die Aufgabe, einen Teilbereich des kindlichen Weltverstehens kurz nachzuzeichnen, der im Unterschied zu den überall gut nachlesbaren anderen Bereichen (s.o.) eher vernachlässigt wird. Der Blick in eine spezifische Entwicklungspsychologie zeigt zudem die exemplarischen Abweichungen von allgemeinen Leitvorstellungen.

4.1 Natürliche Nahumwelt als bedeutsame Voraussetzung für Umweltverstehen

Auf der Grundlage von Piagets Theorie der kognitiven Entwicklung diskutiert Jansson (1984) die Bedeutung natürlicher Landschaften und Vegetationsräume für die Entfaltung des kindlichen Spiels. In Studien wie dieser wird deutlich, wie physische Charakteristika der belebten und unbelebten Natur für die in der Piagetschen Theorie konzipierte Selbstkonstruktion des Individuums von essentieller Bedeutung sind. Auch Peek (1995), der 604 drei- bis sechsjährige Kinder untersucht hat, bestätigt, daß ein spezifischer Aspekt der belebten und unbelebten Natur, nämlich die Wohnumwelt, eine erhebliche Bedeutung für körperliche

Aktivitäten und spielerische Explorationen hat. Nach Peek kann man die Wohnumwelt als den dritten Sozialisationsfaktor, neben Familie und Kindergarten, betrachten. Auch Gebhard (1994) stellt in seiner Übersicht über empirische Untersuchungen zum Thema „Kind und Natur" die Bedeutung der Nahumwelt für die Entwicklung des Kindes heraus. Er zitiert u.a. auch eine Studie von Cobb (1959), der bei 300 Autobiographien von „creative thinkers" herausfand, daß für diesen Personenkreis eine besondere Naturnähe in der mittleren Phase der Kindheit, von 5 bis 12 Jahren, ausgesprochen wichtig war (S. 71). Natürliche Strukturen in der Nahumwelt haben nach Gebhard eine Vielzahl von Eigenschaften, die für die kindliche Entwicklung gut seien: die Natur verändere sich stetig und biete zugleich Kontinuität. Trotz des Wechsels von Jahreszeiten und Erscheinungsbildern bietet sie die Erfahrung von Verläßlichkeit und Sicherheit. Die Vielfalt in der Natur regt die kindliche Phantasie an. Der Wert von Natur, so Gebhard (S. 76), „liegt offenbar wesentlich auch darin, daß Kinder hier ein relativ hohes Maß an Freizügigkeit haben, zugleich relativ aufgehoben sind und zudem Bedürfnissen nach Wildnis und Abenteuer nachgehen können." Mit Bezug auf Hassenstein (1980) vertritt er allerdings die Ansicht, daß die geeigneten menschlichen Partner und guten Beziehungen zu Bezugspersonen notwendig sind, damit Naturerfahrungen auch das Sozialverhalten von Kindern positiv beeinflussen.

4.2 Naturkognitionen von Kindern

Die allgemeinen Studien, die einen positiven Effekt der explorativen Selbstentwicklung in natürlichen Umwelten zeigen, bedienen sich gelegentlich des oben skizzierten Variablenansatzes. In qualitativen Studien kann man zunächst nur herausfinden, welche kognitiven Repräsentationen der natürlichen Umwelt bei Kindern vorliegen. Als Resultat einer Auseinandersetzung mit natürlichen Umwelten müßten sozusagen Kognitionen über Natur bzw. Naturbegrifflichkeiten herausgefunden werden können. Solche Studien haben z.B. Fischerlehner (1992, 1993) vorgelegt oder auch Wals (1994). Fischerlehner wertet 136 Schulaufsätze von 9- bis 13jährigen Kindern qualitativ zum Thema „Was ich in der Natur erleben kann" inhaltsanalytisch aus. Natur wird von den Kindern als Ort der Entspannung, als Spiel- und Sportplatz, als Ort der sozialen Interaktion, als Ort der Arbeit, als Lebensnotwendigkeit, als Auseinandersetzung mit der zerstörten Natur und als Anlaß für Wachstums- und Reifungsprozesse aufgefaßt. Die Kinder selbst liefern (1993) in der Studie von Fischerlehner Hinweise auf folgende Wachstums- und Entwicklungsprozesse: Förderung von Kreativität, kognitive Entwicklung und Handlungsfähigkeit durch natürliche Umwelt. Schließlich ist die Umwelt auch Quelle von Ängsten der untersuchten Kinder in

Bezug auf die Zerstörung der Natur sowie auf diesbezügliche Schuldzuweisungen und Bewältigungsstrategien. Wals kommt in einer Längsschnittstudie an 12- bis 13jährigen (N=23; 1994) zu ähnlichen Funktionsattributionen: Natur als „Entertainment", als „challenging place", als „reflection of the past", als „threatening place", als „background to activities", als „place for learning", als „place to reflect" und als „threatened place". Interessant ist in dieser Studie auch, was die jungen Jugendlichen vom Wesen der Natur wahrnehmen. Natur besteht aus Blumen, Tieren, Bäumen und sie ist lebendig, die wahre Natur ist rein, friedlich und nicht von Menschen gemacht, Natur ist Freiheit, Natur ist Einsamkeit und Natur erhält sich selbst, sie ist wild und spontan. In Studien wie diesen wird das kindliche Weltverstehen aus der Funktion für Kinder und als eigenständiges Gegenüber deutlich.

4.3 Umwelt- und Umweltschutzwissen von Kindern

Die Auseinandersetzungen der Kinder mit der natürlichen Umwelt liefern nicht nur Konzeptionen und Assoziationen zum Begriff Natur, sondern ein sich mit dem Lebensalter ständig erweiterndes Wissen über die natürliche Umwelt.

Relativ erstaunlich sind in diesem Zusammenhang Ergebnisse der psychogeographischen Forschung (Matthews 1985; Blaut 1987), in denen es um die kognitive Repräsentation der geographischen Umwelt geht. Offenbar können schon kleine Kinder ihre Umgebung aus der Vogelperspektive betrachten und sich somit eine nicht-egozentrische Perspektive auf die Umwelt zueigen machen. Die Landkarten im Kopf sind für viele Umweltpsychologen auch ein Weg für „macroenvironmental learning", d.h. eine Art Brücke zum Verständnis größerer Umweltzusammenhänge. Kleine Kinder können also eine Art Luftfoto ihrer Umgebung kognitiv speichern, wobei die 6jährigen etwa einen Kilometer um die häusliche Wohnung herum und die 11jährigen einen Radius zwischen drei und vier Kilometern repräsentieren. Solche Angaben reflektieren allerdings nur den jeweiligen Erkundungsnahraum, der natürlich auch von baulichen Faktoren abhängt (Matthews 1985).

Cohen und Horm-Wingerd haben 1993 bei 3- bis 6jährigen nachweisen können, daß sich ein rudimentäres ökologisches Bewußtsein nachweisen läßt. Mit Hilfe einer kindgemäßen Technik der Bildinterpretation und Bildsortierung gelingt ihnen der Hinweis, daß Umwelten nach störenden Reizen oder Veränderungen unterschieden werden können (z.B. dreckig, sauber), daß Reihenfolgen erkannt werden (Baden im See, Umweltverschmutzung, Badeverbot) bzw. daß anhand von Bildern erkannt werden kann, welches umweltschädliche Verhalten (z.B. Müll wegwerfen) hier dargestellt ist. 5- bis 9jährige Kinder sind die Versuchspersonen einer Studie von Schumann-Hengsteler u.a (1994). Dabei gelingt es nachzuweisen, daß Kinder in diesem Alter Wissen über den Umweltschutz besitzen, daß man aber deklaratives von kausalem Wissen unterscheiden muß. Das Faktenwissen ist bei den Kindern höher als die Einsicht in Zusammenhänge, und mit zunehmendem Alter wird das Wissen auch unabhängig von den konkreten Alltagserfahrungen, gemäß der entwicklungspsychologischen Maxime einer zunehmenden gedanklich möglichen Auseinandersetzung mit natürlichen Problemen, da zwischenzeitlich genügend Informationen und Schemata kognitiv verfügbar sind.

4.4 Entwicklungsstufen des Umweltbewußtseins

Eine neue Studie von Lecher (1997) „Die Umweltkrise im Alltagsdenken" untersucht qualitativ das Umweltbewußtsein von Erwachsenen, findet jedoch eine sechs Stufen auf drei Niveaus umfassende Taxonomie des ökologischen Denkens, die ohne weiteres auch als entwicklungspsychologischer Entwurf gewertet werden kann. Auch bei Lecher dient unser wissenschaftliches Verständnis von Natur und die Entdeckung von ökologischen Prinzipien in der Natur als Maßstab für die empirische Ermittlung des Umweltbewußtseins. Die ökologischen Prinzipien sind bei ihm Wechselwirkungen, Kreislauf und Rückkoppelung, Offenheit von Systemen, Historizität, zeiträumliche Distanz von Ursachen und Folgen und funktionelle Integration. Alle Prinzipien lassen sich unter das Oberprinzip der dynamischen Stabilität fassen. Lecher analysiert nun in den ökologischen Prinzipien zehn kognitive Dimensionen, die darin enthalten sind, z.B. Kausalität, Linearität vs. Zirkularität, Atomismus vs. Holismus, Rückkoppelungen, Folgen, Aggregation, Abstraktion etc. Mit Hilfe qualitativer Daten analysiert er drei Niveaus ökologischen Denkens (konkretistisch, mechanistisch und systemisch), die jeweils in zwei Stufen ausgeprägt vorhanden sind, so daß sie sechs Stufen insgesamt ergeben: konkretistisch perzeptiv, konkretistisch erklärend, einfach mechanistisch, komplex mechanistisch, einfach systemisch und komplex systemisch. Man kann diese Taxonomie als Niveau- und Stufenausprägung ökologischen Denkens sowohl als Ausgangspunkt für Maßnahmen zur Umweltbildung wie auch zum Verständnis der Entwicklung von ökologischem Denken bei Kindern heranziehen.

5. Entwicklungsprozesse als Risiko für die Erreichung pädagogischer Ziele

Das kindliche Welt- und Umweltverstehen führt nicht unbedingt zu den pädagogisch wünschenswerten Umgangs- und Verhaltensweisen gegenüber der Natur bzw. in anderen kognitiven Bereichen. Die korrekte Analyse und Repräsentation eines Umweltausschnittes muß, genauso wenig wie besonders hohe Intelligenz oder ein hohes Niveau an kognitiven Prozessen, nicht unbedingt mit einem moralisch einwandfreien Verhalten verbunden sein. Pädagogische Zielsetzungen gehen offenbar von einem impliziten Zusammenhang zwischen höheren kognitiven Prozessen und einer höheren Moral aus, was allerdings, so lehrt die Geschichte und so lehrt die Praxis, eine Illusion sein dürfte. Insofern ist auch die Umwelterziehung, d.h. die Erziehung zur Umweltschutzbereitschaft und ihr Verhältnis zu den entwicklungspsychologischen Grundlagen von besonderem Reiz. Hier kann man nämlich sehen, daß auch niedrige Niveaus der Auseinandersetzung des Umgangs mit der Umwelt eher ökologisch sanft sind, also dem entsprechen, was man eigentlich durch Umwelterziehung erst erreichen will. Anders ausgedrückt: die Sozialisation macht aus den Kindern Umweltschänder - von Natur aus sind sie eher auf einen sanften Umgang mit der Natur programmiert. Das hohe Niveau im Sinne einer Topdown-Argumentation wäre das des Erwachsenen in einer Wohlstandsindustriegesellschaft, von dem man genau weiß, daß es nicht zukunftsfähig ist, weil die ökologische Bilanz seines Verhaltens und Erlebens zu schädlich ist.

5.1 Pro-Natur-Einstellungen bei Kindern

Es gibt zahlreiche Studien, die belegen, daß das Kind-Umwelt-Verhältnis eher in einer innigen Beziehung der Kinder zur Natur besteht und daß sich zahlreiche Pro-Natur-Einstellungen bei Kindern eher finden lassen als bei älteren Menschen. Solche Studien sind z.B. mit Dilemmata-Aufgaben von Aho (1984) bei finnischen Schülern und Schülerinnen gemacht worden. Trotz möglicherweise schon vorhandener komplexer Problemsicht von Umwelproblemen und vom Recht des Menschen auf Nutzung natürlicher Ressourcen, neigen Kinder doch noch erheblich zu Pro-Natur-Einstellungen, wenn es etwa um die Errichtung eines Outdoor-Centers mitten in der Natur geht. Mit Hilfe eines Fragebogens (environmental response inventory) haben Bunting, Cousin (1985) insgesamt acht faktorenanalytisch gesicherte Einstellungsdimensionen von Kindern zur Umwelt gefunden. Spitzenreiter waren darunter Pastoralismus (eine positive Einstellung zu natürlichen Umwelten), Stimulus seeking (Reizsuche, eine Neigung zu erhöhter Aktivierung durch Stimulation aus der Umwelt und eine Präferenz für ungewöhnliche, abenteuerliche Umwelten) und Antiquarianismus (emotionales Verhältnis zur Vergangenheit und zu altmodischen historischen Umwelten). Schlußlichter sind u.a. Urbanismus (eine Neigung zu von Menschen gemachten Umwelten und zum Leben in der Stadt) sowie Environmental adaptation (Befolgung von Maximen wie „der Mensch muß sich die Natur untertan machen").

5.2 Landschaftspräferenzen von Kindern

Eine besondere Zuneigung zu natürlichen Umwelten haben auch nahezu alle Studien entdeckt, die sich mit den *Landschaftspräferenzen* im Kindesalter beschäftigen. Nach übereinstimmenden Forschungsergebnissen neigen 8- bis 11jährige Kinder z.B. deutlich zur Bevorzugung von parkähnlichen bzw. savannenähnlichen Gegenden, d.h. mit relativ wenigen Bäumen bestandene Grasflächen, womöglich noch etwas hügelig. Generell werden von Kindern offene Wald- und Parklandschaften bevorzugt. Die erste Studie stammt offenbar von Balling und Falk (1982), jedoch können diese Befunde bis heute repliziert werden (vgl. FOCUS, 21, 1997 - Replizierung durch Sünneck, Wien). Interpretiert werden diese Landschaftspräferenzen ethologisch, d.h. der Mensch präferiert den Lebensraum des Urmenschen - wir sind auf das Leben in der Savanne programmiert und das merkt man, so verschiedene Autoren, daran, daß kleine Kinder eine natürliche Neigung haben, solche und ähnliche Gegenden schön zu finden, ehe der überformende Lernprozeß stattfindet, das schön zu finden, was man gewohnt ist. Fuhrer, Kaiser und Hangartner (1995) haben je 30 Mädchen und Jungen im Alter von 10, 12 und 14 Jahren gebeten, mit einer Kamera jene Dinge, Orte und Personen zu fotografieren, die Teil ihres Selbstkonzeptes sind. Hierbei bilden Mädchen mehr Personen ab und Jungen mehr Orte. Möglicherweise ist dieses zu bedenken, wenn man die Resultate von Balling und Falk replizieren will. Mit der evolutionstheoretischen Interpretation der Landschaftspräferenzen kollidiert die Überlegung (vgl. Gebhard 1994), daß savannenähnliche Gebiete von den Kindern darum gemocht werden, weil sie ihnen ein Maximum an Freizügigkeit zu garantieren scheinen. Auch Gebhard referiert ansonsten noch mehrere, auch ältere Studien (z.B. Otterstedt 1962; Johannsmeier 1985), in denen natürliche Umwelten präferiert werden. Auch das emotionale Verhältnis zur Heimat ist bei Kindern im Grundschulalter höher als in anderen Altersstufen, und selbst in Kinderzeichnungen werden von Kindern Naturelemente viel höher bewertet, als der realen Häufigkeit in ihrer jeweiligen Umgebung entspricht. Bislang ist also insgesamt eine ziemlich eindeutige Botschaft der Entwicklungspsychologie erarbeitet worden, die besagt, daß Kinder natürliche Umwelten lieber mögen als artifizielle.

5.3 Umweltängste

Auch in der Reaktion von Kindern und Jugendlichen auf Umweltbedrohung kann man diese größere Nähe der Kinder zu den natürlichen Umwelten belegen. Unter anderem Boehnke (1993), Fischerlehner (1993), Eckert (1994) haben das bestätigt, was Raundalen und Finney schon 1986 bei Jugendlichen gefunden haben, daß nämlich die Angst vor Umweltbedrohung eine der prominentesten Ängste von Kindern und jungen Jugendlichen ist. Boehnke (1993) hat seine Erhebungen über einen Zeitraum von sieben Jahren gewonnen und sich dabei auf einen Altersbereich von 8 bis 21 Jahren bezogen. Makrosoziale Bedrohungsgefühle haben über den Erhebungszeitraum zugenommen und dabei insbesondere Umweltängste. Eckert (1994) sortiert die Umweltängste von Kindern, wobei sie u.a. die Funktion der Umweltängste in der Eltern-Kind-Beziehung und auch die Angst der Eltern vor den Ängsten der Kinder thematisiert. In einer Studie bei Jugendlichen rangiert die Umweltzerstörung bei den Ängsten sogar noch vor der Angst vor dem Tod der Eltern (vgl. Petry in Gebhard). In einer Studie von Gebhard u.a. (1994) ist die Furcht vor Umweltzerstörung gar erheblich stärker ausgeprägt als die Angst vor dem Tod der Eltern (82%:51%). Die Ängste der Kinder vor Umweltzerstörung werden zum Teil unter dem Gesichtspunkt einer Motivation zum Umweltschutz, der Gefahr der Abstumpfung durch Katastrophismus, aber auch im Hinblick auf das subjektiv-psychologische Angewiesensein der Kinder auf eine intakte Umwelt diskutiert (vgl. Dollase 1991, 1993).

In die Generalthese von der sanften ökologischen Natur des Kindes, die durch eine konventionelle Sozialisation verschüttet wird, passen auch zahlreiche Studien, die etwa Gebhard (1994) referiert, in denen positive Effekte eines Umgangs mit Natur und Tieren auf die Gesamtentwicklung von Kindern nachgewiesen werden.

Der Umweltschutz ist also ein sehr frappantes Beispiel dafür, daß die Aneignung der Erwachsenenwelt, daß Sozialisation und Höherentwicklung zum vollständigen und angepaßten Individuum einer Gesellschaft, die sich auf dem Wege in die Fehlentwicklung befindet, nicht unbedingt ein objektiver Fortschritt sein muß. Man lernt mit der Aneignung einer komplexen, aber schädlichen Umwelt auch deren Sünden verstehen, billigen und selber wiederholen.

6. Ausblick

Die Entwicklungspsychologie stellt ein insgesamt facettenreiches Wissen für unterschiedliche Bereiche des Weltverstehens von Kindern zur Verfügung. Sie ist dabei in erster Linie auf verallgemeinerbare Aussagen angelegt, auch dann, wenn sie qualitative Ergebnisse vorlegt. Die Gefahr, daß aus solchen qualitativen oder quantitativen Durchschnittsaussagen auf den Einzelfall geschlossen wird, ist sehr hoch. Sie ist besonders dann hoch, wenn solche Theorien und Ergebnisse als Grundlegung für Unterricht dienen. Dagegen muß gehalten werden, daß sich die entwicklungspsychologischen Grundlagen des kindlichen Weltverstehens durch das Vorhandensein von wissenschaftlichen Untersuchungen sicherlich erleichtern lassen, daß dieses Verstehen des kindlichen Verständnisses jedoch im Einzelfall stets neu diagnostiziert werden muß. Nicht nur weil die Streuung in einer bestimmten Altersgruppe erheblich sein könnte, sondern auch weil von Mensch zu Mensch sehr unterschiedliche kognitive Strukturen zu erwarten sind. Die Funktion des nomothetischen psychologischen Wissens ist es lediglich, Denkfiguren und Paradigma bereitzustellen, die dazu dienen können, den Einzelfall besser zu verstehen. Eine pädagogische Maßnahme ist dann entwicklungspsychologisch grundgelegt, wenn genügend Paradigma und Deutungsmuster zur Verfügung stehen, den Einzelfall besser analysieren zu können. Ohne eine individuelle Diagnose in der jeweiligen Klasse, ohne die *Einbeziehung der Diagnose* des Weltverstehens in den Unterricht, kann ein Sachunterricht wohl kaum kompetent durchgeführt werden.

Literatur

Aho, L.: Man and Nature: Cognitive and Emotional Elements in the Views of Twelve-Year-Old Schoolchildren. Scandinavian Journal of Educational Research, 28 (1984), S. 169 - 186

Balling, J. D., / Falk, J. H.: Development of Visual Preference For Natural Environments. Environment and Behavior, 14(1), (1982), S. 5 - 28

Blaut, J. M.: Place Perception in Perspective. Journal of Environmental Psychology, 7, (1987), S. 297 - 305

Boehnke, K./Macpherson, M.: Kriegs- und Umweltängste sieben Jahre danach: Ergebnisse einer Längsschnittstudie. In: Aurand, K./Hazard, B.P./Tretter, F. (Eds.): Umweltbelastungen und Ängste. Erkennen, Bewerten, Vermeiden, Opladen: Westdeutscher Verlag 1993, S. 164 - 179

Brandtstädter, J. : Gedanken zu einem psychologischen Modell optimaler Entwicklung. Zeitschrift für klinische Psychologie und Psychotherapie, 28(3), (1980), S. 209 - 222

Bromme, R.: Der Lehrer als Experte. Bern: Huber 1992

Bunting, T. E. / Cousin, L. R.: Environmental Dispositions among School Age Children. Environment and Behavior, 17(6), (1985), S. 725 - 768

Carey, S.: Are children fundamentally different kinds of thinkers and learners than adults? In: Chipman, S.F./Segal, J. W./Glaser, R.(Eds.): Thinking and learning skills. Hillsdale: Erlbaum 1985

Cobb, E.: The ecology of imagination in childhood. Journal of the American Academy of Arts and Science, 88, (1959), S. 537 - 548

Cohen, S./Horm-Wingerd, D. M. : Children and the environment: Ecological awareness among preschool children. Environment and Behavior, 25(1), (1993), S. 103 - 120

Dollase, R.: Entwicklung und Erziehung. Angewandte Entwicklungspsychologie für Pädagogen. Stuttgart: Klett 1985

Dollase, R.: Entwicklungspsychologische Grundlagen der Umwelterziehung. In: Gesing, H./Lob, R. E.(Eds.): Umweltziehung in der Primarstufe. Heinsberg: Elke Dieck 1991, S. 32 - 63

Dollase, R.: „Die Hoffnung nicht aufgeben". In: Schmitz-Peick,M. (Ed.): Wenn der Welt die Luft ausgeht... und Kinder Angst vor der Zukunft haben. Düsseldorf: Patmos 1993, S. 111 - 130

Eckert, A.: Umweltängste von Kindern. PP-Aktuell, 13(4), (1994), S. 169 -179

Fietkau, H. J./Goerlitz, D. (Eds.): Umwelt und Alltag in der Psychologie. Weinheim: Beltz 1981

Fischerlehner,B.: Das Naturverständnis von Kindern als Spiegelbild des kulturellen Wandels. In: Allesch,C. G./Billmann-Mahecha, E./Lang, A. (Eds.): Psychologische Aspekte des kulturellen Wandels, Wien: Verband der wissenschaftlichen Gesellschaften Österreichs 1992

Fischerlehner, B.: „Die Natur ist für die Tiere ein Lebensraum, und für uns Kinder ist es eine Art Spielplatz" - Über die Bedeutung von Naturerleben für das 9-13jährige Kind. In: Seel, H. J./Sichler, R./Fischerlehner, B.(Eds.): Mensch- Natur. Zur Psychologie einer problematischen Beziehung. Opladen: Westdeutscher Verlag 1993, S. 148 - 168

Fuhrer, U./Kaiser, F. G., / Hangartner, U. : Wie Kinder und Jugendliche ihr Selbstkonzept kultivieren: Die Bedeutung von Dingen, Orten und Personen. Psychologie in Erziehung und Unterricht, 42(1), (1995), S. 57 - 64

Gage, N. L.,/Berliner, D. C. : Pädagogische Psychologie. (5 ed.): Weinheim: Psychologie Verlags Union 1996

Gebhard, U.: Kind und Natur. Die Bedeutung der Natur für die psychische Entwicklung. Opladen: Westdeutscher Verlag 1994

Grimm, H.: Sprachentwicklung - allgemeintheoretisch und differentiell betrachtet. In Oerter, R. / Montada, L. (Eds.): Entwicklungspsychologie. Weinheim: PVU 1995, S. 705 - 757

Hansen, W. : Die Entwicklung des kindlichen Weltbildes. (2 ed.). München 1949

Hasselhorn, M. : Metakognition und Lernen. In Nold, G. (Ed.): Lernbedingungen und Lernstrategien. Welche Rolle spielen kognitive Verstehensstrukturen? Tübingen: Günter Narr Verlag 1992, S. 35 - 63

Hassenstein, B. : Verhaltensbiologie des Kindes. München: Piper 1980

Heckhausen, H.: Wachsen und Lernen in der Genese von Persönlichkeitseigenschaften. In: Heckhausen, (Ed.): Bericht über den 24. Kongreß der DGfPs Wien 1964, Göttingen: Hogrefe 1965, S. 125 - 132

Jansson, B.: Children's Play, and Nature in an Urban Environment. Frankfurt u.a.: Lang 1984

Johannsmeier, E.: Über die Notwendigkeit von Naturerfahrungen bei kleinen Kindern. Das Gartenamt, 34, (1985), S. 292 - 300

Largo, R. : Die normalen Krisen der kindlichen Entwicklung. Kindheit und Entwicklung, 1, 1992, S. 72-76

Lazar, I. / Darlington, R.: Lasting effects of early education: a report from the consortium for longitudinal studies. Monographs of the Society of research in child development, 47(2 - 3), 1982

Lecher, T. : Die Umweltkrise im Alltagsdenken. Weinheim: Psychologie Verlags Union 1997

Lerner, R. M./Busch-Rossnagel, N. A. (Eds.): Individuals as producers of their development. New York u.a.: Academic Press 1981

Matthews, M. H.: Young children's Representations of the Environment: A comparison of Techniques. Journal of Environmental Psychology, 5, (1985), S. 261 - 278

Miller, P.: Theorien der Entwicklungspsychologie. Heidelberg u.a.: Spektrum Akademischer Verlag 1993

Montada, L.: Die geistige Entwicklung aus der Sicht Jean Piagets. In: Oerter, R./ Montada, L. (Eds.): Entwicklungspsychologie. Weinheim: PVU 1995a, S. 518 - 560

Montada, L. : Moralische Entwicklung und moralische Sozialisation. In: Oerter, R./ Montada, L. (Eds.): Entwicklungspsychologie. Weinheim: PVU 1995b, S. 862 - 893

Mussen, P. H./Conger, J. J./Kagan, J./Huston, C. A.:Lehrbuch der Kinderpsychologie. Stuttgart: Klett - Cotta 1993

Oerter, R.: Kultur, ökologie und Entwicklung. In: Oerter, R./Montada L. (Eds.): Entwicklungspsychologie. Weinheim: PVU 1995a, S. 84 - 127

Oerter, R.: Motivation und Handlungssteuerung. In: Oerter, R./Montada, L.(Eds.): Entwicklungspsychologie. Weinheim: PVU 1995b, S. 758 - 822

Oerter, R./Dreher, M. : Entwicklung des Problemlösens. In: Oerter, R. / Montada, L. (Eds.): Entwicklungspsychologie. Weinheim: PVU 1995, S. 561 - 621

Oerter, R./Montada, L. (Eds.): Entwicklungspsychologie. München: Urban & Schwarzenberg 1982

Oerter, R. / Montada, L. (Eds.): Entwicklungspsychologie (3. ed.). Weinheim: PVU 1995

Otterstedt, H.: Untersuchungen über den Spielraum von Vorortkindern einer mittleren Stadt. Psychologische Rundschau, 13,(1962), S. 275 - 287

Peek, R. : Kindliche Erfahrungsräume zwischen Familie und Öffentlichkeit. Münster u.a.: Waxmann 1995

Raundalen, M./Finney, O. J.: Children's and teenager's view of the future. International journal of mental health. (1986), S. 114 - 125

Schneider, W./Büttner, W.: Entwicklung des Gedächtnisses. In: Oerter, R./Montada, L. (Eds.): Entwicklungspsychologie. Weinheim: PVU 1995, S. 654 -704

Schumann-Hengsteler, R./Thomas, J.: Was wissen Kinder über Umweltschutz? Psychologie in Erziehung und Unterricht, 41(4), (1994), S. 249 - 261

Silbereisen, R. K.: Soziale Kognition: Entwicklung von sozialem Wissen und Verstehen. In: Oerter, R./Montada, L.(Eds.): Entwicklungspsychologie. Weinheim: PVU 1995, S. 823 - 861

Sodian, B.: Entwicklung bereichsspezifischen Wissens. In: Oerter, R./Montada, L. (Eds.): Entwicklungspsychologie. Weinheim: PVU 1995, S. 622 - 653

Sundstrom, E./Bell, P. A./Busby, P. L./Asmus, C.: Environmental Psychology 1989 - 1994. Annual Review of Psychology, 47, (1996), S. 485 - 512

Trautner, H. M.. Lehrbuch der Entwicklungspsychologie. (2 ed.): Göttingen u.a.: Hogrefe 1992

Vowinckel, G.: Verwandtschaft, Freundschaft und die Gesellschaft der Fremden: Grundlagen menschlichen Zusammenlebens. Darmstadt: Wissenschaftliche Buchgesellschaft 1995

Wals, A. E. J.: Nobody planted it, it just grew - Young adolescents' perceptions and experiences of nature in the context of urban environmental education. Children's Environments, 11(3), (1994), S. 177 - 193

Wilkening, F. / Krist, H. : Entwicklung der Wahrnehmung und Psychomotorik. In: Oerter, R./Montada, L. (Eds.): Entwicklungspsychologie. Weinheim: PVU 1995, S. 487 - 517

Wohlwill, J.: Umweltfragen in der Entwicklungspsychologie. In: Fietkau, H. J. /Görlitz, D. (Eds.): Umwelt und Alltag in der Psychologie. Weinheim: Beltz 1981, S. 91 - 111

Zentner, M. : Die Wiederentdeckung des Temperaments. Paderborn: Junferman 1993

Kindheitsforschung im Wandel – Eine Analyse der sozialwissenschaftlichen Forschungen zur „veränderten Kindheit"

Maria Fölling-Albers, Universität Regensburg

Es gibt wohl kaum einen Beitrag, der sich mit aktuellen Problemen der Schule und der Notwendigkeit ihrer Weiterentwicklung befaßt, in dem nicht in irgendeiner Form Bezug auf die „veränderte Kindheit (und Jugend)" bzw. auf die „Kindheit im Wandel" genommen wird. Sie wird zur Beschreibung bestimmter Entwicklungen und „Zustände" in den Schulen ebenso herangezogen wie zur Begründung der Veränderung von Schule. Veränderungen allerdings - das zeigt ein Blick auf die historische Kindheitsforschung sowie auf die Schulgeschichte - hat es immer gegeben. Kindheit ist somit immer veränderte Kindheit. Es geht also darum, die spezifische Qualität der Veränderungen genauer zu benennen und ihren Stellenwert für die Schulen differenzierter zu bestimmen. Ergebnisse der sozialwissenschaftlichen Kindheitsforschung sind im vergangenen Jahrzehnt von den Lehrerinnen und Lehrern an den Schulen in einem ungewöhnlich hohen Maße aufgenommen und diskutiert worden. Allerdings war - zumindest in Teilen - die Rezeption eine recht einseitige. Neuere Ansätze und Daten wurden kaum zur Kenntnis genommen - wie man an der zitierten Literatur nachvollziehen kann. Das Anliegen dieses Beitrags ist es, zunächst die Entwicklung der sozialwissenschaftlichen Kindheitsforschung, wie sie sich seit den 80er Jahren in Deutschland etabliert hat, bezüglich ihrer Rezeption in den Schulen nachzuzeichnen (Kapitel 1). Nicht nur die Kindheit war und ist einem permanenten Wandel unterworfen. Auch die sozialwissenschaftliche Kindheitsforschung hat eine Weiterentwicklung erfahren. Mit dieser ist gleichzeitig eine Verlagerung ihres Forschungsparadigmas verknüpft - was nicht ohne Einfluß auf die Relevanz ihrer Daten auch für die Schule sein dürfte. In einem zweiten Kapitel werden die Ergebnisse der jüngeren Kindheitsforschung sowie die Schwerpunkte des theoretischen Paradigmas der aktuellen Forschungskonzeptionen diskutiert. Der letzte Teil (Kapitel 3) resümiert in einem Fazit den

Stellenwert der gegenwärtigen empirischen Kindheitsforschung für die Schule und vergleicht einzelne Aspekte der aktuellen Schulreformdiskussion - sofern sie sich auf Ergebnisse der Forschungen zu „veränderten Kindheit" beziehen - mit der Schulreformdiskussion der 60er und frühen 70er Jahre, als auch veränderte gesellschaftliche Bedingungen als Begründung für eine Veränderung von Schule und Unterricht herangezogen wurden. Dabei werden auch Bezüge zum Sachunterricht hergestellt. An dieser Stelle kann und soll eine solche vergleichende Diskussion nur angestoßen werden. Eine differenziertere Analyse und Bewertung wäre eine lohnenswerte weiterführende Aufgabe.

1. Kindheitsforschung und Schule - eine Analyse der Rezeptionsgeschichte

Die empirisch ausgerichtete sozialwissenschaftliche Kindheitsforschung ist in der Bundesrepublik noch recht jungen Datums, obwohl sie bereits auf eine Vorläufertradition aus den 20er Jahren zurückblicken kann.[1] Erst in den 80er Jahren, vor allem eingeleitet durch den Band von Preuss-Lausitz u.a. „Kriegskinder, Konsumkinder, Krisenkinder" (1983), erfuhr sie in wenigen Jahren einen regelrechten Forschungsboom; Veröffentlichungen zu diesem Schwerpunkt sind selbst für Fachleute kaum noch zu überblicken. Themen wie „Kindheit im Wandel", „veränderte Kindheit" oder auch „Kinderwelten" wurden in der breiten, an gesellschaftlichen und pädagogischen Fragen im weiteren Sinne interessierten Öffentlichkeit aufgenommen und intensiv diskutiert. Ging es in dem Band von Preuss-Lausitz u.a. (1983) noch vor allem um eine generationen- bzw. kohortenspezifische Unterscheidung zwischen Kinder- und Jugendgruppen, die in verschiedenen, unterscheidbaren historischen Phasen aufwuchsen, sowie um generalisierende Beschreibungen von Bedingungen des Aufwachsens und um „typische" Merkmale des Verhaltens von Kindern und Jugendlichen, waren es in den nachfolgenden Untersuchungen und Darlegungen oft genauere Explikationen über *einzelne* Veränderungsaspekte (z.B. familiale Veränderungen, Medienwelt der Kinder, Freizeitverhalten etc.). Obwohl, wie dies gerade der genannte Band von Preuss-Lausitz u.a. mit seinen generationentypischen Unterscheidungen signalisiert, Veränderungen nun einmal Kennzeichen von

---

[1] Bereits in den 20er Jahren hat Martha Muchow in Hamburg empirische Kindheitsforschung durchgeführt. Schon kurze Zeit nach der Machtergreifung konnten ihre Arbeiten nicht weitergeführt werden. Erst in den 70er Jahren wurde ihr Forschungsansatz wieder aufgenommen und weiterentwickelt. Vgl. dazu auch das Vorwort von Zinnecker in Muchow, Muchow 1978.

Geschichte sind (vgl. dazu auch Brügelmann 1994 und Schön 1995), hat auf der anderen Seite genau diese Schrift die besondere Qualität des Wandels seit den 70er Jahren herausgearbeitet, indem sie Vielschichtigkeit und Dichte der Veränderungen seit den 70er Jahren - bezeichnet als „Modernisierungsschub" - beschreibt und anhand einzelner Aspekte diesen genauer untersucht (z.b. Erziehungsverhalten von Eltern, Raum-Zeit-Erfahrungen von Kindern etc.). Obwohl sozialwissenschaftliche Analysen und Forschungen von der Lehrerschaft in der Regel nur begrenzt zur Kenntnis genommen werden, sind die Veröffentlichungen zur Kindheitsforschung zumindest in Teilen in einem kaum vermuteten Umfang rezipiert worden. Den im Jahre 1989 durchgeführten Bundes-Grundschulkongreß zum Rahmenthema „Kinder heute - Herausforderung für die Schule" besuchten mehrere Tausend Lehrerinnen und Lehrer. Nahezu alle regionalen Grundschultage haben sich in der Nachfolge dieses Kongresses mit der Thematik „Veränderte Kindheit" befaßt. Der zum Bundes-Grundschulkongreß vorbereitete Band des Arbeitskreises Grundschule „Veränderte Kindheit - Veränderte Grundschule" (vgl. Fölling-Albers 1989) ist in der Zwischenzeit in siebter Auflage erschienen; auch der Tagungsband selbst (vgl. Faust-Siehl u.a. 1990) hat viele Tausend Pädagogen und Pädagoginnen erreicht. Es gibt wohl keine pädagogische Verbands- oder Fachzeitschrift, die sich dieses Themas nicht angenommen hätte. Auch in den Lehrerkollegien waren die „Veränderte Kindheit" und mit ihr die „veränderten Kinder" Gegenstand unzähliger Diskussionen und Beratungen. Was könnten die Motive für das außergewöhnliche Interesse an der Kindheits-Thematik sein? Die Ergebnisse der Kindheitsforschung und die Diskussionen um die veränderte Kindheit dürften vor allem deshalb in den Schulen auf so viel Resonanz gestoßen sein, weil hier den Lehrerinnen und Lehrern plausible Erklärungen für die zunehmenden Schwierigkeiten, die sie in den vergangenen Jahren mit den Kindern hatten, geliefert wurden: Die Familienverhältnisse, die Berufstätigkeit der Mütter, der Medienkonsum, die reduzierten Bewegungserfahrungen, der Terminkalender der Kinder etc. schienen die Ursachen wenn nicht aller, doch vieler Übel im Unterricht zu sein. Es wurde durch diese Studien offensichtlich, daß es vor allem die außerschulischen Erfahrungen der Kinder sind, die den Lehrerinnen und Lehrern die Ausübung ihrer pädagogischen Aufgabe erschweren. Diese sehen sie in erster Linie darin, möglichst allen Kindern den Stoff zu vermitteln, der ihnen durch den Lehrplan vorgegeben ist. Die aus pädagogischer Perspektive rezipierte Kindheitsforschung geschah überwiegend in einer kulturkritischen bzw. kulturpessimistischen Perspektive. Die moderne Kindheit erschien vor allem als Verlustkindheit und gefährdete Kindheit (vgl. z.B. Thiemann 1988; Cloer 1988). Die Verluste wurden festgemacht bei den sozialen Beziehungen (in den

Familien, bei den altersheterogenen Spielgruppen), bei den räumlichen Erfahrungen, den zeitlichen Spielräumen; die Gefährdungen wurden insbesondere im Mediensektor ausgemacht (unkontrollierter Medienkonsum, zu viele Erfahrungen aus „zweiter Hand" anstelle von Primärerfahrungen), aber auch im Gesundheitsbereich: zu wenig Bewegung, ungesunde Ernährung, Gefährdung durch schädliche Umwelteinflüsse. Die positiven Aspekte der Veränderungen, die in ihnen enthaltenen Chancen wurden weniger registriert (z.b. stärkere Anerkennung der Individualität eines Kindes, Liberalisierung im Erziehungsstil, Freisetzung der Kinder von Kinderarbeit etc.[2], vgl. dazu auch Schön 1995). Die Lehrerinnen und Lehrer reagierten auf das veränderte Verhalten von Kindern, das sich bei vielen in vermehrter Spontaneität und Unbekümmertheit, aber auch in zunehmender Unruhe, Zappeligkeit, in Konzentrationsschwierigkeiten oder auch in aggressiven Impulsen äußerte, verunsichert (vgl. Fölling-Albers 1992; Ipfling u.a. 1995). Auch wenn sie ihren Unterricht noch so gründlich vorbereitet hatten, konnten sie ihn kaum in der geplanten Weise umsetzen. Unterricht wurde oft als „gestörter Unterricht" erlebt. Gerade die Lehrerinnen und Lehrer, die in den 60er und 70er Jahren ausgebildet worden waren - und das dürften ca. 70% der gegenwärtig unterrichtenden Pädagogen sein -, waren auf zumeist frontal geführten lehr- und lernzielorientierten Unterricht vorbereitet worden. Die Ausbildung auch der GrundschullehrerInnen als FachlehrerInnen hatte daneben noch den Anspruch verstärkt, möglichst viele und hohe fachliche sowie wissenschaftsorientierte Lernziele zu erreichen. Die Verhaltens- und Aufmerksamkeitsprobleme zahlreicher Kinder in den Klassen führten dazu, daß die Kompetenzen der LehrerInnen als Experten für Fachwissen und Unterrichtstechnik „ins Leere" liefen. Für die veränderten Ansprüche an die Lehrerrolle fühlten sich die meisten KollegInnen nicht ausgebildet und vorbereitet; viele reagierten hilflos, nicht selten führten sie zu psychischen Überlastungen oder gar zu „burn-out"-Syndromen und in der Folge davon zu Erkrankungen, Beurlaubungen oder Frühpensionierungen. Zusammenfassend ist festzuhalten, daß durch die erste Phase der sozialwissenschaftlichen Kindheitsforschung große Teile der Bevölkerung, insbesondere natürlich die den pädagogischen Berufen nahestehenden Personen, sensibilisiert wurden für die Vielfalt und Qualität der gesellschaftlichenWandlungsprozesse und ihren Stellenwert für das kindliche Aufwachsen. Obwohl die Forschungen selbst keine Aussagen über Ursache- und Wirkungszusammenhänge zwischen den Bedingungen der Lebenswelt und den Verhal-

---

[2] Dies gilt für die allermeisten heranwachsenden Kinder und Jugendlichen. Ein (noch) kleiner Teil ist allerdings auch heute wieder durch Kinderarbeit belastet (vgl. „neue Armut"). Dies verweist bereits auf die in Kap. 2.1 beschriebenen „Verlierer" der gesellschaftlichen Modernisierungsprozesse.

tensweisen von Kindern zuließen, wurden in der Praxis nicht selten uni-lineare und eindimensionale Kausalzuschreibungen vorgenommen, im Sinne von: viel Fernsehen führt zu unkonzentriertem Schülerverhalten etc. In größerem Umfang wurden erst in einer zweiten Phase der sozialwissenschaftlichen Kindheitsforschung spezifische Theoreme über die „veränderte Kindheit" geprüft.

2. Aktuelle sozialwissenschaftliche Kindheitsforschung - Soziologie der Kindheit

Es kommt der sozialwissenschaftlich ausgerichteten Kindheitsforschung der 80er Jahre das Verdienst zu, den Blick schlaglichtartig auf die tiefgreifenden und vielschichtigen gesellschaftlichen Wandlungsprozesse und ihren Stellenwert für das Aufwachsen von Kindern gerichtet und geschärft sowie in das Bewußtsein einer breiten Öffentlichkeit getragen zu haben. Stichworte wie „Mediatisierung von Kindheit" bzw. „Wirklichkeit aus zweiter Hand", „verinselte Kindheit", „verplante Kindkeit" etc. galten bald als Kennzeichen für eine ganze Kindergeneration. Auch wenn die Kindheitsforscher selbst diese Pauschalisierungen in der Regel nicht beabsichtigt und meist auch nicht vorgenommen haben, so konnten sie solche generalisierenden Zuschreibungen auch nicht verhindern. Seit dem Ende der 80er Jahre hat sich die sozialwissenschaftliche Kindheitsforschung in zweierlei Hinsicht weiterentwickelt: Zum einen wurden empirische Prüfungen der allgemeinen sozialwissenschaftlichen Theoreme zur „veränderten Kindheit" vorgenommen (1); ein anderer Aspekt der Weiterentwicklung bezog sich auf eine theoretische und methodologische Umorientierung der Kindheitsforschung (2).

2.1 Neuere Forschungsergebnisse zur „veränderten Kindheit"

Bereits in der zweiten Hälfte der 80er Jahre machten es sich verschiedene Wissenschaftler(gruppen) zur Aufgabe, einzelne der Anfang der 80er Jahre aufgestellten Theoreme zur veränderten Kindheit empirisch genauer zu prüfen. So ging es z.B. um die Frage, ob tatsächlich alle Kindergruppen in gleicher Weise von dem „Modernisierungsschub" betroffen waren bzw. in welcher Weise Unterschiede festgestellt werden könnten. Auch ging es darum, die Veränderungen aus der Perspektive der Betroffenen selbst (Kinder und Jugendlichen) genauer zu erheben und nicht nur die Bedingungen des Kinderlebens als solche zu erforschen. Die zahlreichen empirischen Untersuchungen, die seither durchgeführt worden sind, können hier nicht im einzelnen dargelegt werden.

Vielmehr sollen hier nur besonders markante Aspekte exemplarisch herausgegriffen und skizziert werden.

Wie nicht anders zu erwarten, haben die verschiedenen Untersuchungen über das Aufwachsen von Kindern deutlich gemacht, daß ein pauschales Urteil über „die" veränderte Kindheit oder „die" veränderten Kinder der Wirklichkeit nicht gerecht wird. Es gibt zum einen Ungleichzeitigkeiten bei den Veränderungsprozessen; es gibt daneben insbesondere aber Gewinner und Verlierer im Rahmen dieser Veränderungstrends. Im folgenden sollen einige Ergebnisse gebündelt skizziert werden - wissend, daß solche Schlaglichter die Vielfalt der Einzelergebnisse nicht repräsentieren können.

- Es gibt erhebliche Ungleichzeitigkeiten bei den Entwicklungen. In vielen ländlichen Regionen, aber auch in zahlreichen Städten bzw. Stadtbezirken haben sich die Verhaltensweisen der Kinder nicht in dieser dramatischen Weise verändert, wie manche Veröffentlichungen dies suggerieren. Mehr aber als regionale Unterschiede sind Ungleichzeitigkeiten und Unterschiede innerhalb einzelner Schulen oder gar Klassen festzustellen. So gibt es in vielen Schulklassen Kinder, die wie ihre Eltern (oder gar Großeltern) nach wie vor täglich viele Stunden im Garten oder auf dem Hof verbringen, mit mehreren Geschwistern aufwachsen und nicht täglich stundenlang fernsehen (vgl. Rauschenbach, Wehland 1989). Die meisten Kinder und Jugendlichen in Ost- und Westdeutschland nutzen institutionalisierte Freizeit- und Förderangebote der Vereine und Verbände - insbesondere sportliche Angebote, aber auch solche im musisch-ästhetischen Bereich (Erlernen eines Musikinstrumentes, Singen, Malen oder Basteln), in sprachlichen oder technisch-medialen Bereichen etc. Fast alle Eltern begrüßen solche Angebote ausdrücklich als zusätzliche Entwicklungsanreize oder als wertvolle Freizeitbeschäftigungen für ihre Kinder. Grundlegende Ablehnungen solcher Programme sind kaum zu verzeichnen (vgl. Fölling-Albers, Hopf 1995). Fuhs kommt aufgrund seiner Untersuchungen zu dem Schluß, „daß in modernen Familien die Norm vorherrscht, die Freizeit vielfältig, sinnvoll und aktiv zu gestalten" (1996, S.133). Auch die Kinder und Jugendlichen nehmen in der Regel die Angebote gern an und erleben die Teilnahme nicht in erster Linie als Freizeitstreß. Die meisten 10- bis 14jährigen Kinder nutzen etwa zwei Angebote pro Woche (vgl. Fuhs 1996, S.129ff; DJI 1992; Fölling-Albers, Hopf 1995).
- Verschiedene Kindergruppen nehmen die Angebote der Vereine und Verbände allerdings unterschiedlich in Anspruch - die Nutzung ist natürlich zum einen abhängig von den Angeboten einer Region, mehr aber noch vom

sozialen Status der Eltern. Kinder aus Elternhäusern mit hohem sozialen Status nehmen an mehr und an kostspieligeren Angeboten teil. Sie überwinden aufgrund der größeren Mobilität ihrer Eltern besser die regionalen Restriktionen (vgl. die verschiedenen Beiträge in den Sammelbänden des DJI 1992, von Büchner, Fuhs, Krüger 1996; Zinnecker, Silbereisen 1996 sowie die Erhebungen von Rauschenbach, Wehland 1989 und Fölling-Albers, Hopf 1995). Neben schichtspezifischen Unterschieden konnten in den Untersuchungen von Büchner u.a. auch erhebliche Differenzen zwischen westdeutschen und ostdeutschen Kindern und Jugendlichen hinsichtlich ihrer Nutzung institutionalisierter Förder- und Freizeitprogramme festgestellt werden. Während zum Beispiel in Westdeutschland nur 6% der 10- bis 14jährigen keine festen Termine in der Woche hatten, waren es bei den ostdeutschen Gruppen 34% (Fuhs 1996, S.133). 17% der westdeutschen und 22% der ostdeutschen Heranwachsenden haben lediglich einen festen Termin in der Woche; d.h. mehr als die Hälfte der ostdeutschen und immerhin fast ein Viertel der westdeutschen 10- bis 14jährigen Kinder und Jugendlichen haben nur maximal eine feste außerschulische Verpflichtung. Allerdings nehmen 34,6% der westdeutschen und 13% der ostdeutschen Kinder und Jugendlichen vier und mehr feste terminliche Verpflichtungen pro Woche wahr (vgl. Fuhs 1996, S.133). Das heißt, es gibt nach wie vor erhebliche Unterschiede zwischen den westdeutschen und ostdeutschen Heranwachsenden hinsichtlich ihrer Freizeitgestaltung.

- Auch bezüglich der Mediennutzung (Fernsehen und Video) unterscheiden sich die Kindergruppen zum Teil erheblich voneinander. Kinder der unteren sozialen Schichten haben einen höheren täglichen Fernsehkonsum und ein weniger selektives Fernsehverhalten als Kinder höherer sozialer Schichten (vgl. Schnoor, Zimmermann 1989; Büchner, Krüger 1996). Die Annahme, daß Kinder, die auf dem Lande wohnen, weniger fernsehen, weil sie vielfältigere Möglichkeiten des „Draußen-Spiels" haben als Kinder in der Stadt, kann nicht bestätigt werden - im Gegenteil: Kinder „vom Lande" scheinen im Durchschnitt mehr fernzusehen als Kinder, die in der Stadt leben (vgl. Ledig 1992, S. 49). Für Büchner und Krüger sind die unterschiedlichen Muster im Fernsehverhalten vor allem ein Ausdruck unterschiedlicher pädagogischer Orientierungen im Elternhaus: „Da mit sinkendem sozialen Status der Herkunftsfamilie des Kindes die Ausstattung des Kinderzimmers mit elektronischen Medien (Fernseh-/Videogeräte, Stereoanlagen etc.) steigt, läßt sich vermuten, daß der Besitz oder Nichtbesitz solcher Geräte weniger eine Geldfrage als vielmehr eine Frage des Lebensstils und Ergebnis von

pädagogischen Entscheidungen ist, in die auch Bildungsüberlegungen eingegangen sind." (Büchner, Krüger 1996, S.212)
- Die überwiegende Zahl an Forschungen zur veränderten Kindheit sind Querschnittsstudien, in denen zu einem bestimmten Zeitpunkt bestimmte Daten zur Forschungsfragestellung erhoben werden. Die einzige umfassendere Längsschnittstudie wurde in den Jahren 1988 bis 1992 von Fölling-Albers, Hopf (1995) im Raum Oldenburg in drei verschiedenen Soziotopen durchgeführt. Dabei wurden Eltern von Kindergarten- und Grundschulkindern zum Teil über einen Zeitraum von vier Jahren über das Aufwachsen ihrer Kinder in dem je spezifischen Lebensraum befragt - in erster Linie schriftlich, ausgewählte Eltern aber auch mündlich. Daneben fanden Expertenbefragungen (z.b. KindergartenleiterInnen, LehrerInnen, SozialpädagogInnen) statt. Selbst in einem Zeitraum von nur fünf Jahren konnten Prozesse der „Modernisierung" von Kindheit festgemacht werden, wie: Nutzung institutionalisierter Förder- und Freizeitangebote, Verabredung von Spielpartnerschaften mit Hilfe des Telefons, Zunahme der Zweierbeziehungen bei den Spielgemeinschaften etc. Es gab aber auch deutliche (Entwicklungs-)Unterschiede zwischen den verschiedenen Soziotopen, in denen die Kinder lebten. So hatten z.B. bei den Kindern, die in der Innenstadt aufwuchsen, die Spiele mit Geschwistern einen höheren Stellenwert als in den Stadtrandsiedlungen, wo Nachbarkinder und vor allem Freunde die wichtigeren Spielpartner waren. Es konnte aber auch festgestellt werden, daß der generelle Trend zur „Verhäuslichung" durch die Einrichtung von Spielstraßen wieder rückgängig gemacht werden konnte und solche Maßnahmen auch das Spiel in altersheterogenen Gruppen positiv beeinflußte.

Die genannten exemplarischen Beispiele dürften deutlich gemacht haben, daß eine undifferenzierte Beschreibung des Kinderlebens als „Medienkindheit" oder als „verplante" oder „verinselte Kindheit" der Vielfalt des Kinderlebens nicht gerecht wird. Auf der anderen Seite dürften gerade durch die ungleiche Nutzung der außerschulischen Freizeit- und Förderangebote durch die Kinder und Jugendlichen die sozialen Ungleichheiten zwischen ihnen noch verstärkt werden. Verschiedene Untersuchungen lassen den Schluß zu, daß es im Kontext der Modernisierung „Gewinner" und „Verlierer" bei diesen Veränderungen gab. Bei den Gewinnern kumulieren die positiven Entwicklungsmöglichkeiten für die Kinder. Die Vorteile der gesellschaftlichen Individualisierungs- und Liberalisierungsprozesse (z.B. Freisetzung von einschränkenden Bindungen, partnerschaftlicher Umgang miteinander) konnten mit den vielfältigen Anregungen zur Entfaltung der Persönlichkeit in optimaler Weise verknüpft werden. In anderen Familienkonstellationen hingegen verdichten sich solche Bedingungen, die die Entwicklung von Kindern beeinträchtigen: Niedriger sozialer Status der Familie und geringes Einkommen; kaum aktive Freizeitbeschäftigung und hoher Fernsehkonsum etc. Die von vielen Lehrerinnen und Lehrern beobachtete Zunahme der Entwicklungsschere in den Schulklassen (vgl. Fölling-Albers 1992; Ipfling u. a. 1995; Spanhel, Hüber 1995) erfährt hier ihre sozialwissenschaftliche Evidenz. Zinnecker (1997), der in einer Studie die Eltern-Kind-Beziehungen differenzierter untersuchte, unterschied vier Verhaltenstypen bei den Eltern-Kind-Beziehungen (Konflikt-Eltern, Kontroll-Eltern, Partner-Eltern, Lockere Eltern). Insbesondere bei den beiden Extremgruppen (Konflikt-Eltern und Partner-Eltern) lassen sich Parallelen zu den oben beschriebenen Gewinnern und Verlierern des Modernisierungsprozesses herstellen.[3] So konstatiert Zinnecker, daß Kinder und Jugendliche, die nach eigener Einschätzung in eher konfliktbelasteten familiären Bedingungen aufwachsen, „eher unerwünschte Erziehungs- und Sozialisationsmerkmale aufweisen, während bei den Kindern in elterlichen Partner-Umwelten gehäuft wünschenswerte Eigenschaften auftreten." (Zinnecker 1997, S.29)

2.2 Paradigmenwechsel in der Kindheitsforschung

Ein zweiter Entwicklungs- und Veränderungsstrang bezieht sich auf eine veränderte Sichtweise von Kindheit als einer spezifischen Altersphase. Die sozialwissenschaftliche Kindheitsforschung der frühen 80er Jahre hatte ihren Ursprung in der Sozialisationsforschung der 60er Jahre. Jeweils bestimmte Bedingungen des Aufwachsens (familiale Konstellationen, sozialschicht-spezifische und/oder ökonomische Faktoren) galten als entscheidende Variablen, die die Entwicklung der Heranwachsenden beeinflußten (schulischer Lernerfolg, Sprachentwicklung etc.). Dabei wurden in der Regel die Bedingungen des Aufwachsens als unabhängige, die Entwicklungsprozesse bei den Kindern als abhängige Variablen angenommen. Die Phase der Kindheit selbst wurde vor allem als eine entwicklungsnotwendige Übergangsphase (hin zur Jugendphase) wahrgenommen und interpretiert, weniger als eine Altersspanne mit eigenständiger und spezifischer Qualität. Aus soziologischer Perspektive war Kindheitsforschung ein (nicht besonders attraktiver) Zweig der Familienforschung (vgl. Markefka, Nauck 1993). Mit der neueren (zweiten) Phase der Kindheitsforschung entstand in der zweiten Hälfte der 80er Jahre - insbesondere seit dem Beginn der 90er Jahre - eine neues Kindheits-Paradigma, das darauf basierte, „daß Kinder nicht als 'Werdende', sondern als hier und jetzt so 'Seiende', als Subjekte, als vollwertige Mitglieder einer Gesellschaft betrachtet werden."

---

[3] Solche Parallelen wurden von Zinnecker (1997) allerdings nicht hergestellt.

(Wilk 1994, S.12). Kindheit galt ebenso wie Jugend und Erwachsensein als eigenständiger sozialer Status (vgl. Honig 1996 a,b; Zeiher 1996 a,b); den Kindern gebühre wissenschaftliches Interesse als Kinder und nicht als zukünftige Erwachsene. Es ging also um die Erforschung der Kindheit als eigenständige Lebensphase mit ihren spezifischen Institutionen sowie gesellschaftlichen, politischen und auch Macht-Strukturen, die Kindheit und Kindsein bestimmten: Kindheit als soziale Konstruktion (vgl. Zeiher 1996 a,b). Kindheitsforschung wird hier als „Soziologie der Kindheit" definiert und entsprechend soziologisch ausgerichteter Fragestellungen und Methoden untersucht. Damit verlor die Kindheitsforschung als Sozialisationsforschung ihr dominierendes Forschungsparadigma. Mit diesem Paradigmenwechsel waren neue Forschungszugänge und Forschungsgegenstände verknüpft. Es wurde nicht mehr (überwiegend oder gar ausschließlich) Forschung „über" Kinder bzw. über Bedingungen ihres Aufwachsens betreiben; vielmehr rückten jetzt die Kinder selbst mehr in den Mittelpunkt der Forschung. Zum einen wurden vermehrt die Kinder selbst befragt und um Einschätzungen zu verschiedenen Aspekten ihres Alltags gebeten (vgl. Wilk, Bacher 1994; Zeiher, Zeiher 1994). Zum anderen wurden die Kinder nicht (mehr) nur als Objekte oder gar „Opfer" von Sozialisations(ein)wirkungen, als Konsumenten einer für sie bereitgestellten Kinderkultur (Fernsehen, Tonkassetten, Vereinsangebote etc.) gesehen, sondern (auch) als Produzenten von Kinderkultur. Damit geht dieser Ansatz über das von Hurrelmann (1983) entwickelte, sozialisatorisch ausgerichtete Konzept des aktiven „*realitätsverarbeitenden Subjekts*" (Hervorh. v. M. F.-A.) hinaus. Die Kinderkulturforschung erhielt somit eine andere Dimension. Insbesondere Forschungen zum Verhalten von Kindern in peer-groups (Krappmann, Oswald 1996), aber auch Untersuchungen über die Sprache von Kindern (Gogolin 1996), ihr Raum- Zeit-Verhalten (Zeiher, Zeiher 1994), ihr von Erwachsenen weitgehend unbeeinflußtes Verhalten (z.B. auf dem Pausenhof, vgl. Kauke 1995) rückten jetzt stärker in das Blickfeld. Verknüpft mit diesem neuen Kindheitsforschungsparadigma war auch ein anderer methodischer Zugang. Waren es in der früheren empirischen Kindheitsforschung in erster Linie quantitative Designs mit größeren Stichproben, die auch Aussagen über die unmittelbar befragte Untersuchungsgruppe hinaus nahelegten, auch wenn diese nicht immer repräsentativ ausgewählt wurden (vgl. z.B. Rauschenbach, Wehland 1989; DJI 1992), so waren es jetzt eher detaillierte, qualitative, auf einzelne Kinder bzw. Kindergruppen oder Schulklassen ausgerichtete Fallstudien. „Dichte Beschreibungen" (Geertz 1983) sollten die empirische Basis für die inhaltsanalytischen Auswertungen darstellen.

Zusammenfassend kann festgehalten werden, daß die im letzten Jahrzehnt durchgeführten Untersuchungen zur veränderten Kindheit die in vielen pädagogischen Publikationen vorzufindenden einseitigen und eindimensionalen Zuschreibungen über Bedingungen des Aufwachsens und über Verhaltensweisen von Kindern nicht zulassen. Auch lassen die meisten Forschungen keine Aussagen über Ursache-Wirkungszusammenhänge zu, sondern nur über korrelative Beziehungen zwischen den jeweils untersuchten Variablen. Verschiedene Kindergruppen scheinen von den Modernisierungsprozessen unterschiedlich stark sowie in ihren Wirkungen zum Teil eher positiv oder eher negativ betroffen zu sein.

3. Relevanz der sozialwissenschaftlichen Kindheitsforschung für Schule und (Sach-)Unterricht

Die sozialwissenschaftlich ausgerichtete empirische Kindheitsforschung hat in den vergangenen 15 Jahren zunächst einmal einer breiten Öffentlichkeit die vielschichtigen gesellschaftlichen Veränderungsprozesse, die das Aufwachsen von Kindern nachhaltig beeinflussen, aufgezeigt. In den Schulen sind vor allem die Ergebnisse aus der ersten Phase der Kindheitsforschung, in der insbesondere die allgemeinen Entwicklungstrends aufgezeigt wurden, aufgegriffen worden - gaben sie doch meist plausible Erklärungen für die Schwierigkeiten, die sie mit vielen Kindern bzw. Schulklassen zunehmend hatten. Ein Teil der Lehrerinnen und Lehrer versuchte, auftretende Probleme (z.B. Unruhe, Zappeligkeit, Konzentrationsschwierigkeiten) mit Hilfe sozialpädagogischer Techniken und Maßnahmen zu kompensieren, z.B. durch zusätzliche Bewegungsübungen, Stilleübungen, durch die Einführung von musisch-meditativen Erfahrungseinheiten, um dann anschließend wieder möglichst unbelastet „normal" Unterricht durchführen zu können. Hier haben vor allem die Erkenntnisse der ersten Phase der neueren Kindheitsforschung das pädagogische Handeln beeinflußt. Ein anderer Teil der Lehrerinnen und Lehrer nahm die zunehmend heterogener gewordenen Lern- und Verhaltensvoraussetzungen der Kinder zum Anlaß, im Unterricht stärker zu differenzieren und die Lernangebote mehr den individuellen Lernmöglichkeiten der Kinder anzupassen (Einführung von Wochenplanarbeit und Freier Arbeit, Einrichtung von Lernstationen, Durchführung von Unterrichtsprojekten etc.). Obwohl die genannten didaktischen Konzepte eher den Ergebnissen der zweiten Phase der Kindheitsforschung entsprechen, scheint diese selbst allerdings von den Schulen weniger explizit zur Kenntnis genommen worden zu sein.

Mit Hilfe der Kindheitsforschung kann die Lebenswelt der Kinder untersucht, können die Verhaltensweisen von Kindern, kann die Kinderkultur beschrieben werden, gegebenenfalls können auch Zusammenhänge zwischen den verschiedenen Bereichen hergestellt werden. Mit Hilfe der Daten aus der Kindheitsforschung können aber keine Entscheidungen über pädagogische und didaktische Maßnahmen zur Gestaltung von Unterricht und Schule getroffen werden. Durch ihre Untersuchungen kann die Kindheitsforschung allerdings dazu beitragen, die *Voraussetzungen* für solche Entscheidungen zu klären. Sie liefert somit Expertisen für Pädagogen und auch für Bildungspolitiker. Sofern die Pädagogik/Didaktik von der sozialwissenschaftlichen Kindheitsforschung keine normativen Vorgaben über Ziele und Inhalte pädagogischen Handelns erwartet, kann diese ihr jedoch eine Fülle an Informationen über Kinder, Kindsein und Kindheit liefern. Welche davon pädagogisch bzw. didaktisch relevant sind, ist für die Kindheitsforscher nicht von Interesse, sondern muß von den Pädagogen selbst entschieden werden. An dieser Stelle wäre in Zukunft mehr Kooperation zwischen Kindheitsforschern und Unterrichtsforschern wünschenswert. Das gilt insbesondere vor dem Hintergrund der Tatsache, daß pädagogische Lehr- und Lernprozesse bisher kaum im Kontext von Kindheitsforschung empirisch untersucht worden sind - von wenigen Ausnahmen abgesehen (vgl. Beck, Scholz 1995). Bisher standen bei dieser fast ausschließlich außerschulische Faktoren im Forschungsmittelpunkt.

Abschließend soll auf einzelne bemerkenswerte Unterschiede zwischen der Gesellschafts-, Schul- und Unterrichtsreform der 60er Jahre auf der einen Seite und den gegenwärtigen gesellschaftlichen Veränderungen mit ihren Auswirkungen auf Schul- und Unterrichtsformen auf der anderen Seite aufmerksam gemacht werden. In den 60er Jahren, als auch umfassende gesellschaftliche Wandlungsprozesse (Ende der Nachkriegs-Aufbauphase, verstärkter wissenschaftlicher und technologischer Wettbewerb zwischen den Industrienationen) Veränderungen im Bildungssystem notwendig erscheinen ließen, wurden umfassende *schulstrukturelle* Veränderungen gefordert: Einführung von Gesamtschulen und Ganztagsschulen, Aufhebung von „Zwergschulen" bzw. einklassigen Grundschulen, Einrichtung von Schulzentren bzw. Mittelpunktschulen etc. Auf diese Weise sollten die Unterschiede zwischen den Schulen weitgehend aufgehoben, und es sollten an alle Heranwachsenden gleichartige, anspruchsvolle Bildungsinhalte vermittelt werden. Auf der Mikro-Ebene „Unterricht" hingegen wurde die Durchsetzung genau ausgearbeiteter, lehrzielorientierter Curricula gefordert. Das am (natur)wissenschaftlichen Unterricht ausgerichtete Paradigma galt als Leitkategorie für möglichst jeglichen Unterricht - auch bereits in der Grundschule. Die einzelnen Unterrichtsfächer erhielten ein stärkeres Gewicht und fachliches Profil. Das galt auch für den Sachunterricht. Die

Wissenschaftsorientierung wurde vorrangiges Unterrichtsprinzip. In der gegenwärtigen schulpolitischen und unterrichtsdidaktischen Diskussion sind eher gegensätzliche Entwicklungen zu registrieren. Die Diskussionen um Schulreform orientieren sich an einer Reform bzw. Verbesserung der Einzelschule (vgl. die Stellungnahmen zur Schulautonomie, zur inneren Schulreform sowie zur Schärfung individueller Schulprofile). Hinsichtlich der unterrichtlichen und curricularen Ausrichtungen ist eine Tendenz zur Aufhebung der Fächergrenzen sowie zur Durchsetzung integrativer Unterrichtskonzepte zu verzeichnen. Der Projektunterricht gilt als prototypisches Beispiel für einen fächerintegrativen Unterricht. Vor allem für den Sachunterricht wird dieses Konzept nahezu uneingeschränkt propagiert. Integrative Unterrichtskonzeptionen, die gleichzeitig projektorientierte Elemente enthalten, gelten als diejenigen, in denen kindgemäße Lernformen am ehesten aufgegriffen werden könnten: Ausgangspunkte für Lehr-Lerneinheiten sollten umfassende Themen oder Probleme sein, die nach Möglichkeit an aktuellen Situationen oder Fragen anknüpfen; es könnten hier handlungsorientierte, entdeckende und spielerische Lernformen besonders gut berücksichtigt werden. „Ganzheitliches Lernen" sei in solchen Unterrichtsformen am ehesten zu realisieren. Besonders symptomatisch für die aktuelle globale Orientierung im curricularen Bereich ist der Vorschlag von Faust-Siehl u.a. (1996), den sie in ihrer programmatischen Schrift über die „Zukunft der Grundschule" formuliert haben - und zwar, den Sachunterricht in „Weltkunde" umzubenennen. Bemerkenswert ist allerdings, daß parallel zu den genannten Vorstellungen von Pädagogen und Didaktikern, im Sachunterricht vermehrt integrative Konzepte zu praktizieren, der Stellenwert dieses Faches an den Schulen zurückgegangen ist. So wurden in Bayern und auch in anderen Bundesländern sowohl die Unterrichtsstunden im Sachunterricht gekürzt als auch Inhalte dieses Faches reduziert. In Sachsen zählt das Fach Heimatkunde/Sachunterricht nicht zu den Kernfächern, deren Noten für das Gutachten zum Übergang von der Grundschule zum Gymnasium herangezogen werden. Hier soll kein Ursache-Wirkungs-Zusammenhang unterstellt werden. Doch es gibt immerhin zu denken, wenn erfahrene (Grundschul-)Pädagogen und Sachunterrichts-Didaktiker vermehrt die Sorge aussprechen, mit Rekurs auf eine vermeintliche Kindorientierung könnte die vertiefte (auch anstrengende und anspruchsvolle) geistige Auseinandersetzung mit einem Sachverhalt vernachlässigt werden (vgl. z.B.Beck 1993; Schreier 1995; Duncker, Popp 1995). Es sollte angesichts der Erfahrungen aus der Bildungsreform der 60er und frühen 70er Jahre bedacht werden, ob eine allzu starke Gewichtung *eines* Reformaspektes (in den 60er Jahren die Wissenschaftsorientierung, in den 90er Jahren die integrative Orientierung) nicht Gefahr läuft, nach relativ kurzer Zeit durch ein anderes Konzept wieder ersetzt zu werden.

Literatur

Beck, G.: Lehren im Sachunterricht. In: Die Grundschulzeitschrift, 7 (1993) 67, S. 6-8

Beck, G./ Scholz, G.: Beobachten im Schulalltag. Frankfurt/M: Cornelsen Verlag Scriptor 1995

Behnken, I./ Jaumann, O. (Hrsg.): Kindheit und Schule. Kinderleben im Blick von Grundschulpädagogik und Kindheitsforschung. Weinheim und München: Juventa 1995

Brügelmann, H.. : Veränderte Kindheit - na und? Sorgenkinder gab es immer, aber nicht eine Schule, die sich um sie sorgte. In: Die Grundschulzeitschrift, 8 (1994) 73, S. 54/55

Büchner, P./ Fuhs, B./ Krüger, H.-H. (Hrsg.): Vom Teddybär zum ersten Kuss. Wege aus der Kindheit in Ost- und Westdeutschland. Opladen: Leske und Budrich 1996

Büchner, P./ Krüger, H.-H.: Schule als Lebensort von Kindern und Jugendlichen. Zur Wechselwirkung von Schule und außerschulischer Lebenswelt. In: Büchner/ Fuhs/ Krüger (Hrsg.), (1996) S. 201-224

Cloer, E.: Die Sechs- bis Zehnjährigen. Ausgewählte Aspekte des Kindseins heute. In: Pädagogische Welt, 11 (1998), S. 482-487

Deutsches Jugendinstitut (Hrsg.): Was tun Kinder am Nachmittag? Ergebnisse einer empirischen Studie zur mittleren Kindheit. München: D.J.J. 1992

Duncker, L./ Popp, W. (Hrsg.): Kind und Sache. Weinheim und Basel: Beltz Verlag 1994

Faust-Siehl, G./ Garlichs, A./Ramseger, J./ Schwarz, H./ Warm, U.: Die Zukunft beginnt in der Grundschule. Empfehlungen zur Neugestaltung der Primarstufe. AK Grundschule. Frankfurt/M 1996

Faust-Siehl, G./ Schmitt R./ Valtin R.: Kinder heute - Herausforderung für die Schule. Dokumentation des Bundesgrundschulkongesses 1989 in Frankfurt am Main, Frankfurt/M: AK Grundschule 1990

Fölling-Albers, M. (Hrsg.): Veränderte Kindheit - Veränderte Grundschule. Frankturt/M: AK Grundschule 1989

Fölling-Albers, M.: Schulkinder heute. Auswirkungen veränderter Kindheit auf Unterricht unfd Schulleben. Weinheim: Beltz 1992

Fölling-Albers, M.: Kindheitsforschung und Schule. Überlegungen zu einem Annäherungsprozeß. In: Behnken, J./ Jaumann, O. (Hrsg.). Kindheit und Schule. Kinderleben; - Blick von Grundschuldidaktik und Kindheitsforschung. Weinheim und München: Juventa 1995, S. 11-20

Fölling-Albers, M.: Kinheitsforschung und Schule. Zehn Thesen zu einem ungeklärten Verhältnis. Glumpler, E./Luchtenberg, S. (Hrsg.): Jahrbuch der Grundschulforschung. Heilbrunn: Klinkhardt 1997

Fölling-Albers, M./ Hopf, A.: Auf dem Weg vom Kleinkind zum Schulkind. Eine Langzeitstudie zum Aufwachsen in verschiedenen Lebensräumen. Opladen: Leske und Budrich 1995

Fuhs, B.: Das außerschulische Kinderleben in Ost- und Westdeutschland. Von kindlichen Spielen zur jugendlichen Freizeitgestaltung. In: Büchner/ Fuhs/Krüger (Hrsg.), 1996, S. 129-158

Gogolin, I.: Auf dem Weg nach Babel? Über die Sprachentwicklung der Gesellschaft. In: Grundschule 2000. Zukunft für Kinder. Frankfurt/M.: AK Grundschule 1996, S. 56-68

Honig, M.-S.: Normative Implikationen der Kindheitsforschung. In: Zeitschrift für Sozialisationsforschung und Erziehungssoziologie, 1 (1996a) 16, S. 9-25

Honig, M.-S.: Probleme der Konstituierung einer erziehungswissenschaftlichen Kindheitsforschung. Ein Überblick über Fragestellungen, Konzepte und Befunde. In: Zeitschrift für Pädagogik, 3 (1996b) 42, S. 325-345

Honig, M.-S./ Leu, H.R./ Nissen, U. (Hrsg.): Kinder und Kindheit. Soziokulturelle Muster - sozialisationstheoretische Perspektiven. Kindheiten. Weinheim und München: Juventa 1996

Hurrelmann, K.: Das Modell des produktiv realitätsverarbeitenden Subjekts in der Sozialisationsforschung, In: Zeitschrift für Sozialisationsforschung und Erziehungssoziologie, 1 (1983) 3, S. 91-103

Ipfling, H.-J./ Peez, H./ Gamsjäger, E.: Wie zufrieden sind die Lehrer? Empirische Untersuchungen zur Berufs(un)-zufriedenheit von Lehrern/ Lehrerinnen der Primar- und Sekundarstufe im deutschsprachigen Raum. Bad Heilbrunn: Klinkhardt 1995

Kauke, M.: Kinder auf dem Pausenhof. Soziale Interaktion und soziale Normen. In Behnken/ Jaumann (Hrsg.), (1995), S. 51-62

Kelle, H./ Breidenstein, G.: Kinder als Akteure: Ethnographische Ansätze in der Kindheitsforschung. In: Zeitschrift für Sozialisationsforschung und Erziehungssoziologie, 1 (1996) 16, S. 47-67

Krappmann, L./ Oswald, H.: Alltag der Schulkinder. Beobachtungen und Analysen von Interaktionen und Sozialbeziehungen. Weinheim und München: Juventa 1995

Ledig, M.: Vielfalt oder Einfalt - Das Aktivitätenspektrum von Kindern. In: Deutsches Jugendinstitut (Hrsg.) 1992, S. 31-74

Markefka, M./ Nauck, B. (Hrsg.): Handbuch der Kindheitsforschung. Neuwied, Kriftel, Berlin: Luchterhand 1993

Muchow, M./Muchow H.-H.: Der Lebensraum des Großstadtkindes (mit einem Vorwort von J. Zinnecker). Bensheim 1978

Preuss-Lausitz, U. u.a. (Hrsg.): Kriegskinder, Konsumkinder, Krisenkinder. Zur Sozialisationsgeschichte seit dem Zweiten Weltkrieg. Weinheim und Basel: Beltz 1983.

Rauschenbach, B./Wehland, G.: Zeitrauem Kindheit. Zum Erfahrungsraum von Kindern in unterschiedlichen Wohngebieten. Heidelberg: Asanger 1989

Rolff, H.G./ Zimmermann, P.: Kindheit im Wandel. Weinheim und Basel: Beltz 1985

Schnoor, D. / Zimmermann, P.: Kinder und Fernsehen. Ein Trendbericht. In: Zeitschrift für Sozialisationsforschung und Erziehungssoziologie, 2 (1989) 9, S. 85-100

Schön, B.: Veränderte Kindheit als pädagogische Herausforderung. In: Schule im Wandel. Veränderte Gesellschaft-Kindheit-Jugend. Informationsschrift zur Lehrerbildung, Lehrerfortbildung und pädagogischen Weiterbildung. H. 49, Pädagogische Hochschule Heidelberg 1995

Schreier, H.: Unterricht ohne Liebe zur Sache ist leer. Eine Erinnerung. In: Grundschule, 6 (1995) 27, S. 14/15

Spanhel, D. / Hüber, H.-G.: Lehrersein heute - berufliche Belastungen und Wege zu deren Bewältigung. Bad Heilbrunn: Klinkhardt 1995

Thiemann, F.: Kinder in den Städten. Frankfurt/M: Suhrkamp 1988

Wilk, L.: Kindsein in „postmodernen" Gesellschaften. In: Wilk/Bacher (Hrsg.) 1994, S. 1-32

Wilk, L./Bacher J. (Hrsg.): Kindliche Lebenswelten. Eine sozialwissenschaftliche Annäherung. Opladen: Leske und Budrich 1994

Zeiher, H.: Editorial: Zugänge zu Kindheit. In: Zeitschrift für Sozialisationsforschung und Erziehungssoziologie, 1 (1996a) 16, S 6-8

Zeiher, H.: Kinder in der Gesellschaft und Kindheit in der Soziologie. In: Zeitschrift für Sozialisationsforschung und Erziehungssoziologie, 1 (1996b) 16, S. 26-46

Zeiher, H.J./ Zeiher, H.: Orte und Zeiten der Kinder. Soziales Leben im Alltag von Großstadtkindern. München: Juventa 1994

Zentrum für Kindheits- und Jugendforschung (Hrsg.): Wandlungen der Kindheit. Theoretische Überlegungen zum Strukturwandel der Kindheit heute. Opladen: Leske und Budrich 1993

Zinnecker, J.: Soziologie der Kindheit oder Sozialisation des Kindes? Überlegungen zu einem aktuellen Paradigmenstreit. In: Honig/ Leu/ Nissen (Hrsg.) 1996, S. 31-54

Zinnecker, J.: Streßkinder und Glückskinder. Eltern als soziale Umwelt von Kindern. In: Zeitschrift für Pädagogik. 4 (1997) 43, S. 7-34

Zinnecker, J./ Silbereisen, R.: Kindheit in Deutschland. Aktueller Survey über Kinder und ihre Eltern. München: Juventa 1996

Naturbeziehung und Naturerfahrung bei Kindern

Ulrich Gebhard, Universität Hamburg

1. Die Bedeutung der nichtmenschlichen Umwelt und Naturbeziehungen

Seitdem ökologische Fragen in die öffentliche Diskussion und in das Bewußtsein vieler Menschen geraten sind, wird kaum noch bezweifelt, daß der Mensch als Teil der Natur im materiellen, biologischen Sinn mit der Natur untrennbar verbunden ist. Hier geht es jedoch um die psychische Seite dieses grundlegenden ökologischen Zusammenhangs, es geht um die Frage, in welcher Weise äußere Natur auch psychisch wirksam ist. Das entspricht in etwa der Vorstellung Alexander von Humboldts, der bei der Naturforschung „nicht bei den äußeren Erscheinungen allein verweilen", sondern die Natur auch so erforschen wollte, „wie sie sich im Inneren der Menschen abspiegelt".

Die Persönlichkeit des Menschen wird in den meisten psychologischen Schulen als das Ergebnis der Beziehung zu sich selbst und der Beziehung zu anderen Menschen verstanden. In der jeweils aktuellen Persönlichkeitsstruktur verdichten sich nach dieser Auffassung die Erfahrungen mit sich selbst und den anderen; die nichtmenschliche Umwelt (also Gegenstände, Pflanzen, Tiere, Natur, Landschaft, Bauten) spielen in diesem zweidimensionalen Persönlichkeitsmodell (Krampen 1988) keine oder jedenfalls nur eine untergeordnete Rolle. In solchen Modellen hängt nämlich die psychische Entwicklung vor allem von der Art und Qualität der menschlichen Umwelt ab. Die Erfahrungen, die Kinder mit vertrauten Bezugspersonen machen, bestimmen wesentlich die Persönlichkeit und auch, mit welcher Tönung und Qualität die Welt wahrgenommen wird. Erikson (1968) hat dafür den Begriff „Urvertrauen" eingeführt. Nun darf die Bedeutung der menschlichen Umwelt keineswegs geschmälert werden, doch leben die Menschen nicht allein auf der Welt. Sie leben vielmehr in einer Welt, in der es weitaus mehr nichtmenschliche „Objekte" gibt als menschliche. Der Mensch ist als Teil und Gegenüber der Natur untrennbar mit all diesen nichtmenschlichen Objekten verbunden.

Im Rahmen eines dreidimensionalen Persönlichkeitsmodells ist auch der Begriff „Naturbeziehung" im Titel dieses Aufsatzes zu verstehen. Er berücksichtigt, daß die psychische Genese eben auch mit der Beziehung zu nichtmenschlichen Objekten, auch mit der Beziehung zu Naturobjekten, zusammenhängt. Gerade bei Kindern wird dies angesichts ihrer Neigung, Naturphänomene bzw. einzelne Elemente in ihr (v.a. Tiere) zu beseelen und damit auch animistisch bzw. anthropomorph zu interpretieren, besonders deutlich (s. Abschnitt 2).

Für die Pädagogik im allgemeinen und den Sachunterricht im besonderen ist ein Nachdenken über die psychodynamische Bedeutung der „Sachen" - und dabei sind Naturphänomene ein zwar geeignetes, aber dennoch nur ein Beispiel - deshalb wichtig, weil damit der affektive Grund berührt wird, auf den die „Dinge" jeweils treffen. In diesem Aufsatz werden nun einige ausgewählte Hinweise und Befunde zusammengestellt, die die Naturbeziehungen von Kindern beleuchten. Viele wichtige Aspekte können allerdings in diesem kurzen Artikel nicht oder nur am Rande behandelt werden, wie z.B. die besondere Beziehung zu Tieren oder Pflanzen, Angst- und Ekelreaktionen oder auch die psychische Bedeutung der Umweltzerstörung (s. ausführlich Gebhard 1994).

Insgesamt kommt es mir vor jeder pädagogischen Zielsetzung oder gar Funktionalisierung darauf an, zu erkunden und zu sehen, welche Beziehung Kinder überhaupt zu Naturphänomenen haben. „Natur" hat nämlich für Kinder auch eine Bedeutung, ohne daß sie „Unterrichtsstoff" ist, ohne daß sie gewissermaßen didaktisch zugerichtet ist. Kinder spielen im Wald, klettern auf Bäume, bauen sich Buden, kümmern sich um ihre Katze oder gießen Blumen, haben aber auch Angst angesichts eines bellenden Hundes, vor Spinnen, ekeln sich vor Würmern, sind traurig über den Tod eines Heimtieres. Kinder machen auch dann Erfahrungen mit der Natur, wenn sie zerstört oder nur reduziert vorhanden ist. Auch hier gibt es (beispielsweise) Hinterhöfe, Insekten, Pflasterritzen, Hunde. Die Fragestellung, welchen psychischen Wert „Natur" für Kinder hat, ist so auch unabhängig von der Absicht, ihnen etwas beizubringen. Es gilt zunächst, sie zu verstehen.

2. Naturbeseelung und Anthropomorphismus

Nicht nur Kinder beseelen häufig ihre Umwelt. Dabei haben Naturphänomene, vor allem Tiere, aber auch Pflanzen, eine besondere Bedeutung. In der Verhaltensforschung werden solche Beseelungen als sogenannte Anthropomorphismen (Vermenschlichungen) mit guten Gründen kritisch betrachtet. Aus psychologischer und pädagogischer Perspektive allerdings ist das Phänomen, daß

Tiere, Pflanzen und auch Sachen subjektiv beseelt werden können, als eine beziehungsstiftende Fähigkeit der menschlichen Psyche zu verstehen, die mit dem verhaltensbiologischen Verdikt des Anthropomorphismus nicht abgetan ist. In anthropomorphen Weltdeutungen offenbart sich nämlich nicht nur eine kognitive Interpretation der Welt, sondern zugleich auch eine affektive Beziehung zu ihr. Die nicht selten erhobene Forderung (v.a. in der Biologiedidaktik), daß Anthropomorphismen möglichst schon während der Grundschulzeit abzubauen seien, muß insofern neu bedacht werden. Dabei wird nicht die verhaltensbiologische Position in Frage gestellt, daß Tiere ein je arteigenes, eben nichtmenschliches Verhaltensrepertoire haben, das es zu beachten bzw. auch zu achten gilt - diese Position ist m.E. unstrittig - vielmehr werden die psychologischen Bedingungen reflektiert, die dem anthropomorphen Denken zugrunde liegen und die bei pädagogischen Entscheidungen natürlich mitbedacht werden müssen.

Das anthropomorphe Denken gehört zu dem Komplex, den Piaget „animistisches Denken" genannt hat. Piaget meint damit eine kindliche Haltung gegenüber der Welt, die davon ausgeht, daß die äußeren Objekte (d.h. Menschen, Tiere, Pflanzen, Steine, Gebrauchsgegenstände usw.) so ähnlich oder gar gleich sind wie das Kind selbst. Animismus ist die „Tendenz, die Körper als lebendig oder mit Absichten ausgestattet zu betrachten" (Piaget 1978, S. 143). Die Dinge werden also „beseelt", wobei die Erfahrung der eigenen Gefühlshaftigkeit und Intentionalität auf andere Objekte projiziert wird. Es handelt sich dabei um das Weltbild des egozentrischen Kindes, das so auf eine ihm gemäße Weise die Welt systematisiert und deutet.

Der Begriff Animismus kommt aus der Ethnologie, wo er das Weltbild archaischer Kulturen kennzeichnet, in denen ebenfalls nichtmenschliche Objekte mit Geist, Absicht und Persönlichkeit ausgestattet werden. Piaget zufolge sei auch bei Kindern eine ähnliche Haltung gegenüber der Welt zu beobachten, die erst später - etwa bis zur Zeit der Pubertät - von einer rationalen Weltsicht überlagert werde. Piaget untersuchte Kinder in Alter von 3 bis 13 Jahren und stellte eine charakteristische, in Phasen verlaufende Abnahme der animistischen Denkweise fest. Nach Piagets Befunden ist bis zu einem Alter von 6 bis 7 Jahren alles mit Bewußtsein ausgestattet. Alles Geschehen kann nur gedacht werden als bewußte und intendierte Aktivität. In der nächsten Phase (6,5 bis 8,5 Jahre) werden alle beweglichen Dinge als mit Bewußtsein ausgestattet angenommen, in der dritten Phase schließlich nur die mit Eigenbewegung ausgestatteten Körper (8,5 bis 11,5 Jahren). Schließlich (etwa mit 11/12 Jahren) wird das Bewußtsein den Tieren vorbehalten. Vergleichbare Stadienabfolgen beobachtet Piaget bei dem Begriff

„Leben". Die Erfahrungen mit sich und der Welt werden verallgemeinert und auf die Umwelt ausgedehnt oder - wie Freud (1912/13, S. 112) es formuliert - „Strukturverhältnisse der eigenen Psyche" werden „in die Außenwelt verlegt". Dieses erste Weltbild des Kindes wird allerdings mit der Wirklichkeit konfrontiert und so in einem fortschreitenden Entwicklungsprozeß korrigiert. Bei Piaget ist das die Entwicklung vom frühkindlichen Egozentrismus zur realitätsgerechten Erkenntnis, d.h. auch Anerkenntnis der äußeren Welt.

Daß Kinder noch keine feste Grenze zwischen den Dingen der äußeren Welt und dem eigenen inneren Erleben ziehen, entspricht auch Annahmen der Psychoanalyse (s. Abschnitt 3). Die psychische Repräsentanz von äußeren Nicht–Ich–Objekten ist auch hier ein wesentlicher Reifungsschritt. Da jedenfalls zu Anfang dieser Entwicklung ichbezogene, subjektive seelische Anteile und die äußere Welt in der Vorstellung noch nicht klar getrennt sind, können sich Innen und Außen auch gegenseitig beeinflussen. Das Kind fühlt sich somit einerseits als ein allmächtiger „Magier", der über seine Wünsche und Gedanken das Schicksal der Außenwelt lenken kann (z.B. „Wenn ich aufesse, gibt es morgen gutes Wetter."). Auf der anderen Seite haben auch die Dinge der Außenwelt Wesenszüge der seelischen Innenwelt. Natürlich nehmen die Gegenstände auf diese Weise menschliche Gestalt bzw. Eigenschaften an; die Welt wird von einem egozentrischen Standpunkt aus magisch-anthropomorph interpretiert: Alles ist so wie ich: Die Sonne scheint, weil sie lieb ist, der Tisch ist böse, weil er mich gestoßen hat und wenn jemand pustet, fliegt der Schmerz weg.

Im Gegensatz zu Piaget ist wohl eher davon auszugehen, daß sich die animistische und anthropomorphe Denkweise nicht plötzlich mit ca. zwölf Jahren in Luft auflöst, daß es das animistisch-magische Denken in allen Altersstufen gibt (Tul'viste 1982), ja daß auch bei Erwachsenen nur eine „dünne Schicht vor dem Magischen" (Vincze, Vincze 1964) besteht. Zugespitzt könnte man sagen, daß es zum historischen Programm der Naturwissenschaften - und natürlich auch des naturwissenschaftlichen Unterrichts inklusive entsprechender Anteile des Sachunterrichts - gehört, diese dünne Schicht zu stärken.

So sind in der Pädagogik, v.a. der naturwissenschaftlichen Fachdidaktik, diese Zusammenhänge mit zwei bemerkenswerten Modifikationen eingegangen: Zum einen wird davon ausgegangen, daß der animistische Zug im kindlichen Denken ab Beginn der Grundschulzeit geradezu „verblüffend" abnehme, und außerdem wird der Abbau des animistischen bzw. anthropomorphen Denkens bisweilen geradezu als Erziehungsaufgabe der Schule begriffen.

Piaget hatte das Ende des animistischen Denkens erst zu Beginn der Pubertät angenommen. In der Tat gibt es einige Studien, die an den zeitlichen Angaben von Piaget zweifeln lassen. Bereits in den 40er Jahren gab es in den USA eine sogenannte „Animismus–Kontroverse", die allerdings im Ergebnis eher die Befunde von Piaget bestätigte. In diesem Zusammenhang ist auch häufig Kritik an Piagets Untersuchungsmethode des Klinischen Interviews geäußert worden, wodurch die Befunde den kindlichen Animismus betreffend beeinflußt worden seien. Eine Vielzahl von neueren, z.T. auch experimentellen Untersuchungen (z.B. Dolgin, Behrend 1984; Carey 1985; Gelman 1990; Mähler 1995) zeigen jedoch deutlich, daß der Animismus des Kindes kein Untersuchungsartefakt ist und daß sogar die Ergebnisse von Piaget replizierbar sind. Ob sie freilich nur im Sinne von Piaget - nämlich als ein zu überwindendes kindliches Weltbild - zu interpretieren sind, ist damit nicht gesagt. Im nächsten Abschnitt werde ich die animistischen Tendenzen aus Sicht der Psychoanalyse interpretieren und auch einige (andere) pädagogische Konsequenzen ziehen.

In eigenen Untersuchungen (Gebhard, Billmann, Nevers 1997) fanden wir in Gesprächen mit Kindern verschiedener Altersstufen, daß anthropomorphe Sichtweisen gegenüber Tieren und auch gegenüber Pflanzen geradezu hartnäckig verteidigt werden. Darüber hinaus scheint es so zu sein, daß Anthropomorphismen bei ethischen Argumentationen gegenüber Pflanzen und Tieren eine zentrale Rolle spielen (Nevers, Billmann, Gebhard 1997). Im folgenden ein Beispiel aus einer Diskussion von zehnjährigen Kindern (4. Klasse) über Pflanzen:

Maria: „Wir können uns wehren und wegrennen und die Bäume stehen da hilflos und können nur die Äste bewegen im Wind, aber sie können sich nicht wehren und dir mit dem Ast eine ditschen. Das einzige, was ihr Glück wäre, daß dich jemand dort erwischt und dem das nicht recht ist und der jagt dich dann. Aber die Bäume können sich nicht wehren. Wir warten auch nicht voller Glück und sagen: „Oh schön, da kommt ein Mörder und will mich ermorden." Die Bäume sehen das mit an und ein Baum hat auch Angst."

Albert: Ein Baum ist so wie ein Blinder, der gefesselt ist, der nicht hören kann.

Maria: „...nicht hören und nicht sehen. Ja, ein Baum kann höchstens fühlen. Gerade das Fühlen, ein Baum spürt ja auch Schmerz. Hören kann ein Baum vielleicht gerade noch, aber riechen kann er nicht."

Daniel: „Woher willst du das wissen?"

Maria: „Ich bin mir da ziemlich sicher, aber fühlen kann er klar."

Daniel: „Ja, aber woher willst du wissen, daß er nicht gucken kann und hören?"

Maria: „Das macht es sogar noch schlimmer, wenn ein Baum sehen würde, wenn er abgeholzt würde."

Albert: „Das will ich nicht sehen."

Die animistische Denkhaltung wird natürlich durch bestimmte Darstellungsweisen von Tieren und Pflanzen in den Medien (z.B. Trickfilme) und auch durch spezifische Eigentümlichkeiten der Sprache („Die Sonne geht auf.") eher verstärkt. Neuere Untersuchungen (s.o.) bestätigen die Relativität zumindest der Altersangaben von Piaget und zeigen die Beeinflußbarkeit der animistischen und anthropomorphen Denkweise. Die pädagogischen Bemühungen vor allem seit den sechziger Jahren - und hier wird der Sachunterricht eine wichtige Rolle spielen - werden nun in der Tat eine Abnahme animistisch–anthropomorpher Vorstellungen bewirkt haben - zumindest eine Abnahme entsprechender Äußerungen im Unterricht. Das paßt übrigens durchaus in die Entwicklungstheorie von Piaget. Danach kommt ja die animistische Denkweise nicht etwa aufgrund einer endogenen Reifungsdynamik zu Beginn der Pubertät zum Erliegen, sondern durch einen stetigen Lernprozeß, durch direkten Kontakt mit den äußeren Dingen der Welt. Natürlich sind dabei nicht nur die äußeren Dinge der Welt bedeutsam, sondern wesentlich auch die jeweiligen kulturellen Gegebenheiten und Vorgaben, die durch die Erziehung vermittelt werden. Sehr deutlich zeigt sich das in einer Studie zum Animismus in nicht-westlichen Kulturen, in der die Befunde von Piaget gerade nicht bestätigt werden konnten (Jahoda 1958).

3. Symbolisierung und Naturbeziehung

Es gibt einige Parallelen zwischen der Psychoanalyse und der Theorie der kognitiven Entwicklung von Piaget, zumindest was das Verständnis des Animismus angeht. Dem kindlichen Egozentrismus entspricht in der Psychoanalyse der primäre Narzißmus, den es völlig analog zur Dezentrierung bei Piaget zu überwinden gilt, um angesichts der Herrschaft des Realitätsprinzips zur Erkenntnis und Anerkenntnis der äußeren Objektwelt zu kommen.

Die Tendenz, Gegenstände der äußeren Welt zu beseelen, zu personifizieren, entspringt nach Sachs (einem Freud-Schüler) dem primären Narzißmus. Der Animismus des Kindes wie auch der archaischer Kulturen ist auch hier ein zunächst kognitiv gemeintes Weltbild, eine „Denkvereinfachung", wie Sachs es ausdrückt. „Das Kind und der primitive Mensch nehmen den Stein, über den sie stolpern, den Baum, an dem sie sich stoßen, sogleich als ebenbürtigen Partner an, weil sie bis zu der Vorstellung unbeseelter, d.h. dem Ich ganz ungleicher

Objekte nicht gelangt sind" (Sachs 1912, S. 125). Angesichts des Realitätsprinzips kann der anfängliche Zustand allerdings nicht aufrecht erhalten werden. Die primärnarzißtische Illusion, man sei omnipotenter Mittelpunkt der Welt und alles geschehe nur im Hinblick auf die eigene Person, widerspricht zu sehr der äußeren Realität, als daß diese Vorstellung lange Zeit ungebrochen erhalten bleiben könnte. So werden Wünsche, Vorstellungen, Illusionen, die im Kontext des primären Narzißmus auftauchen, nie ganz aufgegeben, sondern eher verschoben oder umgeformt.

Es sei in diesem Zusammenhang zumindest darauf hingewiesen, daß durch neuere Säuglingsforschungen die psychoanalytische Annahme eines „primären Narzißmus" nicht mehr unmodifiziert aufrechterhalten werden kann. Zumindest kann der primäre Narzißmus nicht mehr als ein Zustand der völligen Verschmelzung, der Einheit von Subjekt und Objekt, gedacht bzw. angenommen werden. Eine Vielzahl von Untersuchungen (Lichtenberg 1991; Stern 1992, Zsf. in Dornes 1993) legen die Annahme nahe, daß es bereits in den ersten Lebensmonaten sowohl Gemeinsamkeits- als auch Getrenntheitserlebnisse gibt. So verlangen Säuglinge geradezu nach äußeren Reizen und Objekten, die auch als solche - mehr oder weniger differenziert - wahrgenommen werden. Die Differenzierung ist also von Anfang an ein Merkmal der psychischen Entwicklung. Als ein Element dieses Differenzierungsprozesses kann dann auch betrachtet werden, daß die primären Vorstellungen umgeformt werden; und dies geschieht u.a. dadurch, daß Ich-Anteile auf die äußere Welt projiziert werden. Die animistische Vorstellung, die Elemente der umgebenden Welt seien so oder zumindest so ähnlich wie man selbst, entspringt also - psychoanalytisch betrachtet - einer psychodynamisch zu verstehenden Projektion. Der affektive Grund dafür lebt freilich in den animistischen und anthropomorphen Weltdeutungen verwandelt bzw. symbolisch fort. Das ist genau der zusätzliche Gedanke, den wir der Psychoanalyse für unseren Zusammenhang verdanken: Sie zeigt erstens den affektiven Gehalt der Anthropomorphismen und betont zweitens, daß die kindlichen Denk- und Fühlformen zwar überlagert bzw. verdrängt werden können, jedoch niemals ihre Bedeutung für das Welt- und Persönlichkeitsbild verlieren. Aus Sicht der Psychoanalyse geht es also vorwiegend um ein affektives Band zwischen Ich und Welt, das in animistischen Deutungen ihren symbolischen Ausdruck findet. Die kindliche, animistisch–anthropomorph getönte Beziehung zu den Dingen der Welt, also auch zu Pflanzen und Tieren, kann in eine symbolische Beziehung verwandelt werden, in der die Spuren animistischer, anthropomorpher Weltinterpretation noch enthalten sind, die aber nicht im Gegensatz zu objektiver Erkenntnis stehen muß. Portmann (1960, S. 38f.) spricht in einem anderen Zusammenhang von einer primären und einer sekundären

Welt- und Naturauffassung. Der Mensch eignet sich nämlich die Umwelt bzw. Außenwelt auf zwei Weisen an: Bei der „Objektivierung der Außenwelt" handelt es sich um die Entwicklung sozusagen „richtiger" bzw. objektiver Erkenntnis im Dienste der Anpassung an die sachlichen Bedingungen der Umwelt. Bei der „Subjektivierung der Umwelt" handelt es sich dagegen um die Entwicklung emotionaler Beziehungen zu den Objekten und um den Aufbau symbolischer Ordnungen. Die Umwelt erhält so eine subjektive, individuelle Bedeutung (vgl. Boesch 1978). Beide Bezüge zur Welt sind gleichermaßen für den Menschen wichtig.

Teile der Außenwelt werden zu symbolischen Repräsentanten der Innenwelt gemacht; damit werden sie zu Elementen des individuellen Lebens und notwendigerweise auch verpersönlicht. Objekte der Außenwelt haben nicht nur eine Bedeutung als objektive Gegebenheiten, die natürlich nur auf dem Wege rationaler Objektivierung erkannt werden können, sondern auch eine symbolische Bedeutung, in der persönliche Erfahrungen und Beziehungen zusammenfließen. Animistische Vorstellungen sind insofern nicht notwendig Realitätsverkennungen bzw. das Ergebnis von mangelhaftem Wissen, sondern ein komplementärer, symbolisierender Zugang zur Realität.

Pädagogisch sind diese Zusammenhänge höchst folgenreich: Ein gewichtiges Argument für den Abbau der Anthropomorphismen ist, daß ein unreflektierter Anthropomorphismus leicht die Tendenz zu einem anthropozentrischen Weltbild in sich birgt. Die Menschheit muß wohl in der Tat „erwachsen" werden, muß diese „infantile" Position überwinden, muß sich - um mit Piaget zu reden - dezentrieren, muß lernen, die äußere Realität nicht nur selbstbezogen zu sehen. Ein Bezug zur ökologische Krise liegt hier auf der Hand. Bezogen auf die egozentrische Komponente ist insofern die Forderung nach Abbau der Anthropomorphismen bedenkenswert.

Aber es gibt auch eine andere Seite: Die Beziehung, die affektive Seite des anthropomorph–animistischen Denkens, kann nämlich durch einen umstandslosen Abbau der Anthropomorphismen auch mit zerstört oder zumindest eingeschränkt werden. Es bestehen im Umgang mit den Anthropomorphismen zwei Gefahren: Die eine ist die, in einem radikalen Egozentrismus zu verharren und damit zu einem offenbar destruktiven Anthropozentrismus zu kommen; die andere ist die, durch eine radikale Aufgabe der animistischen, affektiven und subjektivierenden Komponente die Welt sozusagen zu entseelen. Das Ergebnis beider Wege wäre das gleiche: nämlich die Gefahr der Zerstörung, einmal durch Egoismus, das andere Mal durch Gleichgültigkeit.

Es ist eine gefährliche pädagogische Haltung, die animistisch–anthropomorphe Interpretation von Naturphänomenen voreilig als eine infantile, eigentlich zu überwindende Sicht abzuqualifizieren. Es gilt, die Spannung zwischen beiden Seiten - die rational-naturwissenschaftliche einerseits und die animistisch-anthropomorphe andererseits - auszuhalten, ohne sich auf eine Seite zu schlagen und die jeweils andere dabei auszugrenzen. Hierauf zielt auch meine Kritik an der Forderung nach Abbau der Anthropomorphismen, nämlich daß in ihr die Aufforderung steckt, den Beziehung stiftenden, affektiven Anteil der anthropomorph–animistischen Herangehensweise an Naturphänomene entweder zu verdrängen oder bei anderen Gelegenheiten zu realisieren. Es wäre wichtig, die unbewußten Teile unseres Seelenlebens als eine schöpferische Potenz zu betrachten und sie nicht als irrationale, realitätsinadäquate, kindliche Perspektive zu denunzieren (Gebhard 1992). Es gilt, beide Wege gleichzeitig zu beschreiten. Daß das bereits Vorschulkinder können, zeigen die erwähnten neueren Studien, wonach Kinder über ein erstaunliches Wissen in bezug auf verschiedene Naturphänomene verfügen, daß dieses Wissen jedoch einem in gewisser Weise spielerischen Animismus keinen Abbruch tun muß (vgl. Mähler 1995). Kenntnisse über Natur (also Objektivierung) und symbolische Beseelung (also Subjektivierung) schließen sich nicht aus - und das natürlich nicht nur bei Kindern. Im Gegenteil: Die Subjektivierung und auch der Animismus ist nicht eine spezifisch kindliche Eigenschaft - allerdings kann es sein, daß Kinder noch zwangloser zwischen Realität und Phantasie, zwischen Subjektivierung und Objektivierung, zwischen Symbol und „Tatsache" hin und her pendeln können. Diese Fähigkeit gilt es nicht zu unterhöhlen.

Friedrich Nietzsche formulierte in genialer Zuspitzung gleichsam das didaktische Programm wissenschaftlicher Denkweise, wenn er in „Menschliches – Allzumenschliches" vorschlägt, man müsse ein „Doppelgehirn mit zwei Hirnkammern" ausbilden – „einmal, um Wissenschaft, sodann um Nicht-Wissenschaft zu empfinden; nebeneinander liegend, ohne Verwirrung, trennbar, abschließbar; es ist dies eine Frage der Gesundheit" (Nietzsche, zitiert nach Rumpf 1991, S. 330). Es ist jedoch gerade eine „Frage der Gesundheit", beide Bereiche (wieder) in Beziehung zu setzen: Wenn man das anthropomorphe Denken abbauen will oder es schlicht ignoriert, führt das dazu, daß Kinder ihre lebensweltlichen Erfahrungen, in denen nämlich anthropomorphe Vorstellungen häufig vorkommen, zurückhalten. Jedoch gerade das bewußte Aushalten der Spannung, die zwischen wissenschaftlicher und lebensweltlicher Erfahrung liegt, wäre eine anzustrebende Fähigkeit, da es angesichts der historischen Situation und der ökologischen Krise weder ein Zurück zu magischen, archaischen Weltbildern noch eine einseitige Favorisierung eines technisch–naturwissenschaftlichen

Weges geben kann. Es ist nämlich die Frage, ob Menschen zu den Dingen in der Welt überhaupt eine andere als eine menschliche, d.h. potentiell anthropomorphe Haltung einnehmen können, da Menschen den Dingen der Welt immer eine Bedeutung geben müssen. Jedenfalls wird sich unter der dezentrierten, objektivierenden, wissenschaftlichen Perspektive auch immer ein sozusagen animistischer, anthropomorpher, affektiver „Unterbau" befinden. Und ein damit im Zusammenhang stehender „Anthropozentrismus" ist eben nicht notwendig destruktiv, da er gleichsam ein humanes Maß in unsere Naturbeziehungen einführt (zur naturphilosophischen Dimension dieser Position siehe z.B. Schäfer 1993). Naturphänomene menschlich, d.h. auch immer potentiell anthropomorph oder geradezu anthropozentrisch, zu betrachten, heißt nämlich keineswegs auch notwendig, die Natur egozentrisch auszubeuten oder zu zerstören. Im Gegenteil: Wenn die äußere Natur (symbolisch) zum Spiegel des Menschen wird, ist dies eher ein Grund, die Natur zu bewahren.

In einer vergleichenden ethnologischen Studie zur menschlichen Beziehung zu Hunden (Serpell 1983) wird der Frage nachgegangen, wie es kommt, daß in einigen Kulturen Hunde vorwiegend liebevoll, in anderen dagegen lieblos oder zumindest distanziert betrachtet werden. Serpell entwickelt die Hypothese, daß Menschen eine „natürliche Neigung" haben, enge, liebevolle Beziehungen zu bestimmten Tieren aufzubauen (wie z.B. dem Hund), daß jedoch gleichzeitig diese Neigung der bisweiligen Notwendigkeit widerspricht, diese Tiere für wirtschaftliche, auch unangenehme Zwecke auszubeuten (Ziehen von Schlitten, Nahrungsmittel). Der Vergleich von 43 verschiedenen Kulturen zeigt, daß in Kulturen, in denen die ökonomische Bedeutung von Hunden sehr groß ist, dieser konflikthafte Widerspruch vermieden wird, indem die Beziehungen zu Hunden unemotional und distanziert gestaltet werden. Umgekehrt zeigt sich, daß in Kulturen mit überwiegend liebevoller, also auch emotionaler Beziehung zu Hunden, diese nicht für wirtschaftliche Zwecke verwendet werden oder z.B. als Jagdgenossen ein hohes Ansehen genießen.

Emotionale, auch anthropomorphe Beziehungen zur Natur sind also dann kulturell unerwünscht, wenn die wirtschaftliche Ausbeutung von Natur im Vordergrund steht. Das Ausmaß der Ausbeutung der Natur - jedenfalls in unserer Kultur - kann zumindest darüber nachdenklich machen, welche Funktion eine pädagogische Haltung hat, die die kindlichen Anthropomorphismen abbauen und an deren Stelle eine notwendigerweise beziehungslosere, objektive Erkenntnis der äußeren Realität setzen will.

4. Zur psychischen Funktion von Naturerfahrungen

„Er (der junge Mensch) braucht deshalb seinesgleichen, nämlich Tiere, überhaupt Elementares, Wasser, Dreck, Gebüsche, Spielraum. Man kann ihn auch ohne das alles aufwachsen lassen, mit Teppichen, Stofftieren oder auf asphaltierten Straßen und Höfen. Er überlebt es - doch man soll sich dann nicht wundern, wenn er später bestimmte soziale Grundleistungen nie mehr erlernt, z.b. ein Zugehörigkeitsgefühl zu einem Ort und Initiative. Um Schwung zu haben, muß man sich von einem festen Ort abstoßen können, ein Gefühl der Sicherheit erworben haben" (Mitscherlich 1965, S. 24 f.). Auch wenn man dieser Position zustimmt, muß man sehen, daß diese Thesen ein zwar plausibles, aber dennoch ein Glaubensbekenntnis sind. Gerade weil solche Gedanken in pädagogische Argumentationen allzu gern geradezu axiomatisch aufgenommen werden, ist es wichtig, sie auch gegen den Strich zu denken und sie mit Studien zu konfrontieren, die den Wert von Naturerfahrungen in der Kindheit auch erfahrungswissenschaftlich fundieren. Indem in diesem Abschnitt einige ausgewählte Beobachtungen und Untersuchungen zu der Art des kindlichen Naturkontakts zusammengestellt werden, soll die Forderung nach einem naturnahen Lebensumfeld psychologisch fundiert und zugleich von einem romantisierend-unverbindlichen Beigeschmack befreit werden.

Otterstädt untersuchte 1962 den Spielraum von Vorortkindern in einer mittleren Stadt und fragte, welchen Spielraum Kinder benötigen, um ungehindert und harmonisch aufzuwachsen. Seine Ergebnisse faßt er folgendermaßen zusammen: „Freiheit, Ungebundenheit, das heißt keineswegs Zügellosigkeit, bedeutet dem spielenden Kinde alles in den entscheidenden Entwicklungsjahren zwischen 9 und 14 Jahren. Fehlt diese Freiheit, kommt es zu seelischen Verkümmerungen" (Otterstädt 1962, S. 285). Leider lassen sich diese Ergebnisse nur auf eine relativ kleine Untersuchungsgruppe stützen, ein wichtiges Ergebnis ist jedoch, und das findet sich auch in vielen späteren Untersuchungen, daß der Wert von Naturerfahrungen wesentlich darin liegt, daß Kinder hier ein relativ großes Maß an Freizügigkeit haben, den Augen von Eltern und Erziehern entzogen sind.

Hart (1979) stellt aufgrund umfangreicher Untersuchungen in den USA einige zentrale Beobachtungen zusammen:

1. Kinder spielen auf Spielplätzen relativ wenig.

2. Kinder benutzen die Gesamtheit der Landschaft, die ihnen zugänglich ist.

3. Die bevorzugten Umweltausschnitte sind sehr klein.

4. Am meisten sind die Flächen geschätzt. die von den Planern gewissermaßen vergessen wurden.
5. Kinder wollen sich ihren Freiraum oft selbst zurechtmachen.
6. Die Auseinandersetzung mit der Natur ist meistens eher sanft, ein Experimentieren und Erforschen. Ursprünglich ist also der Umgang mit der Natur eher pfleglich.

Der letzte Punkt ist pädagogisch durchaus von Bedeutung: Die Befürchtung (auch und gerade von Naturschützern), Kinder würden durch impulsives und oft destruktives Handeln die eigentlich zu bewahrende Natur in ihrem Spiel zerstören, scheint vor diesem Hintergrund gesehen relativ gegenstandslos zu sein. Natürlich pflücken Kinder bisweilen Blumen (auch geschützte), reißen sich einen Stock von einem Baum, bauen sich Buden. Die Natur hält diese Nutzung wohl aus. Die Zerstörung von Ökosystemen hat sicherlich andere Ursachen als das Kinderspiel. Umwelterziehung könnte also von einem entsprechend pfleglichem Umgang mit der Natur bei Kindern geradezu ausgehen; es käme eher darauf an, diese Haltung zu kultivieren, statt sie als Ziel abstrakt zu formulieren und damit die Kinder zu verfehlen.

In zahlreichen Untersuchungen zur Kleinkindentwicklung wird immer wieder hervorgehoben, wie wichtig eine möglichst vielfältige Reizumgebung ist; und das betrifft die nichtmenschliche Umgebung ebenso wie die menschliche. Neben dem Einfluß auf die Gehirnentwicklung trägt eine reizvielfältige Umwelt dazu bei, psychische Entwicklungsschritte anzuregen und zu fördern. Es ist wohl so, daß eine reizarme und auch eine reizhomogene Umwelt sich in mehrfacher Weise - nämlich die emotionale ebenso wie die kognitive Entwicklung betreffend - negativ auswirkt, wobei das Optimum „zwischen allzu homogenen und vertrauten Reizen einerseits und allzu fremdartigen (furchterregenden) Reizen andererseits" liegt (Oerter 1976, S. 139). Eine naturnahe Umgebung, in der sowohl relative Kontinuität als auch ständiger Wandel besteht, ist nun zumindest ein sehr gutes Beispiel für eine derartige Reizumwelt, die eine Mittelstellung zwischen neu und vertraut einnimmt. Eine solche „reizvolle" Umgebung lädt gewissermaßen zur Exploration, zur Erkundung ein, weil sie neu und interessant ist und eben zugleich vertraut. Dem Bedürfnis nach aktiver Orientierung kann man am besten nachgehen in einem Zustand relativer Sicherheit und Geborgenheit. In Großstädten gibt es zunehmend die paradoxe Situation, daß Kinder sowohl zu schwach als auch zu stark gereizt sind. Einerseits fehlt häufig eine reizvolle Spielumwelt (Brachen, soziale Knotenpunkte, Straßenspiel), andererseits kann man von einer Überreizung (Lärm, Verkehr, Medien etc.) in der Stadt sprechen, die auch häufig zu nervösen Symptomen führt.

In diesem Zusammenhang ist auch eine Studie von Yarrow u.a. (1975, S. 40 f. und S. 95 f.) von Interesse. Es wurde untersucht, mit welchen Dingen aus der physischen Welt Kleinkinder umgehen. Danach bevorzugen Kinder Dinge, die erstens erkennbar reagieren („responsiveness"), zweitens komplex sind („complexity") und drittens eine hohe Varietät („variety") haben. Diese Kriterien werden, auch wenn das von Yarrow u.a. nicht ausdrücklich betont wird, insbesondere von Naturphänomenen erfüllt.

In einer vergleichenden ethnographischen Studie beschreibt Tuan (1978), daß Kinder aller Kulturen im vorpubertären Alter ein ausgeprägt emotionales Verhältnis zu ihrer Umwelt entwickeln. Cobb (1959) analysierte 300 Autobiographien von sogenannten „creative thinkers" und fand dabei heraus, daß für diesen Personenkreis eine besondere Naturnähe in der mittleren Phase der Kindheit (ca. 5 bis 12 Jahre) besonders wichtig war. In dieser Zeit entstehe ein Bewußtsein bzw. ein Sinn für die „dynamische Beziehung mit der äußeren Welt", was immer wieder zur Quelle kreativer Prozesse werden könne. Die Erfahrung mit der natürlichen Welt sei wichtig, um eine gleichsam biologische Basis für Intuitionen zu entwickeln, weil nur die Erfahrung von Natur dem Kind erlaube, in Prozessen zu denken.

Moore und Young (1978) fanden in einer Analyse von Kinderzeichnungen heraus, daß Kinder Naturelemente emotional viel höher bewerten, als es der realen Häufigkeit in ihrer jeweiligen Umgebung entsprechen würde. Aber nicht nur die Häufigkeit von Naturelementen, auch der zentrale Stellenwert, den Naturphänomene für Kinder haben, ist an Kinderbildern ablesbar. Besonders deutlich wird dies im Falle zerstörter Natur (Unterbruner 1991).

Ein häufig verwendetes Argument für den Wert von Naturerfahrungen in der Kindheit sind entsprechend positiv getönte Kindheitserinnerungen von Erwachsenen: Hierin sind nämlich Naturelemente deutlich überrepräsentiert. Inwieweit jedoch solche Kindheitserinnerungen von Erwachsenen als Beleg für die These, daß Naturerfahrungen von besonderem Wert für Kinder seien, herangezogen werden können, scheint fraglich: Hier wird eine romantisierende Verklärung der Erwachsenen sowohl der Kindheit als auch der Natur zumindest im Spiel sein.

Als Zwischenbilanz läßt sich zusammenfassen, daß natürliche Strukturen eine Vielzahl von Eigenschaften haben, die für die psychische Entwicklung gut sind: Die Natur verändert sich ständig und bietet zugleich Kontinuität. Sie ist ständig neu (z.B. der Wechsel der Jahreszeiten) und doch bietet sie die Erfahrung von Verläßlichkeit und Sicherheit: Der Baum im Garten überdauert die Zeitläufe der Kindheit und steht so für Kontinuität. Die Vielfalt der Formen, Materialien und Farben regt die kindliche Phantasie an, sich mit der Welt und auch mit sich selbst zu befassen. Das Herumstreunen in Wiesen und Wäldern, in sonst ungenutzten Freiräumen kann u.U. irrationale Sehnsüchte nach „Wildnis" und Abenteuer befriedigen. Bisweilen wird sogar von einer „sensiblen Phase" gesprochen, in der Kinder für Natureindrücke besonders empfänglich sein sollen, wobei allerdings wohl nur sehr bedingt diese „sensiblen" Phasen mit Prägungsvorgängen, wie sie aus der Ethologie bekannt sind, vergleichbar sind.

Jedenfalls besteht der psychische Wert von „Natur" auch in ihrem eigentümlichen, ambivalenten Doppelcharakter: Sie vermittelt eben die Erfahrung von Kontinuität und damit Sicherheit und zugleich ist sie immer wieder neu. Auch in der Anthropologie geht man davon aus, daß es beim Menschen zum einen einen grundlegenden Wunsch nach Vertrautheit und zum anderen ein ebenso grundlegendes Neugierverhalten gibt. Diese kontrastierenden Grundbedürfnisse werden auch in der Psychoanalyse zu den „basalen Beziehungswünschen" des Menschen gezählt (vgl. König 1988). Auch wenn man ein „Naturbedürfnis" des Menschen natürlich nicht gleichsam als anthropologische Konstante formulieren kann, so läßt sich insgesamt sicherlich sagen, daß die „Natur" den eigentlich widersprüchlichen Forderungen nach sicherer Vertrautheit einerseits und ständiger Neugierkeit andererseits sehr gut entspricht.

Jedoch ist zu fragen, ob diese Bedürfnisse notwendig durch Naturkontakte befriedigt werden müssen. Zwar ist nicht zu bestreiten, daß Kinder gern in der Natur spielen, jedoch kann man fragen, ob dafür der Hauptgrund in einer besonderen Naturnähe zu suchen ist. Möglicherweise könnten dieselbe Funktion auch Schrottplätze oder Baustellen erfüllen. Holkomb (1977) kam bei einer Befragung vierjähriger Kinder zu folgenden Ergebnissen:

Beim Ordnen und Sortieren von Bildern sind Naturphänomene kein Kriterium; die Kinder achten auf ganz andere Dinge. Ob auf den Bildern Naturszenen dargestellt sind, scheint keine Rolle zu spielen. Die Kinder wissen jedoch, daß Häuser, Straßen, Autos usw. von Menschen hergestellt wurden, Berge, Bäume (auch die Bäume der Stadt), Tiere aber nicht. Bei den Lieblingsplätzen der Kinder handelt es sich hauptsächlich um von Menschen geschaffene Orte. Selbst der Strand ist nur deshalb so beliebt, weil es dort Eiscreme gibt. Holkomb bringt dieses Ergebnis damit in Zusammenhang, daß sich Kinder in kultivierten und damit auch gesicherten Umwelten freier bewegen dürfen. Auch hier haben wir also das Ergebnis, daß Kinder Orte bevorzugen, in denen sie sich frei bewegen können; das kann, muß aber nicht Natur sein. Für vierjährige Kinder ist dieser Untersuchung zufolge also ein Wald genauso faszinierend wie ein Straßenzug. Natürlich ist dies altersabhängig: Ältere Kinder und auch Erwachsene haben es schwerer als kleine Kinder, z.B. in einer Straßenpfütze einen kleinen See zu sehen. Holkomb mutmaßt, daß die Forderung nach möglichst viel Natur für Kinder eigentlich ein erwachsener Wunsch sei, der freilich projektiv auf Kinder übertragen werde.

Johannsmeyer (1985) führte in einem Kindergarten mit drei- bis sechsjährigen Kindern in einer längeren Periode Befragungen durch, die v.a. dem kindlichen Verhältnis zu Pflanzen galten. Als Spielort in der Natur ist der Privatgarten nur von jüngeren Kindern favorisiert. Bedeutsamer sind die Flächen vor den Wohnhäusern. Freilich gibt es hier erhebliche Restriktionen. Oft ist das Spielen auf den Grünflächen vor den Wohnhäusern verboten. So spielen die Kinder meist auf Steinflächen, ältere Kinder weichen auch auf Brachflächen aus. Spielplätze werden nur manchmal genutzt. Neben Pflanzen (auf Bäume klettern, Buden bauen usw.) werden an sonstigen Elementen Wasser, Sand und Erde bevorzugt, wobei das Wasser zum Matschen infolge elterlicher Verbote meist fehlt. Insgesamt zeigt auch diese Studie, daß Kinder die Natur zumindest nicht ausgesprochen bevorzugen. Natürlich gibt es auch hier Lieblingstätigkeiten bzw. -plätze, jedoch kann das die Wiese und der Wald genauso wie die Straße sein. Die Untersuchung zeigt auch, daß für Kinder an der Natur nicht beispielsweise die Farbenvielfalt der Blumen oder das Rauschen der Gräser interessant ist, sondern die Tatsache, daß man hier unkontrolliert spielen kann. Das läßt sich auch in Übereinstimmung mit vielen anderen Befunden bringen. Der Wert von Natur liegt wesentlich darin, daß Kinder hier ein relativ hohes Maß an Freizügigkeit haben, zugleich relativ aufgehoben sind und zudem Bedürfnissen nach „Wildnis" und Abenteuer nachgehen können. Damit sind andere Funktionen von Naturerfahrungen nicht gegenstandslos geworden. Doch vielleicht entfaltet sich der Wert von Naturerfahrungen nur oder zumindest gerade erst in relativer Freizügigkeit; die Spannweite von Naturerfahrungen zwischen Kontinuität und ständiger Neuigkeit kann nicht unter Aufsicht erfahren, sondern muß wohl in kleinen, aber selbständigen Schritten erschlossen werden.

5. Brache als Spiel- und Erlebnisraum

Ein wesentlicher Wert von Naturerfahrungen besteht also in der Freiheit, die sie vermitteln (können). Angesichts der Verplanung des kindlichen Zeitbudgets und der „Verinselung" (Zeiher 1990) des kindlichen Lebensraumes trifft dies um so mehr zu, auch wenn nach neueren Befunden beide Phänomene zumindest nicht in der Ausschließlichkeit und in dem Ausmaß zutreffen, wie oft angenommen wurde (Fölling-Albers 1994; Rauschenbach, Wehland 1989).

Naturnahe Spielorte scheinen Situationen für Kinder bereitzuhalten, bei denen viele kindliche Anliegen nebenbei und ohne pädagogisches Arrangement ausgelebt werden können. „Wir sind so gern in der Natur, weil diese keine Meinung über uns hat", sagt Friedrich Nietzsche. So müßte es (nicht nur für Kinder) mehr ungeplanten Raum in den Städten geben. Solche Brachflächen sind nämlich automatisch relativ naturnah und kommen so auf doppelte Weise dem Bedürfnis nach Freizügigkeit entgegen. Bei aller Kritik an städtischen, naturfernen Lebensverhältnissen darf jedoch auch nicht übersehen werden, daß natürlich die Stadt durchaus auch fördernde, kultivierende und anregende Wirkungen haben kann. Viele Untersuchungen zeigen, daß Kinder auf Spielplätzen relativ wenig spielen. Viel beliebter sind „verbotene Räume" wie beispielsweise Baustellen, Hinterhöfe, Bahndämme und Ruinen, wo die Möglichkeit zu unbeobachteten Spiel besteht. Freilich liegen die Wünsche und der tatsächliche Aufenthaltsort weit auseinander. Jacob (1984) zeigte in einer Untersuchung zur Umweltaneignung von Stadtkindern, daß sich zwar die meisten Kinder im Straßenraum aufhalten, daß jedoch dies nur etwa jedes 20. Kind will. Eine weitere Untersuchung an Berliner Kindern (Berg-Laase et al. 1985) bestätigt diesen Befund. Fast alle untersuchten Kinder wünschten sich mehr Grün, mehr Wiesen und Bäume in der unmittelbaren Umgebung. Dabei fällt auf, daß dieses „Naturbedürfnis" erstens bei Mädchen, zweitens bei Kindern aus Kreuzberg, die sicherlich die wenigsten praktischen Naturerfahrungen haben, am ausgeprägtesten ist. In einer qualitativen Studie über die Nutzung einer einzelnen städtischen Brachfläche in Hannover konnte Nolda (1990) zeigen, daß das Kinderspiel die häufigste Nutzungsart ist.

Untersuchungen zum Erlebniswert von Brachflächen zeigen, daß Brachflächen als „natürlich, wild, vielfältig, abenteuerlich, abwechslungsreich, interessant" (Nohl, Scharpf 1976, S.8) eingeschätzt werden, daß jüngere Menschen insgesamt Brachflächen positiver als ältere Menschen beurteilen (vergl. Job 1988, S. 473), daß Menschen aus der Großstadt Brachflächen mehr schätzen als die Landbevölkerung und schließlich, daß Frauen Brachflächen noch positiver beurteilen als Männer. Diese Daten beziehen sich auch auf Erwachsene (Burgess u.a.. 1988). Daraus ableitbare Forderungen nach mehr ungeplanten Flächen auch in der Stadt sind nicht neu. Allerdings wird psychischen Bedürfnissen bei der Ausgestaltung der (städtischen) Umwelt kaum Rechnung getragen. Zu sehr gelten (noch) in der Städteplanung andere Prioritäten (Ökonomie, Verkehr, vordergründige Ästhetik), obwohl in den Städten - jedenfalls teilweise - durchaus hinreichend Raum vorhanden wäre. Vielleicht entspricht die Vernichtung von Brachflächen - die „äußere Flurbereinigung" - auch einer „inneren Flurbereinigung", durch die die seelische Entwicklung besser kontrollierbar wird.

Verbote, Vorschriften, ästhetische Repräsentationsflächen, beobachtbare und kontrollierbare Spielplätze schaffen so eine absurde Situation: Die Kinder hätten eigentlich die Erfüllung ihrer Bedürfnisse direkt vor Augen, zum Greifen und Erleben nahe; sie müssen jedoch noch zusätzlich lernen, auf die Befriedigung ihrer Bedürfnisse im Angesicht der Erfüllungsmöglichkeiten zu verzichten. Diese psychische Leistung dürfte durchaus ein wichtiges Element bei der Sozialisation der Innenwelt sein: die Durchorganisierung der äußeren Natur findet so eine sehr passende Entsprechung in der organisierten Beherrschung innerer Bedürfnisse bei den Angehörigen der Industriegesellschaft. So beschreibt Norbert Elias den „Prozeß der Zivilisation" genau in dieser Hinsicht: „Die Entwicklung, die zu einer sachgerechteren Erkenntnis und zu einer wachsenden Kontrolle von Naturzusammenhängen durch Menschen führte, war also, von einer anderen Seite her betrachtet, zugleich auch eine Entwicklung zu größerer Selbstkontrolle des Menschen" (Elias 1976, Bd.1, S. LVIII).

Erst relative Freizügigkeit ermöglicht es, sich die Natur wahrhaft anzueignen. Es ereignet sich diese Wirkung von Natur nämlich nebenbei. Der Naturraum wird als bedeutsam erlebt, in dem man eigene Bedürfnisse erfüllen, in dem man eigene Phantasien und Träume schweifen lassen kann und der auf diese Weise eine persönliche Bedeutung bekommt. Allerdings ist auch auf die Gefahr hinzuweisen, daß „Natur" auf diese Weise vielleicht allzu umstandslos in einen unverbindlichen Freizeitbereich verbannt wird, in dem die Naturbedürfnisse von Kindern wie von Erwachsenen sozusagen ersatzweise erfüllt werden. Trotz dieses Einwandes ist jedoch mit der Forderung nach naturnahen Freiräumen auch oder gerade in der städtischen Umwelt die Hoffnung verbunden, „relative Freiräume gegenüber den Zwängen der aktuellen Kultur und Gesellschaft zu sichern, Freiräume, die nicht nur entlasten, sondern auch helfen, die autonomen Sichtweisen und Verhaltensweisen zu entwickeln, aus denen aktive Eingriffe in die Gesellschaft und Kultur entstehen können" (Bardt 1974, S. 167).

Auch pädagogisch sind diese Überlegungen bedeutsam. Es ist eben der Freiraum, der die Natur für Kinder so attraktiv macht. Positive Wirkungen von Naturerfahrungen entfalten sich nicht so ohne weiteres, wenn Natur verordnet wird, wenn allzu umstandslos Naturorte zu Lernorten gemacht werden. Naturnähe ist oft schon da, sie braucht mehr das Interesse der Erwachsenen und die großzügige Gewährung als die allzu pädagogische und didaktische Geste. Auch die in letzter Zeit etwas in Mode gekommenen „Übungen" zum Naturerleben müßten insofern in dieser Hinsicht zumindest überdacht werden. Wenn die Pädagogik alles didaktisch oder pädagogisch besetzt - auch mit guter oder kritischer Absicht - , besteht zumindest die Gefahr, daß Kinder keinen eigenen

Zugang zur Wirklichkeit finden oder er ihnen sogar verbaut wird. Aries verweist in der „Geschichte der Kindheit" auf den „langen Prozeß der Einsperrung der Kinder..., der bis in unsere Tage nicht zum Stillstand kommen sollte und den man als Verschulung ... bezeichnen könnte" (Aries 1975, S. 48). Der letzte Schrei dieser Entwicklung wäre es dann wohl, wenn auch noch die sogenannten „wilden Freiräume" zum Einsperren ge- bzw. mißbraucht werden würden.

6. Der Zusammenhang von Natur- und Sozialerfahrungen

Mit „reiner" Naturerfahrung, mit einer abwechslungsreichen Umwelt allein, ist es natürlich auch nicht getan, zumal sog. „Grundbedürfnisse" beim Menschen stets in Verbindung bzw. gekoppelt an soziokulturelle Bedingungen auftreten. Das gilt auch für das „Bedürfnis nach Natur". Hinzu muß sicherlich auch eine sozial bzw. personal anregende Umwelt kommen. Die Dinge der Natur bekommen erst eine Bedeutung innerhalb der Beziehung zu lebendigen Menschen. Daß die Erfahrung von Natur mit der Beziehung zu Menschen verknüpft ist, gilt wohl insbesondere für kleinere Kinder, die personale Beziehung und damit Geborgenheit brauchen, um sich auf die Dinge der Welt, auf die Natur zubewegen zu können. M. Mead zeigt in einer ethnologischen Feldstudie über die Manus in Neu-Guinea, daß die Kinder dort zwar in einer geradezu sehr anregenden natürlichen Umwelt aufwachsen, jedoch diese nur wenig nutzen können, geradezu apathisch werden, weil die Erwachsenen ihnen sehr wenig personale Zuwendung und damit Anregung geben (Mead 1966). Die Welt, in die das Kind hineinwächst, ist zudem nie eine rein „natürliche"; sie ist immer schon (jeweils historisch verschieden) menschlich bzw. durch menschliche Perspektive getönt. Die Elemente der nichtmenschlichen Umwelt erhalten nur innerhalb und durch menschliche Beziehungen Bedeutung und Sinn. Die Dinge, auch die Naturphänomene, haben keine Bedeutung „an sich". Die Bedeutung konstituiert sich vielmehr in menschlichen Interaktionsprozessen und in der Auseinandersetzung mit den „Objekten" zugleich. Auch die subjektive Bedeutung der bzw. die Beziehung zur Natur läßt sich nicht von der Beziehung zu Bezugspersonen trennen. Die Tönung, die die Beziehung zu den Dingen erhält, spiegelt auch die Tönung wieder, die in der Beziehung zu Bezugspersonen gelegen hat. Dazu sind natürlich Bezugspersonen in gewisser Weise auch Vorbilder für die Kinder. So überträgt sich innerhalb der Beziehung zwischen Kind und (beispielsweise) Mutter die Bedeutung, die die Dinge, auch die Dinge der Natur, für die Mutter haben. So werden nicht nur die Gegenstände, also auch Naturphänomene, gewissermaßen zu Merkzeichen der Beziehung zu den primären Bezugspersonen, sondern die Bedeutung und die Wertigkeit, die die Natur für die Eltern hat, überträgt sich auf diese Weise in frühkindlichen Szenen auf die jeweils nächste Generation. Die Einstellungen und Wertmaßstäbe der Eltern offenbaren sich u.a. in der häuslichen Wohnumwelt und prägen insofern das Wahrnehmungsmuster von Kindern. Wie die Eltern mit Nachbarn umgehen, welche Bilder an der Wand hängen, ob und wie Zimmerpflanzen gepflegt werden, ob es Haustiere gibt, wie mit „Ungeziefer" umgegangen wird - in solchen und ähnlichen Szenen zeigt sich das jeweilige Verhältnis zur Natur.

Die dinglichen und die personalen Erfahrungen gehören also wechselseitig zusammen. So betont auch der Verhaltensbiologe Hassenstein (1980, S. 131) völlig zutreffend, daß es drei Dinge braucht, damit Kinder sich auf wahrhaft menschliche Weise entfalten können: „Innere Freiheit, dingliche Möglichkeiten und die geeigneten menschlichen Partner." Isolierte Naturerfahrungen wären, so wichtig sie sind, für sich allein genommen, seelenlos, eine trügerische und folgenlose Idylle.

Literatur

Aries, Ph.: Geschichte der Kindheit. München: DTV 1975

Bahrdt, H.P.: Umwelterfahrung. Soziologische Betrachtungen über den Beitrag des Subjekts zur Konstitution von Umwelt. München: Nymphenburger Verlagshandlung 1974

Berg-Laase, G., Berwing, M., Graf, K., Jacob, J.: Verkehr und Wohnumfeld im Alltag von Kindern. Eine sozialökologische Studie zur Aneignung städtischer Umwelt Pfaffenweiler: Centaurus-Verlagsges. 1985

Boesch, E. E.: Kultur und Biotop. In: Graumann, C.F. (Hrg.): Ökologische Perspektiven in der Psychologie. Bern: Huber 1978, S. 11 – 32

Burgess, J., Harrison, C.M., Limb, M.: People, Parks and the Urban Green: A Study of Popular Meanings and Values for Open Spaces in the City. In: Urban Studies, 25 (1988), S. 455-473

Carey S.: Conceptual change in childhood. The Massachusetts Institute of Technology 1985

Cobb, E.: The ecology of imagination in childhood. In: J. of the American Academy of Arts and Science (Daedalus), 88 (1959), S. 537-548

Dolgin, K./Behrend, D.: Children's knowledge about animates and inanimates. In: Child Development, 55 (1984), S. 1646-1650

Dornes, M.: Der kompetente Säugling. Die präverbale Entwicklung des Menschen. Frankfurt/M.: Fischer 1993

Elias, N.: Der Prozeß der Zivilisation. Frankfurt/M.: Suhrkamp 1976

Erikson, E. H.: Kindheit und Gesellschaft. Stuttgart: Klett-Cotta 1968

Fölling-Albers, M.: Empirische Befunde zur Lebenssituation von Kindern und Jugendlichen. In: Wittenbruch, W. (Hrg.): Schule - gestalteter Lebensraum. Pädagogische Reflexionen und Orientierungen. Münster: Aschendorf 1994

Freud, S.: Totem und Tabu. 1912/13, GW Band IX, S. 1 – 194

Gebhard, U.: Träumen im Biologieuntèrricht? - Psychoanalytische Betrachtungen zu unbewußten Einflüssen auf das Denken. In: Unterricht Biologie, 16 (1992) 172, S. 44–46.

Gebhard, U.: Kind und Natur. Die Bedeutung der Natur für die psychische Entwicklung. Opladen: Westdeutscher Verlag 1994

Gebhard, U., Billmann-Machecha, E., Nevers, P.: Naturphilosophische Gespräche mit Kindern. Ein qualitativer Forschungsansatz. In: Schreier, H. (Hrg..): Mit Kindern über Natur philosophieren. Heinsberg: Agentur Diek 1997

Gelman, R.: First principles organise attention to and learning about relevant data: number and the animate - inanimate distinction as examples. In: Cognitive Science, 14 (1990), S. 79 – 106

Hart, R.: Children's experience of place. New York: Irvington Publishers Inc. 1979

Holcomb, B.: The perception of natural vs. built environments by young childrens. In: Northeastern Forest Experiment Station: Children, nature, and the urban environment. USDA Forest Service general technical Report NE-30, Upper Darby 1977, S. 33-38

Humboldt, A.v.: Kosmos. Entwurf einer physischen Erdbeschreibung. 2 Bände, Stuttgart o.J.

Hassenstein, B.: Verhaltensbiologie des Kindes. München 1980

Jacob, J.: Umweltaneignung von Stadtkindern. Wie nutzen Kinder den öffentlichen Raum? In: Zeitschrift für Pädagogik, 30 (1984), S. 687-697

Jahoda, G.: Child animism: A critical survey of cross-cultural research. In: Journal of Social Psychology, 47 (1958), S. 197 – 212

Job, H.: Passen Brachflächen in die Erholungslandschaft? In: Natur und Landschaft, 63 (1988), S. 470-473

Johannsmeier, E.: Über die Notwendigkeit von Naturerfahrungen bei kleinen Kindern. In: Das Gartenamt, 34 (1985), S. 292-300

König, K.: Basale und zentrale Beziehungswünsche. In: Forum der Psychoanalyse, 4 (1988) 3, S. 177-185

Krampen, M.: Persönlichkeit und Umwelt. In: Report Psychologie, Oktober 1988, S. 38-40

Lichtenberg, J.: Psychoanalyse und Säuglingsforschung. Berlin 1991 (englische Erstausgabe New York 1983)

Mähler, C.: Weiß die Sonne, daß sie scheint? Eine experimentelle Studie zur Deutung des animistischen Denkens bei Kindern. Münster, New York: Waxmann 1995

Mead, M: Neighborhoods and human needs. In: Ekistics, February 1966

Mitscherlich, A.: Die Unwirtlichkeit unserer Städte. Frankfurt/M: Suhrkamp 1965

Moore, R., Young, D.: Childhood Outdoors: Toward a Social Ecology of the Landscape. In Altmann, I., Wohlwill, J. F. (Hrg.): Children and the Environment. London: Plenum press 1978, S. 83-130

Nevers, P., Gebhard, U., Billmann, E.: Patterns of Reasoning Exhibited by Children and Adolescents in Response to Moral Dilemmas Involving Plants, Animals and Ecosystems. In: Journal of Moral Education, 26 (1997) 2, S. 169-186

Nohl, W., Scharpf, H.: Erlebniswirksamkeit von Brachflächen. In: Brachflächen in der Landschaft, KTBL-Schrift, Münster- Hiltrup 1976

Nolda, U.: Stadtbrachen sind Grünflächen. In: Garten und Landschaft, 9 (1990), S. 27-32

Oerter, R.: Moderne Entwicklungspsychologie. Donauwörth: Auer 1973 (13. Auflage)

Otterstädt, H. (1962): Untersuchungen über den Spielraum von Vorortkindern einer mittleren Stadt. In: Psycholog. Rundschau, 13 (1962), S. 275-287

Piaget, J.: Das Weltbild des Kindes. Stuttgart: Klett 1978 (Französische Erstausgabe: 1926)

Portmann, A.: Naturwissenschaft und Humanismus. In. K. Jaspers, A. Portmann: Zwei Reden.München 1960

Rumpf, H.: Erlebnis und Begriff. Verschiedene Weltzugänge im Umkreis von Piaget, Freud und Wagenschein. In: Zeitschrift für Pädagogik, 37 (1991), S. 329 – 346

Rauschenbach, B./Wehland, G.: Zeitraum Kindheit. Zum Erfahrungsraum von Kindern in unterschiedlichen Wohngebieten. Heidelberg 1989

Sachs, H.: Über Naturgefühl. In: Imago, 1 (1912), S. 119 – 131

Schäfer, L.: Das Bacon-Projekt. Von der Erkenntnis, Nutzung und Schonung der Natur. Frankfurt: Suhrkamp 1993

Serpell, J.A.: Der beste Freund oder der schlimmste Feind: Die Einstellung zum Haushund verändert sich je nach Kultur. In: Die Mensch-Tier-Beziehung. Internationales Symposion aus Anlaß des 80. Geburtstages von Konrad Lorenz. Wien 1983, S. 121 – 125

Stern, D.N.: Die Lebenserfahrung des Säuglings. Stuttgart: Klett 1992 (englische Erstausgabe New York 1985)

Tuan, Y. F.: Children and the Natural Environment. In Altmann, I., Wohlwill, J. F. (Hrg.): Children and the Environment. London: Plenum press 1978, S: 5-32

Tul'viste, P.: Is there a form of verbal thought spezific to childhood? In: Soviet Psychology, 21 (1982), S. 3-17

Unterbruner, U.: Umweltangst - Umwelterziehung. Linz: Veritas1991

Vincze, L., Vincze, F.: Die Erziehung zum Vorurteil. Wien 1964

Yarrow, L. J., Rubinstein, J. L., Pedersen, F. A.: Infant and Environment: Early Cognitive and Motivational Development. New York 1975

Zeiher, H.: Organisation des Lebensraums bei Großstadtkindern – Einheitlichkeit oder Verinse- lung? In: Bertels, L., Herlyn, U. (Hrsg.): Lebenslauf und Raumerfahrung. Opladen: Westdeutscher Verlag 1990, S. 35-58

Kinder und politische Bildung

Dagmar Richter, Technische Universität Braunschweig

Das Thema „Kinder und Politische Bildung" bezeichnet einen komplexen, soziohistorisch stark beeinflußten Forschungs- und Lehr-Lern-Bereich mit derzeit vielen offenen Fragen. Wesentlich gehören hierzu zum einen Forschungen zur *politischen Sozialisation*, die allgemein verstanden werden soll als Prozeß der Vermittlung von Strukturen der politischen Kultur mit Strukturen der Subjekte; beide beeinflussen sich wechselseitig (vgl. Claußen et al. 1996). Zum anderen gehört zur Politischen Bildung als Unterrichtsprinzip und als Unterrichtsgegenstand ihr *normativer* Hintergrund, der u.a. von gesellschaftlichen Entwicklungen abhängig ist. Ein geschichtlicher Aufriß sowie der Blick auf den heutigen Stand politischer Sozialisationsforschung und Politischer Bildung für Kinder sollen zeigen, wie ein sich wandelndes Verständnis des Politischen und der Sicht auf entsprechende Sozialisationsprozesse zu unterschiedlichen Hypothesen darüber geführt haben, welche Aspekte des Politischen für Kinder relevant sind und was Politische Bildung im Grundschulalter leisten soll (vgl. Gagel 1994). Diese Zusammenhänge bestehen auch heute und beeinflussen die Fragen nach Wegen der Kinder zum Verstehen politischer Aspekte von Welt. In den Fragen drücken sich primär Kenntnisse und Vorstellungen der Erwachsenen aus; Forschungen zu Kindervorstellungen in diesem Bereich finden kaum statt, obwohl die qualitative Kindheitsforschung in den letzten Jahren expandierte (vgl. hierzu Heinzel 1997).

1. Anfänge nach 1945 und Aufstieg

Bis zum Ende der sechziger Jahre versteht sich das Fach Politik mehr oder weniger als Institutionenkunde, der Grundschulbereich wird kaum beachtet. Nur vereinzelt gibt es Arbeiten zur Politischen Bildung für Grundschulkinder (z.B. Düring 1968). Dort verhindert eine auf harmonische Gemeinschaftlichkeit ausgerichtete Heimatkunde Einsichten in Politisches, das in diesem Rahmen eher negativ besetzt ist und für Kinder ungeeignet erscheint. Entwicklungspsychologische Theorien stützen zudem die Vorstellung, daß Kinder Politisches weder wahrnehmen noch verstehen können; Politische Bildung wird mit dem Stichwort der „Verfrühung" abgelehnt.

In den siebziger Jahren wird Politische Bildung in der Grundschule als wichtiger Bereich entdeckt: Reformbemühungen im Bildungsbereich, politisierte Diskussionen um Bildungsziele wie Emanzipation, Aufklärung und Mündigkeit sowie Rezeptionen neuer Lerntheorien (z.b. von Jerome S. Bruner) und US-amerikanischer Arbeiten zur politischen Sozialisation von Kindern (insbesondere von Hess, Torney und Greenstein; vgl. Ichilov 1990) führen zu kontroversen Diskussionen, die u.a. als „Nyssen-Preuß-Lausitz-Kontroverse" Eingang in die Literatur finden: Auch in der Bundesrepublik werden politische Einstellungen von Kindern untersucht und Parteipräferenzen festgestellt. Es wird darüber gestritten, wie prägend diese frühen Einflüsse für spätere politische Einstellungen sind. Empirische Forschungen belegen, daß bei Kindern ungefähr mit dem fünften Lebensjahr Vorformen politischer Einstellungen und Verhaltensmuster sowie Vorurteile entstehen und daß es keine alterstypischen Grenzen für das Verstehen gesellschaftlicher Probleme und für den Erwerb entsprechender Handlungsfähigkeiten gibt. Es wird davon ausgegangen, daß Kinder Alltagstheorien über ihre politische Umwelt entwickeln, wobei einige Orientierungen „ein hohes Maß an Stabilität aufweisen, während andere politische Orientierungen kontinuierlich gelernt und modifiziert werden" (Wasmund 1982, S.30). Deutlich wird, daß Kindheit kein politischer „Schonraum" ist und Kinder daher einen Anspruch auf entsprechende Aufklärung haben. Muster der Weitergabe und Übergabe von Normen, Vorurteilen und Verhaltensweisen sowie kindliche Sichtweisen und Interpretationen über politische Handlungsfelder und Möglichkeiten für politisches Handeln werden untersucht und mit didaktischen Überlegungen verknüpft (z.B. Urban 1970).

Aus heutiger Sicht wird der Gegenstandsbereich der Politik zwar eher formal bestimmt, doch finden im Verlauf der Auseinandersetzungen um fachdidaktische Ziele und Kategorien Überlegungen zu politischen Willensbildungs- und Entscheidungsprozessen statt, deren Abhängigkeit von Wertvorstellungen, Normen und Ideologien, Rechtslagen, Situationen sowie Erfahrungen und Interessen oder Machtverhältnissen in der Fachdidaktik erstmals deutlich gesehen und diskutiert wird. Jegliche Sozialisation und jegliche Erziehung hat nunmehr politische Bedeutung, so daß Politische Bildung zugleich Unterrichtsgegenstand und Unterrichtsprinzip sein soll; auch historisches, ökonomisches und geographisches Lernen werden einbezogen.

Diese Diskussionen drücken sich in den Konzeptionen zur Politischen Bildung für die Grundschule aus, die in dieser Periode - im Vergleich zu späteren Jahren - zahlreich entstehen und mithelfen, die Gemeinschaftsideologie der Heimatkunde abzulösen. Gertrud Beck, unter Mitarbeit von Wolfgang Hilligen und Siegfried Aust, interpretiert Prozesse politischer Sozialisation von Kindern im Zusammenhang mit Gesellschaftsanalysen (Beck 1972, S.7). Als relevante gesellschaftliche Faktoren nennt sie Autorität und Anpassung sowie gesellschaftliche Widersprüche und Antagonismen, des weiteren Unterordnungsbereitschaft, Stereotypien und Vorurteile (Beck 1972, S. 8 f.), die sie in ihren didaktisch-methodischen Überlegungen zum Grundschulunterricht aufgreift in Themenbereichen zu Neuigkeiten, Nachrichten, Informationen; Regelungen, Rechtsprechung; Herstellung, Verteilung, Verbrauch; Stände, Schichten, Klassen oder Macht, Kontrolle, Mitbestimmung. Sie berücksichtigt explizit sozioökonomische Situationen bei der Formulierung von Zielen: „Politische Bildung in der Grundschule hat die Aufgabe, Ungleichheiten und deren gesellschaftliche Ursachen aufzuzeigen und gegenüber Benachteiligung, Ausnutzung und Unterdrückung zu sensibilisieren" (Beck 1972, S.14).

Den Autoren wird daraufhin zum einen vorgeworfen, Pädagogik als Instrument der Gesellschaftsveränderung zu mißbrauchen (Claußen 1976, S.59). Derartige Befürchtungen parteipolitischer Indoktrinationen oder Einseitigkeiten führen 1976 in der Fachdidaktik Politik zum sogenannten Beutelsbacher Konsens, das heißt zum Überwältigungsverbot, Kontroversitätsgebot und zum Gebot der Berücksichtigung der Interessenlage der Schülerinnen und Schüler. In der Grundschuldidaktik wird dieser Konsens jedoch nicht diskutiert. Positiv ist aber anzumerken, daß der Glaube der Wertfreiheit, den die Wissenschaftsorientierung mit sich brachte, in diesem Lernbereich des Sachunterrichts nicht zu finden ist; für die anderen Lernbereiche läßt sich hier von politisch relevanten Lernprozessen durch einen „heimlichen Lehrplan" sprechen (vgl. Marquardt 1983, S. 46 ff.).

Zum anderen fällt bei Beck und anderen Arbeiten aus dieser Zeit auf, daß sie sich auf dieselben fachdidaktischen Kategorien (insbesondere Macht und Machtausübung, Transformation von Machtstrukturen, Divergenz der Lebensverhältnisse, Konflikt und Kompromiß) beziehen und dieselben Ziele für Grundschulkinder verfolgen, die auch für andere Altersstufen vorgesehen sind, so daß sie tendenziell lediglich propädeutische Absichten erfüllen. Auch P. Ackermann geht es um „Analyse(n) des gesellschaftlichen und politischen Hintergrunds von Konflikten und die Erörterung von Handlungsmodellen zu ihrer Überwindung" (Ackermann 1973, S.19; siehe des weiteren die Arbeiten der CIEL-Arbeitsgruppe 1976); es sollen in kindangemessener Art und Weise Vorurteile korrigiert und schon frühzeitig die Interessen der Schülerinnen und Schüler aufgegriffen werden, um einer politischen Interesselosigkeit entgegenzuwirken. Kindern sei zu verdeutlichen, wie sehr ihr Verhalten gesellschaftlich vermittelt und politisch bestimmt sei.

Das Anliegen, zur politischen Klärung und zur Orientierung in Alltagswelten beizutragen und dabei die Komplexität des Politischen zu erhalten, wurde später nie mehr so vehement verfochten. Aber schon in der ersten Hälfte der siebziger Jahre setzt sich die Kritik an der Wissenschaftsorientierung durch, die zusammen mit der Wende in der Schulpädagogik zu einem Abbruch Politischer Bildung in der Grundschule führt.

2. Entpolitisierung von Forschung und Unterricht

Im Zuge einsetzender reformpädagogisch orientierter Arbeiten in den achtziger Jahren hören die bundesdeutschen Forschungen zur politischen Sozialisation von Kindern mehr oder weniger auf. Soziales Lernen wird jetzt als politisches Lernen deklariert, und Beck stellt Ende der achtziger Jahre fest, daß Politische Bildung nicht mehr stattfinde (Beck 1988, S.405). Nur vereinzelte Stimmen warnen vor unpolitischen Behandlungen von Themen, die leicht zu affirmativer Erziehung werden, wenn Kinder nicht lernen, gesellschaftliche Ordnungen und Machtverhältnisse zu hinterfragen und sich statt dessen im Bestehenden „einrichten".

Untersucht werden einzelne Sozialisationsfelder zur sozialen Entwicklung von Kindern, die unverbunden nebeneinanderstehen. Es finden sich vor allem Forschungen im Bereich der moralischen Entwicklung, ausgelöst durch Rezeptionen der Arbeiten von Piaget und Kohlberg, über deren Bedeutung für Politische Bildung nachgedacht wird (vgl. Henkenborg 1992). Zu weiterführenden Erkenntnissen führen sie jedoch nicht, da sie entweder wertkonservativ und dem Politischen gegenüber ablehnend sind oder sich auf personale Kategorien wie Verantwortung konzentrieren, die nur mittelbar für Folgerungen im Bereich politischer Sozialisationsprozesse relevant sind: Reflexionen über Lösungen interpersonaler Probleme zielen auf moralisch kognitive Entwicklungen und Verhaltensänderungen, die zwar eine Hinführung zur Politischen Bildung sein können, da sie Gemeinschaftsfähigkeit im Blick haben, die sich aber als „private" Verhaltensweisen im Nahbereich nicht einfach „veröffentlichen" lassen und nicht per se Bezüge zu politischen Dimensionen wie Freiheit oder Gleichheit herstellen.

Es entstehen des weiteren einige quantitativ empirische Untersuchungen zur „Zuverlässigkeit der Schichteinstufung der Eltern durch die Schüler aus der 4. Klasse" (Bauer u.a. 1984), die zeigen, daß Kinder den sozialen Status überschätzen, daß sie mit sozialen Normen übereinstimmen wollen und hierarchisches Denken annehmen; ein Bezug zur politischen Ebene wird nicht hergestellt.

Erst aufgrund politischer und gesellschaftlicher Entwicklungen, die 1986 zu dem Schlagwort „Risikogesellschaft" (Beck 1988) führen, etablieren sich politisch relevante Inhalte in der Grundschule:

Die friedenspolitische Situation hinterläßt ihre Spuren in psychoanalytischorientierten Forschungsarbeiten zu (Kriegs-)Ängsten bei Kindern und zu Kriegsspielen (Büttner 1982). So kann sich der Bereich der *Friedenspädagogik* in der Grundschule seinen festen Platz schaffen, wobei soziales Lernen hier wiederum überwiegt. Kriegsphantasien sind nach Büttner Verarbeitungsformen der Ängste, die Kinder in ihrer unmittelbaren Lebensumwelt erfahren; hierbei sind entsprechend der geschlechtsspezifischen Lebenswelten Unterschiede zwischen Mädchen und Jungen zu beobachten. Dieser politisch gehaltvolle Forschungsbereich wird seit Ende der achtziger Jahre mit anderer Akzentuierung weitergeführt durch Arbeiten von Hurrelmann (1990), der Auswirkungen gesellschaftlich bedingter Streßfaktoren auf Kinder und ihre Bewältigungsstrategien untersucht, die Hinweise auf wichtige Themenbereiche Politischer Bildung geben: Arbeitssituationen der Eltern, Schulsituationen oder auch der Freizeitbereich, in dem Kinder als Konsumenten von Gütern und Spielkontakten mittels Animation neuen Formen von Streß ausgesetzt sind. Ihr Bezug zu Fragen Politischer Bildung steht jedoch ebenso aus wie der anderer quantitativ empirischer Arbeiten (z.B. Glumpler, Schimmel 1991).

Des weiteren wird interkulturelles und antirassistisches Lernen zwar als wichtiges Unterrichtsprinzip erachtet, und es entstehen unterschiedliche Konzeptionen, die jedoch weniger auf Vorurteils- oder Lernforschungen als vielmehr auf Theorien zu Entstehungsursachen von Rassismus oder auf didaktischen Theorien basieren. Zu den wenigen empirischen Arbeiten, die das Denken von Kindern aufgreifen, zählt die von Hanna Kiper (1987) über Alltagstheorien und Deutungsmuster türkischer Kinder. Der Bereich Dritte-Welt-Erziehung greift entsprechende Themen explizit auf (Schmitt 1989). Während die überwiegende Literatur hierzu eher soziales Lernen im Blick hat, finden sich auch Ansätze, die z.B. Solidarität mit Kategorien wie Interessen, Unterprivilegierung oder Herrschaft verknüpfen (Schmitt 1990,S.24).

Neue Akzente im Hinblick auf Politische Bildung finden sich auch im Bereich der Umwelterziehung. Ökologische Probleme werden in politische Zusammenhänge gestellt und mit geeigneten Methoden bearbeitet, indem z.B. von den Kindern zu einem sie interessierenden Problem Informationen gesammelt und kritisch gesichtet werden, so daß sich Interessenkonflikte zwischen verschiedenen Gruppen der Gesellschaft verdeutlichen (vgl. Barnebeck, Marquardt 1983). Mittlerweile wird auch von „Kulturorientierter Umweltbildung" gesprochen, wenn betont werden soll, daß die Wahrnehmung und Verarbeitung ökologischer Phänomene und Probleme kulturell bedingt ist (vgl. de Haan 1996).

Es werden mit diesen „Risikobereichen" lebensweltlich stattfindende Prozesse politischer Sozialisation in Unterrichtsthemen aufgegriffen und insofern Ansatzmöglichkeiten für Politische Bildung geschaffen. Aber sie basieren nicht auf entsprechenden Sozialisationsforschungen und genügen in ihren didaktischen Übersetzungen nicht immer den Ansprüchen Politischer Bildung. Meist werden sie als „Einzelrisiken" vermittelt, so daß ihre politischen Zusammenhänge im Dunkeln bleiben; die jeweiligen Fragestellungen und Perspektiven zu integrieren, steht noch aus.

Nur im englischsprachigen Raum wird im engeren Bereich der politischen Sozialisationsforschung weitergearbeitet (vgl. Merelman 1986), allerdings sind die Ergebnisse für bundesdeutsche Verhältnisse nicht ohne weiteres verwendbar: Zum einen drückt sich in den gestellten Fragen und den Antworten der Kinder eine andere politische Kultur aus. In standardisierten Interviews geben sie beispielsweise an, daß Gott oder Jesus den Präsidenten der USA ernennen würde oder ihm sage, was er tun solle (vgl. Moore, Lare, Wagner 1985). Da politische Sozialisation stets in ihrer Definition mit politischer Kultur verknüpft ist, innerhalb derer sie stattfindet und die sie selbst reproduziert, sind außereuropäische Studien für bundesdeutsche Überlegungen nur begrenzt interessant.

In englischsprachigen Untersuchungen zeigt sich in den meisten Fragen ein institutionelles Verständnis von Demokratie, indem sie auf Namen, Aufgaben und Entscheidungen von Institutionen zielen. Hierzu bilden Kinder einige politische Konzepte sehr früh aus: „The society they grow up in is closely observed by children. They understand the role that party politics play. By the age of 7 they have acquired a political vocabulary and a concept of the role of the Prime Minister. Aged 8 they use political phrases with accuracy" (Cullingford 1992, S.3). Die Antworten der Kinder werden kontextunabhängig interpretiert, so daß sie für Leser nicht nachvollziehbar sind; sie dienen der Illustration, wie diese Antwort auf die Frage nach dem Prime Minister: „Mrs Thatcher. Just talking, telling everybody what to do and that sort of thing. (boy, 9)" (Cullingford 1992, S.42). Dieser methodologische Ansatz läßt im Dunkeln, wie die Konzepte der Kinder genauer aussehen. Erkennen sie das Politische oder parallelisieren sie es mit Privatem? Zu einigen Themenbereichen äußern sich die Kinder mit personalisierenden Mustern, wie z.B. zum Bereich Arbeitslosigkeit. Dabei bleibt offen, ob ausgehend vom lebensweltlich generierten Vorverständnis geeigneter Unterricht zum politischen Verständnis führen kann oder nicht: Das, was faktisch vorzufinden ist, muß nicht das sein, was möglich ist.

Politische Bildung in Deutschland legt dagegen meist ein Verständnis von „streitbarer Demokratie" zugrunde, zu der demokratische Verhaltensweisen wie Partizipation und Selbstbestimmung gehören. Spätestens seit in der Politikwissenschaft Diskussionen um Begriffe wie System und Lebenswelt einsetzen, wird das Politische als recht umfassend angesehen: Politische Strukturen und Prozesse gehören als öffentlich institutionalisierte zu den mediengesteuerten Systemen, wie z.B. Institutionen und Bürokratien; indem sie jedoch in der Lebenswelt über Regeln, Normen oder Symbole auf Strukturen der Alltagserfahrung und des Alltagshandelns wirken, ist das Politische auch in der Privatheit der Lebenswelt zu finden. Diese Ausweitung des Politikbegriffs ist für Politische Bildung fruchtbar, da sich subjektive Bezüge zu den Lernenden verdeutlichen lassen, an die Forschungen zur politischen Sozialisation ansetzen könnten (ausführlicher in Richter 1996).

In Arbeiten der Politikdidaktik und in den wenigen, meist auf Unterrichtsbeispiele bezogenen Arbeiten zur Politischen Bildung in der Grundschule führen diese Diskussionen jedoch dazu, soziales und politisches Lernen gleichzusetzen. Kindorientierung oder Lebensweltorientierung heißt nun, das Politische zu privatisieren - und es damit zu entpolitisieren. „Das Private ist politisch" wird häufig mißverstanden, indem nicht zwischen politischen Inhalten und politischen Formen unterschieden wird: Das Private beinhaltet zwar durchaus politisch relevante Themen, aber es ist selbst kein Ort politischer Auseinandersetzungen. Während sich soziales Handeln auf das Besondere und den Kontext einläßt, gibt es einen qualitativen Sprung zum politischen Handeln: Letzteres stellt das Allgemeine in den Vordergrund, zielt auf kooperierende Verfahren bei unterschiedlichen Interessen und auf allgemeine Verbindlichkeit. Zwar sollen auch hier eigene, persönliche Belange eingebracht werden, aber wichtig ist zugleich der Versuch, verschiedene Standpunkte im Sinne eines Interessenausgleichs und gerechtfertigter Ziele des Gemeinwesens miteinander zu koordinieren.

3. Entgrenzungen in den neunziger Jahren

In öffentlichen Medien und populärwissenschaftlicher Literatur wird „Politik von Kindern", „Politik mit Kindern" und „Politik für Kinder" in den neunziger Jahren aktuell. Es werden Kindergipfel, Runde Tische für Kinder oder Kinderparlamente organisiert und Kinder nach ihren politischen Wünschen oder Befürchtungen befragt (siehe z.b. Ganseforth 1990; Hofmann 1991). Von wissenschaftlicher Forschung sind sie leider nicht begleitet, so daß eine beeindruckte Öffentlichkeit zwar vermeintliche Wahrheiten aus Kindermund vernehmen kann, die Kenntnisse über politisch relevantes Wissen von Kindern aber nicht vermehrt werden. Es drängt sich zudem gelegentlich der Verdacht auf, daß hier Kinderinteressen für andere Interessen instrumentalisiert werden (Hofmann 1993, S.66).

In Fachdiskussionen ist man bemüht, den Gegenstand Politik zu retten, da die Grenzen des Politischen mittlerweile als fließend angesehen werden. Ein zunehmend verschwommener politischer Bildungsbereich ist manchmal von kultureller Bildung kaum noch zu unterscheiden, wenn sich letzterer auf Soziokultur und einen regionalen, direktdemokratischen Partizipations- und Gestaltungswillen der Menschen bezieht. Auch in der Sozialisationsforschung setzen sich zunehmend neue Politikdimensionen durch, die Bereiche der sozialen und kulturellen Integration wie soziale Bewegungen als neue Konfliktpartner mit veränderten Inhalten wie Ökologie-, Wachstums- und Technologiekritik einbeziehen (Kulke 1991, S.602). Es interessieren jetzt weniger inhaltlich orientierte Fragen nach politischen Einstellungen und Meinungen, sondern stärker das „Wie" bei der „Herausbildung und Veränderung jener subjektiven Wahrnehmungs-, Verarbeitungs- und Handlungsprozesse, die vermittelt sind durch gesellschaftliche Herrschaftsverhältnisse und soziale Lebenswirklichkeiten der Individuen und sich mit der politisch-gesellschaftlichen Realität auseinandersetzen" (Kulke 1991, S.600). Hierzu lassen sich Arbeiten zählen, die Gespräche zwischen Kindern und Erwachsenen analysieren mit dem Ergebnis, daß sich Jungen öfter als Mädchen mit ihren Eltern oder Freunden über Politik unterhalten (Palentien, Hurrelmann 1992, S.42). Diese Entwicklung ist angesichts von Tendenzen der Pluralisierung und Individualisierung in der Gesellschaft angezeigt, da die mögliche Vielfalt politischen Wissens in heterogenen Lebenswelten kaum noch systematisierbar erscheint. Es bleibt indes unbefriedigend, da zum einen noch immer unbeantwortet ist, wie aufeinander bezogene politische Handlungsorientierungen und demokratierelevante Wertvorstellungen erworben werden oder wie Zusammenhänge mit anderen politischen Sozialisationsprozessen aussehen, z.B. mit geschlechtstypischen Interessen. Zum anderen geht es

Politischer Bildung immer auch um Inhalte, d.h. es ist an inhaltliche Vorerfahrungen anzuknüpfen, so daß hier durchaus Wissensbedarf besteht.

Die Tendenz, statt politischen Lernens allein soziales Lernen zu erforschen, bleibt bestehen. Gertrud Beck hat gemeinsam mit Gerold Scholz eine Langzeitstudie über Grundschulkinder und ihre Konzepte wie Freundschaft, Geheimnisse, Lügen, Streit und Strafe vorgelegt (Beck, Scholz 1995) und ist damit dieser Verschiebung der Fragestellung gefolgt.

Des weiteren läßt sich ein Trend in der Schulpädagogik feststellen, zwischenmenschliche Beziehungen mit politischen Begriffen zu etikettieren. Auch dies führt eher zu einer Entpolitisierung und Vernachlässigung genuiner Forschung zur politischen Sozialisation. Beispielsweise gehört die von Prengel akzentuierte „demokratische Differenz" (Prengel 1990) zum pädagogischen Diskurs, denn sie bezeichnet die pädagogische Anerkennung der Verschiedenheit der Geschlechter. Aber auf welcher Ebene ist dieser Doppelbegriff sinnvoll? Bezogen auf Strukturen liegt eine unnötige Verdoppelung vor, da der Begriff Demokratie selbst immer schon die gemeinte Anerkennung des Differenten beinhaltet, die einklagbar ist; z.B. mit Begriffen wie Minderheitenschutz. Auf personaler bzw. intersubjektiver Ebene aber gibt es keine Demokratie, sondern soziale Beziehungen. Wird dies so nicht gesehen, verliert „Demokratie" sukzessive das sie Konstituierende. Möchte man beispielsweise in der Klasse oder Schule politisches Handeln praktizieren, also den Lernenden Gestaltungsmöglichkeiten für Rollen mit Rechten (z.B. Klassensprecher) oder für formalisierte Öffentlichkeit mit Regeln (z.B. Klassenrat) geben, ist zu beachten und den Lernenden zu verdeutlichen, daß auch dies nur „begrenzte Demokratie" ist, da u.a. die Autonomie der Institutionen, die nicht direkt abhängig vom Staat sein sollen, im schulischen Kontext nicht realisierbar ist.

Vereinzelt erforschen Lehrende ihren Grundschulunterricht und geben erste Hinweise beispielsweise zum Wissen von Grundschulkindern über Demokratie, worüber ansonsten kaum etwas bekannt ist. So stellt Wilfried Fischer in seiner 4. Grundschulklasse zwar Interesse für „Probleme der „großen Welt", aber nur wenige Kenntnisse über Demokratie fest: „Demokratie erscheint in den Schülerdefinitionen als etwas Abstraktes, das im Fernsehen aus der Distanz heraus geboten wird; sie ist Bestandteil der komplizierten politischen Umwelt. Keine Antwort zeigt, daß Demokratie mit eigenem Engagement zu tun hat und daß Formen der Demokratie das Leben jedes einzelnen berühren: in der Gemeinde, in der Schule, in der Kirche, eigentlich überall im Zusammenleben" (Fischer 1993, S.57). Systematische Forschung fehlt.

Wieder entstehen mehr Arbeiten im englisch- als im deutschsprachigen Raum. Hervorzuheben sind Arbeiten zur ökonomischen Erziehung, für die zwar obige Einschränkungen gleichfalls gelten, die jedoch Ansatzpunkte für weitere Forschungen bieten. So werden Curricula entwickelt und ihre Erfolge auf Kinder untersucht, wie z.B. beim Rahmenprogramm Mini-Society: „These research studies affirmed that participation in the Mini-Society programme produces outstanding gains in children's (ages 8 through 12) economic literacy and reasoning, entrepreneurial awareness and concept acquisition" (Kourilsky, Carlson 1997, S.105). Verknüpfungen mit hiesiger Politischer Bildung stehen noch aus.

Obwohl also in der Fachwelt zunehmend über die direkte und indirekte politische Betroffenheit von Kindern diskutiert wird - seien dies allgemeinere Arbeiten, die sich auf die von Klafki (1993) artikulierten epochaltypischen Schlüsselprobleme beziehen oder Arbeiten zu einzelnen Aspekten wie die Situation der Eltern, Kinder als Konsumenten oder vernetzt in Institutionen und Rechtssystemen bis hin zu medialen Einflüssen - fehlen entsprechende Forschungen. Probleme im Bereich von Hort- oder Spielplätzen, Verkehrsberuhigungen oder Schulverwaltung oder auch die Erwerbslosigkeit eines Elternteils, Geschlechterverhältnisse oder Fragen des Naturschutzes betreffen Kinder subjektiv und objektiv und werden als politische Felder in der Kindheit angesehen. Aber es werden weder gesellschaftstheoretische Kategorien subjektiver Dimensionen zur Untersuchung politischen Bewußtseins entwickelt, noch wird empirisch zur „Entwicklung des Gesellschaftsverständnisses bei Kindern" gearbeitet, also beispielsweise gefragt, „wie Kinder Armut und Reichtum, die Verfügung über privates Eigentum, die Gliederung der Gesellschaft in Machtträger und Machtlose etc. verstehen" (George, Prote 1996, S.7).

4. Fazit und Perspektiven

Je nach verwendetem Politikbegriff ergeben sich also Konsequenzen für Politische Bildung - und ein entsprechender Bedarf an politischer Sozialisationsforschung. Dies ist aber dem hier diskutierten Bereich nur zum Teil angemessen, nämlich wenn es darum geht, zu fragen, wie sich Inhalte des Politischen konkret in den Lebenswelten von Kindern auswirken und inwiefern ihre Lebensläufe von gesellschaftlich politischen Strukturen abhängen: Wie und in welcher Weise beeinflussen politische Erfahrungen heutiger Kinder ihr Neugierverhalten, ihre Präferenzen, ihre emotionale und kognitive Aufgeschlossenheit gegenüber Politischem?

Doch bezüglich der Frage, welche Wahrnehmungs- und Verarbeitungsformen die Kinder mitbringen, scheint es an der Zeit, genauer die Kinder selbst anzuhören und ihre Äußerungen subjektorientierter zu interpretieren, als es bislang geschehen ist. So vermuten beispielsweise Siegfried George und Ingrid Prote, daß Kinder ein politisches Weltbild besitzen, das „aus bruchstückhaften politischen Informationen... und unreflektiert erworbenen politischen Einstellungen" zusammengesetzt sei (George, Prote 1996, S.4). Da es hierzu keine neueren empirischen Untersuchungen gibt, ist diese Vermutung zu akzeptieren. Aber es stellt sich die Frage, ob sich hier nicht lediglich die Sicht von (politikdidaktisch arbeitenden) Erwachsenen und ihre Wahl einer bestimmten Theorietradition durchsetzt. Was ließe sich zu Kinderäußerungen zum Politischen sagen, die in konstruktivistischer Theorietradition erhoben und interpretiert werden? Die das Kind insofern als Subjekt ernst nehmen, als sie zunächst einmal Rationalität, Vernunft und Konsequenz im kindlichen Denken unterstellen und sich bemühen, den Wegen diesen Denkens auf die Spur zu kommen? Sicherlich ist es weiterhin wichtig zu erforschen, ob Kinder beispielsweise Machtprozesse so wahrnehmen, wie wir sie verstehen, und für welche Politikbereiche sie sich interessieren. Welche Segmente der verschiedenen Politikfelder werden von ihnen erfaßt? Welche Konzepte liegen ihren Vorstellungen zugrunde? In welcher Art und Weise sind Kindern Kategorien wie Macht, Interesse und Solidarität bekannt? Können mit neuen, an qualitativer Empirieforschung orientierten Arbeiten auch neue Aspekte erscheinen, etwa spezifische „Politikstile", die Kinder im Klassenrat der Schule entwickeln? Für diese Fragen sind neben Prozessen politischer Sozialisation, die die Wahrnehmungs-, Reflexions- und Handlungsstrukturen der Kinder erforschen, zugleich Unterrichtsprozesse mittels qualitativer Empirie zu erforschen, in denen Vorverständnisse, aber auch Möglichkeiten Politischer Bildung deutlich werden, die der altbekannten „normativen Kraft des Faktischen" entgegentreten.

Literatur

Ackermann, P.: Politisches Lernen in der Grundschule. München 1973

Barnebeck, G./Marquardt, B.: Umwelterziehung in der Grundschule - Das Beispiel Spielplatz. In: Lauterbach/Marquardt 1983, S.214-229

Bauer, A. u.a.: Kinder als Informanten? Eine empirische Untersuchung über die Zuverlässigkeit der Schichteinstufung der Eltern durch Schüler aus der 4. Klasse. In: Meulemann, H./Reuband, K.-H. (Hrsg.): Soziale Realität im Interview. Empirische Analysen methodischer Probleme. Frankfurt/New York 1984

Beck, G.: Politische Sozialisation und politische Bildung in der Grundschule (unter Mitarbeit von Wolfgang Hilligen und Siegfried Aust). Frankfurt a. Main: Hirschgraben 1972

Beck, G.: Politisches Lehren und Lernen in ausgewählten Schulformen und Schulbereichen. Primarstufe. In: Mickel, W. W./Zitzlaff, D. (Hrsg.): Handbuch zur politischen Bildung. Bonn: Bundeszentrale für politische Bildung 1988, S.402-406

Beck, G./Scholz, G.: Soziales Lernen. Kinder in der Grundschule. Reinbek bei Hamburg: Rowohlt 1995

Beck, U.: Risikogesellschaft. Auf dem Weg in eine andere Moderne. Frankfurt am Main: Suhrkamp 1988 (5. Aufl.)

Büttner, C.: Kriegsangst bei Kindern. München 1982

CIEL-Arbeitsgruppe Reutlingen: Stücke zu einem mehrperspektivischen Unterricht. Einführung, Übersicht, Nutzungsvorschläge, Implementationsprogramm. Stuttgart: Klett 1976

Claußen, B./Geißler, R. (Hrsg.): Die Politisierung des Menschen. Instanzen der politischen Sozialisation. Ein Handbuch. Opladen: Leske & Budrich 1996

Claußen, B.: Zur Theorie der politischen Erziehung im Elementar- und Primarbereich. Frankfurt a. Main: Haag und Herchen 1976

Cullingford, C.: Children and Society. Children's Attitudesto Politics and Power. London/New York: Cassell 1992

Düring, P.: Politische Bildung in Grundschule und Hauptschule. Didaktische Grundlegung und methodische Handreichung. München 1968

Fischer, W.: Demokratie - kein Thema? In: Grundschule 26 (1993) 11, S.57-58

Friebertshäuser, B./Prengel, A. (Hrsg.): Handbuch Qualitative Forschungsmethoden in der Erziehungswissenschaft. Weinheim/München: Juventa 1997

Gagel, W.: Geschichte der politischen Bildung in der Bundesrepublik Deutschland 1945-1989. Opladen: Leske & Budrich 1994

Ganseforth, M. (Hrsg.): Bitte hört doch mal auf uns Kinder... Was Kinder von PolitikerInnen erwarten. Neustadt 1990

George, S./Prote, I. (Hrsg.): Handbuch zur politischen Bildung in der Grundschule. Schwalbach/Ts.: Wochenschau 1996

Glumpler, E./Schimmel, K.: Die Tierärztin und der Polizist. Lebensplanung und Berufsorientierung - (k)ein Thema für die Grundschule. In: Grundschule, 24 (1991) 9, S.18-21

Haan, G. de: Kulturorientierte Umweltbildung in der Grundschule. In: George/Prote 1996, S.211-36

Heinzel, F.: Qualitative Interviews mit Kindern. In: Friebertshäuser/Prengel 1997, S.396-413

Henkenborg, P.: Die Unvermeidlichkeit der Moral. Ethische Herausforderungen für die politische Bildung in der Risikogesellschaft. Schwalbach/Ts.: Wochenschau 1992

Hofmann, C. (Red.): Hilfen zur Friedenserziehung: Die Kinder, der Krieg und die Angst, Ravensburg 1991

Hofmann, H.: Kinderinteressen ermitteln. Voraussetzung für eine erfolgversprechende Kinderpolitik. In: Stiftung Mitarbeit 1993, S.63-74

Hurrelmann, K.: Familienstreß, Schulstreß, Freizeitstreß. Gesundheitsförderung für Kinder und Jugendliche. Weinheim/Basel: Beltz 1990

Ichilov, O. (Hrsg.): Political Socialization, Citizenship Education, and Democracy. New York/London: Teachers College Press 1990

Kiper, H.: "... und sie waren glücklich." Alltagstheorien und Deutungsmuster türkischer Kinder. Hamburg 1987

Klafki, W.: Neue Studien zur Bildungstheorie und Didaktik: Zeitgemäße Allgemeinbildung und kritisch-konstruktive Didaktik. Weinheim/Basel: Beltz 1993 (3. Aufl.)

Kourilsky, M. L./Carlson, S. R.: Mini-Society and Yess! Learning Theory in Action. In: Children's Social and Economics Education. An International Journal. Vol. 1:2, 1996,S.105-117

Kulke, C.: Politische Sozialisation und Geschlechterdifferenz. In: Hurrelmann, K./Ulich, D. (Hrsg.): Neues Handbuch zur politischen Sozialisationsforschung. Weinheim/Basel 1991

Lauterbach, R./ Marquardt, B. (Hrsg.): Sachunterricht zwischen Alltag und Wissenschaft. Grundlagen und Beispiele für Schulpraxis und Lehrerbildung. Weinheim/Basel: Beltz 1983

Marquardt, B.: Kind und Wissenschaftsorientierung im Sachunterricht. Thesen und Fragen. In: Lauterbach/Marquardt 1983, S.45-54

Merelman, R. M.: Revitalizing Political Socialization. In: Hermann, M. G. (Hrsg.): Political Psychology. San Francisco/London: Jossey Bass Publishers 1986, S.279-319

Moore, S./Lare, J./Wagner, K.: The child's political world: A longitudinal perspective. New York: Praeger 1985

Palentien, C./Hurrelmann, K.: Jugendliche: Politisch, aber gegenüber Politikern äußerst skeptisch. Ergebnisse einer aktuellen Umfrage der Universität Bielefeld. In: Pädagogik (1992) 11, S.41-45

Prengel, A.: Erziehung von Jungen & Mädchen. Plädoyer für eine demokratische Differenz. In: Pädagogik 42 (1990) 7/8, S.40-44

Richter, D.: Politikunterricht im Spannungsfeld von Lebenswelt und Politik. Didaktisch-methodische Reflexionen zum Aufklären von Wahrnehmungsschemata. In: Politische Bildung 2 (1996)1, S.17-29

Schmitt, R. (Hrsg.): Dritte Welt in der Grundschule. Frankfurt am Main: Arbeitskreis Grundschule e.V. 1989

Schmitt, R.: Wie dann? Einige Prinzipien für die Dritte-Welt-Erziehung. In: Marquardt Mau, B./ Schmitt, R. (Hrsg.): Chima baut sich eine Uhr. Dritte-Welt-Erziehung im Sachunterricht: Thema Zeit. Weinheim/Basel: Beltz 1990, S.23-25

Urban, D.: Tendenz und Wirklichkeit. Unterrichtsbeispiele zur politischen Bildung in der Grundschule. Essen 1970

Wasmund, K.: Ist der politische Einfluß der Familie ein Mythos oder eine Realität? In: Claußen, B./Wasmund K. (Hrsg.): Handbuch der politischen Sozialisation. Braunschweig 1982

Mädchen und Jungen - ihre Selbstwahrnehmung und ihr Zugang zur Welt

Zum Forschungsstand der Zusammenhänge zwischen Geschlechtszugehörigkeit und Sozialerfahrung

Astrid Kaiser, Universität Oldenburg und
Petra Milhoffer, Universität Bremen

1. Einleitung

Lange war in den Erziehungswissenschaften davon ausgegangen worden, daß Mädchen und Jungen keinen geschlechtsdifferenten Zugang zur Welt haben. Die Frauenforschung und die von ihr in Gang gesetzte Koedukationsforschung erbrachte jedoch, daß geschlechtsspezifische Unterschiede in der Selbst- und Sozialwahrnehmung bestehen, die für den Zugang von Kindern zu sozialen, technischen und Naturbereichen sehr wohl von Belang sind und auf die Gestaltung der Lebensentwürfe von jungen Menschen einen erheblichen Einfluß haben. Diese Zugangsweisen müssen einer Unterrichtsgestaltung, die beiden Geschlechtern gerecht werden will, bekannt sein.

Während didaktische Forschung zu Beginn der 70er Jahre zuerst die schichtspezifische Dimension in ihre Designs integriert hat, ist die Geschlechterfrage erst Mitte der 80er Jahre in den Blickwinkel didaktischen Denkens gestellt worden (vgl. Biermann 1985; Browne, France 1986; Valtin, Warm 1985).

Die Gleichstellung der Geschlechter zu verwirklichen, ist ein vom deutschen Grundgesetz und den europäischen Rechtsnormen gegebenes Postulat für alle gesellschaftlichen Bereiche. Das Bildungssystem in der Bundesrepublik Deutschland hat diese Herausforderung im Laufe der 60er Jahre durch zunehmende Angleichung der Bildungsangebote zu lösen versucht. Viele Untersuchungsergebnisse der pädagogischen Frauenforschung seit Beginn der 80er Jahre zeigen jedoch, daß die formale Gleichbehandlung von Mädchen und Jungen in der Koedukation keineswegs die erwartete Chancengleichheit der

Geschlechter hervorgebracht hat (Enders-Dragässer, Fuchs 1989; Frasch, Wagner 1982; Kreienbaum 1992; Kaiser 1994; Benard, Schlaffer 1996; Blanke 1996; Fuchs 1996; Hempel 1996; Kaiser 1996b; Kampshoff, Nyssen 1996; Röhner 1996b; Sturzenhecker 1996; Richter 1996; Hempel 1997; Timmermann 1997; Reineke, Seefeldt 1997). Dabei verstehen wir unter Geschlecht in Anlehnung an Bilden (1991, S. 280) „im Sinne von gender (als) eine Kategorie sozialer Struktur bzw. als ein duales System von Symbolisierungen".

Der Perspektivenwechsel von der Sicht auf das Geschlecht hat sich mittlerweile differenziert. So wird nicht mehr ausschließlich auf ein Geschlecht abgehoben und mit Privilegierungs- bzw. Unterprivilegierungshypothesen gearbeitet, sondern das Verhältnis der Geschlechter wird in seinen wechselseitigen Bezügen und Verschränkungen betrachtet. Solchen Untersuchungen (vgl. Hempel 1996; Kaiser 1997) ist vor allem daran gelegen, die Bedingungen einer geschlechtsstereotypisierenden Sozialisation zu verändern, d.h. die Auswirkungen schulischer Geschlechtersozialisation auf Jungen und Mädchen bezogen zu betrachten und pädagogische Konsequenzen für beide Geschlechter zu ziehen. Dabei ist es wichtig, nicht im Sinne androgyner Konzepte festgelegte Normen für ein Verhalten beider Geschlechter „in der Mitte" zu vertreten, sondern die für die Identitätsbildung der Kinder als Jungen und Mädchen wichtigen Sozialisations-, Enkulturations- und Entwicklungsprozesse als Voraussetzung pädagogischer Einflußnahme zu akzeptieren. Eine breite, vielfältige Entwicklung aller Individuen sollte dafür die Zielrichtung sein und nicht die sowieso historischer Wandlung unterworfenen Geschlechterkonstruktionen .

Vier generelle Zielrichtungen einer geschlechterbewußten Pädagogik (Browne, France 1986; Prengel 1993; Kaiser 1997; Röhner 1993; Röhner 1997; Timmermann 1997) finden dafür immer stärker Akzeptanz:

- keine Abwertung des Weiblichen/des weiblichen Geschlechts/von Mädchen und Frauen
- Abbau des Überlegenheitsimperativs des Männlichen/der Jungen und Männer
- Verschiedenheiten im Sinne von Vielfalt zulassen
- Stereotypgrenzen überschreiten.

Aus diesen generellen Zielen gilt es, konkrete didaktische Begründungen, Ziele und Maßnahmen zu entwickeln, um auch im Sachunterricht als einem wesentlichen Bestandteil des allgemeinbildenden Unterrichts in der Grundschule geschlechterbewußte Pädagogik zu praktizieren. Dazu ist es wichtig, sich im Detail mit den geschlechtsspezifischen Sozialisationsspuren in der kindlichen Entwicklung zu befassen.

2. Zum Stand der geschlechtsbezogenen Forschung in ihrer Bedeutung für die Sachunterrichtsdidaktik

Die folgende Übersicht über einige für den sozialwissenschaftlichen Sachunterricht relevante Forschungsergebnisse soll diejenigen Bereiche charakterisieren, die im schulischen Kontext bedeutsam sind. Wenn hier Differenzen angesprochen werden, darf jedoch nicht übersehen werden, daß die interindividuellen Unterschiede größer als die geschlechtsbezogenen sind (vgl. Hagemann-White 1984; Milhoffer u.a. 1997a). Gleichwohl spiegelt sich die gesellschaftliche Konstruktion polarer Zweigeschlechtlichkeit nach wie vor in individuellem Verhalten wider. Schließlich wird sie alltäglich von allen beteiligten Personen entsprechend den gesellschaftlichen Stereotypien konstruiert (Röhner 1996). Für pädagogisches Handeln ist die Kenntnis des Zustandekommens und des Wirkungsbereiches solcher Unterschiede wichtig, um geschlechtsdifferenzierende Fördermaßnahmen anwenden zu können.

Auch wenn die empirische Sozialisationsforschung als relativ gesichert zeigt, daß in Bezug auf allgemeine Fähigkeiten in früher Kindheit keine Unterschiede der Geschlechter (Hagemann-White 1984) und keine Leistungsdifferenzen (vgl. Schümer 1985; Richter 1996) nachweisbar sind, stellen wir schon bei Dreijährigen Geschlechterdifferenzen fest, wenn wir uns mit stärker historisch-kulturell definierten Persönlichkeitsdimensionen wie Interessen, Vorlieben und Abneigungen (Stadler 1995; Fölling-Albers 1995) oder politisch-sozialen Einstellungen bzw. Vorerfahrungen (Greenstein 1970; Stevens 1982; Kulke 1991; Kaiser 1996 b) befassen. Dies ist gerade für den gesellschaftswissenschaftlichen Bereich des Sachunterrichts von besonderer Relevanz, da seine Inhalte notwendig auch an soziale Deutungen gebunden sind und damit an Konstruktions- bzw. Dekonstruktionsprozessen von Geschlechterdifferenzen mitwirken (können). Deshalb sollen hier einige wesentliche Ergebnisse der Geschlechterforschung skizziert werden.

Unterschiede im Verhalten von Mädchen und Jungen (bei äußerlich gleichen Lern-, Spiel-, Interaktions- und Bewegungsbedingungen) sind in folgenden Dimensionen belegt, die hier - schwerpunktmäßig bezogen auf Untersuchungen von Kindern im Grundschulalter - nur selektiv genannt werden:

- Kommunikationsstil (Karrby 1988; Tannen 1991; Fuchs 1990, 1995 a,b; Christ 1995)
- Interaktionen (Delamont 1976; Skinnigsrud 1985; Frasch, Wagner 1982; Spender 1985; Oswald 1986; Enders-Dragässer, Fuchs 1989; Kaiser 1994; Krappmann, Oswald 1995; Oswald 1996; Hempel 1995; Blank, Lippe 1997)

- Gesprächsverhalten (Schramm 1980; Fuchs 1990; Schulze-Dieckhoff 1993; Fuchs 1995 a/b; Reuschling 1995; Christ 1995)
- soziale Kompetenz (Spender 1985; Skinnigsrud 1985; Enders-Dragässer, Fuchs 1989; Prengel 1990; Krappmann, Oswald 1995)
- Raumnahmeverhalten (Rauschenbach 1990; Nissen 1990; Fuchs 1996)
- Technikwahrnehmung (Landwehr 1995; Kaiser 1987; 1988, 1996 b; Kampshoff, Nyssen 1996; Nyssen 1996; Lippe 1997)
- Wahrnehmung sozialer Zusammenhänge (Appel 1993; Kaiser 1987, 1988, 1996b; Beck, Scholz 1995 a)
- inhaltliche Vorstellungen von Jungen und Mädchen bei gesellschaftlichen Unterrichtsthemen (Glumpler 1993; Appel 1993; Hempel 1997; Kaiser 1987, 1988, 1996 b)
- Selbstdarstellung in freien Texten (Röhner 1997)
- Bewegungsverhalten (Kröner, Pfister 1992; Thies 1991; Scheffel 1992; Schmerbitz, Schulz 1993; Pfister 1993)
- Rollenverständnis, Selbstbilder und Zukunftsvorstellungen (Röhner 1984; Tutchell 1990; Delamont 1990; Davies, Banks 1992; Faulstich-Wieland, Horstkemper 1993; Valtin, Kopffleisch 1996; Barz 1996; Glumpler 1993; Röhner 1996; Kaiser 1996 d; Blank, Lippe 1997; Milhoffer 1985a)

Viele dieser Untersuchungen belegen nicht nur empirisch nachweisbare Unterschiede im Verhalten, in Einstellungen und Neigungen von Mädchen und Jungen, sondern machen auch deutlich, daß die Schule durch Inhalte und Verfahrensweisen ihrerseits zur Reproduktion hierarchischer Geschlechterverhältnisse beiträgt. Daraus läßt sich allerdings ableiten, daß sie mit geeigneten Angeboten umgekehrt auch zu einer geschlechterbewußten Bildung beitragen könnte.

Nachfolgend werden diejenigen Forschungsfelder näher beleuchtet, die wichtige Ansatzpunkte für die Gestaltung einer geschlechtsbewußten Sachunterrichtsdidaktik liefern könnten.

2.1 Interaktionen

Eine der am häufigsten - auch grundschulpädagogisch geschlechtsbezogen - untersuchten Dimensionen ist das Interaktionsverhalten (vgl. Frasch, Wagner 1982; Skinnigsrud 1984; Spender 1985; Fried 1989; Kaiser 1994; Enders-Dragässer, Fuchs 1987, 1988, 1989; Kramarae, Treichler 1990; Kaiser 1994; Oswald 1996; Hempel 1995; Reineke, Seefeldt 1997). Trotz unterschiedlichen Stichprobenumfangs und verschiedener Untersuchungsdesigns lassen sich gerade aus der Fülle gleichgerichteter internationaler Studien relativ gesicherte Erkenntnisse entnehmen. Diese vielzitierten Ergebnisse werden hier nur summarisch skizziert:

Jungen genießen mehr Aufmerksamkeit ihrer Lehrkräfte in der Schule als Mädchen, Jungen werden mehr aufgerufen, bezogen auf Leistung und Disziplinverhalten mehr getadelt und gelobt, sie genießen also positive und negative Aufmerksamkeit (Frasch, Wagner 1982; Kaiser 1994).

Die qualitative Analyse von Unterrichtsinteraktionen zeigt, „daß Mädchen als Gruppe stärker auf Kooperation hin und Jungen als Gruppe stärker auf Konkurrenz hin orientiert sind" (Enders-Dragässer, Fuchs 1989, S. 148; Reineke, Seefeldt 1997). Jungen suchen viele Gelegenheiten im Unterricht, Dominanzverhalten zu zeigen und ihre Überlegenheit zu demonstrieren (Enders-Dragässer, Fuchs 1989; Skinnigsrud 1984). In schulischen Interaktionen wird implizit eine Statushierarchie zwischen Jungen und Mädchen konstruiert, die „dem kulturellen Muster der Zweitrangigkeit des Weiblichen" folgt (Enders-Dragässer, Fuchs 1989, S. 131) und vom „Überlegenheitsimperativ des Männlichen" (Barz 1989) getragen sind.

Mädchen zeichnen sich eher durch sozialintegratives, „kooperatives und faires Verhalten" im Unterricht aus (Enders-Dragässer, Fuchs 1989, S. 130; Schmerbitz u.a. 1993). Sie geraten in schulischen Interaktionen in paradoxe Situationen, wenn sie durch - für ihr Geschlechtsbild inadäquate - Verhaltensweisen versuchen, ihrer eigenen Abwertung entgegenzuwirken (Skinnigsrud 1994; Spender 1985; Enders-Dragässer, Fuchs 1989, S.134 ff.). Neuerdings scheint sich die Interaktionsdiskrepanz in Grundschulen quantitativ zu verringern (Kaiser 1994).

2.2 Sprachliche Verständigungsprobleme zwischen den Geschlechtern

Deborah Tannen (1991) belegt aus der Analyse vieler Gesprächsaufzeichnungen von Kindern und Erwachsenen, daß sich die Kommunikationsstile der Geschlechter qualitativ soweit unterscheiden, daß oft keine Verständigung möglich ist. Dabei definiert sie diese Unterschiede nicht absolut, sondern graduell. Die Schwierigkeiten einer zwischen den Mustern der Geschlechterkulturen ausgleichenden Kommunikation (ebd., S. 17) bei Erwachsenen führt sie auf frühe Sozialisation zurück, bei der schon verschiedene sprachliche Kulturen vorherrschen. Verursacht seien diese primär durch die in der Kindheit vorwiegend geschlechtshomogenen Peer-Kontakte (ebd., S. 46).

Für Kinder in der Schule bedeutet der geschlechtsdifferente Sprachstil, daß Mädchen mehr an der Aufrechterhaltung eines Netzes gleichberechtigter Beziehungen orientiert sind und die Hervorhebung einer Einzelleistung als bedrohlich für dieses Gleichgewicht erfahren.

Anders verhält es sich bei vielen Jungen: Sie legen es geradezu darauf an, Einzelleistungen als Statusbeweis hervorzuheben. Streit und Machtkämpfe stellen in diesem Sprachstil keine Bedrohung der Verbundenheit wie bei Mädchen dar, sondern sind selbstverständliches, konstituierendes Moment. Für sie sind Hierarchien, die sie untereinander konflikthaft geregelt haben, kein Problem, sondern ein akzeptierter Tatbestand.

Diese beiden Sprachstile sind nicht instrumentell verschieden, sondern können als Ausdruck der unterschiedlichen Geschlechterkulturen gewertet werden.

Solange der weibliche Sprachstil primär im Ghetto privater Räume eingeschlossen bleibt, während der männliche Stil im schulisch-öffentlichen Kontext seine zusätzliche Anerkennung findet, kann es keine Symmetrie zwischen den Geschlechtern geben. Erst wenn beiden Sprachstilen gleichberechtigt Raum in der Schule eröffnet wird, ist eine tatsächliche Verständigung über die „Fremdsprachenhürde" der Geschlechterdifferenz hinweg zwischen Mädchen und Jungen möglich.

Die unterschiedlichen Kommunikationsstile von Mädchen und Jungen, die Tannen im angelsächsischen Bereich erhob, sind in der deutschsprachigen Forschung insbesondere durch Fuchs und Christ belegt (Fuchs 1990; 1995 a,b; Christ 1995).

2.3 Verschiedene Moralauffassungen und Denkstile

Anknüpfend an die Studie Gilligans zur geschlechtsdifferenten Moral (Gilligan 1984), die die besondere Qualität der weibliche Moral als eine „Moral der Verantwortung und der Bindung" hervorhebt, während sie die männliche dagegen als „Moral des Rechts und der Nichteinmischung" charakterisiert, versuchten M. Belenky u.a. (1989) die besonderen Denkweisen von Frauen aus der Analyse von biographischen Reflexionen zu analysieren. Sie unterschieden ein breites Spektrum von Denkweisen von Frauen mit zunehmender eigener Ausdrucksfähigkeit, nämlich Schweigen (ebd., S. 37 ff.), „rezeptives Denken" („den Stimmen der anderen zuhören"; ebd., S. 50 f.), subjektives Denken („die innere Stimme"; ebd., S. 68 f.) bzw. („die Suche nach dem Ich"; ebd., S. 94 f.), prozedurales Denken („gebundes Denken", das Frauen im Gegensatz zum mehr abgelösten, die Person des Wahrnehmenden von der Wahrnehmung trennenden Denken, leichter fällt; ebd., S. 256) sowie als höchste Stufe das konstruierende Denken („die Stimmen integrieren"; ebd., S. 153 ff.). Diese für das Erwachsenenalter belegten kognitiven Unterschiede der Geschlechter lassen sich für das Grundschulalter ansatzweise bestätigen. So hat Jean Piaget in seiner klassischen Studie zum moralischen Urteil beim Kinde eine bislang wenig rezipierte Tabelle veröffentlicht, nach der sich die Antworten von Mädchen und Knaben auf ein Statement zum Umgang mit Aggression deutlich unterschieden (Piaget 1976, S. 342). Die auch geschlechtsdifferent wiedergegebenen qualitativen Antworten zeigen (Piaget 1976, S. 343-347), daß Mädchen im Alter von 6-10 Jahren ähnlich - wie in den Studien bei Frauen - eine stärker verbindende, vermittelnde, sozial bezogene Moral äußern als Jungen, die mehr auf den situativen Erfolg in den Antworten abheben.

Helga Bilden weist auf Untersuchungsergebnisse hin, wonach demgegenüber „Jungen stärker und konsistenter in ihren geschlechtstypischen Präferenzen und Urteilen waren. Sie wurden darin mit zunehmendem Alter (Kindergarten bis frühes Schulalter) eher weniger flexibel, während die Mädchen im Schulalter eindeutig flexiblere Präferenzen entwickelten" (Bilden 1991, S. 282 f.).

2.4 Spielen und Aktionsräume in der Geschlechterdifferenz

Mehr deskriptiv auf das äußerlich beobachtbare Spiel- und Freizeitverhalten von Jungen und Mädchen bezogen, beschäftigen sich die Autorinnen und Autoren einer Berliner Kindheitsstudie (U. Preuss-Lausitz u.a. 1990). Sie stellen deutlich fest, daß die Jungen in ihrer Kindheit mehr räumliche Expansionsmöglichkeiten haben (Rauschenbach 1990, S. 172), während jüngere Kinder und vor allem die Mädchen unter besonderer Obhut der Eltern stehen (ebd., S. 174). Den Mädchen wird seltener zugetraut, sich allein zur Wehr zu setzen, und sie sind terminlich stärker festgelegt (ebd., S. 174).

Während bei Jungen in der Freizeit mehr Spontaneität und Disposition gegeben ist (ebd., S. 176), versuchen die Mädchen über kommunikative Kompetenzen, besonders das telefonische Verabreden (ebd., S. 176), Kontakte zu schaffen.

Auch in der Grundschule sind die Aktionsräume von Jungen und Mädchen unterschiedlich bemessen (Fuchs 1996). Jungen verhalten sich häufiger raumgreifend und beherrschen bestimmte Terrains wie z. B. die Bauecke (Fuchs 1996). Auch der Bewegungsmodus unterscheidet sich schon im frühen Schulalter: „Der männliche Körper wird grobmotorisch und bewegungsintensiv sozialisiert, in material- und raumexplorierenden Aktivitäten, leistungs- und funktionsbezogen; der weibliche Körper eher feinmotorisch und ästhetisch-attraktivitätsfördernd, durch Einwirkung von 'Sozialisationsagenten' und in Selbstbearbeitung" (Bilden 1991, S. 284).

Vivian G. Paley (1984), Renate Nötzel (1987) und Charlotte Röhner (1987, 1993) beschäftigen sich in unterschiedlich angelegten Studien mit den Geschlechterdifferenzen im konkreten Spielverhalten. Sie beschreiben dazu sehr ausführlich qualitativ, mit welchen Spielen und welchen Spielsachen und vor allem mit welchen Spielphantasien sich Jungen und Mädchen bevorzugt beschäftigen. Besonders bei Röhner (1987, 1993) wird dabei aus der Beobachtung und Deutung von Gesprächen, Freispielverhalten, freien Kindertexten und gezeichneten Spielphantasien deutlich, welche kulturellen Differenzen in diesen Spielen - dargestellt an den besonders marktgängigen Spielfiguren Barbie-Puppen für Mädchen und Masters-Figuren für Jungen - zugrunde gelegten Emotionen zum Ausdruck kommen. Während Mädchen sich an ästhetischen Werten und harmonischen Phantasien privaten Zusammenlebens spielerisch erfreuen, versuchten Jungen, ihre Probleme im Umgang mit Aggressionen zu bewältigen.

Auch hier wird deutlich, daß das kulturelle Symbolsystem im männlichen Konstrukt von Macht getragen ist, während Angst weitgehend ausgeklammert wird (vgl. Kaiser 1997). Auch die sozialen Gruppierungen bei Spielen im Grundschulalter unterscheiden sich. Jungengruppen sind größer, sie „spielen häufiger wettbewebsorientierte Spiele, favorisieren Bewegung, Raufereien... Die Gruppen der Mädchen funktionieren eher auf der Basis von Gleichheit, Mädchen haben daher eher Probleme mit Konflikten und Dominanz. Die Spiele sind eher kooperativ. In ihren Gruppen entwickeln Mädchen enge Freundschaften, in denen das Gespräch sehr wichtig ist" (Bilden 1991, S. 287).

2.5 Wahrnehmung von Arbeitswelt und Technik

Trotz der zunehmenden Berufsorientierung von Mädchen (Bilden 1991) sind die konkreten Berufsvorstellungen sowohl von Jungen als auch von Mädchen noch deutlich nach stereotypen Mustern geprägt. In der Flensburger Studie von Glumpler (1993) gehörten Tierärztin, Lehrerin und Tierpflegerin, Krankenschwester und Kindergärtnerin zu über 90 % der Berufswünsche von Mädchen, während die Jungen Polizist, Pilot, Arzt, Soldat/Bundeswehr, Computerfachmann und Architekt an erster Stelle nannten. Diese Orientierung bestätigte sich auch in der Studie von Milhoffer, Krettman, Gluszczynski (1997).

Allein die Differenzen von Mädchen und Jungen bei der Wahrnehmung gesellschaftlicher Probleme (Kaiser 1988, 1996 b) wie Arbeitswelt, Konsum, Werbung, Umgang mit Geld belegen, daß, bevor Unterricht einsetzt, bei Mädchen und Jungen verschiedene Rezeptions- und Wahrnehmungsebenen vorliegen. Auch das Teilprojekt zu Fabrikvorstellungen (Kaiser 1996 b) zeigt, daß die hausarbeitsnahen Tätigkeiten wie Schmücken, Umsorgen, Verpacken, intuitives naturnahes Handeln und die größere Betonung des Menschen bei Mädchenzeichnungen von Fabrikarbeit stark hervortreten. Die Fabrikbilder der Jungen der Studie weisen deutliche Merkmale auf, die dem Typus männlicher Arbeitserfahrungen entsprechen: Minimierung der Darstellungen von Menschen, Ausklammern sozialer und emotionaler Beziehungen, Betonung instrumenteller, technischer Aspekte, Hervorhebung hierarchischer Differenzierung und anonymer-sachvermittelter Beziehungen.

Bilden (1991) und Hagemann-White (1984) erklären derartige Diskrepanzen mit Prozessen der Aneignung von symbolisch vermittelten Geschlechterkulturen. Nach Bilden (1991, S. 282) ermöglicht „die Selbst-Konstruktion des Kindes als Mädchen oder Junge und die Geschlechtsunterscheidung mit zugehörigen Symbolen (...) seine Einordnung in die soziale Welt".

Die Diskussion um mögliche Geschlechterdifferenzen darf für die Sachunterrichtsdidaktik allerdings nicht präskriptiv betrachtet werden, sondern im Kontext der folgenden Thesen:

Empirisch lassen sich zwar keine Fähigkeits- und Intelligenzunterschiede (auch nicht beim Raumverständnis) zwischen Mädchen und Jungen in den ersten Lebensjahren nachweisen (vgl. Hagemann-White 1984). Mit zunehmendem Alter wachsende Verhaltensunterschiede beweisen jedoch (vgl. Hagemann-White 1984), daß sich der „heimliche Lehrplan" der geschlechtlichen Verhaltenszuweisungen trotz egalitärer Bildungsansprüche fast ungebrochen durchsetzen kann.

Kinder suchen nach Rollensicherheit und sozialer Akzeptanz und entwickeln dabei die gesellschaftlich erwarteten typischen Muster (vgl. Röhner 1996 b) im Sinne von „sozialen Überlebensstrategien" (Milhoffer 1990).

Auch wenn unsere Gesellschaft vom kulturellen System polarer Zweigeschlechtlichkeit (vgl. Hagemann-White 1988, 1984) getragen ist, sind die einzelnen Menschen nicht identische Abbilder in diesem Schema. Gerade die Vielfalt individueller Selbstdarstellungen gibt pädagogische Anknüpfungsmöglichkeiten: Tatsächlich sind die interindividuellen Unterschiede zwischen den Menschen weitaus gravierender als die geschlechtlichen (Hagemann-White 1984; Bilden 1991). Können verschiedene den beiden konträren Geschlechtscharakteren zugeordnete Eigenschaften gleichzeitig bei einer Person auftreten, besteht trotz aller Stereotypisierungen und Einengungen durch gesellschaftliche Strukturen für die Geschlechter prinzipiell ein recht weiter Entwicklungsrahmen. In Ihrer Selbstsozialisation gehen Individuen aktiv (Hagemann-White 1984; Metz-Göckel 1988; Bilden 1991) und bereichsweise auch äußerst kreativ mit gesellschaftlichen Symbolen um. Gerade in sich diversifizierenden Gesellschaften (Beck 1986, Beck-Gernsheim 1986) erweitert sich der individuelle Handlungsspielraum. Das Geschlecht nicht nur biologisch, sondern als durch jahrhundertelange Tradition sozial ummantelte Strukturkategorie zu sehen heißt, das Geschlechterverhältnis prinzipiell als wandelbar zu verstehen. Die zunehmende Zahl von Erziehungspersonen, die sich weltweit Gedanken über die Geschlechterverhältnisse in der Schule machen, sind dafür wichtige Anzeichen. Dementsprechend ist es möglich, auf der Zielebene pädagogischer Veränderungen auf eine Abkehr von Geschlechterstereotypien und -polaritäten hinzuarbeiten, ohne eine zweigeschlechtlich differenzierte gesellschaftliche Kultur zu leugnen.

Richtungsweisend für die schulische Berücksichtigung sozialisationsbedingter Verhaltensunterschiede der Geschlechter soll an einem seit 1968 empfohlenen Inhaltsbereich des Sachunterrichts, der Sexualerziehung, dem Zusammenhang von sexueller Sozialisation und Geschlechtsrollenstereotypen nachgegangen werden.

3. Geschlechterdifferenzen als Folge sexueller Sozialisation

Kinder sind nicht nur Personen mit Namen, Familien- und Kulturzugehörigkeiten, mit Neigungen und Fähigkeiten, sondern auch Wesen aus Fleisch und Blut mit körperlich bedingten Empfindungen und Begehrlichkeiten, über die sich ihnen die sinnliche Bedürftigkeit ihres Organismus mitteilt. Wichtig für ihre Selbstfindung ist demnach wie sie lernen, sich mit ihrer Körperlichkeit zu arrangieren.

Schon vor der Geschlechtsreife werden Mädchen und Jungen aufgrund der ihrem biologischen Geschlecht zugeordneten männlichen und weiblichen Sexualfunktionen (hier Zeugung, dort Schwangerschaft und Geburt) zu bestimmten Verhaltensweisen gedrängt, die sich dann als „geschlechtsspezifisch" darstellen.

Obwohl selbst die biologischen Notwendigkeiten für solche Arbeitsteilung (siehe Retortenzeugung, Leihmutterschaften, Ersatz des Stillens durch Flaschennahrung) längst nicht mehr gegeben sind (Tillmann 1991, S. 41 ff.), führen die einmal an die Gebärfähigkeit der Frau und die Zeugungsfunktion des Mannes geknüpften Auffassungen von Weiblichkeit und Männlichkeit eine zählebige Existenz.

So nehmen schon kleine Mädchen und Jungen in ihren „arbeitsteiligen" Spielkulturen (hier Familienrollenspiele/da waffenstarrende Verteidigung von Domänen in der Außenwelt) szenisch die erwünschte Kanalisierung von sexuellen Begehren hin auf eine möglichst dauerhafte heterosexuelle Paarbildung vorweg.

3.1 Zur Rolle des sexuellen Empfindens für die Persönlichkeitsentwicklung von Mädchen und Jungen

In der Entwicklung schon von sehr jungen Mädchen und Jungen sind Erotik und Sexualität als handlungslenkende „Lebensenergie" (Sielert 1993) von großer Bedeutung. Mädchen schreiben Liebesbriefchen und fragen schriftlich ab, ob der oder die mit ihnen „gehen" will. Sie schwärmen für Filmstars, für Boy-Groups und für Tiere mit erotischer Ausstrahlung, wie es Pferde mit ihren grazilen, langen Beinen, ihrem geschwungenen Körper, ihren Mähnen und Schweifen sind. Sie können sich stundenlang über die süße Stimme oder die niedliche Nase ihres aktuellen Schwarms unterhalten und vor dem Spiegel ihre sexuelle Attraktivität durch Schminken, Kämmen und Kleideranprobieren zu steigern versuchen.

Sexuelle Phantasien von Jungen richten sich direkter auf den genitalen Lustgewinn, der frühzeitig durch Masturbation in Gang gesetzt und gemeinsam erprobt wird. Ihre Schaulust richtet sich früh auf den nackten - in der Regel den weiblichen - Körper und seine sexuellen Attribute, wie sie von den Medien und dort insbesondere in der Werbung benutzt werden, um Aufmerksamkeit für andere Produkte zu erzielen (Milhoffer 1995b; Schnack, Neutzling 1993).

In ihren (wechselseitig wenig geschätzten) Spielen mit ihren dazugehörigen Spielmitteln (wie Barbies, Masters, Turtles etc.) reproduzieren Mädchen und Jungen die Kultur polarer Zweigeschlechtlichkeit mit ihren wesentlichen Stereotypen: hier Schönheit und Fürsorglichkeit, dort Stärke und Mut.

Der Einfluß der sexuellen Sozialisation, d.h. das Erlernen des Umgangs mit den sexuellen Anteilen der eigenen Körperlichkeit, darf für das nach wie vor keineswegs geschlechtsneutrale (s.o. 2) Lern- und Sozialverhalten von Kindern in seiner Bedeutung nicht unterschätzt werden.

Wenn Mädchen unterstellt wird, von sexueller Gewalt bedroht und gefährlichen Situationen nicht allein gewachsen zu sein, wenn ihnen unterstellt wird, sozialintegrativ und hilfsbereit zu sein, so veranlaßt sie dies zu eher defensivem, umsichtigem und fürsorglichem Verhalten.

Wenn Jungen von Männlichkeitsbildern umgeben sind, die von sexueller Potenz, körperlichen Höchstleistungen und Schmerzverleugnung bestimmt sind, als solche getragen von dem Imperativ, Frauen überlegen zu sein, sie versorgen und beschützen zu müssen, so wundert nicht, wenn sie sich zu offensivem, risikobereitem, raumgreifendem Handeln veranlaßt sehen. Wichtige Hinweise für diese Mechanismen sexueller Sozialisation erbrachte bereits 1984 der Sechste Jugendbericht der Bundesregierung „Zur Verbesserung der Chancengleichheit von Mädchen" (Bundestagssdrucksache Nr.10/1007; siehe auch Milhoffer 1994).

3.2 Zur Forschungslage

Während die Erwachsenensexualität eingehend beforscht wird, gibt es über die Sexualität und das Sexualwissen von Kindern wenig gesicherte Ergebnisse (Milhoffer 1995b).

Aus Gründen der Diskretion und des Respekts verbietet es sich, Kinder direkt zu ihren sexuellen Phantasien und Gefühlen zu befragen. Sexuelle Handlungen und Gedanken sind für Kinder mit Scham belegt. Zudem ist es für Kinder noch schwerer als für Erwachsene, sexuelle Gefühlslagen in Worte zu fassen. Mit Vorgaben dafür würden sie in eine normative Richtung gelenkt, die wiederum weniger über ihr eigenes Denken als über ihre Bereitschaft, sich auf die Befragungskategorien einzulassen, Aufschluß gäben.

Insofern ist die Forschung über das Erfassen erotischer Erlebnisse, sexueller Gefühle und das allmähliche Entstehen sexueller Orientierungen auf die Deutung von Signalen, wie z.b. Zeichnungen, Träumen und symbolischen Handlungen angewiesen. Auch lassen die Beobachtung von Kindern, Aussagen von Eltern über ihre Kinder und rückblickende Reflexionen Jugendlicher und Erwachsener zum sexuellen Erleben in ihrer Kindheit Schlußfolgerungen über die kindliche Sexualität zu. Von Kindern können jedoch anonyme Stellungnahmen erbeten werden, in denen von ihrer Kompetenz ausgegangen und ihre Intimsphäre gewahrt wird, sobald sie zu lesen und schreiben verstehen.

Dieser Weg wurde in einer empirischen Studie im Auftrag der Bundeszentrale für gesundheitliche Aufklärung, Köln von Milhoffer, Gluszczynski und Krettmann (1996; vgl. auch Gluszczynski, Krettmann und Milhoffer 1997) zur Selbstwahrnehmung, zum Sexualwissen und zum Körpergefühl von Kindern der 3.-6. Klassen beschritten.

Die schriftliche Befragung von und die Intensivinterviews mit 500 Kindern der dritten bis sechsten Klasse erbrachten wichtige Hinweise zu ihrer Selbstwahrnehmung, zu ihrem Körpergefühl, ihren Fragen zur Sexualität und zu ihren Schamgrenzen.

Auch hier zeigte sich das Körpergefühl und die Selbstwahrnehmung nicht unabhängig von der Geschlechtsidentität. Mädchen fühlen sich häufiger als Jungen in ihrem Körper nicht wohl, wünschen sich häufiger als Jungen, dünner zu sein und besser auszusehen und haben häufiger Körperprobleme, über die sie nicht sprechen mögen. Die Selbsteinschätzung der 13-14 jährigen Mädchen in sechsten Klassen hinsichtlich ihrer Klugheit erwies sich als weitaus geringer im Vergleich zu dem der gleichaltrigen und gleichermaßen für ihre Klassenstufe überalterten Jungen. Verliebtsein und sexuelle Neugier sind ein wichtiges

Thema für Mädchen wie für Jungen, das Schamgefühl vor allem der Mädchen in jüngerem Alter läßt sie Darstellungen von Sex in den Medien eher als unpassend bzw. peinlich finden, und die schulische Sexualkunde erlangt für Mädchen wie für Jungen mit wachsendem Alter eine immer wichtigere Bedeutung:

Zwei Drittel der befragten Kinder gaben an, ihr Wissen über Sexualität aus der Schule zu haben (freilich waren es von der Notwendigkeit schulischer Sexualerziehung durchgehend überzeugte Lehrerinnen und Lehrer, die ihre Klasse für die Umfrage zur Verfügung gestellt hatten!). Nur eine Minderheit von etwa 10% der Kinder dieser Klassen meint, die Schule sei nicht der richtige Platz für die Sexualerziehung; diese Meinung wird eher von Kindern mit muslimischer Tradition und aus Aussiedlerfamilien vertreten. Allerdings wünschen sich auch viele deutsche Kinder - noch mehr Mädchen als Jungen - daß Fragen zur Sexualität in geschlechtsgetrennten Gruppen behandelt werden. Mehr Jungen hätten dafür lieber einen Lehrer, noch mehr Mädchen lieber eine Lehrerin.

Die Familie spielt für 40% der Mädchen gegenüber 28% der Jungen eine wichtige Rolle für Sexualinformationen; Jungen informieren sich demgegenüber häufiger aus Medien (Fernsehen, Video, Computerspiele). Die Jugendzeitschrift Bravo spielt bei beiden Geschlechtern eine herausragende Rolle. Mehr Mädchen, aber auch viele Jungen informieren sich in Gesprächen mit Freundinnen bzw. Freunden über Sexualität.

Auffällig ist, daß Mädchen bei fast allen im Fragebogen ankreuzbaren Sexualfunktionen ein größeres Wissensbedürfnis zeigen als Jungen - nur bei „Sex", mit jemandem schlafen und „Orgasmus" übertrifft die Häufigkeit der Nennungen der Jungen die der Mädchen.

Nach Lage der Dinge setzen sich Mädchen schon in dieser jungen Altersgruppe eher mit den Risiken von Sexualität (AIDS und andere Geschlechtskrankheiten, Vergewaltigung, Verhütung u.ä.) auseinander, wobei das Interesse der Mädchen mit dem Alter erheblich ansteigt. Jungen scheint insgesamt mehr das Sensationelle an Sexualität zu interessieren. Diese Haltung spiegelt die traditionelle Tendenz, der Frau die Verantwortung für Verhütung und Infektionsvermeidung zu überlassen. „Du siehst hier bleibt die Oma hart trotz der modernen Gegenwart. Der echte Mann geht drauf wie Blücher, die echte Frau auf Numero Sicher" (Mostar 1991).

Auch heute haben offensichtlich solche in den fünfziger Jahren verbreiteten vergnüglichen Verhaltenstips für Mädchen („In diesem Sinn die Großmama") und Jungen („In diesem Sinn Dein Onkel Franz!") ihre Bedeutung nicht verloren.

3.3 Didaktische Folgerungen

Die Erfahrungen mit dem eigenen Körper und seiner Sexualität sowie der gesellschaftliche Umgang mit Sexualität spielen im Wahrnehmungsbereich von Mädchen und Jungen eine wesentliche Rolle für ihr Selbstkonzept und ihre Persönlichkeitsentwicklung. Wie Erfahrungen mit einer situativen, bejahenden Sexualerziehung in der Grundschule zeigen (Wehr 1991; Godlewski 1995), sind körperliche Sicherheit, ein gutes Körpergefühl und soziale Sensibilität durch einen körperbejahenden Umgang miteinander, durch das Ernstnehmen sexueller Neugier, durch die Aufklärung über Körperfunktionen und durch das Ansprechen von sexuellen Problemlagen positiv zu beeinflussen.

Von der ersten Klasse an sollte die selbstverständliche Integration der Sexualerziehung in den Sachunterricht als wichtige Aufgabe begriffen werden.

4. Fazit

Für die geschlechtsbezogenen Inhalte des Sachunterrichts, eines Sachunterrichts, dem es wichtig ist, Mädchen und Jungen da abzuholen, wo ihre Interessen liegen, aber auch Themen aufzugreifen, bei denen sie das Fragen für überflüssig halten oder es sich gar verbieten, ist es notwendig, die jeweiligen Bedürfnisse herauszufinden und die Gründe für vorgefundenes mangelndes Interesse auszuloten.

Vor allem im naturwissenschaftlich-technischen Bereich zeigen die Ergebnisse der Koedukationsforschung (s.o. 1. und 2.), daß Mädchen mit zunehmendem Alter die Lust an diesen Themen verlieren und ihre Stärken und Neigungen mehr im sprachlich-kommunikativen und künstlerischen Bereichen entwickeln. Jungen neigen komplementär dazu, letztere Bereiche zu meiden.

Das hat wesentliche didaktische Konsequenzen für einen Sachunterricht, der sich als propädeutisches Unterfangen versteht, das aus dem Schattendasein der Fächerpräferenzen von Kindern hinausgelangen möchte.

In der o.a. Studie von Milhoffer, Krettmann, Gluszczynski (1996) wurde nur zu 6% (von Jungen) und zu 5% (von Mädchen) aus dritten und vierten Grundschulklassen angegeben, daß Sachunterricht ihr „Lieblingsfach" sei. Als Begründung wurden „langweilige Themen", „frontale Belehrung" und „schwere Tests" genannt. Demgegenüber finden sich herausragende Fächervorlieben in der Grundschule sowohl bei Jungen (51%) wie bei Mädchen (45%) beim Sport, gefolgt von Mathematik (bei den Jungen 39%, Mädchen 30%) und Deutsch bei den Mädchen mit 35% (Jungen im Vergleich dazu nur 16%).

In der Konsequenz heißt das, Mädchen und Jungen finden sich zu selten in den Themen, in den Präsentations- und Arbeitsweisen des von ihnen erfahrenen Sachunterrichts wieder.

Dieser Gleichgültigkeit könnte begegnet werden, indem die Alltagsfragen des Miteinanders von Mädchen und Jungen in der Schule angesprochen und die Mädchen und Jungen mit ihren Neigungen, Hobbies, Wünschen und Lebensplänen in den Mittelpunkt des Unterrichts gestellt werden. Die daraus ableitbaren Beziehungen der Kinder zu Natur, Technik und sozialer Lebenswelt eröffnen weitergehende Themen, mit denen sich auch gesellschaftliche Schlüsselprobleme (Klafki 1985) anpacken lassen.

Für die Realisierung einer ansprechenden und wirksamen Sachunterrichtsdidaktik muß in der Konsequenz ein Schwerpunkt auf die empirische Erforschung der inhaltlichen Interessen und Zugangsweisen von Mädchen und Jungen zu ihren kulturellen, sozialen und technischen Lebenswelten gelegt werden. Es muß dokumentiert werden, welchen Themen und Arbeitsweisen der Vorzug gegeben wird, wo Mädchen und Jungen Stärken entwickeln, wo sie sich Denkverbote auferlegen und wo sie Angst vor Entblößungen haben.

Übergreifendes Ziel dieser Forschung könnte sein, Hinweise dafür zu geben, wie der aktuelle Umgang von Mädchen und Jungen miteinander zu entkrampfen, respektvoller und demokratischer zu gestalten wäre. Im einzelnen ginge es darum, eine Erweiterung der Interessen von Mädchen und Jungen auf rollen-unübliche Bereiche (hier Motivierung für naturwissenschaftliche, handwerkliche und technische Aufgaben, dort Sensibilisierung für soziale, pflegerische und künstlerische Tätigkeiten) zu erreichen und sie durch entsprechende Handlungsangebote zur Umsetzung zu ermutigen.

Literatur

Appel, K.: Jungen und Mädchen bauen eine Stadt - und lernen voneinander. In: Pfister, G./Valtin, R. (Hrsg.): MädchenStärken. Probleme der Koedukation in der Grundschule. Frankfurt: Arbeitskreis Grundschule 1993, S. 124-134

Barz, M.: Jungengewalt gegen Mädchen. In: Valtin, R./Warm, U. (Hrsg.): Frauen machen Schule. Frankfurt: Arbeitskreis Grundschule 1996, 2. Aufl., S. 122-126

Beck, G./Scholz, G.: Soziales Lernen. Kinder in der Grundschule. Reinbek: rororo 1995

Beck, U.: Risikogesellschaft. Frankfurt: Suhrkamp 1986

Beck-Gernsheim, E.: Von der Liebe zur Beziehung? In: Berger,J. (Hg.): Die Moderne - Kontiniutäten und Zäsuren. Göttingen: Hogrefe 1986, S. 209-233

Belenky, M. F. u.a.: Das andere Denken. Persönlichkeit, Moral und Intelligenz der Frau. Frankfurt - New York: Campus 1989

Benard, C./Schlaffer, E.: Das Patriarchat auf dem Lehrplan. In: Kaiser, A. (Hrsg.): FrauenStärken - ändern Schule. Bielefeld: Kleine Verlag 1996, S. 18-32

Biermann, C.: Koedukation bewußt gemacht. In: Grundschule, 17 (1985) 2, S. 34-36

Bilden, H.: Geschlechtsspezifische Sozialisation. In: Hurrelmann, K./Ulich, D. (Hrsg.): Neues Handbuch der Sozialisationsforschung. Weinheim: Beltz 1991, S. 279-302

Blank, A./Lippe, M.: Eine Schule voller Kinder? Denkste! Von Mädchen und Jungen in der Grundschule. In: Die Grundschulzeitschrift, 11 (1997) 103, S. 18-21

Blanke, M.: Prinzessinnen in den Schulklassen? In: Kaiser, A. (Hrsg.): FrauenStärken - ändern Schule. Bielefeld: Kleine Verlag 1996, S. 128-131

Browne, N./France, P.: Untying the Apron Strings. Anti-Sexist Provision for the Under-Fives. Philadelphia 1986

Christ, H.: Mädchen und Jungen im literarischen Gespräch. In: Christ, H. u.a. (Hrsg.): „Ja aber es kann doch sein ..." In der Schule literarische Gespräche führen. Frankfurt: Lang 1995

Davies, B./Banks, C.: The gender trap: a feminst poststructuralist analysis of primary school children's talk about gender. In: Jornal of Curriculum Studies vol. 24 (1992) 1, S. 1-25

Delamont, S.: Interaction in the Classroom. London 1976

Delamont, S.: Sex roles and the School. London: Methuen 1990 (2)

Enders-Dragässer, U./Fuchs, C.: Interaktionen der Geschlechter. Sexismusstrukturen in der Schule. Weinheim - München: Juventa 1989

Faulstich-Wieland, H./ Horstkemper, M.: „Nur Mädchen in einer Klasse ist eine leere Klasse" - Selbstbilder von Grundschülerinnen. In: Pfister, G./Valtin, R. (Hrsg.): MädchenStärken. Probleme der Koedukation in der Grundschule. Frankfurt 1993, S. 40-50

Fölling-Albers, M.: Interessen von Grundschulkindern. In: Grundschule, 27(1995) 6, S. 24-26

Frasch, H./Wagner, Angelika C.: „Auf Jungen achtet man einfach mehr ...". In: Brehmer, I. (Hrsg.): Sexismus in der Schule. Weinheim: Beltz 1982, S. 260-278

Fried, L.: Werden Mädchen im Kindergarten anders behandelt als Jungen? Analyse von Stuhlkreisgesprächen zwischen Erzieherinnen und Kindern. In: Zeitschrift für Pädagogik, 35 (1989) 4, S. 471-492

Fuchs, C.: „ ... ja manchmal mußte bißchen gescheit sein in dein Kopp!" Ein Mädchengespräch über Geschlechterverhältnisse in der Schule. In: Enders-Dragässer, U./Fuchs, C. (Hrsg.): Frauensache Schule. Frankfurt: Fischer 1990, S. 245-251

Fuchs, C.: „Weil sie ihn auch mag weil ehm obwohl er sie so fertiggemacht hat"- Ein Gespräch in einer 4. Klasse über die Verhältnisse zwischen den Geschlechtern. In: Christ, H. u.a. (Hrsg.): „Ja aber es kann doch sein ..." In der Schule literarische Gespräche führen. Frankfurt: Lang 1995a

Fuchs, C.: Die Sozialisation der Geschlechter und die Möglichkeiten der Lehrenden im literarischen Gespräch. In: Christ, H. u.a. (Hrsg.): "Ja aber es kann doch sein ..." In der Schule literarische Gespräche führen. Frankfurt 1995b

Fuchs, C.:„Mach dich nicht so dick!" Kleiner Exkurs zum Thema Mädchen und Jungen, Körper und Raum in der Schule. In: Kaiser, A. (Hrsg.): FrauenStärken - ändern Schule. Bielefeld: Kleine Verlag 1996, S. 230-233

Glumpler, E.: Kleine Mädchen wollen mehr als die Hälfte - Berufswünsche von Mädchen und Jungen. In: Pfister, G./Valtin, R. (Hrsg.): MädchenStärken. Frankfurt: Arbeitskreis Grundschule 1993, S. 51-66

Godlewski, S.: Erfahrungen mit dem "Lernziel Zärtlichkeit" in der Grundschule. In: Milhoffer, P. (Hrsg.): Sexualerziehung von Anfang an! (Beiträge zur Reform der Grundschule 97) Frankfurt am Main: Arbeitskreis Grundschule 1995, S. 85-104

Greenstein, F.: Political orientations of children. Beverly Hills: Sage Publ. 1970

Hagemann-White, C.: Sozialisation weiblich - männlich? Opladen 1984

Hagemann-White, C.: Wir werden nicht zweigeschlechtlich geboren ... . In: Hagemann-White, C./ Rerrich, M. S. (Hrsg.): FrauenMännerBilder - Männer und Männlichkeit in der feministischen Diskussion. Bielefeld: AJZ-Verlag 1988, S. 224-235

Hempel, M. (Hrsg.): Grundschulreform und Koedukationsdebatte. Weinheim, München: Juventa 1996

Hempel, M.: Lebensentwürfe von Grundschulkindern - ein Forschungsthema für den Sachunterricht. In: Marquardt-Mau, B./Köhnlein, W./Lauterbach, R. (Hrsg.): Forschung zum Sachunterricht. Bad Heilbrunn: Klinkhardt 1997, S. 169-189

Hempel, M./Hartmann, J. : Lebensplanung und Berufsorientierung - ein Thema für die Grundschule? Potsdam: Universität 1995

Kaiser, A. (Hrsg.): Koedukation und Jungen. Weinheim: Deutscher Studienverlag 1997

Kaiser, A.: Lernvorausssetzungen von Mädchen und Jungen für sozialwissenschaftlichen Sachunterricht. Oldenburg: Zentrum für pädagogische Berufspraxis 1996b

Kaiser, A.: Mädchen und Jungen in einer matrilinearen Kultur. Hamburg: Verlag Dr. Kovac 1996d

Kaiser, A.: Zur Interaktionsrelation von Jungen und Mädchen im Grundschulalter. In: Pädagogik und Schulalltag 49 (1994) 4, S. 558-567

Karrby, G.: Time structure and sex differences in Swedish preschools. In: Early Child Development and Care 39 (1988), S. 45-52

Klafki, W.: Neue Studien zur Bildungstheorie und Didaktik. Weinheim: Beltz 1985

Kreienbaum, M. A.: Erfahrungsfeld Schule. Weinheim: DSV 1992

Kramarae, C/Treichler, P. A.: Power Relationsships in the Classroom. In: Gabriel, S. L./Smithson, I. (Hg.): Gender in the Classroom. Chicago: Urbana1990, 41-59

Krappmann, L./Oswald, H.: Alltag und Kinder. Weinheim: Juventa 1995

Kröner, S./Pfister, G. (Hrsg.): Körper und Identität im Sport. Pfaffenweiler: Centaurus 1992

Kulke, C.: Politische Sozialisation und Geschlechterdifferenz. In: Hurrelmann, K./Ulich, D. (Hrsg.): Neues Handbuch der Sozialisationsforschung. Weinheim: Beltz 1991, S. 595-613

Lippe, M.: Dann tüftelt mal schön ... Mädchen stärken im Sachunterricht. In: Die Grundschulzeitschrift, 11 (1997) 103, S. 22-39

Metz-Göckel, S.: Geschlechterverhältnisse, Geschlechtersozialisation und Geschlechtsidentität. In: Zeitschrift für Sozialisationsforschung und Erziehungssoziologie 8 (1988) 2, S. 85-97

Milhoffer, P.: „Mädchen und Jungen". Geschlechterdifferenz als Thema in der Grundschule. In: Feminin-Maskulin. Friedrich Jahresheft VII, 1989, S.117-120

Milhoffer, P.: Koedukation und Sexismus. Ein Beitrag zur Neubestimmung der Sexualerziehung auf dem Hintergrund der Koedukationsdebatte. In: Horstkemper, M./ Wagner-Winterhager, L.: Mädchen und Jungen - Männer und Frauen in der Schule. 1. Beiheft 1990 der Zeitschrift „Die Deutsche Schule" (Juventa) München 1990. S. 44-60

Milhoffer, P.: „Körpergrenzen". In: Die Grundschulzeitschrift 6. Jg. H. 55 Juni 1992, S. 20ff

Milhoffer, P.: Sexualität in der Grundschule: Herausforderung für soziales Lernen. In: Die Grundschulzeitschrift 7.Jg. H.65 Juni 1993.

Milhoffer, P.: Sexualität als Problem der Koedukation. Zur Verhaltenslenkung von Mädchen und Jungen durch das kulturelle Diktat der „heterosexuellen Paarbildung". In: Glumpler, E. (Hrsg.): Koedukation. Bad Heilbrunn: Klinkhardt 1994

Milhoffer, P. (Hrsg.): Sexualerziehung von Anfang an! (Beiträge zur Reform der Grundschule Bd.2, 97) Frankfurt am Main : Arbeitskreis Grundschule 1995a

Milhoffer, P.: Sexualität von Kinder und Erwachsenen. In: Marquardt-Mau, B. (Hrsg.): Schulische Prävention gegen sexuelle Kindesmißhandlung. Weinheim und München: Juventa 1995b

Milhoffer, P./Krettmann, U. /Gluszczynski, A.: Selbstwahrnehmung, Sexualwissen und Körpergefühl. 9 - 13jähriger Mädchen und Jungen (3.-6. Klasse) Empirische Studie im Auftrage der Bundeszentrale für gesundheitliche Aufklärung, Köln. Interner Zwischenbericht. Bremen 1996

Milhoffer, P./Krettmann, U. /Gluszczynski, A.: Selbstwahrnehmung, Sexualwissen und Körpergefühl. 9 - 13jähriger Mädchen und Jungen (3.-6. Klasse). In: Kaiser, Astrid (Hg.): Koedukation und Jungen. Weinheim: Deutscher Studienverlag 1997a

Milhoffer, P.: Zwischen Wunsch und Wirklichkeit. Sozialisation und Selbstbilder von Mädchen und Jungen. In: Die Grundschulzeitschrift, 11 (1997) 103, S. 48-51

Mostar, H.: In diesem Sinn die Großmama. Ungekürzte Ausgabe. Frankfurt am Main, Berlin: Ullstein 1991. S. 99

Müller, W.: Skeptische Sexualpädagogik. Weinheim: Deutscher Studienverlag 1992

Nissen, U.: Räume für Mädchen?! Geschlechtsspezifische Sozialisation in öffentlichen Räumen. In: Preuss-Lausitz, U./Rülcker, T./Zeiher, H. (Hrsg.): Selbständigkeit für Kinder - die große Freiheit? Weinheim - Basel: Beltz 1990, S. 148 - 160

Nötzel, R.: Spiel und geschlechtsspezifische Arbeitsteilung. Pfaffenweiler: Centaurus 1987

Nyssen, E./Kampshoff, M.: Wie Technik zur Mädchensache wird. In: Kaiser, A. (Hrsg.): FrauenStärken - ändern Schule. Bielefeld: Kleine Verlag 1996, S. 195-200

Nyssen, E.: Mädchenförderung in der Schule. Weinheim - München: Juventa 1996

Oswald, H. u.a.: Grenzen und Brücken. Interaktionen zwischen Mädchen und Jungen im Grundschulalter. In: Kölner Zeitschrift für Soziologie und Sozialpsychologie 38 (1986), S. 560-580

Oswald, H.: „Mädchen sind einfach netter ..." In: Valtin, R./Warm, U. (Hrsg.): Frauen machen Schule. Frankfurt: Arbeitskreis Grundschule 1996, 2. Aufl., S. 118-121

Paley, V. G.: Boys and Girls. Superheroes in the Doll Corner. Chicago, London 1984

Pfister, G.: Der Widerspenstigen Zähmung. Raumaneignung, Körperlichkeit und Interaktion. In: Pfister, G./Valtin, R. (Hrsg.): MädchenStärken. Probleme der Koedukation in der Grundschule. Frankfurt: Arbeitskreis Grundschule 1993, 67-83

Piaget, J.: Das moralische Urteil beim Kind. Zürich: Rascher 1954 / Repr. Freiburg: Herder 1976

Prengel, A.: Pädagogik der Vielfalt. Opladen: Leske & Budrich 1993

Prengel, A.: Mädchen und Jungen in Integrationsklassen an Grundschulen. In: Horstkemper, M./ Wagner-Winterhager, L.: Mädchen und Jungen, Männer und Frauen in der Schule. Weinheim: Beltz 1990, S. 32-43

Rauschenbach, B.: Hänschen klein ging allein ... Wege in die Selbständigkeit. In: Preuss-Lausitz, U./Rülcker, T./Zeiher, H. (Hrsg.): Selbständigkeit für Kinder - die große Freiheit? Weinheim - Basel: Beltz 1990, S. 161-177

Reineke, V./Seefeldt, D. (Bearb.): Zum Unterricht- Reflexion, Supervision und Organisation. In: Beispiele - In Niedersachsen Schule machen, 15 (1997) 2, 48-54

Richter, D.:Veränderungen des Politikverständnisses - eine Chance für Mädchen? Perspektiven geschlechtsdifferenzierender Politischer Bildung.In: Kaiser, A. (Hrsg.): FrauenStärken - ändern Schule. Bielefeld: Kleine Verlag 1996, 182-187

Richter, S.: Unterschiede in den Schulleistungen von Mädchen und Jungen. Regensburg: Roderer 1996

Röhner, C.: Das starke und das schwache Geschlecht. In: Pfister, G./Valtin, R. (Hrsg.): MädchenStärken. Probleme der Koedukation in der Grundschule. Frankfurt: Arbeitskreis Grundschule 1993, S. 135-156

Röhner, C.: Interaktionslernen zur Veränderung der Geschlechterbeziehungen in koedukativen Klassen. In: Kaiser, A. (Hrsg.): FrauenStärken - ändern Schule. Bielefeld: Kleine Verlag 1996b, S. 234-243

Röhner, C.: Kindertexte im reformorientierten Anfangsunterricht. Baltmannsweiler: Schneider Verlag 1997

Röhner, C.: Lutz und Lene oder: "Weil du ein Mädchen bist!" Rolle und Identität im Sachunterricht. In: Grundschule 16 (1984) 12, S. 32-35

Röhner, C.: Mädchen und Jungen im offenen Unterricht - Fallstudien zur sozialen Konstruktion der Geschlechter. In: Hempel, M. (Hrsg.): Grundschulreform und Koedukation, Weinheim und München: Juventa 1996, S. 107-124

Röhner, C.: Stark wie ein "Master" und bildschön wie "Barbie". In: Die Grundschulzeitschrift, 1 (1987) 9, S. 19-23

Scheffel, H.: Koedukation im Wandel. Wie erleben Mädchen den koedukativen Sportunterricht.? In: Kröner, S./Pfister, G. (Hrsg.): Frauenräume, Körper und Identität im Sport, Pfaffenweiler: Centaurus 1992, S. 114-127

Schmerbitz, H./Schulz, G./Seidensticker, W.: Mädchen und Jungen im Sportunterricht. Interaktionsanalyse und Curriculumentwurf. Impuls Band 23, Informationen, Materialien, Projekte, Unterrichtseinheiten aus der Laborschule Bielefeld. Bielefeld 1993

Schnack, D./Neutzling, R.: Die Prinzenrolle. Über die männliche Sexualität. Reinbek bei Hamburg: Rowohlt 1993

Schulze-Dieckhoff, M: Geschlechtsspezifische Sprachvarietäten in der Schule und die Konsequenzen für die Koedukation. In: Hufeisen, B. (Hrsg.): "Das Weib soll schweigen..." (I. Kor.14,34). Beiträge zur linguistischen Frauenforschung. Frankfurt: Lang 1993, S. 73-96

Schümer, G.: Geschlechtsunterschiede im Schulerfolg - Auswertung statistischer Daten. In: Valtin, R./ Warm, U. (Hrsg.): Frauen machen Schule. Frankfurt: Arbeitskreis Grundschule 1985, S. 95- 100

Sielert, U.: Sexualpädagogik. Konzeption und didaktische Anregungen. 2. korr. Auflage Weinheim: Beltz 1993

Skinningsrud, T.: Mädchen im Klassenzimmer: Warum sie nicht sprechen. In: Frauen + Schule 3 (1984) 5, S. 21-23

Spender, D.: Frauen kommen nicht vor. Frankfurt: Fischer 1985

Stadler, I.: Interesse an Tieren. In: Grundschule, 27 (1995) 6, S. 30-31

Stevens, O.: Children talking politics. Oxford: Martin Robertson 1982

Sturzenhecker, B. (Hrsg.): Leitbild Männlichkeit. Was braucht die Jungenarbeit?! Münster: Votum-Verlag 1996

Tannen, D.: Du kannst mich einfach nicht verstehen. Warum Männer und Frauen aneinander vorbeireden. Hamburg: Kabel 1991

Thies, W.: Pferde wiehern in jeder Schulklasse. In: Sportpädagogik, Heft 4, 1991, S. 26-28

Tillmann, K, J.: Sozialistionstheorien. Reinbek bei Hamburg: Rowohlt 1991

Timmermann, E.: Das eigene Leben leben. Opladen: Leske & Budrich 1997

Tutchell, E.: Dolls and Dungarees. Gender Issues in the Primary School Curriculum. Philadelphia: Open Univ Press 1990

Valtin, R./Kopffleisch, R.: „Mädchen heulen immer gleich" - Stereotype bei Mädchen und Jungen. In: Valtin, R./Warm, U. (Hrsg.): Frauen machen Schule. Frankfurt: Arbeitskreis Grundschule 1996, 2. Aufl., S. 103-111

Valtin, R./Warm, U. (Hrsg.): Frauen machen Schule. Frankfurt: Arbeitskreis Grundschule 1985, 2. Aufl. 1996

Wehr, Dagmar: „Eigentlich ist es etwas Zärtliches..." Weinheim: Beltz 1992

II. Überlegungen zum Verstehenskonzept

Phänomenkreise als Verstehenshilfen

Kay Spreckelsen, Universität Gesamthochschule Kassel

„Man bleibe bei den Phänomenen, solange wie möglich, und verbinde sie verstehend untereinander."
(Martin Wagenschein)[1]

1. Varianten physikalischen Verstehens

Als Martin Wagenschein in seiner „Pädagogischen Dimension der Physik" lakonisch formulierte: „Verstehen heißt verbinden." (Wagenschein 1965a, S. 181), umriß er damit zugleich eine ganze Reihe von Varianten physikalischen Verstehens. Er ging dabei aus von einer Annahme, wie sich das Verstehen physikalischer Phänomene generell ereignet: In der Begegnung mit einem zunächst unverstandenen Phänomen wird – auf welche Weise auch immer – eine Relation gesucht zu bereits „Verstandenem", schon gewiß Erscheinendem. „Verstehen heißt: ein anderes Vertrauteres finden, das 'mit ihm zusammenhängt', ihm 'zugrundeliegt'. Man kann sagen: Verstehen heißt: einen Fremden bei näherer Betrachtung als einen nur verkleideten Bekannten wiedererkennen." (Wagenschein 1970, S. 166 f.) In diesem Sinne gilt: „Alles Verstehen ist relativ" (1965a, S. 181). Wie aber werden die Verbindungen zum „Vertrauteren" geknüpft?

Vor einer weiteren Erörterung dieser Frage ist allerdings anzumerken, daß es in der Naturwissenschaftsdidaktik (und natürlich darüberhinaus) durchaus unterschiedliche Auffassungen gibt zur Definition dessen, was Verstehen eigentlich bedeute (vgl. z.B. Rosenthal 1995). Nicht unerheblich ist dabei der jeweilige

---

[1] Wagenschein, Martin: 1965a, S.181

Ausgangspunkt der Überlegungen, z.B. die Einnahme einer konstruktivistischen Position (Stork 1995) oder auch nur der Rückbezug auf Kants „kopernikanische Wende"[2] (vgl. Spreckelsen 1969, S. 202). Im Rahmen eines eher subjektbezogenen Vorgehens wollen wir dementsprechend die Frage des „physikalisch richtigen Verstehens" von Phänomenen dahingehend wenden, zu untersuchen, wie sich ein Grundschulkind ein derartiges Phänomen *selbst* erklärt. Damit fragen wir explizit nach den Erklärungsmustern, die Grundschüler verwenden, wenn sie versuchen, sich physikalische Phänomene zu erschließen. Auf die Praxis des Sachunterrichts bezogen stellt sich damit die Frage nach den im Unterricht zu beschreitenden Wegen, wenn es gilt, Phänomene verstehen zu lehren. In diesem Sinne kam auch dem von uns Anfang der siebziger Jahre für den physikalisch-chemischen Lernbereich im Sachunterricht entwickelten Lehrgang (Spreckelsen 1971 ff.) die Aufgabe zu, bei den Kindern vorhandene bzw. ihnen zugängliche erschließungsmächtige Interpretationsstrategien (Konzepte, vgl. Spreckelsen 1975) unterrichtlich weiter auszubilden.

Zur Untersuchung der Frage, welcher Art die von den Kindern angesichts der genannten Phänomene eingesetzten Erklärungsmuster sind, wurde schon vor einer Reihe von Jahren im Sinne eines „klinischen Experiments" (Kubli 1986) ein spezielles Design (Hagstedt, Spreckelsen 1986) entwickelt: Bei unseren Untersuchungen, die seit 1985 an der Kasseler Universität durchgeführt wurden, arbeiteten wir in der Regel mit Kleingruppen von je zwei Grundschülern und Grundschülerinnen gleicher Klassenstufe und einem Versuchsleiter. Dieser präsentierte den Kindern eine Folge erstaunlicher Phänomene, nämlich einfache „physikalische" Versuche mit Alltagsmaterialien (vgl. z.B. Press); die einzelnen Versuche werden im Kapitel 3 dieses Beitrages kurz beschrieben. Dabei waren fünf Versuche meist so zusammengestellt, daß vier von ihnen dem gleichen (physikalischen) Funktionsprinzip, z.B. Balancieren-Gleichgewicht, zugeordnet waren, dazu trat noch ein weiteres, nicht dem genannten Funktionsprinzip zugehöriges Phänomen.

Die Kinder konnten gemeinsam mit den Materialien des jeweiligen Versuches umgehen, „herumprobieren". Es wurde ihnen hinreichend Zeit zur Beschäftigung mit jeweils einem Phänomen gelassen, ehe das nächste an die Reihe kam. Sie sollten sich dabei auch ausführlich verbal äußern können, wobei der Versuchsleiter sich weitestgehend zurückhielt (Prinzip der minimalen Intervention,

---

[2] Vgl. Spreckelsen 1969, S. 202. Die explizite Berücksichtigung des Standpunktes des Erkenntnissubjektes entspricht in diesem Sinne der Berücksichtigung der Erdbewegung im Sonnensystem bei der Beschreibung der Himmelsbewegung, wie sie von Kopernikus vorgenommen wurde.

vgl. Hagstedt/Spreckelsen 1986). An den Schluß wurde meist noch eine Diskussionsphase zum Vergleich der einzelnen Phänomene angehängt. Die gesamte Sequenz wurde videodokumentiert und anschließend verschriftlicht (Teilprotokolle sind verschiedentlich veröffentlicht, z.B. in Spreckelsen 1986). Die Verbalprotokolle wurden unter den unterschiedlichsten Aspekten (z.B. unter dem der Verstehensproblematik) sowie unter Hinzuziehung der Videoaufzeichnungen (in Hinblick auf Mimik, Gestik etc.) analysiert. Die Ergebnisse liegen zumeist in der Form wissenschaftlicher Hausarbeiten vor, sind z.T. aber auch publiziert (Spreckelsen 1995a).

Inzwischen liegen uns drei größere Komplexe von videodokumentierten Sequenzen vor: Ältere Kasseler Aufnahmen (11 Gruppen aus dem 1. bis 4. Schuljahr, vor 1990), Aufzeichnungen aus einer Schule in Thüringen (4 Gruppen aus dem 3. und 4. Schuljahr, 1993), neuere Kasseler Aufnahmen (3. Schuljahr, 2 Gruppen unterschiedlicher Leistungsstärke aus der gleichen Klasse, 1996). Dazu kommen noch einige Einzelgruppen-Untersuchungen im Zusammenhang mit der Anfertigung wissenschaftlicher Hausarbeiten. Insgesamt wurden damit knapp 100 Grundschüler in unsere Untersuchungen einbezogen.

Die Dokumente verdeutlichen anschaulich, von welcher Art die Erklärungsmuster sind, derer sich die Kinder in den Phänomenbegegnungssituationen bedienen. Da ist zunächst das *animistische Erklärungsschema* zu beobachten:

- „Die warme Luft möchte aus der Flasche raus, aber die kalte will drinne bleiben." (Flaschengeist[3], Kassel 1996)
- „Sonst hält er (sich) nicht so gut an dem Tisch fest." (Verhexter Karton[3], Kassel 1996)
- „Weil die andere Luft von der anderen Seite auch mal hoch will, gehen die abwechselnd hoch und 'runter." (Kerzenschaukel[3], Kassel 1996)

In dieser emotional-animistischen Sicht beziehen die Kinder die vermutete Funktionsweise des Phänomens auf ihre ureigenen Handlungsmöglichkeiten, es sind also Äußerungen kindlicher Egozentrizität. Das zu Erklärende wird gewissermaßen mit der eigenen Person verbunden. Ein solches Erklärungsmuster, das ja auch bei Erwachsenen noch nachzuweisen ist, konnten wir z.B. in der Thüringer Untersuchung (1993) in 7% aller solcher Schüleräußerungen nachweisen (Berthold 1997), die auf ein Vorliegen von Erklärungen bei den Schülern schließen lassen.

---

[3] Zur Erläuterung vgl. Kapitel 3

Ähnlich umfangreich sind diejenigen Äußerungen, bei denen in ein Geschehen ein „Täter" hineininterpretiert wird, z.B.:

- „Das Warme steigt mehr nach oben" (Kerzenschaukel, Kassel 1996)
- „Die Wärme drückt das Geldstück hoch" (Flaschengeist, 1993).

Hier liegt die Verwendung des sog. *„Täter-Tat-Schemas"* als Erklärungsmuster vor. Dieses Schema besteht darin, Vorgänge und Erscheinungen zu personalisieren, eine „Tat" mit einem „Täter" zu versehen. Danach wird das Klappern des Deckels beim „Flaschengeist" (s.o.) bewirkt durch „die Wärme", die das Geldstück hochdrückt. Täter im Phänomen ist „die Wärme" (Subjekt), ihre Tat besteht im „hochdrücken" (Prädikat) und ausgeübt wird sie an dem „Geldstück" (Objekt). Wir haben hier die den indogermanischen Sprachen typische Form des Satzbaus (Subjekt-Prädikat-Objekt), die nach dem „linguistischen Relativitätsprinzip" (Sapir-Whorf-Hypothese) unsere Weltauslegung beeinflußt (Wein 1957). Dieses Täter-Tat-Schema können wir im Rahmen unserer Untersuchungen an einer ganzen Reihe kindlicher Äußerungen feststellen. Es bedingt eine Projektion von „Tätern", die für das Geschehen verantwortlich sind oder gemacht werden können, z.B. eben „die Wärme", was immer darunter verstanden sein mag, in wahrgenommene Erscheinungen hinein. Unter dem Gesichtspunkt, daß Verstehen Verbinden bedeutet, steht dieses Erklärungsmuster dem animistischem Typus (s.o.) durchaus sehr nahe, insoweit sich die aktive Weltinterpretation von der eigenen Aktivität des Kindes herleiten läßt. In diesem Sinne ist sie als egozentrisch zu bezeichnen. Wir haben dieses Erklärungsmuster wegen seiner sprachstrukturellen Bedingtheit als *„logogene"* (sprachgestützte) Interpretation bezeichnet (Hagstedt, Spreckelsen 1986).

Die zahlenmäßig umfangreichste Gruppe von Erklärungsäußerungen der Schüler bilden (mit 75 % in der Untersuchung von 1993) Aussagen, die sich auf einen generelleren Erfahrungshintergrund des einzelnen Schülers beziehen. Die Äußerungen dieser Gruppe „verdeutlichen, daß die Kinder nach allgemeinen Gründen suchen, die hinter Ereignissen und Phänomenen stehen, die sie erklärbar und verstehbar machen. In ihrem Vorgehen zeigen die Kinder Anfänge des *deduktiven Denkens*, indem sie allgemeine Erfahrungen auf Einzelfälle – das ihnen momentan begegnende Phänomen – anwenden" (Berthold 1997). Hier bekommt auch die Äußerung Martin Wagenscheins „Verstehen heißt verbinden" (s.o.) ihren deutlichsten Sinn: Das je neu betrachtete Phänomen wird eingebunden in den Kontext vorhandener Erfahrungen. Dabei stehen dem Kind hier generelle Wirkungsmechanismen als Ableitungszusammenhänge zur Verfügung, es beginnt zu argumentieren:

- „Wenn man jetzt die Hände (um die Flasche) drum macht, da kommt dann ganz viel Wärme (in die Flasche)." (Flaschengeist, 1993)
- „Wachs geht da runter, ... Da wird es (= die Kerze) leichter, und dann geht es (= sie) nach oben." (Kerzenschaukel, 1993)
- „Die Luft da drinnen wird warm, ...und warme Luft steigt nach oben." (Flaschengeist, 1993)

Das letzte Beispiel weist dabei schon (im Sinne einer Bereitschaft der Kinder zu Verallgemeinerungen) auf die explizite Verwendung einer allgemeinen (physikalischen) Regelhaftigkeit hin. Die Rückbindung auf derartige Gesetzmäßigkeiten haben wir (Hagstedt, Spreckelsen 1986) als *„nomogene"* (regelgestützte) Interpretation bezeichnet.

Schließlich ist noch auf eine letzte Variante der Erklärungsmuster nach dem Motto „Verstehen heißt Verbinden" einzugehen, nämlich den Einzelfallvergleich. Wenn dieses Erklärungsmuster in unseren Versuchen auch nicht mit großer Häufigkeit nachgewiesen werden konnte (in der Untersuchung von 1993 mit 11 %), so ist es in seiner Bedeutung doch nicht zu unterschätzen. Es geht dabei um die verstehende Verknüpfung *eines* (neuen) Phänomens mit *einem* schon bekannten Phänomen kraft *Analogiebildung*. Charakteristisch dafür sind die folgenden Beispiele:

- „Eine Waage, so in der Art.... Oder eine Wippe." (Kerzenschaukel[3], Kassel 1996)
- „Ist wie eine Schaukel, wie eine Wippe.... Das schaukelt halt hin und her." (Kerzenschaukel[3], Kassel 1996)

Da dieser Variante im Verlauf des vorliegenden Beitrags eine herausragende Bedeutung zukommt, soll in einem besonderen Kapitel darüber berichtet werden.

2. Transduktives Verstehen

„Da die frühen Urteile des Kindes fast ausnahmslos auf konkrete Einzeltatbestände oder Einzelbewertungen gehen, so ist zunächst weder ein Ableiten aus allgemeinen Urteilen (Deduzieren), noch ein Hinleiten zu allgemeinen Urteilen (Induzieren) möglich, vielmehr immer nur ein *Überleiten* von einem Urteil zu einem ihm nebengeordneten Einzelurteil, also eine Denktätigkeit, die man am besten als *'Transduzieren'* bezeichnen könnte." (Stern 1987, S. 357) Als William Stern diesen Satz 1914 in der ersten Auflage seiner berühmten „Psychologie der Kindheit" publizierte, hatte er sich schon mehr als zwanzig Jahre früher sehr eingehend mit der „Analogie im volkstümlichen Denken" befaßt: „Da stellt sich uns denn die Analogie als der elementarste aller Denkprozesse und zugleich als Grundlage der ganzen höheren Schlußarten dar." (Stern 1893, S. 2) Dabei bezieht er sich in seiner Darstellung immer wieder auf das „Kind", auf den Menschen „in seinen ersten Lebensstadien". Er fragt: „Wie verfährt der naive Mensch, wenn er neue Wahrnehmungen macht, die er nicht begreift, d.h. welche mit den bisher gemachten nicht sofort in Zusammenhang zu bringen sind?" Stern 1893, S. 29) Er schildert den Prozeß der Analogiebildung als Erfahrungserschließungsprozeß unter der Bemerkung: „Diese Art des 'Begreifens' findet nun namentlich in den ersten Jahren des Menschenlebens statt." Stern 1893, S. 30) Er schließt diesen Abschnitt mit der Bemerkung: „Eine unermeßliche Bedeutung hat die hier kurz skizzierte Analogiethätigkeit da gefunden, wo sie methodisch aus- und durchgebildet wurde, beruht doch auf ihr ein großer, vielleicht der wichtigste Teil aller pädagogischen Wirksamkeit." (Stern, a.a.O. S. 44).

Ich habe das Vorstehende absichtlich etwas breiter ausgeführt, da ich darin eine der Quellen der unseren Gegenstand betreffenden, weitergehenden Überlegungen im Laufe des jetzt zu Ende gehenden Jahrhunderts sehe. Unter ausdrücklichem Bezug auf Stern hat sich übrigens auch Piaget ausführlich mit der Transduktion auseinandergesetzt: „Die Transduktion ist ein Denkprozeß, der vom Besonderen zum Besonderen ohne Verallgemeinerungen und ohne logische Strenge vorgeht ... es ist eine Folgerung vom Einzelnen auf Einzelnes ohne allgemeines Gesetz." (Piaget 1972, S.189/191) Dabei setzt er das 'Stadium der reinen Transduktion' „bis zum Alter von 7 - 8 Jahren" (S. 193) an.

Sehr früh hat auch Karl Bühler auf die Bedeutung des „Analogieprinzips" hingewiesen, das er als einen der „Quellpunkte der frühesten Urteilsableitungen" bezeichnet. Er beklagt: „Niemand hat ferner schon im einzelnen verfolgt, wie der Sinn einer neuen Situation nach Analogie des einsichtig erfaßten Sinnes anderer Situationen verstanden wird." (Bühler 1924, S. 401) Auf Bühler und Stern wiederum bezieht sich Karl Zietz bei der Interpretation seiner 1933 - 1939 durchgeführten Erhebungen (Zietz 1969, S. 76) und hierauf wiederum Wagenschein explizit in seiner „Pädagogischen Dimension der Physik" (S.79 ff.), sowie implizit in seiner Einführung zu „Kinder auf dem Wege zur Physik" (S. 10 ff.). An dieser Stelle umschreibt er zugleich noch einmal seine Interpretation des „ursprünglichen Verstehens" als einen Verknüpfungsprozeß mit vorgängig bereits Verstandenem, als Einwurzelung in das bereits Gewisse. Hat dies Gewisse noch nicht generellen Charakter, sondern ist nur als Einzelerfahrung präsent, so ist Analogisieren oder eben Transduzieren gefragt: Finde ich ein Phänomen in meiner Erinnerung, das dem Neuen, Noch-Nicht-Verstandenem ähnelt?

Richten wir den Blick nunmehr auf die Befunde unserer empirischen Untersuchungen. Bei den Verstehensäußerungen von Grundschülern im 3. und 4. Schuljahr, die nach der zitierten Aussage von Piaget altersmäßig bereits aus dem Bereich „reinen Transduzierens" herausfallen, konnten wir in unserer Thüringer Untersuchung (von 1993) immerhin einen quantitativen Anteil von über 10 % an Einzelfallvergleichen kraft Analogiebildung feststellen (s.o., Kapitel 1). Dabei können wir diese Schüleräußerungen generell in zwei Kategorien einteilen (vgl. Hagstedt, Spreckelsen 1986, S. 322f.):

2.1 Phänotypische Analogiebildung

Der Vergleich der Einzelfälle untereinander bezieht sich unmittelbar auf deren äußere Erscheinungsform. Dies ist die für das Grundschulkind am nächsten liegende Form der Analogiebildung, da es zuerst von dem ausgeht, was es konkret vor sich sieht, und dies vergleicht mit anderem, was es aus seiner Alltagserfahrung kennt oder aber zuvor im Unterricht gesehen hat. In unserem Beispiel:

- „Ist wie eine Schaukel, wie eine Wippe.... Das schaukelt halt hin und her." (Kerzenschaukel, Kassel 1996).

2.2 Genotypische Analogiebildung

Hier bezieht sich der Vergleich nur noch höchstens mittelbar auf die äußere Erscheinungsform, stattdessen vielmehr auf Entsprechungen, die auf gleiche Wirkmechanismen im Phänomen hin abzielen, auf ein gleiches Funktionsprinzip, das eher „unter der Oberfläche der Erscheinungen" auszumachen ist. Äußerlich ganz unterschiedlich erscheinende Phänomene können dennoch „innerlich" dasselbe bedeuten, der gleichen Regel gehorchen (ohne daß diese explizit benannt wird). Als Beispiel:

- „Wärme steigt nach oben."...„Wie so ein Heißluftballon, der steigt auch nach oben." (Kerzenschaukel, Kassel 1996)
- „Und oben ist es genauso wie beim (Verhexten) Karton: Da (er zeigt auf die Beine des Clowns) ist es leichter, und da (er zeigt auf die Arme des Clowns) ist es schwerer." (Gleichgewichtsakrobat, Thüringen 1993)

Oft gibt sich besonders das jüngere Grundschulkind mit phänotypischen Analogien als Quelle des Verstehens zufrieden, aber spätestens ab dem dritten Schuljahr ist das Bedürfnis nach genotypischer Analogisierung unübersehbar. Die Schüler ruhen nicht, bis sie „dahinter gekommen" sind, worin die Entsprechungen liegen, wenn es um das Vergleichen von Phänomenen geht. Entsprechend konnten wir auch in unserer Thüringer Untersuchung eine relativ kräftige Zunahme an genotypischer Analogiebildung in den Verstehensäußerungen der Schüler vom 3. zum 4. Schuljahr feststellen. Kennzeichnend für Äußerungen dieser Art sind sprachliche Wendungen wie „so ... wie", „genauso", „so ähnlich wie", „auch".

Aus dem bisher Dargestellten ergibt sich die Chance, überall dort, wo deduktives Verstehen aufgrund fehlender Verallgemeinerungen noch nicht möglich ist, die Fähigkeit des Kindes zum transduktiven Verstehen auszunutzen, um es nicht allein zu lassen mit beunruhigenden Phänomenen oder unzureichenden Verbalismen des Lehrers. Es wären also unterrichtliche Situationen zu schaffen, in denen eine ganze Reihe genotypisch analoger Phänomene präsentiert werden, so daß die Kinder im Vergleich dieser Phänomene zu einer für sie adäquaten „Erklärung" finden können und damit das verlorengegangene Vertrauen zur natürlichen Welt, daß nämlich doch noch einmal alles wieder „mit rechten Dingen zugehe" (Wagenschein 1990, S. 11) wiederzugewinnen in der Lage sind.

Im Gegensatz zur konventionellen Betrachtungsweise, nämlich die Phänomene im Unterricht jeweils einzeln für sich zu behandeln und zu „erklären", sprechen wir uns also für eine Gruppierung von Phänomenen, für einen sog. „Phänomenkreis" (Spreckelsen 1995b) aus, bei dem mehrere (genotypisch analoge) Phänomene gleichzeitig in den Blick kommen.

Dies sind dann auch die Situationen (weniger „Lernsituationen" als ",Verstehenssituationen"!), die im Schulunterricht zu verwirklichen sind, um ursprüngliches Verstehen zu ermöglichen. Wagenschein spricht in diesem Zusammenhang vom „Menschenrecht" jedes Kindes auf das „Verstehen des Verstehbaren" (Wagenschein 1965b, S. 419). Unsere Sache ist es, zu eruieren, was jeweils „verstehbar" ist und wie dies in die Praxis des Sachunterrichts umgesetzt werden kann.

3. Phänomenkreise[4]

Im folgenden sollen zwei Beispiele für Phänomenkreise gegeben werden. Zunächst beziehen wir uns auf die Sequenzen unserer Kasseler Untersuchungen. Es handelt sich dabei, wie im ersten Abschnitt bereits angedeutet, um Versuche zur Thematik „Balancieren – Gleichgewicht", wobei wir aus Gründen der prinzipiellen Unterschiedlichkeit (s.o.) im Rahmen unserer Untersuchung noch den Versuch „Flaschengeist" hinzufügten:

---

[4] In diesem Kapitel wurde z.T. auf zwei frühere Publikationen, nämlich Spreckelsen 1992b und 1995b zurückgegriffen.

1. **Der verhexte Karton:** Ein einseitig mit einem zunächst unsichtbaren Gewicht versehener Karton wird vom Versuchsleiter so über seine Standfläche hinausgeschoben, daß er trotz scheinbaren Übergewichts nicht herunterfällt. Die Schüler stellen Vermutungen an und klären den Sachverhalt durch direktes Untersuchen des Kartons.
2. **Kerzen-Schaukel:** Ein Flaschenkorken ist in Längsrichtung von einer Stricknadel durchbohrt, in Querrichtung von einer kräftigen Nähnadel durchstochen, auf deren Enden rechts wie links je eine Christbaumkerze mit ihrem unteren Ende achsial aufgesteckt wird. Das Gelingen dieses schönen Versuches ist allerdings stark abhängig von der Schwerpunktslage des schwingenden Systems aus den beiden Kerzen (nebst Korken und Nadeln). Die Schaukel reagiert nämlich umso sensibler, je näher sich der Schwerpunkt unter der Drehachse befindet. Es ist daher empfehlenswert, die Kerzen nicht zentral, sondern exzentrisch auf die quer im Korken befindliche Nähnadel aufzustecken. Dann kann man die Kerzen durch Drehen um ihre Längsachse höher (bzw. tiefer) positionieren, um so den Schwerpunkt des Sytems anzuheben (bzw. abzusenken) und dadurch die für das Gelingen des Versuchs optimale Einstellung finden. Die Stricknadel (= Achse der Wippe) wird mit ihren beiden Enden auf zwei Unterstützungen (z.B. Becher) gelegt und die Wippe austariert. Zunächst wird eine der beiden Kerzen angezündet, der Effekt beobachtet und die Kerze wieder ausgelöscht. Danach wird die andere Kerze angezündet und wieder beobachtet. Zum Schluß werden beide Kerzen angezündet, worauf die Kerzenschaukel heftig hin und her zu wippen beginnt. Dieser Versuch wirkt stets besonders motivierend und fordert die Schüler zu den unterschiedlichsten Erklärungsversuchen heraus.
3. **Der balancierende Knopf:** Ein großer Knopf soll flach (d.h. horizontal) auf dem oberen Rand einer offenen Flasche balancieren, ohne herunter zu fallen. Als Hilfsmittel dienen zwei Küchengabeln, die in geschickter Weise am Knopf zu befestigen sind, um ihn im Gleichgewicht zu halten. Hierzu nehme man einen möglichst großen Knopf, der sich zwischen die Zinken der Gabeln fest hineindrücken läßt. So erhält man aus den beiden Gabeln (mit dem Knopf) eine stabile Wippe, die sich auf dem Flaschenrand lagern läßt. Dabei muß man die Gabeln (geduldig probieren!) entsprechend ausrichten, so daß der Schwerpunkt des Sytems unter die Auflagestelle (Flaschenrand) zu liegen kommt.
4. **Gleichgewichts-Akrobat:** Der Akrobat ist ein Clown aus zwei aufeinandergeklebten Papierfiguren. Zwischen die hochgestreckten Handhälften sind – von außen nicht sichtbar – zwei Pfennigstücke als Gewichte geklebt, so daß der Clown auf seiner Nase balancieren kann – sehr zur Freude und zum Erstaunen der Kinder.

5. **Flaschengeist:** Eine Flasche wird mit Hilfe eines Deckels (z.B. Zehnpfennigstück) verschlossen. (Dabei muß der Flaschenhals gut angefeuchtet werden, damit der Verschluß luftdicht ist.) Wenn wir die Flasche nun mit den Händen erwärmen, beginnt nach einer kurzen Weile der Deckel vernehmlich zu klappern.

Es soll nun ein Ausschnitt aus dem Wortprotokoll mit Schülern eines vierten Schuljahres (aus unserer älteren Kasseler Untersuchung, s.o.) folgen, in dem es um die Erörterung des Versuches „Der balancierende Knopf" geht. An diesem Protokoll wird u.a. ersichtlich, wie es innerhalb einer Schülergruppe durch spontanes Analogisieren zu einer Anbahnung des Verständnisses des gesamten Versuchsgeschehens in der Sequenz kommt.

Der Versuchsleiter (VL) hat den Knopf zur Balance gebracht und an die Schüler die Frage gerichtet: „Warum geht denn das?"

St: Weil Sie (die Gabeln) ein bißchen nach hinten gedrückt haben. Da ist das Gewicht nach hinten verlagert.

Fl: Weil die Gabeln ja auch hier nach hinten gehen und dann das Gewicht ein bißchen nach hinten drücken.

Si: Weil hier ein Gewicht ist, und das will da nach unten, und das (andere) will da nach unten. Weil das aber gleich schwer ist, bleibt das so.

Ol: Diese beiden Gewichte (= die Gabeln) drücken das (= den Knopf) auf den Flaschenrand, weil die ja beide nach unten gehen.

Fl: Die drücken das nach hinten.

Si: Weil die Gabel krumm ist, geht das nach da. Wenn das aber gerade wäre, ging das nicht.

St: Genauso wie beim Messer, wenn das ganz gerade wäre. Und wenn das noch so vorne Zacken hätte, ging das nicht.

Si: Komm her, ich mach es mal gerade. (Er verändert die Lage der Gabeln und probiert.)

Fl: Mach es doch ganz einfach, mach eine Gabel so rum und die andere so rum!

Ol: Nein, er macht es jetzt gerade, als wenn es ein Messer ist.

Si: So ist es gerade.

Fl: Dann drückt es nach vorne.

(Si versucht, den Knopf mit den Gabeln wieder auf den Flaschenhals zu legen.)

St: Nein, es drückt an die Seite.

Si: Ja, dann geht es nicht.

St: Weil hier hinten zu wenig Gewicht ist.

Si: Nein, weil alles Gewicht auf da hinten verlagert ist und keines nach da (vorn) drückt.

Fl: Und wenn wir es andersherum hindrehen?

Ol: Das war genau so wie beim Karton, oder? Weil das Gewicht ja auf der Seite war. Hätte man es andersherum gestellt, wäre das Gewicht dann hier.

Fl: Nur hängt das Gewicht hier von den Gabeln ab, die das nach hinten drücken.

Si: Eigentlich hatten alle drei Dinge (= Versuche) mit so einem Gewicht da zu tun. Das eine hat auch so balanciert.

VL: Welches?

Si: Das mit den Kerzen, das so geschaukelt hat.

St: Und das erste auch, das mit dem Karton.

Si: Das andere, das war mit so einem Gewicht, das so bleiben würde, und das jetzt mit auf so einer Kante bleiben würde.

Fl: So ähnlich wie bei dem Kartongewicht. Es soll auf einer Kante bleiben. Nur wird das Gewicht von der Seite nach hinten gedrückt, und beim Karton ist es schon hinten.

Ol: Es wären alles Gewichte.

St: Es stand eigentlich überall darauf. Es war immer auf einer Sache. Es hat niemals so ganz platt gestanden.

..: Es war immer auf was drauf. (Alle durcheinander.)

Fl: Und das Gewicht hat nie Kraft nach vorne gelagert, wie beim Karton. Wenn man das Gewicht nach vorne machen würde und das auf eine Tischkante stellen würde, so würde es sofort umfallen. Bei denen (= den Gabeln) hier genauso, bei der Flasche. Wenn man die Gabeln nach vorne machen würde, ginge es auch, fiele es auch um.

An dem Protokollauszug wird deutlich, wie die Schüler zunächst versuchen, sich die Gleichgewichtslage des Knopfes auf dem Flaschenrand zu erklären, die durch die spezielle Anordnung der beiden Gabeln (mit ihrem „Gewicht") bewirkt wird. Dabei diskutieren sie die unterschiedliche Lage des Gewichts (d.h. des Schwerpunkts der beiden Gabeln): „nach vorn" – „nach hinten", je nachdem, wie die Gabeln in Relation zum Knopf ausgerichtet sind, ob sie „gerade" (= gestreckt) am Knopf befestigt sind oder nicht. (Senkrecht dazu balancieren sich die Gabeln gegenseitig aus, auch das wird erkannt und formuliert.) Im Verlauf dieser Diskussion kommt es nun spontan bei den Schülern zu *Analogiebetrachtungen* mit den anderen vorher in dieser Sitzung durchgeführten Versuchen. So blitzt plötzlich der Vergleich mit dem Versuch „Der verhexte Karton" auf, und es wird ausgesagt, daß beide Versuche im Prinzip ähnlich funktionieren, bis in Details hinein. Aber auch Unterschiede werden benannt. Auch das Phänomen „Kerzen-Schaukel" wird mit einbezogen und erörtert, worin die Ähnlichkeiten bestehen: „...überall Gewichte, ...es stand immer auf einer Sache, ...das Gewicht hat nie Kraft nach vorne gelagert (sondern nach hinten, sonst kippt das System) ..." usf.

Es kommt hier zu einer Verschränkung von äußerlich Analogischem („phänotypische" Analogiebildung) mit vom Funktionsprinzip des Versuches her Gedeutetem, gleichsam innerlich Analogischem („genotypische" Analogiebildung). Daß es in unserem Fall um „Balancieren" geht, wird den Schülern im Verlauf unserer Versuchssequenz deutlich. Hier stehen keine generellen Sätze im Hintergrund, auf die sich eine Einsicht gründet, sondern es geht um die Deutung und Bewertung „konkreter Einzeltatbestände" (Stern) und ihr spontanes Zueinander-in-Beziehung-Setzen durch die Schüler.

In einen zweitem Beispiel soll es um das Verstehen eines Phänomens gehen, das nicht selten Gegenstand des Sachunterrichts ist, dort aber meist nur handelnd eingebracht wird, ohne wirklich zum Verständnis des Versuchsgeschehens zu kommen (vgl. z.B. Thiel 1988), nämlich um den „Heißluftballon".

Dabei haben wir uns (physikalisch ausgedrückt) mit dem Aufsteigen eines erwärmten Mediums im kälteren Medium der gleichen Art zu beschäftigen. Es geht also um den Komplex „Auftrieb/Schwimmen" einerseits im Wasser, andererseits in Luft. Hierzu gibt es eine Fülle von Phänomenen, für die wir stellvertretend einige vorstellen wollen, wie sie in den Kästen des beigefügten Strukturdiagramms (vgl. Abb. 1) bezeichnet sind:

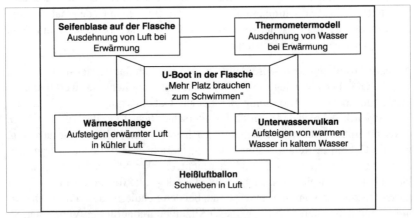

Abb. 1   Strukturdiagramm: Zusammenhänge von Phänomenen

1. **Seifenblase auf der Flasche:** Eine leere Flasche wird mit ihrem Hals in Seifenlauge getaucht und sodann mit den Händen erwärmt. Wir beobachten, wie sich das Seifenhäutchen über dem Hals zu einer Halbkugel formt, bis diese zerplatzt.

2. **Thermometermodell:** Eine bis zum Rand mit Leitungswasser gefüllte Flasche wird mit einem Flaschenkorken verschlossen, der durchbohrt worden und durch dessen Bohrung ein durchsichtiger Trinkhalm gesteckt ist. Erwärmt man die Flasche mit den Händen, so kann man beobachten, wie nach einiger Zeit der Wasserstand im Trinkhalm deutlich steigt.

3. **U-Boot in der Flasche:** In eine bis zum Rand mit Wasser gefüllte Flasche wird ein Stück (frisch geschälte!) Apfelsinenschale eingetaucht. Drückt man mit dem Daumen auf die Wasseroberfläche am Flaschenhals, so beginnt das Schalenstück („U-Boot") zu sinken. Bei nachlassendem Druck steigt es wieder hoch. Der Versuch läßt sich noch erleichtern, wenn man zum Drücken einen Flaschenkorken oder ein Gummihäubchen benutzt, wie man es für Saftflaschen verwendet.

   Durch genaues Dosieren des Druckes kann man überall in der Flasche das „U-Boot" schweben lassen. (Cartesianischer Taucher, vgl. Press, Ravensburger Taschenbuch Nr. 26, Versuch Nr. 54.)

   Der Versuch kann übrigens auch mit abgetrennten Streichholzköpfen durchgeführt werden.

4. **Unterwasservulkan:** In ein hohes mit kaltem Wasser ziemlich hoch gefülltes Weckglas o.dgl. wird ein kleines, mit heißem, gefärbten Wasser voll gefülltes Fläschchen an Fäden vorsichtig bis auf den Grund herabgelassen. (Bei diesem Vorgang sollen möglichst wenig Wirbel im kalten Wasser entstehen!). Das heiße Wasser schwimmt in kaltem Wasser auf, wobei es zu einer eindrucksvollen farbigen Wolkenbildung kommt (vgl. Goldstein-Jackson 1983, S. 166). Das gleichsam umgekehrte, aber dennoch genotypisch analoge Phänomen stellt der „Gefärbte Eisberg" dar, bei dem angefärbte Eisstückchen („Party-Würfel": Wasser kräftig mit Lebensmittelfarbe anfärben und im Kühlschrank zu Eis gefrieren lassen.) in ein hohes Glas mit leicht erwärmten Wasser gelegt werden. Hierbei lassen sich die vom Eis abschmelzenden Wasserschlieren ausgezeichnet beobachten. Während zuvor das warme Wasser im kälteren Wasser aufstieg, beobachtet man jetzt das im wärmeren Wasser absinkende kältere Wasser.

5. **Wärmeschlange:** Über eine einflammige Elektrokochplatte (von mindestens 1500 W) wird eine Papprohre von ca. 23 cm Durchmesser und ca. 60 cm Höhe gestülpt (= „Kamin", auf die Möglichkeit für Luftzufuhr am unteren

Rand achten!). Auf die obere Öffnung wird ein Holzkreuz gelegt, durch dessen Mitte ein harter (!) angespitzter Bleistift gesteckt ist, so daß er mit seiner Spitze senkrecht nach oben zeigt. Auf diese kann nun eine aus Papier spiralförmig ausgeschnittene „Schlange" mit ihrem inneren Ende (Mitte der Papierspirale) so aufgebracht werden, daß sie – im Strom der von der Kochplatte aufsteigenden warmen Luft hängend – sich zu drehen anfängt.

6. **Heißluftballon:** Der Kamin des vorhergehenden Versuchs wird wieder verwendet. Über die obere Öffnung wird ein möglichst leichter Müllbeutel (ca. 20 l Inhalt) gestülpt, der durch die erhitzte Luft aufsteigt. Damit der Beutel dabei nicht umkippt, stabilisiere man ihn durch einige am offenen Rand angebrachte Büroklammern o.ä. Ohne Mühe und unter großem Jubel der Kinder steigt der Ballon bis zur Zimmerdecke auf. (*Jeder* Schüler kann im Unterricht in der Klasse seinen eigenen Heißluftballon aufsteigen lassen!)

Bei dem hier vorgelegten Beispiel kommt das Phänomenkreis-Konstrukt gleich in doppelter Weise zum Tragen:

1. Jeder Kasten (im Strukturdiagramm, vgl. Abb.1) steht für einen eigenen Phänomenkreis. So kann man neben den Versuch „Seifenblase auf der Flasche" ohne Schwierigkeiten eine ganze Reihe vom Funktionsprinzip her gleiche stellen, z.B. indem man die Seifenblase durch einen durchbohrten Korken mit einem durchgesteckten Trinkhalm, in dem ein Wassertropfen den Luftabschluß herstellt, oder durch einen über den Flaschenhals gestreiften Luftballon ersetzt. (In letzterem Fall muß die Flasche abwechselnd in heißes und kaltes Wasser getaucht werden. Dies kann man übrigens genauso mit der Seifenblase und dem Wassertropfen im Trinkhalm probieren.)

Man erkennt an diesen Beispielen, wie rasch sich genotypisch analoge Versuche finden lassen. Die Kinderbuch-Experimentier-Literatur, auch sog. „Zauberbücher" (vgl. z.B. Lanners) seit der Jahrhundertwende bieten im übrigen auch ungewöhnlich viele Anregungen! Beim Kasten „Unterwasservulkan" haben wir als weitere Phänomenkreis-Variante den „Gefärbten Eisberg" (s.o.) hinzugefügt, um anzudeuten, daß auch das anscheinend umgekehrte Phänomen genotypisch analog verläuft.

2. Bei der Betrachtung der Kästen des Strukturdiagramms erkennt man, daß zwischen den Kästchen-Thematiken folgende Entsprechungen auftreten:

- linke Spalte ↔ rechte Spalte: Luft ↔ Wasser

- obere Zeile ↔ dritte Zeile: Wärmeausdehnung ↔ Auftrieb

Diese werden durch den im Zentrum stehenden Sachverhalt (Schwimmen) gleichsam gebündelt. Hierbei ist die Vorstellungshilfe nützlich, daß Körper in einem Medium „Platz brauchen" und daß sie – je mehr Platz sie brauchen – einen umso stärkeren Auftrieb erfahren. (Hier ist man übrigens dem Phänomen des Schwimmens auch ohne explizite Anwendung des Dichtebegriffs auf der Spur!) Man erkennt unschwer, wie sich die Teilthematiken durch die Analogiebildungsmöglichkeiten gewissermaßen im Verständnis der Schüler gegenseitig stabilisieren. Sie gewinnen Einsicht in das Phänomen des Auftriebs und finden damit letztlich das Funktionsprinzip des Heißluftballons.

Entscheidend dabei ist, daß im Unterricht nicht primär auf die Klärung eines *einzelnen* Phänomens abgezielt wird, sondern daß eine Reihe (ein Kreis) von Phänomenen bereitgestellt und untersucht wird, deren Interpretationen sich gewissermaßen gegenseitig stützen und stabilisieren, da sie dem selben Funktionsprinzip angehören, also „strukturell identisch" sind. Ein einzelnes Phänomen muß dann seitens des Schülers nicht durch Einlagerung in eine bei ihm (meist nicht) vorhandene geistige Struktur (in unserem Beispiel: eine physikalische Gesetzmäßigkeit) verstanden werden, sondern eine solche entsteht im Schüler erst im Vergleichen mehrerer strukturell identischer Phänomene untereinander, wobei im übrigen der Alltagswortschatz der Kinder aktiv einzusetzen ist. Es ist dies der Vorgang einer geistigen „Einwurzelung", wie ihn Wagenschein – in Anlehnung an Simone Weil – als den von ihm so bezeichneten Prozeß des „Ursprünglichen Verstehens" apostrophiert hat (vgl. dazu Spreckelsen 1992a). So entstehen „Einzelkristalle des Verstehens. Sie sollen aufbewahrt werden und dann später, in dem abschließenden, nun erst ausdrücklich auf das System ausgehenden Lehrgang, sich zusammenschließen, wie es an der Fensterscheibe die Eiskristalle tun, zu dem vollen Bogen der Eisblume." (Wagenschein 1965a, S. 195).

Phänomenkreise als sachunterrichtsdidaktisches Angebot leisten damit zugleich einen ersten Beitrag auf dem Wege zur Systematisierung physikalischer Phänomene, insofern als hier Zusammenhänge aufgezeigt werden, die auf ein („genotypisch analoges") Funktionsprinzip hindeuten. Dabei geht es aber noch keineswegs um physikalische Lehrbuchsystematik, sondern vielmehr um den generellen Systemcharakter des physikalischen Zugriffs auf Naturphänomene, d.h. um das geistige Ordnen der Vielfalt der natürlichen Erscheinungen (vgl. dazu auch Spreckelsen 1992a und 1992b). So vermittelt die Begegnung (des Grundschulkindes) mit Phänomenkreisen eine erste Bekanntschaft mit Ordnungsaktivitäten (des Vergleichens, des Verknüpfens, des Einordnens) im Sinne der Ausbildung methodenorientierter Verhaltensweisen zur Erfahrungserschließung. Damit bekommt der Verstehensprozeß auf der Grundlage des Phänomenkreis-Ansatzes neben seiner inhaltlichen Dimension auch eine eminent methodische Komponente. Dies im Einzelnen auszuführen würde allerdings den Rahmen des vorliegenden Beitrages sprengen.

Literatur

Berthold, Barbara: Elemente des Verstehens bei der Begegnung von Grundschülern mit physikalischen Phänomenen. Wissenschaftliche Hausarbeit. Kassel 1997

Bühler, Karl: Die geistige Entwicklung des Kindes. Jena: Gustav Fischer 1924[4]

Goldstein-Jackson, Kevin: Experimente – spielend leicht. Würzburg: Arena 1983

Hagstedt, Herbert/Spreckelsen, Kay : Wie Kinder physikalischen Phänomenen begegnen. In: Sachunterricht und Mathematik in der Primarstufe, 14 (1986), S. 318 - 323

Kubli, Fritz: Der "dynamische" Piaget im Physik- und Chemieunterricht. In: Mikelskis, Helmut (Hrsg.): Zur Didaktik der Physik und Chemie. Probleme und Perspektiven. Band 6. Alsbach: Leuchtturm 1986, S. 258 - 260

Lanners, Edi: Kolumbuseier. 2 Bände, ab 1890. Überarbeitete Neuauflage in einem Band: Luzern und Frankfurt 1976. (Als Rowohlt-Taschenbuch erschienen: Reinbek bei Hamburg 1979)

Piaget, Jean: Urteil und Denkprozeß des Kindes. Düsseldorf: Schwann 1972. Übersetzung aus dem Französischen: Le jugement et le raisonnement chez l'enfant. Neuchatel. 1924. (1. Auflage)

Press, Hans Jürgen: Spiel – das Wissen schafft. Ravensburg: Otto Maier Verlag. Verschiedene Ausgaben.

Rosenthal, Erwin: Verstehen lernen. In: Physik in der Schule, 34 (1995), S. 171 - 175

Spreckelsen, Kay: Zum Erkenntnisprozeß in der Physik – Modellvorstellungen im Bereich der exakten Naturwissenschaften. In: Die Realschule, 77 (1969), S. 202 - 205

Spreckelsen, Kay, und Mitarbeiter: Naturwissenschaftlicher Unterricht in der Grundschule. Lehrgang. 6 Bände. Frankfurt: Moritz Diesterweg 1971 ff.

Spreckelsen, Kay: Konzeption und Organisation der Entwicklung eines Curriculum für den physikalisch/chemischen Lernbereich im Sachunterricht der Primarschule. In: Isenegger, U., B. Santini (Hrsg.): Begriff und Funktionen des Curriculums. Weinheim und Basel. 1975, S. 113 - 130

Spreckelsen, Kay: Schülervorstellungen im Grundschulalter. Festschrift für Walter Jung. In: physica didactica, 13 (1986) Sonderheft, S. 103 - 108

Spreckelsen, Kay: Zum Verstehen physikalischer Erscheinungen im frühen Schulalter. In: Physik in der Schule, 30 (1992), S. 6 - 9. (1992a)

Spreckelsen, Kay: Die Bedeutung des Analogischen für das physikalische Verstehen im Grundschulalter. In: Physik in der Schule, 30 (1992), S. 256 - 258. (1992b)

Spreckelsen, Kay: Auf den Lehrer kommt es an – auch im Sachunterricht. In: Grundschulunterricht, 42 (1995), S. 5 - 7. (1995a)

Spreckelsen, Kay: Verstehen in Phänomenkreisen. In: Möller, Kornelia (Hrsg.): Handeln und Denken im Sachunterricht. Münster: Universität Münster 1995, S. 23 - 34. (1995b)

Stern, William: Die Analogie im volkstümlichen Denken. Berlin: Philos.-Histor. Verlag Dr. R. Salinger 1893

Stern, William: Psychologie der frühen Kindheit. Darmstadt: Wissenschaftliche Buchgesellschaft 1987[12]

Stork, Heinrich: Was bedeuten die aktuellen Forderungen "Schülervorstellungen berücksichtigen, 'konstruktivistisch' lehren!" für den Chemieunterricht in der Sekundarstufe I? In: Zeitschrift für Didaktik der Naturwissenschaften 1 (1995), S. 15 - 28

Thiel, Siegfried: Heiße Luft – bunt verpackt. In: Die Grundschule, 20 (1988)7/8, S. 41 - 44

Wagenschein, Martin: Die Pädagogische Dimension der Physik. Braunschweig: Westermann 1965[2] - (1965a)

Wagenschein, Martin: Ursprüngliches Verstehen und exaktes Denken. Stuttgart: Klett 1965. - (1965b)

Wagenschein, Martin: Ursprüngliches Verstehen und exaktes Denken II. Stuttgart: Klett 1970

Wagenschein, Martin: Kinder auf dem Wege zur Physik. Weinheim und Basel: Beltz 1990

Wein, Herrmann: Aktives und passives Weltverhältnis in der Sprache. In: Merkur, 11 (1957), S. 520 - 534

Whorf, Benjamin Lee: Sprache - Denken - Wirklichkeit. Reinbek 1963

Zietz, Karl: Kind und physische Welt. München: Kösel 1969[3]

Philosophieren im Sachunterricht

Martin Ganter, Pädagogische Hochschule Freiburg

"In meinem Hirn erzeugt sich ein Gedanke. Seid ihr die Zeit, ihn zur Geburt zu fördern!" (Shakespeare, Troilus und Cressida, I.3)

1. Ursprung und Antrieb des Fragens und Forschens beim Kind

Möglichkeiten des Ausformulierens und Antwortgebens auf bewegende Fragen des eigenen Seins sind nicht nur bei großen Philosophen bekannt. Schon die Kinder stellen Fragen und suchen nach Antworten. Und wie sich die Wurzeln des mathematischen und naturwissenschaftlichen Begreifens bis in die früheste Kindheit zurückverfolgen lassen, ähnlich ist es auch mit den Wurzeln eigenständigen philosophischen Nachdenkens, wenn freilich die Fragen und Problemkreise der Kinder zuerst einmal noch kaum etwas mit den Problemen der geschichtlichen Zeit zu tun haben. So befaßt sich ganz selbstverständlich auch die 5jährige Kristin schon mit den Elementen und der Bedeutung des Denkens: „Ich bin aber froh, daß es Buchstaben gibt. Weil, wenn es keine Buchstaben gäbe, gäbe es keine Laute. Und wenn es keine Laute gäbe, gäbe es keine Wörter. Wenn es keine Wörter gäbe, könnten wir nicht denken, und wenn wir nicht denken könnten, gäbe es die Welt nicht" (Matthews 1994, S. 27). Das Kind hat in einer für es fast atemberaubenden Lage eine Entdeckung gemacht, die es froh macht. Dabei ist diese Entdeckung durchaus anders, als wenn man einen bunten Stein oder sonst ein seltenes Objekt entdeckt. Das Kind hat einen Sachzusammenhang aufgedeckt, der nicht ohne die Entwicklung eines simultanen Beweisfadens möglich gewesen wäre. Das Kind beweist etwas; indem es beweist, erkennt es, und indem es erkennt, wird es froh. Zwar unterscheidet es noch nicht strikt zwischen Denken und Sein, da es noch nicht zwischen Wort (significans) und Ding (signifikat) grundsätzlich unterscheidet; doch indem es dem Wort eine unerhört mächtige Bedeutung zuspricht, erinnert es dabei im voraus an Denker wie Parmenides (540 v.Chr. - 470 v. Chr.), die ganz bewußt und entschieden das getrennt Seiende als im Denken Beheimatetes und vereinbar begreifen.

Einmal ergibt sich von solchen Entdeckungen des Kindes aus die Möglichkeit, sie mit Aussagen anderer Kinder in Verbindung zu bringen und so den Möglichkeiten des Philosophierens von Kindheit an auf die Spur zu kommen[1], zum andern liegt immer auch nahe, Denkleistungen von Kindern in die Nähe zu rücken zu kulturgeschichtlich bedeutsamen Aussagen. Wie schon erwähnt, mag einem dazu Parmenides einfallen. Man kann aber auch an die Schöpfungsworte der Genesis denken oder an den ersten Auslegungsversuch Fausts zum Johannes-prolog. Wenn die Kinder auch nicht in ihrer geistigen Entwicklung die kulturellen Epochen repetieren, so kommen sie in speziellen Phasen ihrer Entwicklung gewissen Grundhaltungen und Ideen doch maximal nahe. Hier besteht die Chance, sie der eigenen Kultur entgegenzuführen oder aber sich von den Kindern daran erinnern zu lassen, was wir an kulturellem Erbe nur allzu leicht übersehen oder schon vergessen haben. So wäre z.B. der Glaube der Vorschul- und Grundschulkinder, daß alles zu etwas gut ist und daß alles eine besondere Aufgabe hat, gerade in einer Zeit zu bedenken, die gewohnt ist, sich vornehmlich auf Kausalanalysen zu beschränken und die die Lehre von der Verwirklichung (Arete) alles Seienden als einzelnem wie auch in seiner Gesamtheit vergessen zu haben scheint (vgl. Aristoteles N.E. 1106 b 36 ff.).

Kinder beschäftigen sich nicht mit den Fragen ihrer Zeit, sie leben noch nicht als formend geformter Teil der Gesellschaft; vielmehr stellen sie die für sie wichtigen Fragen, um so überhaupt erst einen Platz in der Gesellschaft zu finden. Dabei ist ihnen die Mithilfe der Erwachsenen, denen sie ein vollständiges Wissen zutrauen, von größter Bedeutung. „Papa, wozu sind wir auf der Welt?" fragt das Kind, um auf die Antwort des Vaters „um anderen Gutes zu tun" die Gegenfrage zu stellen: „Und wozu sind die anderen auf der Welt?"[2] (Martens et al. 1994, S. 8). Auch hier lebt der kurze Dialog wieder von der besonderen Wißbegierde und Fähigkeit des kindlichen Fragestellers. Zum einen beschäftigt

---

[1] Ansätze des indirekten Bewises beim Kind scheinen aus dem Glauben an ein Ganzes zu entstehen

[2] Als eine verwandte Aussage und Beweisform aus der Epoche des kindlichen Realismus notiere ich von Paul (4.6 Jahre) die Bemerkung, die er anläßlich einer Geschichte erwähnt. „Die (Personen der Geschichte) sind tot. Die leben nicht mehr! Sonst könnte man ja keine Geschichte von ihnen erzählen." Hier wird die Erzählform zur Kennzeichnung der Vergangenheit der Erzählung gedeutet.

ihn das „Wozu" des Menschenlebens;[3] zum andern scheint das Kind bereits die relative Sicht der Dinge in betreff der anderen nachvollziehen und problematisieren zu können. Immerhin aber ist das „wir" eher im Sinne eines Vater und Kind umfassenden Ichs zu verstehen, demgegenüber die anderen als komplementäre Menge erscheinen, während das Kind später dann lernt, die anderen als Teilmenge des umfassenden Wir zu verstehen. (Klasseninclusion).[4] Doch wie sehr auch die Frage nach dem Sinn und Zweck des Auf-der-Welt-seins präzisiert und durch Erfahrungen beantwortet wird, sie wird dadurch nicht wertlos.[5] Unterstützt von der uns innewohnenden Tendenz, unsere Assimilationsschemata zu generalisieren, sucht bereits das Kind nach großen, die Welt umfassenden Entwürfen. So notiert die 4jährige Kristin : „Die ganze Welt ist aus Farben gemacht." Oder der knapp 7jährige Paul sagt: „Ich kenne die ganze Welt. Die Sonne geht ja um die ganze Welt herum...", als ob er mit der Sonne, die er sieht, auch auf alles sehen könnte, was die Sonne sieht. Die Aussage „Jetzt weiß ich alles!", wie wir sie immer wieder gerade aus dem Mund von Vorschulkindern und Schulanfängern hören, zeigt die Bedeutung und den berechtigten Stolz, die das Können und Verstehen für die Kinder hat, teils aber auch die Illusion, es geschafft zu haben, nunmehr ein echtes und vollgültiges Mitglied der Gesellschaft und mithin groß zu sein.

---

[3] Wir dürfen vermuten, daß das Kind bereits über das Auf-der-Welt-sein nachgedacht hat. Vgl. Paul (3.3), der zwischen Zuhause sein und auf der Welt sein unterscheidet. „Bist du nicht auf der Welt?"-„Nein, ich bin doch zuhause!"-„Wo ist man auf der Welt?"-„Beim Hänschen klein." Und er beginnt zu singen: Hänschen klein ging allein in die weite Welt hinein.

[4] Zur Problematik des Verständnisses „Mensch". Paul, zweijährig, will kein Mensch sein. Ein erster Bestimmungsversuch trifft die Arbeiter auf einem Nachbargrundstück: „Das sind die Menschen!" Als ich ihn mit 2,5 Jahren frage, ob er mein Räuber sein will, sagt er: „Ich bin der Paul G." (Er hatte einen Monat zuvor von den Räubern aus der Geschichte des guten Samariters gehört.) Erst mit 5 Jahren, wie ich zu ihm sage: „Du bist doch mein kleiner Mops!" erwidert er:„ Ich will lieber ein Mensch sein."

[5] Und so mag der schon fast erwachsen gewordene Jugendliche, der bereits geschichtlich geformte und gesellschaftlich geprägte Welt erlebt hat, ohne sich aber mit ihr arrangieren zu können, fast noch ganz in diesem kindlich ichbezogenen, an den Dingen Anteil nehmenden und in ihnen lebenden Geist formulieren, wie es der junge Trakl in „Drei Träume" getan hat: „Mich deucht, ich träume von Blätterfall,/Von weiten Wäldern und dunklen Seen,/Von trauriger Worte Widerhall-/Doch konnt´ich ihren Sinn nicht verstehen."

2. Pädagogik und Kognitionstheorie

Immer wieder hat es gewisse Einwände gegeben, Kindern die Tätigkeit des Philosophierens zuzugestehen und sich mit ihnen auf eine solche einzulassen. Und freilich hat nicht jede Befragung von Kindern gleich etwas mit Philosophieren zu tun, zumal wenn sie nichts weiter bewirkt, als daß sie nur vorhandenes Wissen abruft. Aber auch die Ergebnisse der Entwicklungspsychologie können nicht gegen ein Philosophieren als einem geistigen Experimentieren und Theoretisieren ins Feld geführt werden. Diesbezügliche Mißverständnisse sind vermutlich dadurch entstanden, daß die umfassenden Arbeiten Piagets, die sich als letztem Ziel vornehmlich an der Logik der Erwachsenen und an den modernen Naturwissenschaften orientieren, oft von einem Noch-nicht reden. Hierbei wird leicht übersehen, was die Kinder bereits können und daß wir es bei sämtlichen sogenannten Entwicklungsphasen mit organisierten und strukturierten Systemen zu tun haben, die stets auf ein Ganzes aus sind. Unbeschadet der Tatsache, daß das Kind immer auch Teile seines späteren geistigen Tuns erlernt, ist es von Anfang an bestrebt, Ganzheiten zu erfassen.[6] Das Kind besitzt eine implizite Theorie, die es ihm gestattet, alles, was immer es wahrnimmt, vermittels dieser Theorie in sein Gedächtnis zu bringen und es dort zu bewerten und einzuordnen. Doch eine Theorie ist immer nur so viel wert, wie sie zu erklären und vorherzusagen gestattet; und eine Theorie, die eine Erweiterung einer früheren Theorie darstellt wie etwa die spezielle Relativitätstheorie bezüglich der Newtonschen Mechanik, ist im Bewußtsein um so reichhaltiger und lebendiger, je deutlicher und zahlreicher man sie getestet und sie sich bewährt hat. Einerlei also, ob es sich um erste und einfache Weltbildtheorien des Kindes handelt oder um differenziertere und strukturiertere Theorien: wichtig ist, daß diese Theorien zur Entfaltung und Darstellung kommen, nicht nur im Blick auf nachfolgende Theorien, sondern auch an und für sich. Hier wäre nun eben auch anzumerken, daß zwar „auf dem Weg zur Physik" manche frühere Position aufgegeben werden muß, daß aber damit keineswegs die früheren Axiome insgesamt ihren Wert und ihre Bedeutung verlieren.[7]

---

[6] Man könnte von diesem Grundsatz aus zeigen, daß die Entwicklung der Kinder so sein muß, wie sie geschieht. Z.B., daß die topologische Eroberung des Raums der euklidischen vorausgeht. Oder daß es einem Vierjährigen durchaus als selbstverständlich erscheinen kann, daß eine tote Maus wieder gesund wird; oder daß alte Menschen, wenn sie gestorben sind, wieder als Babys auf die Welt zurückkommen. Er denkt auf der Basis der Objekterhaltung: bald zyklisch, bald als einfache inverse Operation, bald als Verwandlung, ehe er raumzeitliche Veränderungen als quasistetige Prozesse erfaßt.

[7] Luft verwandelt sich dann beim Regnen vielleicht nicht mehr in Wasser. Doch der Anschein der Verwandlung bleibt, solange wir nicht mit allen uns möglichen sinnlichgeistigen Organen sicher erfassen.

Wenn der dreijährige Lutz morgens nach dem Aufwachen fragt: „Wo geht das Dunkel hin?" (vgl. Wagenschein u.a. 1990, S. 62) ist seine Frage im Rahmen einer Theorie verstehbar, in der alles, was wahrgenommen wird,[8] als Merkmal an einer Substanz oder direkt als Substantielles wahrgenommen wird. Wenn dann aber der 7jährige Johannes sagt,[9] daß der Schatten dadurch zustande kommt, daß das Licht beim Durchgang durch seinen Körper verwandelt wird,[10] kann man an eine erweiterte Theorie denken, die neben dem Schatten auch das Licht registriert und dazu in Beziehung setzt, ein Denkansatz, den, nebenbei bemerkt, auch noch der moderne Physiker verwendet, wenn er von der Teilchenerzeugung und -vernichtung spricht. Der Schatten ist für Johannes in seiner ichhaften Erfahrung etwas Lichtartiges, wie das erzeugte Elektron-Positron-Paar etwas Energieartiges ist. Auf dieser Stufe beherrscht das Kind schon mehr als bloß die Bildung polarer Gegensätze wie Licht - Schatten, hell - dunkel, kalt - warm, stark - schwach, groß - klein, lieb - böse. Es ahnt Zusammenhänge, Verwandlungen. Weder Johannes noch der moderne Physiker wissen genau, wie die Verwandlung geschieht. Beide glauben aber an die Verwandlung, weil sie an eine Erhaltung und an eine generelle Konstanz glauben.

Mit der Angabe der Abfolge der Theorien des Kindes ist nun aber längst noch nicht alles gesagt, was Grenzen und Möglichkeiten des Philosophierens mit Kindern betrifft, auch nicht, wenn man noch zusätzlich betont, daß sich alle die obigen Grundsätze und Verfahrensweisen nur an konkreten Vorgängen und Handlungen erwerben lassen. Was noch fehlt, ist die Charakterisierung des Kindes selbst, sein Verhältnis zu sich und zur Welt, der Hintergrund und Zusammenhang, in welchem seine Erfahrungen für es erscheinen. Für das Vorschulkind insgesamt gehört das Ich ganz wesentlich zu seiner Erfahrung hinzu. Dieser emotional-kognitive Zusammenhang zwischen Ich und Welt ist der Schauplatz, wo Fragen für das Kind bedeutsam werden und nach Lösungen verlangen, wie wir an den Aussagen der Kinder bemerken.[11] Vom kindlichen Ich kann das Kind nicht abstrahieren; oder

---

[8] Was da ist, bzw. was als daseiend bemerkt wird, wird als Bedeutsames in einem Zusammenhang vermerkt. Bei der Rekonstruktion solcher Zusammenhänge bildet das Kind Merkmalslisten, die teils spezielle phänomenale Einzelheiten beinhalten, teils ein höheres Ordnungsprinzip verraten. Im letzteren Sinn gehören stark, gut, lieb, zusammen. In diesem Sinn ist auch die von Stern gefundene Weise des kindlichen Schließens (Transduktion) zu verstehen.

[9] Auf dieser Stufe beherrscht das Kind die Bildung polarer Gegensätze wie Licht - Schatten, hell - dunkel, kalt - warm, stark - schwach, groß - klein, lieb - böse... sowie die dazu passende konträre Verneinung.

[10] „Wenn keine Sonne da ist, gibt es auch keinen Schatten;" und „hinten kommt die Sonne wieder als Schatten heraus."

[11] „Ich bin froh…" In diesem Sinn kann man vom kindlichen Egozentrismus reden, nicht aber in dem Sinn, als ob das Kind auf keinen sozialen Austausch angewiesen wäre.

positiv ausgedrückt: Jede Erkenntnis hat immer etwas mit dem Kind zu tun. Sie ist für das Kind, und sie ist in einem ganz anderen Sinn für es bedeutsam als es später jede vom Subjektiven befreite, objektive Erkenntnis sein kann. Im Gegensatz zu den modernen Wissenschaften übt das Kind ein Denken aus, in dem die Frage immer zuerst eine menschliche Frage ist, wo der Mensch mithin noch seinen unabdingbaren Platz besitzt, wie es Goethe Zeit seines Lebens forderte.[12]

Diese wesentliche Stellung des Ichs bleibt auch in der Grundschule bestehen, ja sie zeigt hier gleichsam ihre schönste Gestalt, indem das Ich sich im Wir bekundet und das Wir das Ich durchdringt. Orientiert sich das Vorschulkind beim Philosophieren vornehmlich an Eltern und Erziehern[13], so ist das Grundschulkind in der Lage, sich mit Altersgleichen in Gespräche einzulassen. Vom wirgewordenen Ich kehrt nun „das Denken für uns" über die konkreten Dinge zu den Kindern zurück. Entsprechend finden wir in den Antworten und Lösungsvorschlägen das Wir wieder. Jetzt geht z.B. der Mond nicht mehr einfach mit dem Kind mit, ohne daß ein Widerspruch möglich wäre, weil er ja auch mit anderen in entgegengesetzter Richtung mitgehen kann(vgl. Ganter, 1995). Oder, was die Mondphasen angeht, so können sie jetzt gedeutet werden als geteiltes Licht: Licht ist für alle da, also auch für die Leute in Amerika. Oder die besondere Stellung der Mondsichel am Himmel, z.B. in der Türkei, wird jetzt mit der Besonderheit von Land und Leuten in Analogie gebracht.

3. Zur Bedeutung des Philosophierens im Sachunterricht der Grundschule

Sachunterricht ist also in erster Linie keine Addition der Propädeutik der an ihm beteiligten Einzelfächer, für die die Kinder noch gar zu wenig Befähigung mitbrächten: er ist der Versuch der Umsetzung einer Welterfahrung, in der Ich, Wir und Welt in ihren gesellschaftlich relevanten Ansprüchen auseinander und sich gegenübertreten (Horizontalstruktur), ohne dabei aber im kindlichen Denken (Tiefenstruktur) ihr notwendiges Sein füreinander zu verlieren. Die einschlägige Literatur zur Begründung der Praxis des Sachunterrichts hat diesen Umstand längst gewürdigt, auch wenn die Anwendung dieser Erkenntnis noch nicht überall in der Schulpraxis Eingang gefunden hat(vgl. Schreier 1994a). Von

---

[12] „Die Sinneserfahrung, in der Goethes Wissenschaft wurzelt, ist eine eigene, ist unersetzlich." C.F.v. Weizsäcker (1974, S. 539)

[13] Erwähnenswert ist der schöne Brief Epikurs an ein Kind, dem er schreibt, daß er es vor allem deshalb so lieb hat, weil es den Eltern folgt. Epikur (1973, S. 21).

hier aus ergeben sich eine Reihe von übergeordneten Lernzielen wie Eigenverantwortlichkeit bei gemeinsamen Handlungen, Mündigkeit, Gesprächsfähigkeit. Speziell wären zu nennen: Sich seiner bewußt werden vor sich und unter anderen; das Wort teilen im Reden und Zuhören; Regeln bedenken und als verpflichtend ansehen, die dies ermöglichen; gut sein zu sich, um gut sein zu können zu anderen; durch den eigenen Atem den Atem der Welt mitbestimmen; die Zeit als Eigenzeit begreifen und sie selber einteilen und gestalten; mehr sein als nur ein vom Ganzen bestimmter Teil; sich seiner Wirkfähigkeit vergewissern, im Wissen, daß, wenn wir nicht die uns eigene Wirklichkeit schaffen, sich eine uns fremde Wirklichkeit zu entfalten vermag; sich Rechenschaft ablegen, vornehmlich, um die gesammelten Erträge zu überschauen, in wieweit es uns gelungen ist, „unsere Welt" zu verwirklichen[14].

Daß wir es mit mehr zu tun haben als mit vorläufigen sachorientierten Inhalten, liegt auf der Hand. Im Unterschied zum oftmals ausschließlichen präzisen Erlernen und Erfassen von Systemen oder Stücken aus der Geschichte der Philosophie ist hier vornehmlich der konkret aktuelle Ernst der Sache spürbar und gegenwärtig zu machen. Jedenfalls sollten wir Lehrer, die wir gern ein wenig an ein über den Tag hinausreichendes Wozu unseres Lehrerdaseins glauben, auch auf die Gefahr hin, daß man uns belächelt, dazu den Mut aufbringen, sind doch die Kinder von heute die Erwachsenen von morgen. Das Geschäft entbehrt allerdings nicht einiger Paradoxa. Von den Kindern soll eine Gesprächs- und Gesellschaftsstruktur aufgebaut werden, die unserer Gesellschaft mangelt. Sie sollen ein individuelles und öffentliches Selbst entwickeln, ohne es an einem stabilen gesellschaftlichen Selbst ausrichten zu können. Traditionen schon fast vergessener Kulturen sollen von den Kindern aufgegriffen und weitergegeben, Sinnorientiertheit in einer sinnentleerten Welt gefunden werden[15]. Angesichts solcher Ziele ist nicht möglich, Gespräche daraufhin zu verwenden, daß man sich als einzelner möglichst groß darstellt und Bewunderer findet, daß man sich nur ja keine Blöße gibt und als kompetent erscheint und daß man im übrigen jede Verantwortlichkeit von sich weist: angesichts solcher

---

[14]Vgl. Goethes späte Tagebücher, wo er sich Rechenschaft ablegt über den Gebrauch der Zeit.

[15]Entsprechende Bestrebungen sind in der Psychologie des Selbst sowie in der Logotherapie zu bemerken. So läßt sich das Programm der Selbsttranszendierung als Wiederbelebung des Begriffs des Danteschen „trasumanar" (Par. I, 70), der Vereinigung des menschlichen Geistes mit dem Seinsgrund, deuten, der im „Holocaust"! des Selbst, als Selbstentwerdung, in der Glut göttlicher Liebe geschieht. Dazu: Leonard (1970 S. 116 ff.)

Kinder sollen nicht der Bequemlichkeit verfallen, die Lösung der Probleme ausschließlich von der Wissenschaft her zu erwarten, sondern sie sollen lernen, daß es neben den Spezialisten immer auch auf uns alle ankommt, von einem gemeinsamen Ort aus unsere Welt und die Zukunft unserer Welt zu bedenken und zu entscheiden[16].

Was den Einstieg ins Philosophieren mit Kindern angeht, so sind es zuerst einmal die Erlebnisse und Erfahrungen der Kinder selbst, die in einer dafür angemessenen Unterrichtsform einen Dialog begünstigen. Es gibt aber auch die Möglichkeit der Anregung und des Anstoßes durch den Lehrer, der mit Fragen und Problemen konfrontiert. Während nämlich das eigene Erleben den Vorteil hat, daß man ganz bei der Sache ist, so ist andererseits doch zugleich auch eine Distanz zur Betrachtung und Bewertung erforderlich; und diese beiden Bedingungen sind, wie die Geschichte von König David und dem Propheten Natan zeigt, nicht immer leicht zu erfüllen. Unvergeßlich ist mir die biblische Geschichte, wo Natan zu David, nachdem er ihm den Fall seines Ehebruchs vor Augen gestellt hatte, ohne daß der es bemerkte, das vernichtende Wort sagt: „Du bist es! Du, der Mann!" (2 Sam. 12.7)

Zur Spurensuche brauchen wir eigene Erfahrung und eigene Geschichte, um tief in unserem Innern, gleichsam um par coeur zu erkennen, was verhandelt wird und worum es geht; wir brauchen aber auch die Betrachtung von außen, das Schauspiel zur Betrachtung, ja selbst auch noch den Betrachter im Schauspiel, um durch ruhiges Nachdenken Gewinn daraus zu ziehen. Hier wären neben Monologen und Dialogen Märchen, Sagen, Geschichten und Rätsel zu nennen. Sodann sind Geschichten mit einem offenen Ausgang bedeutsam, wenn sie zum Weiterdenken anregen. Damit sie aber möglichst dies tun, ist gut, wenn sich die Kinder irgendwie in den Geschichten wiedererkennen, wenn die Geschichten geradezu von ihnen handeln und ihre Welt schildern[17]. Oder wir beginnen mit einem Bild oder mit einem Objekt, das wir aufgefunden haben und von dem wir uns in ein Thema einführen lassen. Da liegt etwa eine Versteinerung vor uns, die uns den Weg in die Erdgeschichte, in die Tiefe der

---

[16] Wo Welt und Wirklichkeit, wie vielfach beim Erwachsenen, als etwas Fremdes erlebt und erfahren werden, machen sich leicht Desillusioniertheit und Desinteresse und Gleichgültigkeit breit. Die Welt wird dann nicht mehr betrachtet als meine bzw. als unsere Welt; sie wird erlebt wie die Wirklichkeit einer Maschine oder wie die Wände eines Gefängnisses.

[17] Brillant sind die Geschichten, die H. Schreier (1993) in seinem Buch „Himmel, Erde und ich" zum Nachdenken zusammen mit Kindern aufnotiert hat.

Zeit, überhaupt in die Zeit führt, dann ins All, das sich verändert, an die Grenzen des Alls, das Schicksal des Universums[18]. Aber auch Aussprüche von Philosophen und Dichtern, Sprichwörter, Maximen sind zu bedenken, insbesondere, wenn sie über den aktuellen Anlaß hinaus, der in seinem historisch hermeneutischen Gehalt meist mit den Kindern nicht auslotbar ist, überzeitliche Wahrheiten widerspiegeln.

Da ist z.B. der berühmte Satz des Sokrates: „Ich weiß, daß ich nichts weiß." Aus der Auseinandersetzung mit den Sophisten hervorgegangen, artikuliert sich in ihm die Selbstbeschränkung des Sokrates gegen den Anspruch, alles zu wissen, wie auch gegen die Verantwortungslosigkeit menschenmöglichen Tuns. In der Geschichte „Warum" (vgl. Schreier 1993, S. 72 ff.) ist ein konkreter Pfad skizziert zu diesem doch für Kinder keineswegs als selbstverständlich erstrebenswerten Ziel. Kinder wollen schließlich wissen, und Kinder unterstellen ja den Erwachsenen, daß sie wissen. Die Unterhaltung der Kinder wird so entwikkelt, wie sie sich fast überall abspielen könnte, wo sich ältere Grundschulkinder über ihre kleinen Geschwister unterhalten. Schulkinder, die man mit dem Beginn dieser Geschichte bekannt macht, vernehmen zuerst etwas Bekanntes, was sie leicht nachvollziehen können: wie sich nämlich die Großen über die unendliche Kette der Warumfragen eines Dreijährigen erregen. Wie kann man sich dagegen schützen? Das ist eine der ersten Fragen, die darauf laut werden, oder genauer noch, wir erfahren gleich, wie Ludwig den Spieß umdreht. Doch dann, auf einmal, ist es Frank, der, statt beim Kleinkind zu verweilen, das Problem für sich und die anderen Großen aktualisiert. Warum scheint die Sonne? Warum blühen die Schneeglöckchen? Man hat da, wie sich die Kinder erinnern, einmal etwas dazu in der Schule gelernt. Doch nun bringt Claudia mit ihrer Zwischenfrage etwas Neues zur Diskussion, nämlich die Unterscheidung zwischen der causa finalis und der causa movens, versteht sich bei Betrachtung eben der genannten konkreten Dinge. Claudia ist listig, wenn es darum geht, den Gesprächsfaden nicht vorschnell abbrechen zu lassen und sich mit einer voreilig dahingesagten Generalisierung von Frank zu begnügen. Alle List aber hat ihren Preis; und so muß sie es sich gefallen lassen, daß sie sich dem Verdacht aussetzt, alles besser zu wissen. Claudia sieht sich nun gezwungen, sich zu explizieren, und indem sie ihr eigenes Nichtwissen zugibt, stimmt sie die anderen wieder versöhnlich. Hier könnte das Gespräch zu Ende sein. Doch nun kommt es noch

---

[18] Vgl. Matthews (1994, S. 25). Es gibt kaum ein Kind, das sich nicht für diese Fragen brennend interessiert, was verständlich ist, da die Kinder gegen Ende der Grundschulzeit den euklidischen Raum erobern und da sie ja doch die ganze Welt verstehen wollen. Doch die Grenzen entziehen sich der konkreten Anschauung.

zu einem letzten, gefährlichen Gesprächsabschnitt, der nicht ohne Konsequenzen bleibt. Ludwig - man darf an Wittgenstein vorausdenken - versucht alles Fragen vom Antworthorizont aus zu charakterisieren und eine Verbotsregel für Fragen aufzustellen, je nachdem, wie antwortträchtig sie sind. Doch auch damit ist Claudia nicht zufrieden und, am Geheimnis des Sokrates streifend, weiß sie offenbar selbst noch etwas mit ihrer Unwissenheit anzufangen: „Wenn es solche Warum-Fragen nicht geben würde, dann würde ich nicht sehen, daß es etwas gibt, das ich nicht verstehe." Das aber ist den Jungen nun doch zuviel; sie ziehen ab, Claudia verspottend, als ob sie aus eben derselben Lust am Fragen lebte wie die Dreijährigen, und Claudia bleibt allein. Dabei lag ihr doch ein zutiefst gemeinschaftsstiftender Gedanke im Sinn. Hat sie ihre Einsicht zu stolz oder gar verletzend zum besten gegeben? Oder sollte dies die Frucht des Denkens und das Ende alles Gedankenaustauschs sein: eine Zerfallenheit in Denken, Fühlen und Tun?

Da bedarf es ganz sicher eines neuen Anlaufs zu einem späteren Zeitpunkt, um mit den Kindern hierüber weiter zu sprechen. Die Frage könnte sich dann stellen, ob wir nur darüber reden sollen, wovon wir gewiß sind, daß wir von den anderen verstanden werden? Stimmt es, daß das Denken die Wahrheit erbringt und daß die Wahrheit frei macht (Joh.8.32), wie an unserer Universität steht, was uns als Jugendliche geheimnisvoll berührt und zum Nachdenken bewegt hat? Oder sollen wir nur das bedenken, was uns im Sinn des Descartes die Gewißheit verschafft, daß wir sind, weil uns das Denken nicht die Gewißheit unseres Seins verschafft, wenn wir das Denken nicht mitzuteilen vermögen? Oder laufen wir überhaupt Gefahr, uns wie Hamlet durch unser Denken in die Isolation, in ein Gefängnis zu manövrieren?

Wie dem auch sein mag: was Claudia verstanden hat, ist nichts Geringeres, als daß man auch aus der Kraft der Unwissenheit und Ungewißheit Erkenntnis gewinnen und Entscheidungshilfe holen kann. In der Kraft des Wir wird für sie ein Stück Gemeinsamkeit aller Menschen sichtbar, wie an anderer Stelle deutlich wird[19], wo sie das Bild von den Bäumen des Waldes gebraucht, in welchem sie die Gemeinschaft der prinzipiell gleichgeschaffenen Menschen zum Ausdruck gebracht sieht; eine Gemeinschaft, die uns verpflichtet, Rücksicht aufeinander zu nehmen, die uns aber auch Mut und uns sicher macht, da wir alle vor den gleichen Problemen stehen. Ja gewiß, es kann gut sein, wenn der Mensch immer wieder einmal sich bewußt wird, daß er nicht alles weiß. Dem Lehrer kann

---

[19] Unter Beobachtung, aus: Schreier (1993, S. 69 ff.). Gegenüber der Frage nach der gerechten Fremdbewertung unseres Tuns macht sich die vielleicht noch wichtigere Frage nach der wahren Selbsteinschätzung und Selbstbewertung geltend.

es helfen, die Kinder zu verstehen, die sich beim Lernen schwer tun; den Kindern, ihre Eltern zu verstehen, statt sich gleich für unverstanden und ungeliebt zu halten; den Kindern, sich untereinander zu verstehen[20]. Der Mensch muß sich nicht schämen, wenn er nicht alles weiß[21]. Freilich muß man sorgfältig unterscheiden. So kann man nicht richtig handeln, wenn man es leichtfertig versäumt hat, um das richtige Handeln Bescheid zu wissen. Und wenn Sokrates fragt, was Gerechtigkeit sei, so liegt nahe, daß er weiß, in welcher Richtung sie zu suchen ist. Sehen wir weiter zu, was noch alles aus dem Satz des Sokrates und der Aneigung durch Claudia folgt, so fällt uns noch ein anderer bekannter Satz des Sokrates ein: wonach es besser ist, Unrecht zu erleiden als Unrecht zu tun (Platon, 469 c). Und ist es nicht auch besser, an das Gute zu glauben als am Sinn des Menschenlebens zu zweifeln? Und zu schweigen und bereit zu sein, als sich aufzugeben? Mit dem Nötigen zufrieden zu sein, als maßlos alles zu wollen? Sich als Mensch unter Menschen zu verstehen, als überall das lüsterne und machthungrige Tier zu wittern? Über etwas lieber zu schweigen, als ein wichtiges Geheimnis durch Zerreden zu entwerten?[22]

4. Erfahrung und Wissen, Wirklichkeit und Wahrheit

Was ein Nachteil zu sein scheint gegenüber dem Philosophieren der Großen, daß wir mit Kindern bei konkreten Vorgängen beginnen und dahin zurückkehren, erweist sich bei genauerem Hinsehen als unschätzbarer Vorteil. So nämlich können wir uns immer wieder vergegenwärtigen, wovon die Rede ist, und unsere Ergebnissätze erweisen von daher ihren Wert und ihre Brauchbarkeit. Unser Verständnis gewinnt auf der philosophischen Ebene eben in dem Maß, in dem es sich auf die Ebene der konkreten Geschehnisse bezieht, und die konkreten Ereignisse werden in dem Maß in einem Zusammenhang faßbar (phänomenologisch), wie das philosophische Denken zunimmt. Das Konkrete wächst über sich hinaus und wird zum Zeichen und zum Gleichnis für Verwandtes, und der Begriff

---

[20]Urteile sollten nie Aburteilungen sein. Die Mehrzahl als bedenkliche, verantwortungsfähige Macht. Man kann nicht über das urteilen, geschweige denn Strafen verhängen, von deren Wirkung man nichts weiß. Vgl. die Probleme, von denen H. Schreier (1997 b) referiert. Wenn es besser ist, Unrecht zu erleiden als Unrecht zu tun, dann muß der Lehrer den Kindern ersparen, Gefahr zu laufen, gegenüber anderen einzelnen Kindern Unrecht zu tun.

[21]Unter Beobachtung, aus: Schreier 1993, S. 69 ff.).

[22]Daran sollten wir festhalten, auch wenn wir nicht immer nur gut sind und auch nicht immer gut sein wollen, wie uns Sokrates mit Blick auf den Typhon in sich andeutet oder wie Einblicke in uns selbst uns oft bedeuten.

und das Gesetz werden zum Repräsentant einer lebendig erfahrenen Summe.

Nehmen wir als Beispiel das bereits mehrfach angeschnittene, Kindheit und Jugend in Atem haltende Thema der „Wahrheit". Da unterhalten sich Eltern ganz konkret, ob sie den Tod des Hamsters ihrer Tochter sagen oder ihn besser verschweigen und durch einen neuen ersetzen sollen? (vgl. Martens et al. 1994) Kinder, die man mit diesem Problem vertraut macht, betrachten die Szene. Sie belauschen gleichsam die Eltern, die für sie sonst vielleicht mit nur wenig Problemen zu kämpfen haben und denen sonst Entscheidungen leicht zu fallen scheinen. Wie, wenn sie einfach einen neuen Hamster kaufen? Doch wenn dann die Tochter herausfindet, daß dieser nicht ihr Hamster ist, da sie ja ihren alten Hamster kennt? Aber selbst wenn nun die Eltern einen neuen Hamster kaufen könnten, von dem sie wüßten, daß ihn die Tochter nicht von dem verstorbenen unterscheidet? Gehört es zur Wahrheit unseres Daseins, auch das Schlimme und zwar schon in frühester Kindheit auszuhalten? Ich leide, darum bin ich? Oder hat die Tochter ein Recht darauf, daß man mit ihren Gefühlen schonend umgeht oder soll man ihr die ungeschminkte Wahrheit sagen? Und wird sie in ihren Gefühlen geschont, wenn man ihr den Tod verschweigt oder wenn man ihr alles offenherzig erklärt? Oder liegt die Schonung beim mündig werdenden Grundschulkind in der Wahl des rechten Augenblicks und in der Weise des Sagens? Man kann die Wahrheit sagen und dabei den Schaden noch vergrößern, man kann aber auch durch geschickt gewählte Mitteilung in der Wahrheit Gewinn machen.[23]

Oder wir denken an unsere erste Lüge. Natürlich ist es eine, die herausgekommen ist. Lügen, die nicht herauskommen, sind meist nicht ganz so schwierig zu verdauen. Höchstwahrscheinlich wußten wir damals nicht, daß wir gelogen hatten. Jedenfalls wußten wir noch nichts vom Lügen. Ahnungslos aßen wir gleichsam vom Apfel der Lüge. Vielleicht hat nur eines der größeren Kinder oder ein Erwachsener zu uns gesagt: „Das ist ja gar nicht wahr; das hast du gelogen." Dabei waren wir ganz fest davon überzeugt, etwas besonderes erlebt

---

[23] Vgl. Zwischen den Zeilen, aus: Schreier (1993, S. 67). Darf ich nicht sagen „es schmeckt mir gut," wenn ich eingeladen bin, auch wenn mir das Essen nicht schmeckt? Darf ich damit nicht zum Ausdruck bringen, daß mir die erwiesene Gastfreundschaft sehr angenehm ist? Und wie verhalte ich mich im Einklang mit der inneren Wahrheit in mir mit Starken und Mächtigen gegenüber, wie gegenüber dem Schwachen und Armen? Oder gibt es keine solche innere Wahrheit? Gemeinschaft und Freundschaft sind jedenfalls gewiß nicht möglich, wo man so radikal urteilt wie der Misanthrop von Moliere, andererseits aber gewinnen sie auch nicht an Intensität, wo nur noch Konvention und oberflächliches Spiel zählen. Der Wahrheit des Misanthrop könnte man mit Shakespeare („Sturm", II.1) sagen, „fehlt etwas Milde und die gelegene Zeit", er „reibt den Schaden, statt Pflaster aufzulegen."

oder getan zu haben. Und dann hatten wir aus der Art, wie man uns das gesagt hat, gemerkt, daß wir etwas Schreckliches gesagt hatten. Heute wissen wir, wie das alles zusammenhängt und daß noch Schulanfänger oft glauben, das wirklich gesehen zu haben, was sie in ihrer Vorstellung erleben. Doch das ist keine Lüge, auch wenn uns das alles hochnotpeinlich in der Erinnerung liegt. Von einer Lüge können wir erst dann reden, wenn einer genau weiß, daß der Sachverhalt anders ist, als er ihn darstellt.

Wie aber, wenn wir lügen und wir genau angeben, auf welche Weise wir lügen? Lügen wir da noch? Und haben wir nicht gelernt, methodisch davon Gebrauch zu machen? Ist nicht die Kunst der Wissenschaft eine Kunst der kleineren Zurechtrückungen? Das beginnt nicht erst bei der Differentialrechnung. Kann man, ohne zu lügen, Äpfel und Birnen als etwas Gleiches, als Obst bezeichnen? Oder kann man auch nur von einem Blatt reden?[24] Während es en masse Untersuchungen zum Erwerb der logischen Klassen durch das Kind gibt, sind Gespräche und Untersuchungen, die gerade solchen Aspekten nachgehen, noch immer Mangelware. Beim freien Darstellen von Gegenständen durch Erstkläßler mache ich die Erfahrung, daß Kinder gerade im konkreten Fall immer wieder sehr sensibel registrieren. Sie wollen die Gegenstände möglichst genau in allen Stücken festhalten. „Ich kann doch das Haus nicht abzeichnen; das ist doch zu groß. Es paßt nicht in mein Heft." Oder ein anderes Kind bekam auf einmal Probleme, als es beim Zeichnen von Tieren zu Überschneidungen von Linien kam. „Gell, das Tier darf doch seine Beine dahin bringen. Das geht ja da, daneben, gell?" Dieser Erstkläßler hat geahnt, daß er irgendetwas Unerlaubtes tut, doch hat er sich sein Verfahren vom Lehrer billigen lassen.

Sodann erwähne ich den Fall, daß wir uns oft einreden, etwas sei in Ordnung, wiewohl wir genau wissen, daß dies nicht der Fall ist. Vielleicht haben Frank und Ludwig in der obigen Geschichte bemerkt, daß ihr Verhalten nicht korrekt war, und sie haben, um den Geschmack an ihre Gemeinheit zu vergessen, sich aufs Rechthaben verlegt, statt Verantwortung zu übernehmen. Und so haben sie sich dann eingeredet, daß Claudia endlich einmal diese Lektion nötig gehabt habe; und so lange haben sie sich dies eingeredet, bis sie daran geglaubt haben

---

[24] Aus Schreier (1993). Oder nehmen wir Menschen. Ein jeder ist unverwechselbar er selbst oder will es werden. In der Grundschule ist die Zeit, im Geist der Wirerfahrung weit über alle Klassenlogik hinaus eine neue Bestimmung des Menschen zu entdecken: der Mensch als das, was ich in mir und im anderen wiederfinde; der Mensch, der sich bemüht, strebt, erkennt, enttäuscht wird; der sich mit anderen freuen, der auch vergessen und verzeihen kann. Im übrigen ist ja auch die Rede von der scharfen Trennung von Zeichen und Bezeichnetem, wie sie Piaget betont, nicht wahr. Jedes Zeichen muß an das Bezeichnete so angepaßt sein, daß der Zusammenhang jederzeit gewährleistet bleibt.

und von der Wahrheit ihres Handelns überzeugt waren. Und Claudia? Wie hat sie das Verhalten der Jungen erfahren? Wird sie sagen, daß es sich nicht gelohnt hat, mit ihnen ein Gespräch zu führen, weil sich ein Gespräch nur mit klugen Köpfen lohnt? Wird sie nun ihren unausgesprochenen Standpunkt aufgeben, daß sich stets lohne, ein Gespräch zu führen, um dabei etwas für alle Brauchbares zu finden? Wird sie sich nun gar neu entscheiden, wenn ihr der Glaube im Herzen noch einreden möchte, daß das schäbige Verhalten der Jungen nicht sein kann, während sie es doch mit allen Sinnen miterlebt hat? Wird sie von nun an gar die Wirklichkeit anders erleben? Wenn Kinder solche Problemstellungen und Fragen in konkreten, ihnen nahen Fällen verstehen, haben wir sie nicht nur zu bedeutsamen Erfahrungen hingeführt, sie haben solche bereits gemacht. Und sie werden fähig sein, auch allgemeinere Aussagen zu verstehen, wie sie sie dann in Philosophie und Weltliteratur ausgesprochen und gedeutet finden. So erwähne ich mit Blick auf das Fehlverhalten der beiden Jungen, wenn sie sich einreden, Claudia am Schluß zu Recht so behandelt zu haben, die dichtgefaßte Formulierung: „Wie einer, bis zur Wahrheit, durchs Erzählen/ Zu solchem Sünder sein Gedächtnis macht,/ Daß es der eignen Lüge traut."[25] Oder in Bezug auf Claudias mögliche Krise: „Doch sag ich, wie die beiden hier gehandelt,/ Werd' ich, das Wahre kündend dann nicht lügen?/ Denn immer noch wohnt mir ein Glaub' im Herzen,/ Ein Hoffen also fest und unverwüstlich,/ Das leugnet, was mir Aug' und Ohr bezeugt:/ Als wenn die Sinne, uns zum Trug erschaffen,/ Nur als Verleumder tätig hier gewirkt" (Shakespeare).

Literatur

Aristoteles: Magna Moralia. Berlin: Akademie-Verlag 1966
Aristoteles: Nikomachische Ethik. Darmstadt: Wissenschaftliche Buchgesellschaft 1969
Aristoteles: Eudemische Ethik. Darmstadt: Wissenschaftliche Buchgesellschaft 1969
Bambach H.: Erfundene Geschichten erzählen es richtig. Lesen und Leben in der Schule.
  Konstanz 1989
Berkowiz/Oser(eds): Moral Education. Theory and Application, London: Hillsdale 1986
Billmann-Mahecha E.: Gespräche mit Kindern. Möglichkeiten und Grenzen der „sokratischen Methode". Erlangen 1992
Brüning B.: Mit dem Kompaß durch das Labyrinth der Welt. Wie Kinder wichtigen Lebensfragen auf die Spur kommen. Bad Münder 1990

---

[25] Es ist die Stelle, wo Prospero seine Tochter Miranda über die Machenschaften seines Bruders aufklärt (Shakespeare, Der Sturm, I.2).

Dante, A.: Göttliche Komödie. Übertragen von H.A. Prietze. Heidelberg: Schneider 1966

Dreyer L., Menne E., Schavemaker C. (Hrsg.): Bildung und Erziehung im Philosophieunterricht. Bonn 1988

Einsiedler W.: Aufgreifen von Problemen, Gespräche über Probleme, Problemorientierter Sachunterricht in der Grundschule. In: Dunker/Popp (Hrsg.): Paradigmen des Sachunterrichts, Weinheim und Basel 1993

Epikur: Philosophie der Freude. Stuttgart: Kröner 1973

Freese, H.-L. (Hrsg.): Gedankenreisen - Philosophische Texte für Jugendliche und Neugierige. Reinbek 1990

Freese, H.-L.: Kinder sind Philosophen. Weinheim Berlin 1990

Ganter, M.: Mit den Kindern verstehen lernen. Heinsberg: Dieck 1995

Ganter, M.: Mit den Kindern durchs Himmelsjahr. Heinsberg: Dieck 1995

Ganter, M.: Wege und Wanderungen. Heinsberg: Dieck 1997

Glatzel, M./ Martens E. (Hrsg.): Philosophieren im Unterricht, München, Wien, Baltimore 1982

Goethe, J.W.: Hamburger Ausgabe in 14 Bänden. München: Beck 1974

Horster, D.: Philosophieren mit Kindern. Opladen 1992

Köhnlein, W.: Studieren für den Sachunterricht. In: Möller K. (Hrsg.): Beiträge zur Reform des Sachunterrichtsstudium. Münster 1996

Leonhard, K.: Dante Alighieri. Hamburg: Rowohlts Monographien, 1970, Libido, Eros, Amor dei, S.116ff.

Martens, E.: Was ist und soll Pseudophilosophie? Wien, 1984

Martens, E.: Sich im Denken orientieren. Philosophische Anfangsschritte mit Kindern. Hannover 1990

Martens, E.: Philosophieren mit Kindern als Herzschlag (nicht nur) des Ethik-Unterrichts. In: E. Martens/ H. Schreier (Hrsg.): Philosophieren mit Schulkindern. Heinsberg: Dieck 1994, S.8-24

Martens E./ Schreier H. (Hrsg.): Philosophieren mit Schulkindern. Heinsberg: Dieck 1994

Matthews, G. B.: Denkproben. Philosophische Ideen jüngerer Kinder. Berlin 1991 (urspr. Harvard University Press 1980)

Matthews, G. B.: Philosophische Gespräche mit Kindern. Berlin 1989 (urspr. Harvard University Press, 1984)

Matthews, G. B.: Mit Kindern über die Welt nachdenken. In: Martens E./ Schreier H. (Hrsg.): Philosophieren mit Schulkindern. Heinsberg: Dieck 1994, S.25 - S.34

Moliere: Werke. Wiesbaden: Insel 1954

Platon: Sämtliche Werke. rororo. Rowohlts Klassiker. 1966

Popp, W.: Wie gehen wir mit den Fragen der Kinder um? Erziehung zur Fraglosigkeit als ungewollte Nebenwirkung. In: Grundschule, Heft 3, 1989

Reed, R.: Kinder möchten mit uns sprechen. Hamburg 1990

Schreier, H.: Himmel, Erde und ich. Heinsberg: Dieck 1993

Schreier, H.: Über das Philosophieren mit Geschichten für Kinder und Jugendliche. Begleitband. Über das Philosophieren mit Geschichten für Kinder und Jugendliche. Fragen, Antworten und noch mehr Fragen auf der Suche nach Zeichen im Labyrinth der Existenz. Heinsberg: Dieck 1993

Schreier, H.: Der Gegenstand des Sachunterrichts. Bad Heilbrunn: Klinkhardt 1994a

Schreier, H.: Möglichkeiten und Grenzen des Gesprächs beim Philosophieren mit Kindern. In: E. Martens/ H. Schreier (Hrsg.): Philosophieren mit Schulkindern. Heinsberg: Dieck, 1994,b S.86ff.

Schreier, H. (Hrsg.): Mit Kindern über Natur philosophieren. Heinsberg: Dieck 1997. Dort besonders die Einleitung und Anleitung zum Philosophieren mit Kindern,.

Shakespeare, W.: Shakespeares Werke in zwei Bänden. München Zürich: Droemer Knaur. 1965

Trakl, G.: Aus goldenem Kelch. Die Jugenddichtungen. Salzburg: Müller 1939

Wagenschein, M. : Kinder auf dem Wege zur Physik. Mit Beiträgen von Agnes Banholzer, Siegfried Thiel, Wolfgang Faust. Weinheim und Basel. Neuausgabe 1990

v. Weizsäcker, C. F.: Nachwort. In: Goethe, J.W.: Hamburger Ausgabe in 14 Bänden. München: Beck 1974

Ästhetische Zugänge zur Welterkenntnis bei Kindern – Überlegungen zum natur- und naturwissenschaftsbezogenen Sachunterricht

Meike Aissen-Crewett, Universität Potsdam

1. Einleitung

1.1 Die Abtrennung des Ästhetischen vom Pädagogischen

Der Erfolg von Erziehung und Unterricht wird gemeinhin in der Herausbildung der Fähigkeit zum rationalen, logischen, begrifflichen Denken gesehen. Erkenntnis und Ratio werden in eins gesetzt, insbesondere wenn es um naturwissenschaftliche Bezüge des Unterrichts geht. Erziehung zur Erkenntnis heißt dann im allgemeinen Erziehung zur Ratio. Die Folge dieser einseitig auf Abstraktionsvermögen ausgerichteten Unterrichtsgestaltung ist eine zunehmende „Verrationalisierung" schulischen Lernens - mit der unmittelbaren Folge, daß diejenigen Gegenstände von Erziehung und Unterricht, die sich nicht von der Ratio her definieren lassen und mit deren Befassen kein Zuwachs an Ratio verbunden scheint, wie vor allem Kunst und Musik, als zweitrangig angesehen werden.[1] Die Leidtragenden dieser Abtrennung des Ästhetischen vom Pädagogischen und des Pädagogischen vom Ästhetischen sind aber nicht die

---

[1] Dabei wird grundlegend verkannt, daß auch die Beschäftigung mit den Künsten und dem Ästhetischen mit der Gewinnung von Erkenntnis verbunden ist, wenn auch nicht von logisch-rationaler Erkenntnis (vgl. Abbs 1985; Best 1992; Bresler 1995; Degenhardt 1991; Foss 1971; Heyfron 1983; Hoy 1973; Paetzold 1976; Reid 1976a, b, 1981, 1983, 1985; Reimer 1992; Welsch 1990).

künstlerisch-ästhetischen Fächer allein. Die mit der Leugnung des Ästhetischen einhergehende Vereinseitigung des Lernens in Form von dominant kognitiven Prozessen hat auch zur Verarmung des Lernens in den natur- und naturwissenschaftsbezogenen Fächern geführt. Auf diese fokussiert der vorliegende Beitrag.[2]

1.2 Was ist das Ästhetische?

Der Begriff des Ästhetischen bedarf der Klärung. Im folgenden wird das Ästhetische nicht im konventionellen Sinne als Wissenschaft der Theorien des Schönen und der Kunst verstanden. Würde man ästhetisch in diesem Sinne im Kontext der Naturwissenschaften und des naturwissenschaftsbezogenen Unterrichts verstehen, könnte dies zu der Annahme führen, man wolle sich mit dem „Ästhetischen" im Sinne der Schönheiten der Natur befassen. Ästhetisch wird im folgenden vielmehr in der ursprünglichen Wortbedeutung verstanden. Schlägt man in Griechisch-Deutschen Wörterbüchern nach, findet man unter dem Eintrag *aisthesis* zwei Wortbedeutungen: „1. Sinneseindruck, Gefühl, Wahrnehmung, Empfindung" und „2. (geistig) Erkenntnis, Kenntnis, Begreifen, Verstand, Bewußtsein, Urteil" (Menge 1973, S. 23). Im Griechischen bedeutet *aisthesis* also sowohl *die sinnliche Wahrnehmung wie die sinnliche Erkenntnis*. Ästhetik war für die Griechen demnach die Wissenschaft der sinnlichen Wahrnehmung und der sinnlichen Erkenntnis (zur Entwicklung vgl. Hager 1971).

Dieses Verständnis des Ästhetischen im Sinne des *Aisthetischen*, im Sinne der sinnlichen Wahrnehmung und der sinnlichen Erkenntnis, war lange verschüttet. Erst Mitte des 18. Jahrhunderts ist das Ästhetisch-Aisthetische durch den Philosophen Alexander Gottlieb Baumgarten (1750/58) neu thematisiert worden. Baumgarten knüpft an die Grundbedeutung des Wortes *aisthetisch* an, also an die Bedeutung: *die Wahrnehmung betreffend, für die Sinne faßbar*. Er nimmt die ästhetisch-aisthetische Aktivität unserer Sinne nicht nur als sinnlichen Reiz und Instrument der Materialbeschaffung für den Verstand im Sinne einer „zweckrationalen Inbetriebnahme des Ästhetischen" (Voges 1979, S. 135) wahr, sondern bezeichnet die *aisthesis* als sinnliche Erkenntnis und versteht die Ästhetik als Wissenschaft von der sinnlichen Erkenntnis. Er begründet die Ästhetik als eigenständige Erkenntnisform, neben der Logik, an der er bemängelt, daß Sie als Erkenntnisorgan nicht den ganzen Bereich menschlicher Erkenntnis

---

[2] Das Prinzip der ästhetischen Wahrnehmungs- und Erkenntnisweise kann auch auf andere Bereiche des Sachunterrichts angewandt werden, so auf die Wahrnehmung und Erkenntnis der Gegenstände in der Alltagswelt um uns herum (Aissen-Crewett 1989b) sowie der natürlichen und artifiziellen Umwelt (Aissen-Crewett 1988a).

ausschöpft. Ausgehend von seiner Kritik der beschränkten Erkenntnisfähigkeit der Logik erhebt er die Forderung nach Berücksichtigung des die logische Erkenntnis ergänzenden *ästhetisch-sinnlichen Erkenntnisvermögens*.

1.3 Die zunehmende Ausklammerung des Ästhetischen in der Geschichte der Naturwissenschaften

Die Entwicklung zur Dominanz rational-kognitiver Prozesse im schulischen Lernen hat eine Parallele in der Entwicklung der Naturwissenschaften. Die exakten Naturwissenschaften des 17. Jahrhunderts liquidierten - inspiriert vor allem von der Philosophie Descartes' - Schritt für Schritt die *Qualitäten*, die die grundsätzlichen Elemente der Erkenntnis der Welt ausmachen: ästhetische Wahrnehmung und Erkenntnis. Die exakten Naturwissenschaften und die cartesianische Philosophie bilden den Rahmen für ein wissenschaftliches Weltbild, das in immer schärferen Konflikt mit der sinnlichen Weltaneignung und -erkenntnis gerät. Die Welt als Gegenstand wissenschaftlicher Forschung und die Welt alltäglicher Wahrnehmung und Erfahrung werden immer mehr als getrennte Welten definiert; die Alltagserfahrung des Menschen samt seiner sinnlichen Weltaneignung und -erkenntnis (Aissen-Crewett 1990b) gerät in Konflikt mit einer quantifizierten Naturwissenschaft, die ästhetisch-sinnliche Weltaneignung geringschätzt (vgl. zu dieser Entwicklung Böhme 1979; Klauß 1990; Kutschmann 1986). „Man glaubte, daß die Wissenschaft nur dann bestehen könne, wenn sie der alten Welt den Rücken kehrte - jener Welt, die wir sehen, riechen, tasten und wahrnehmen. Die Welt der Sinne war eine trügerische, die wirkliche Welt dagegen eine Welt mit mathematischen Eigenschaften, nur mit der Hilfe des Intellekts erfahrbar und im vollkommenen Widerstreit zu den falschen Eindrücken der Sinne" - so resümiert Lévi-Strauss (1980, S. 18) diese Entwicklung.

1.4 Das Ästhetische und der Sachunterricht

Diese das Ästhetische leugnende Auffassung von Naturwissenschaft erweist sich gerade für den Sachunterricht als nachteilig, zeigt sie doch die Einseitigkeit eines Denkens auf, das das Befassen mit Natur unter dem Aspekt subjektferner Methoden und Ziele sieht und lediglich einem System von propositionalen Aussagen Erkenntniswert zuerkennt. Eine solche Auffassung verkennt jedoch einen vor allem für den pädagogischen Kontext grundlegenden Umstand, nämlich den, daß das wissenschaftliche Befassen mit Natur zugleich eine lebendige menschliche Erfahrung darstellt, in die der Mensch in seiner Ganzheit involviert ist - mit seinen *Sinnen* und zugleich mit seinem *Verstand*. Sie verkennt, daß Naturwissenschaft - und erst recht natur- und naturwissenschaftsbezogener

Sachunterricht - nicht mit einer abstrakten Natur zu tun hat, sondern mit der *durch den Menschen reflektierten Natur.* „Auch in der Naturwissenschaft ist also *der Gegenstand der Forschung nicht mehr die Natur an sich, sondern die der menschlichen Fragestellung ausgesetzte Natur,* und insofern begegnet der Mensch auch hier wieder sich selbst" (Heisenberg 1955, S. 18). Jedes naturwissenschaftliche Befassen, jede naturwissenschaftliche Erkenntnis setzt den ganzen Menschen in Bewegung als einen „mitfühlenden und empfindsamen Partner der Natur" (Kutschmann 1986, S. 168). Sich auf diese *anthropologische Fundierung naturwissenschaftlichen Erkennens* zu besinnen, scheint mir eine entscheidende Ausgangsbasis für das kindliche Befassen mit Natur und für den natur- und naturwissenschaftsbezogenen Sachunterricht zu sein. Von dieser Ausgangsbasis wird man im Sachunterricht sich stärker auf „die qualitative Vertrautheit mit den Dingen und Vorgängen, die sich durch die menschlichen Sinnesorgane, im Sehen, Fühlen, Schmecken, Hören und Riechen erschließt", besinnen müssen (Köhnlein 1984, S. 197). Das Idealbild, das Descartes vom Wissenschaftler entworfen hat, als einem funktionalen Wesen, das „keine Hände, keine Augen, kein Fleisch, kein Blut, überhaupt keine Sinne" hat (Descartes 1641, S. 20), eine Reduktion der Naturerfahrung auf die wissenschaftliche Naturerkenntnis unter Ausschluß der nichtwissenschaftlichen Naturerfahrung (vgl. Hübner 1980) ist für die Naturwissenschaft ebenso gefährlich wie sie für den natur- und naturwissenschaftsbezogenen Unterricht zutiefst wesensfremd ist.

2. Der ästhetische Zugang zur Welterkenntnis als Grundlage für Sachunterricht

2.1 Sachunterricht und ästhetische Erkenntnis

Natur- und naturwissenschaftsbezogener Unterricht sollte sich zunächst auf die schlichte Tatsache besinnen, daß die Beschäftigung mit der Natur regelmäßig auch ästhetische Freude vermittelt (Aissen-Crewett 1987a; Flannery 1992; für die Astrophysik vgl. auch den Physik-Nobelpreisträger Chandrasekhar 1987; vgl. ferner den Sammelband „Aesthetics and Science" 1979). Dies meint ganz einfach die Freude an der Schönheit der Natur (dazu Schreier 1986), an dem, was man an ihr mit seinen Sinnen wahrnimmt. So besteht die Möglichkeit für endloses Entzücken in dem Betrachten von Blumen und Blüten, Bäumen und Tieren, ihrer Anatomie und ihrem physiologischen Fungieren, von Mustern, Farben und Formen in der Natur. Ästhetische Freude kann aber auch durch intellektuelle Beschäftigung vermittelt werden, durch das ästhetische Erkennen, hervorgegangen aus der eigenen Wahrnehmung, durch das Gelingen einer als „schön" empfundenen Problemlösung.

Mir scheint es daher wichtig zu erkennen, daß bei jedem guten Unterricht, vor allem in den natur- und naturwissenschaftsbezogenen Fächern, aber nicht nur in diesen, ästhetische Implikationen eine wichtige Rolle spielen, und zwar als eine der stärksten Motivationen beim Lernen. Guter Unterricht, gerade für Kinder, zeichnet sich dadurch aus, daß Welterfahrung und Welterkenntnis von der damit verbundenen ästhetischen Freude und Befriedigung nicht losgelöst werden. Guter Unterricht zeichnet sich dadurch aus, daß er das - nicht expliziten Lernintentionen unterworfene - *ästhetische Sehen* gleichermaßen ermöglicht und fördert wie das „informierte" Sehen, ein Sehen also, das über den unmittelbaren Sinneseindruck hinausreicht und ein tieferes Verstehen erreicht - und dadurch zugleich eine Steigerung der ästhetischen Freude fördert.

Der ästhetische Zugang zur Welterkenntnis sollte zum Schlüsselwort für den Sachunterricht gemacht werden (Aissen-Crewett 1987a, 1989a, 1990a). Der ästhetische Zugang zur Welterkenntnis meint eine dem Sinnlich-Ästhetischen verpflichtete Erkenntnis. Aber die ästhetische Wahrnehmung ist für sich noch keine Erkenntnis. Zur Erkenntnis wird das Ästhetisch-Sinnliche, wenn es zur Kognition vordringt, wenn wir durch ästhetische Aktivität unsere Wahrnehmung der Welt mit der Intention des Verstehens dieser Welt steigern. Die Wahrnehmung des Menschen umschließt die Einheit des *Sinnlichen,* also des durch die Sinne Gegebenen, und des *Sinnvollen* und *Sinnhaften*, also des durch Erkennen und Denken Erschlossenen. Der *sinnliche* und der *sinnvolle* Inhalt der Wahrnehmung sind dabei einander nicht nach-, unter- oder übergeordnet.

2.2 Der Sachunterricht sollte sich auf das Prinzip der *Qualität* der ästhetischen Wahrnehmung und Erkenntnis besinnen

Ästhetische Erkenntnis zeichnet sich durch ein Charakteristikum aus, das unverzichtbar ist für den Menschen und die Menschwerdung und deshalb einen zentralen Platz im natur-und naturwissenschaftsbezogenen Sachunterricht haben sollte: die *Qualität* ästhetischer Wahrnehmung und Erkenntnis. Die moderne Naturwissenschaft postuliert, daß alles, was materiell und damit wirklich ist, notwendig auch quantitativ bestimmbar sein müsse. Was die moderne Naturwissenschaft durch ihre operationellen Methoden erkennt, sind *Quantitäten*. Was unsere Sinne wahrnehmen, sind hingegen *Qualitäten*. Die Sinneswelt, in der wir leben, in der wir uns voll und ganz als Menschen fühlen können, ist eine Welt der *Qualitäten*. Uns dies nahezubringen, hat niemand intensiver verstanden als Goethe (vgl. auch unten Ziff. 4.4.2). Was uns die Sinne vermitteln, ist nicht bloßes Material für den Verstand, nicht nur formalisierbare und vom Qualitativen beliebig abstrahierbare Information. Die unendliche Mannigfaltigkeit der Phänomene in der Natur ist eine Mannigfaltigkeit der *Qualitäten.* Wenn man die unendliche Mannigfaltigkeit der Phänomene in der Natur nicht versteht, hat man die Natur als solche nicht verstanden. Wenn uns also die moderne Naturwissenschaft über die qualitative Unerschöpflichkeit der Welt nicht belehrt, versäumt sie ein entscheidendes Merkmal der Natur und des Seins. *Die Grundhypothese der modernen Naturwissenschaft „Natur ist der Inbegriff all dessen, was quantitativ bestimmbar ist" bedarf dringend der notwendigen Ergänzung durch den Satz „Natur ist die Sphäre dessen, was sinnlich wahrnehmbar ist".* Keiner dieser Sätze kann für sich allein bestehen. Angesichts der Dominanz der quantitativen Perspektive in den modernen Naturwissenschaften und der sich an sie anlehnenden Fachdidaktiken ist es gerade Aufgabe des natur- und naturwissenschaftsbezogenen Sachunterrichts, dem zweiten Satz Geltung zu verschaffen. In der Tendenz der modernen Naturwissenschaft, alles, was sie nicht quantifizieren kann, was sie nicht durch mathematische Methoden beherrschen kann, in die Sphäre des *Subjekts* zu verweisen, liegen Chance und Auftrag des natur- und naturwissenschaftsbezogenen Unterrichts gerade für Kinder.

Ein so verstandener natur- und naturwissenschaftsbezogener Sachunterricht vermittelt die Erfahrung, daß Sinnesqualitäten in ihrer inhaltlichen Wesenheit überrational sind; sie lassen sich nicht logisch deduzieren, sondern nur erleben. *Die Sinnesqualitäten stellen die Grenze der Rationalisierbarkeit und den Endpunkt der analytischen Reduktion dar.* Was ein Ball ist, kann ich begrifflich noch ganz gut definieren. Was rot ist, kann ich nur anschauen. Was uns die Sinne zeigen, ist nicht im Begriffssystem der exakten Naturwissenschaften abbildbar. Deshalb sind die Sinnesqualitäten das größte Ärgernis für die Ratio. Die exakte Naturwissenschaft kann als ein Versuch aufgefaßt werden, den *hiatus irrationalis* der Sinnesqualitäten zu überspringen und sie unter die Herrschaft der Ratio zu zwingen. Wir können die Sinnesqualitäten zwar zu einem gewissen Grade begrifflich analysieren, aber mindestens ebenso groß ist der Rest des Indeterminierten und Irrationalen. Die Forderung eindeutiger Mathematisierung, der sich die exakten Naturwissenschaften unterworfen haben, ist in bezug auf die Sinnesqualitäten unerfüllbar.

In einem derart verstandenen natur- und naturwissenschaftsbezogenen Sachunterricht läßt sich aber auch erkennen, daß eine *enge Beziehung zwischen der Sinnesanschauung und der Begriffswelt* besteht. Auch die exakten Naturwissenschaften gehen ursprünglich von den Sinnesqualitäten aus. Den Basiselementen von Geometrie, Kinematik, Mechanik, Wärme, Photometrie und Phonometrie entsprechen konkrete Sinnesqualitäten: Raum, Zeit, Kraft, Wärme, Licht und Schall. Wie aber findet eine begriffliche Übertragung zwischen ihnen statt? Dies kann man anschaulich anhand der Herleitung des Kraftbegriffs verfolgen. Der Begriff der Kraft stammt ursprünglich aus der anthropomorphen Muskelkraft und ist qualitativ auf keine andere Weise herzuleiten. Zunächst suchen wir eine empirische Beziehung zwischen unserer Kraftanstrengung und einer Raumgröße auf, beispielsweise anhand der Länge einer Zugfeder. Das Weitere ist eine freie Definition: wir gehen von unserer Kraftempfindung auf die Länge der Zugfeder über. Kraft ist jetzt nicht das, was wir körperlich-sinnlich als Kraft empfinden, sondern dasjenige, was die Zugfeder verlängert. *Wir haben also den Kraftbegriff objektiviert.* Dadurch können wir auch von Kräften sprechen, wo wir solche qualitativ-sinnlich-ästhetisch nicht wahrnehmen. Der Kraftbegriff ist über die Sinnesqualität hinaus verlängert worden. Durch die Festlegung einer bestimmten Länge einer Präzisionsfeder kann man eine Krafteinheit festlegen, durch Messung der Federlänge die Kraft quantitativ messen.

2.3 Sinnlichkeit und Erkenntnis im Sachunterricht

Für den Sachunterricht sollten wir von der grundlegenden Annahme ausgehen, daß *Erkenntnis von der sinnlich-ästhetischen Wahrnehmung nicht loslösbar* ist. Verstand als Erkenntnisprinzip läßt sich zwar nicht auf Sinnlichkeit *allein* zurückzuführen, setzt aber Sinnlichkeit als sein Fundament voraus. Vernunft ist keine von der Sinnlichkeit losgelöste Idee, Vernunft ist immer nur Vernunft *in* der Sinnlichkeit - allerdings nicht in der „bloßen" Sinnlichkeit, sondern in der durch das Subjekt „gespiegelten", reflektierten Sinnlichkeit. Zwar liegt das Wesen des Verstandes gerade darin, die Position der Sinnlichkeit zu transzendieren, aber diese Transzendierung und „Aufhebung" der Sinnlichkeit geschieht doch immer *von* der Sinnlichkeit *aus* und *in* der Sinnlichkeit.

Das Charakteristische der ästhetischen Erkenntnis besteht darin, daß sie die gegebenen Erscheinungen nicht, wie die wissenschaftliche Erkenntnis, vermittels des begreifenden Verstandes auf einen fixierten allgemeingültigen Begriff, sondern gerade auf das *Subjekt* selbst zurück bezieht. *Die Sinnlichkeit ist also der subjektive Garant ästhetischer Erkenntnis.* Für ästhetisches Erkennen reicht die reine Sinneswahrnehmung allerdings nicht aus. Wahrnehmung ist vielmehr als ein „Wahr"-nehmen im Sinne von Einsicht aufzufassen. „wahr"-nehmen in diesem Sinne besteht nicht in dem Sinneseindruck, sondern in einem umfassenden *Gewahr*-Werden. Im Mittelhochdeutschen wurde „sinnlich", als „verständig, klug" verstanden (vgl. Grimmsches Wörterbuch, Bd. 16, Sp. 1185). Im alltäglichen Sprachgebrauch hat sich diese Bedeutung erhalten in der Formulierung „zu Sinnen kommen", die verstanden wird als ein „zu Verstande kommen". Ästhetische Erkenntnis bezieht sich auf ein Erfassen originärer Sachverhalte, die nicht logisch-deduktiv oder -induktiv erarbeitet werden können, sondern originär nur durch Wahrnehmung und Wahrnehmungsstrukturierung erschlos*sen* werden können. Ästhetisches Erkennen hat mit einem Gewahrwerden, einem „Spüren", „Merken" zu tun, mit dem Versuch, *Erstbedeutungen* auf die Spur zu kommen.

Die Anerkennung der Notwendigkeit der ästhetischen Erkenntnis neben der logisch-rationalen Erkenntnis öffnet die Perspektive auf eine Auffassung von der Pluralität von Erkenntnis. Die menschlichen Erkenntnismöglichkeiten werden verengt, wenn wir allein auf die rational-logische Erkenntnis rekurrieren. Die moderne Intelligenzforschung hat erkannt, daß es nicht *die* Intelligenz, also *eine* Form von Intelligenz gibt, etwa die formal-logische Intelligenz. Vor allem dem Kognitionspsychologen Howard Gardner ist die Weitung der Perspektive auf „multiple Intelligenzen" zu danken[3]. Die Didaktik des Sachunterrichts sollte von der Grundannahme ausgehen, daß keine der unterschiedlichen Erkenntnis- und Wissensformen gegenüber anderen als grundlegender bzw. nachrangiger bezeichnet werden darf. Jede dieser Erkenntnis- und Wissensformen erfordert ihre spezifische Aufmerksamkeit, wenn Erziehung allseitig gebildete menschliche Wesen entwickeln will und wenn sie nicht Kinder, die in der präferierten formal-logischen Intelligenz weniger stark sind, benachteiligen will. Ein solches Bewußtsein könnte zu einem Erziehungssystem führen, in dem anerkannt wird, daß keine Form von Intelligenz „grundlegender" oder vorrangiger ist als jede andere Intelligenz, daß vielmehr alle Intelligenzen optimal entwickelt werden müssen, daß in den unterschiedlichen Ausprägungen von Intelligenzen auch die Chancen einer je spezifischen Förderung von Kindern liegen.

Eine Debatte über die Bedeutung der Intelligenz in Erziehung und Unterricht müßte sich daher mit den ganz unterschiedlichen Intelligenzen, in Sonderheit mit der ästhetischen Intelligenz, beschäftigen. Dabei soll ästhetische Intelligenz und Erkenntnis nicht die logisch-rationale Erkenntnis ersetzen. Die ästhetische Erkenntnisweise durchbricht die Dichotomie von Rationalität und Sinnlichkeit.

---

[3] Gardner (1992a, b) spricht von sieben Arten von Intelligenzen, über die der Mensch verfügt und die es zu entwickeln gilt: sprachliche, musikalische, logisch-mathematische, räumliche, körperlich-kinästhetische sowie inter- und intrapersonale Intelligenz. Für den Bereich der Erziehung ist der Gardnersche Ansatz in einer veränderten Form in dem Jahrbuch von 1985 der amerikanischen „National Society for the Study of Education" (Eisner 1985) aufgenommen, das sich mit Erkenntnis- und Wissensformen aus pädagogischer Sicht befaßt. Darin finden sich Abhandlungen über folgende Erkenntnis- und Wissensformen: ästhetische, szientifische, interpersonale, intuitive, narrative, formale, praktische, spirituelle.

Nach Plessner (1923/80, S. 293) bedeutet die „Erkenntnis der Sinne" eine „Verbindung von Körper und Geist". *Wir benötigen beides: Sinnlichkeit und Vernunft. Beide Erkenntnismodalitäten gehören in die Schule vom ersten Tage an.* Das Problem besteht nicht darin, ob an unseren Schulen zu viel gedacht wird, sondern darin, daß wir die *ästhetische Grundlage der Erkenntnis* vernachlässigen. In diesem Sinne ist für die Erziehung der Satz Schillers wegweisend: „Mit einem Wort: es gibt keinen andern Weg, den sinnlichen Menschen vernünftig zu machen, als daß man denselben zuvor ästhetisch macht" (Schiller 1967, S. 641).

2.4 Ästhetische Erkenntnis als Ergänzung zur rational-logischen Erkenntnis

Die Durchsetzung der ästhetischen Erkenntnis als einer der logischen Erkenntnis gleichrangigen Erkenntnisform ist vor allem Alexander Gottlieb Baumgarten zu danken. In seiner „Aesthetica" (1750/58), in der er die „schöne Fülle" (*venusta plentitudo*, § 585) der „Erscheinungen" (*phenomenon*) der durch die Abstraktion erkauften Klarheit und Eindeutigkeit der rationalen Erkenntnis entgegensetzt und sich zu der berühmt gewordenen Frage hinreißen läßt: „Was bedeutet Abstraktion anderes als einen Verlust?" (*Quid enim est abstractio, si iactura non est?* § 560), stellt er die ästhetische Erkenntnis auf die gleiche Stufe wie die logische Erkenntnis. Diese Gleichstellung begründet er - und darin liegt ihre Bedeutung für die Pädagogik -anthropologisch, mit der Beschaffenheit der menschlichen Erkenntnis. *Der Mensch sei ein geistig-sinnliches Wesen. Daher benötige er sowohl das ästhetische wie auch das szientistische Paradigma.* Wollte man die menschliche Erkenntnis insgesamt auf die diskursive Rationalität reduzieren, so beginge man einen Fehler, da man die Sinnlichkeit des Menschen unterschlüge. Umgekehrt sei der Mensch aber auch „Geist"; insofern dürfe man die Sinnlichkeit nicht zum alleinigen Maßstab seiner Erkenntnisfähigkeit erheben. Baumgarten konzipiert seine Ästhetik mit der Begründung, die herkömmliche Logik schöpfe nicht den ganzen Bereich menschlichen Wissens aus, sie reiche nicht aus, um die Gesamtheit der Erkenntniskräfte zu umspannen; ihr müsse vielmehr die „Logik der Sinnlichkeit" an die Seite gestellt werden. *Das Ästhetische wird also als ein Bereich sui generis interpretiert, der prinzipiell nicht durch die szientifische Erkenntnis eingeholt werden kann.*

Kant teilt Baumgartens Feststellung im Ansatz, daß die Sinne eine konstitutive Rolle für die Erkenntnis spielen. Das Verhältnis von Sinnlichkeit und Rationalität bestimmt er in seiner klassischen Formulierung: „Ohne Sinnlichkeit würde uns kein Gegenstand gegeben, und ohne Verstand keiner gedacht werden. [...] Der Verstand vermag nichts anzuschauen, und die Sinne nichts zu denken. Nur daraus, daß sie sich vereinigen, kann Erkenntnis entspringen"

(Kant, KdrV, A 51; Ed. Weischedel Bd. II, S. 98). Damit wird die Möglichkeit eines Verstehens ausgezeichnet, das sich nicht nach vorgegebenen Begriffen richtet. Kant nennt zwei Erkenntnisvermögen: die Einbildungskraft (heute würde man sagen: Phantasie) und den Verstand. Die Einbildungskraft synthetisiert das Mannigfaltige der sinnlichen Anschauung. Der Verstand bearbeitet das von der Einbildungskraft vorstrukturierte Anschauungsmaterial. Einbildungskraft und Verstand befinden sich in einem harmonischen Wechselspiel. Recht ähnlich sagt der Physiker Ernst Mach (1917, S. 107): „Dem *Begreifen* der Natur muß aber das *Erfassen* durch die Phantasie vorausgehen, um den Begriffen lebendigen anschaulichen Inhalt zu verschaffen". Und Werner Kutschmann sagt in seinen Überlegungen über Sinne und Naturwissenschaft: „Das Mit-Empfinden, die sympathetische Begleitung, das Umspielen des fraglichen Naturvorganges in der Phantasie spielen eine gar nicht zu überschätzende Rolle für eine wahrhaft erfinderische Erkenntnistätigkeit" (Kutschmann 1987, S. 275).

3. „Gefühl", „Bekanntschaftswissen" und „ästhetisches Sehen" als Mittel der ästhetischen Welterkenntnis

Wie, mit welchen Mitteln findet ästhetische Erkenntnis statt? Zur näheren Kennzeichnung möchte ich drei Begriffe einführen: (1) das „Gefühl", (2) das „Bekanntschaftswissen" und (3) das „ästhetische Sehen".

3.1 „Gefühl" weitet die Enge rational-logischer Erkenntnis

Das Wort *aisthesis,* dem der Begriff des Ästhetischen zugrunde liegt, ist im Griechischen doppeldeutig. Wie wir gesehen haben (vgl. oben Ziff. 1.2), drückt es sowohl sinnliche Wahrnehmung, Sinneseindruck, Sinnesempfindung aus wie zum anderen (sinnliche) Erkenntnis und Verstand. Das Ästhetische impliziert „Gefühl" (nicht zu verwechseln mit Emotion) ebenso wie Verstand. Gefühl ist ein Schlüsselwort, das sowohl in den Arbeiten der amerikanischen Philosophin Susanne K. Langer wie auch des englischen Erziehungswissenschaftlers und Ästhetikers Louis Arnaud Reid eine zentrale Rolle spielt. Dabei hat „Gefühl" eine große Bedeutungsbandbreite, reichend von dem Befühlen über das Fühlen, Empfinden, ein Gefühl haben, Meinen bis hin zum Denken. Gefühl, so Langer (1957, S. 15), „muß hier im breitesten Sinne verstanden werden und meint alles, was gefühlt werden kann, von der physischen Sinneswahrnehmung, Schmerz und Erquickung, der Erregung und Gelassenheit bis zu den komplexesten Emotionen, intellektuellen Anspannungen". An anderer Stelle definiert Langer (1967, S. 32) Gefühl als „den umfassenden Bereich der menschlichen Geistigkeit, der

[...] Funktionen abdeckt wie symbolischen Ausdruck, Imagination, propositionales Denken, religiöse Vorstellungen, mathematische Abstraktion und moralische Einsicht". Von hier aus erklärt sich, daß der Begriff des *Gefühls* bei ihr gleichgesetzt wird mit *Erkenntnis schlechthin*. Nach Reid (1976a) umfaßt Gefühl: „Denken, Imaginieren, das Machen von moralischen und ästhetischen Erfahrungen, vielleicht auch religiösen, das Erkennen und Begreifen der Außenwelt, unserer selbst und anderer Menschen". Gefühl ist nach Reid vor allem transitiv, ihm eignet der selbsttranszendierende Charakter des Erkennens und Wissens (Reid 1970, 1976a, b).

Der Physiker Ernst Mach hat darauf hingewiesen, daß es keine saubere Trennung zwischen Wahrnehmen, Empfinden, Einbildungskraft, Intuition und Denken gibt (Mach 1917, S. 164). „Empfindungselemente" seien Faktoren der Erkenntnis (Mach 1917, S. 136). Grundlage aller Erkenntnis sei die Intuition (Mach 1917, S. 315). Ganz ähnlich hat Albert Einstein in seiner Rede zum 60. Geburtstag von Max Planck die Bedeutung der „auf die Einfühlung in die Erfahrung sich stützenden Intuition" für den naturwissenschaftlichen Erkenntnisprozeß betont (Einstein 1972, S. 109). Physikalisches Denken „bleibt angewiesen auf *Intuition,* die sich auf Einfühlung in die Erfahrung von Sachverhalten stützt", betont Köhnlein (1984, S. 201).

All diesen Definitionen und Vorstellungen von Gefühl ist eines gemeinsam: *Gefühl umfaßt - wie schon der Begriff der aisthesis - sowohl die Sinne wie den Verstand*; insofern läßt sich von der „Rationalität des Gefühls" (Best 1992) sprechen. Im Zusammenhang mit Kindern und deren Fähigkeiten und Möglichkeiten im Sachunterricht scheint es mir wichtig zu sein zu erkennen, daß *Gefühl, Wahrnehmung und Denken* einen *einheitlichen Prozeß* bilden. Im Hinblick auf den Unterricht mit Kindern ist zu berücksichtigen, „daß der intellektuelle Bereich der Persönlichkeit nicht von den Einstellungen und Gefühlen zu trennen ist" (Köhnlein 1988, S. 526). Gefühl, Wahrnehmung und Denken sind allemal miteinander integriert. Gerade bei Kindern gibt es kein Wahrnehmungen nackter Tatsachen. Kinder nehmen nicht Farben und Klänge als solche wahr, sondern Farben und Klänge, die zu einem bestimmten Gegenstand gehören, Farben und Klänge, die Affekte und Gefühle auslösen.

„Reine" Wahrnehmungen gibt es nicht, Wahrnehmungen treten immer unter spezifischen Bedingungen auf - subjektiver und umweltbezogener Art. Der Begriff des Gefühls im Kontext von Wahrnehmung und Erkenntnis macht deutlich, daß Wahrnehmung und Erkenntnis sich nie von den Affekten abkoppeln lassen. *Ästhetische Wahrnehmung und Erkenntnis ist ohne Affektivität nicht denkbar*. „Es ist nicht möglich, die rein kognitiven Funktionen der Sinnesorgane gegen das vermeintlich bloß subjektive Spiel der Affekte im sogenannten ‚Innenleben' abzugrenzen" (Picht 1990, S. 415). Schon der Akt der Wahrnehmung setzt Affektivität voraus. „Wahrnehmung begibt sich erst, wenn eine Information unsere affektive Sinnlichkeit betrifft" (Picht 1990, S. 470). Picht bringt diesen Sachverhalt auf die Kurzformel: „Die Affekte nehmen wahr" (Picht 1990, S. 415). Ohne die „sinnliche Affektion des Menschen" ist die Begegnung mit sinnlichen Phänomenen nicht möglich (Böhme 1980, S. 148). Nach C. F. von Weizsäcker vermag nicht die Wissenschaft die Sinnfragen zu beantworten; dazu bedarf es vielmehr einer „affektiven Wahrnehmung dessen, worauf es ankommt" (Weizsäcker 1981, S. 567); insofern sind unsere Erkenntnisse „stets affektiv" (Weizsäcker 1985, S. 592).

3.2 „Bekanntschaftswissen" als Erfahrungswissen

„Bekanntschaftswissen" ist ein weiterer Begriff, der mir für die Kennzeichnung ästhetischen Erkennens aussagekräftig erscheint. In die philosophische Diskussion hat den Begriff „Bekanntschaftswissen" (*knowledge by acquaintance*) Bertrand Russell eingeführt (Russell 1912). Bekanntschaftswissen beschreibt eine von logisch-deskriptivem Wissen verschiedene Art von Wissen. Man könnte auch sagen, Bekanntschaftswissen meint eine Erkenntnis und ein Wissen aus dem *Mit-etwas-vertraut-Sein*, aus der *Nähe*, aus der *persönlichen Beziehung*. Dies alles im Gegensatz zu einer cartesianischen Erkenntnis, die eine der Distanz, der Separation vom Subjekt ist. Nach Reid (1985) basiert Bekanntschaftswissen „auf der direkten Einwirkung auf die persönliche Erfahrung, auf die Erfahrung der Ganzheit einer Person, auf den kognitiven, konnotativen und affektiven Aspekten der Erfahrung". Bekanntschaftswissen kann also auch als *Erfahrungswissen* bezeichnet werden.

Was aber meint das Prinzip des Bekanntschafts- und Erfahrungswissens? Dem Prinzip des Bekanntschafts- und Erfahrungswissens geht es nicht allein, vor allem nicht in erster Linie, um die Gewinnung von Daten, sondern um die Aneignung eines *Zugangs zu und eines Umgangs mit Gegenständen und Phänomenen und der sich daraus ergebenden Erfahrung und Erkenntnis*. Dem Prinzip des Bekanntschafts- und Erfahrungswissens geht es nicht allein oder vornehmlich um die Sicherung eines Tatsachenwissens, sondern um die *projektive Erschließung von Situationen der Welt*. Bekanntschaft und Erfahrungen entstehen nicht aus theoretischen Erkenntnissen und normativen Einsichten, die unabhängig von den erfahrend erschlossenen Situationen formuliert werden können. Deshalb auch führen weder Wahrnehmungsereignisse noch Wahrnehmungsabläufe für sich genommen zu personalem Bekanntschafts- und Erfahrungswissen. Erst das ereignishafte Genötigtsein zur prozessiven Deutung von

Wahrnehmungen ist für den Vollzug einer Erfahrung und der Bildung von Bekanntschafts-und Erfahrungswissen entscheidend. Wir machen Bekanntschaft und Erfahrungen - und gewinnen Bekanntschafts- und Erfahrungswissen - in der Auseinandersetzung, in dem aktiven Befassen mit Gegenständen, Sachverhalten, Ereignissen, mit denen wir uns nicht oder nicht genügend auskennen. Bekanntschaft und Erfahrung zu machen, heißt immer auch, dem, was einem objektiv begegnet, auch *subjektiv zu begegnen*. Das Machen einer Erfahrung bedeutet *nicht die bloße Kenntnisnahme, nicht die bloße Hinnahme* eines bislang Unbekannten, sondern dessen *Hereinnahme in den Organismus* des bislang als wirklich oder möglich Bekannten, in dem das Unbekannte als Angebot, vielleicht auch Irritation oder gar Zumutung erscheint. In dieser Konfrontation mit dem Unbekannten, mit dem Unerwarteten, mit dem Irritierenden erhalten wir die Gelegenheit zum Erfahren, gerade weil die Reaktion auf das Begegnende nicht schon festgelegt ist und der Anstoß zum Fragen nicht schon den Abschluß der Antwort fixiert. So wird Erkenntnis *nicht* als etwas *Statisches* erfahren, sondern als etwas Neuartiges, *Veränderbares*. Indem wir uns auf dieses Neuartige einlassen, gewinnen wir den Freiraum gegenüber dem, was uns begegnet. *Ästhetisches Wissen als Bekanntschafts- und Erfahrungswissen ist personal*. Das subjektive Engagement unterscheidet Bekanntschafts- und Erfahrungswissen von nichtpersonal angesammelten Kenntnissen. Es sind die ästhetisch-subjektiven Erfahrungen, in denen sich die Bedeutsamkeit von Erkenntnis bildet.

3.3 „Ästhetisches Sehen" als Weise der Welterkenntnis

3.3.1 Das Prinzip des ästhetischen Sehens

Ästhetisches Sehen ist als eine spezifische Weise der *Weltbetrachtung* zu verstehen. Ich erinnere daran, daß Martin Wagenschein in seiner kleinen Didaktik der Astronomie (Wagenschein o.J. [1955]) fordert, der Mensch solle *sehen,* daß der Mond nicht eine Sichel ist, sondern eine Kugel; er solle *sehen,* daß nicht die Sterne sich drehen, sondern die Erde sich dreht usw. Ich erkenne hier eine wichtige didaktische Thematik: wie weit sollen, wie weit können wir Sachunterricht so betreiben, daß die Kinder befähigt werden, die Welt ästhetisch zu *sehen*? Ich möchte eine didaktische Hypothese wagen: Im Sachunterricht Gelerntes wird in Alltagssituationen nur angewendet, wenn die Welt in gewissen Grenzen ästhetisch *gesehen* wird. Wenn das nämlich nicht der Fall ist, erfordert es langwieriger Prozeduren, um naturwissenschaftliche Theorien mit dem Alltagsgeschehen zu verknüpfen, und das überfordert den Menschen, der nicht zufällig Naturwissenschaftler ist, und damit allemal das Kind.

Ein Sachunterricht, der sich dem Prinzip der ästhetischen Erkenntnis verschreibt, wird ein Sehen lehren, das nicht von dem Distanzieren, Selektieren und Fokussieren bestimmt ist, nicht von einem auf ein „Suchbild" (von Uexküll 1928) reduziertes instrumentalisiertes Sehen, das nur für das sehend macht, wonach aus vorgegebenen begrifflichen Zusammenhängen heraus und dem Untersuchungsziel unterworfen gefragt wird, nicht von einem „scannen", das auf Kosten der Offenheit der Wahrnehmung geht. Eine solche Verengung des sinnlichen Wahrnehmens wird vergegenständlicht zum distanzierten und selektierenden Blick, zum „einäugigen Blick": „Geopfert wird die Mannigfaltigkeit der Welt und die Sinnlichkeit des Auges. Zum Ideal wird nun das ‚reine' Sehen, das sich des individuellen Betrachters zu entledigen versucht. Lediglich als Träger des kontrollierenden Blicks, der die Welt unterschiedslos und intersubjektiv gleichförmig macht, spielt der Mensch eine Rolle. Das Auge wird funktionalisiert; es dient vorher bestimmten Zielen, auf die es ausgerichtet wird [...] Das Sehen wird dem Zwang der Zweckrationalität unterworfen; es richtet sich auf das Eindeutige" (Wulf 1984, S. 28).

Einem solchen einäugigen Sehen sollten wir gerade im Kontext des natur- und naturwissenschaftsbezogenen Sachunterrichts ein *ästhetisches Sehen* entgegensetzen. Wir sollten uns daran erinnern, daß das Auge kraft seiner Sensibilität *Entdeckungen* macht, mit anderen Wort, daß es insofern eine auch im wissenschaftlichen Kontext und im Kontext des natur- und naturwissenschaftsbezogenen Sachunterrichts zu beachtende Leistung vollbringt. Was für die ästhetische Erkenntnis entscheidend ist: Diese Entdeckungen werden gerade dadurch möglich, daß in Wirklichkeit nicht das Auge sieht, sondern der Mensch, der dieses Auge trägt, der *Mensch in seiner Ganzheit, mit seinen Gefühlen, Interessen, Neugierde* usw. Dieses Sehen gilt es gerade im Sachunterricht in sein Recht einzusetzen. Es mag zwar richtig sein, daß Meßinstrumente in ihrer technisch perfektionierten Form, was ihre Rezeptivität für einzelne Informationen angeht, dem sehenden Menschen unermeßlich überlegen sind. Aber diesen perfektionierten Meßgeräten fehlt ein entscheidendes Vermögen: das *Vermögen der synästhetischen Wahrnehmung*, das nur dem Mensch in seiner Ganzheit eigen ist. Meßinstrumente registrieren Informationen, aber sie nehmen diese Informationen nicht „wahr".

3.3.2 Ästhetisches Sehen als anschauende Erkenntnis

Ich will das Prinzip des ästhetischen Sehens anhand der Diskussion des Begriffs des Anschauens verdeutlichen (zum Begriff der Anschauung im Kontext der Naturwissenschaft vgl. Lange 1966; Schack 1961; Vollmer 1982, von Weizsäcker 1976, S. 27ff., 48ff., 81ff.). Der substantivierte Infinitiv *Anschauen* charakterisiert einen Sehvorgang von besonderer Aufmerksamkeit, ein *Hinsehen* (im Gegensatz zum bloßen Sehen), eine besondere Ausrichtung auf das Geschehen, mit einer gewissen Dauer der sehenden Zuwendung (zum linguistischem Aspekt vgl. Schnelle 1980). Anschauen zeichnet sich gleichzeitig durch Statik wie Dynamik des Sehvorgangs aus, durch Minuziösität und Komplexität, durch Spontaneität und Intentionalität, durch konkrete Sachanschauung und intuitive Imagination.

Aber das ästhetische Sehen, das Anschauen ist kein Selbstzweck; es interessiert uns im Hinblick auf die hierdurch vermittelte Erkenntnis. Ist Erkenntnis mittels des ästhetischem Sehens, mittels des Anschauens überhaupt möglich? Ist es denkbar, daß wir alles, was wir über den Zustand und die Eigenschaften von Gegenständen wissen können, unmittelbar anschaulich wissen können, daß also der materielle Gehalt unseres Wissens vollständig der Anschauung entstammt? Oder ist es so, daß die Vorstellung von einer reinen Anschauung sich als „anthropologische Utopie" erweist (Blumenberg 1985, S. 99)? In unserer Alltagswelt erscheint es für jedermann selbstverständlich, daß die Wahrheit gewisser Sätze durch Anschauung festgestellt werden kann. Man kann z.B. *sehen*, daß Gras grün ist. In diesem Sinne ist der Satz „Das Gras ist grün" wahr.

Aber dies ist nur scheinbar selbstverständlich; in Wahrheit ist es sehr problematisch, ob es eine solche Verifikation gibt. Von Karl Raimund Popper (1969) ist mit gewichtigen Argumenten die Auffassung vertreten worden, daß eine solche Verifikation unmöglich sei. Danach sind Sätze theoretische Gebilde, Anschauungen hingegen Wahrnehmungen und damit Erlebnisse. Ein Erlebnis aber könne nicht einen Satz als theoretisches Gebilde begründen; denn logische Beziehungen wie Begründungen könne es nur zwischen theoretischen Gebilden, zwischen Sätzen geben, aber nicht zwischen einem Satz und einem Erlebnis.

Gegenüber dieser Argumentation ließe sich zunächst einwenden, daß das griechische Wort „*theorein*", von dem sich der Begriff der Theorie ableitet, ursprünglich „anschauen" heißt. Ein weiterer Hinweis erscheint fruchtbar. Von der Kantischen Philosophie ist der Gegensatz von Anschauen und Denken vertraut. Kant zeigt, daß diese beiden je für sich allein keine Erkenntnis liefern können, daß sie nur zusammen wahre Erfahrung und Erkenntnis ermöglichen: „Ohne Sinnlichkeit würde uns kein Gegenstand gegeben, und ohne Verstand keiner gedacht werden. Gedanken ohne Inhalt sind leer, Anschauungen ohne Begriffe sind blind" (Kant, KdrV, B 75; Ed. Weischedel, Bd. II, S. 98). *Es erscheint also vom Ansatz her nicht sinnvoll, die Anschauung dem Denken entgegenzusetzen.* Anschauung läßt sich so definieren, daß darunter der gesamte Komplex von Handlungen zu verstehen ist, der zum unmittelbaren, intuitiven

Verifizieren von Sätzen notwendig ist. Anschauung ist dann die Fähigkeit zur Einsicht in die Wahrheit von Sätzen; die „Begriffe" gehören zu dieser Fähigkeit hinzu. Denn nicht die (nach Kant „blinden") Anschauungen ohne Begriffe können verifizieren - eben weil sie blind sind. Nur die begrifflich bestimmten Anschauungen vermögen dies. Dennoch handelt es sich um *unmittelbare* Verifizierung, bei der also keine logische Deduktion eines Satzes aus anderen als wahr vorausgesetzten Sätzen auftritt. Die *Gedanklichkeit von Anschauung* tangiert also nicht ihre Unmittelbarkeit.

Der Anschauung kann also offensichtlich in gewissem Maße eine *Unmittelbarkeit der Erkenntnis* nicht abgesprochen werden. Eine so verstandene Anschauung ist eben nicht „blind", sie ist nicht „ohne Begriffe" und kann darum nicht dem Denken schlechthin entgegengesetzt werden, weil eben dieser Anschauung ein theoretisches Wesen, ein gedanklicher Charakter zukommt. Ein Gegensatz zwischen der so verstandenen Anschauung und dem Denken besteht nur dann, wenn man Denken auf die Logik, Diskursivität und Beweisführung von Sätzen einengt. Die Mathematik z. B. beruht in diesem Sinne nicht auf Anschauung, sondern nur auf „beweisendem Denken", weil in ihr Sätze nicht intuitiv als wahr eingesehen, sondern nur formal bewiesen werden. Ein Denken im Sinne des Deduzierens findet sich bei unmittelbarer Einsicht, bei anschauender Erkenntnis nicht. Dennoch ist diese unmittelbare Einsicht, diese anschauende Erkenntnis etwas gedanklich Bestimmtes, eine Anschauung, in der das Denken einbezogen ist. Es gibt somit zwar einen Gegensatz zwischen unmittelbarer Anschauung und mittelbar beweisendem Denken. Dies bedeutet aber *keinen Gegensatz zwischen Anschauung und Denken schlechthin*, ist doch auch die unmittelbare Anschauung denkende Anschauung und darum nicht „blind", sondern zur Erkenntnis befähigt. Die Möglichkeit wahrer Erkenntnis beruht also auf dem in der Anschauung begründeten Denken, auf dem „theoretischen" (im Sinne von „*theorein*") Wesen von Anschauung, darauf also, daß *Anschauung in sich selbst etwas Theoretisches* ist.

Der Zusammenhang zwischen „Schauen" und Erkennen spielt auch bei Ernst Mach eine wesentliche Rolle. Produktive Wissenschaftler seien mit „*Weitsicht*" begabt (Mach 1917, S. 442; 1933, S. 476); sie seien in der Lage, „ein Prinzip [...] durch alle Tatsachen klar *hindurchzusehen*" (Mach 1933, S. 61; vgl. auch 1933, S. 72, 133, 266 und öfter); sie seien fähig, ein Prinzip in den Naturvorgängen zu „*erschauen*" (Mach 1933, S. 133).

4. Ästhetische Erkenntnis baut auf Wahrnehmungsstrukturierung anstelle von rational-logischer Begriffsbildung auf

4.1 Wahrnehmung und Erkenntnis

Gerade im Kontext von Erziehung und Unterricht bei Kindern müssen wir uns von der tradierten Vorstellung frei machen, Erkenntnis und Wissen bedeute allein kognitive Erkenntnis, die zudem nur dann und soweit gegeben sei, als sie sprachlich und begrifflich gefaßt werden könne. Polanyi (1985) hat gezeigt, daß es auch ein „stummes", implizites Wissen gibt. Dieses „stumme", implizite Wissen ist dadurch charakterisiert, daß es nur bruchstückhaft sprachlich artikuliert werden kann. Dies gilt gerade für Kinder. Wenn man einem Kind, das noch nicht sprechen kann, einen Ball und eine viereckige Schachtel präsentiert, nimmt es ohne weiteres „wahr" und „erkennt", daß diese beiden Gegenstände unterschiedliche Formen aufweisen, auch wenn es diese Unterschiede sprachlich und begrifflich nicht beschreiben kann. Auch wenn das Kind noch nicht über die entsprechende sprachlich-begriffliche Kompetenz verfügt, erkennt es, ob sein Teddy weich oder hart ist, daß die Bauklötze unterschiedliche Farben aufweisen, ob ein Apfel süß oder sauer ist, eine Speise gut oder schlecht riecht, ein Ton laut oder leise ist. Noch bevor die entsprechenden Begriffe sprachlich zur Verfügung stehen, kann das Kind von diesen Gegenständen und Eigenschaften in der unmittelbaren Wahrnehmung und Erfahrung Konzepte im Sinne von Vorstellungen bilden, wohl deshalb, weil es - mit der klassischen Formulierung Wagenscheins (1980, S. 97) – „nicht mit schon isoliertem Intellekt [...], sondern mit dem ganzen Organismus (am ganzen Leib)" die Welt wahrnimmt und erkennt.

Offensichtlich kann also Wahrnehmung für sich genommen schon Erkenntnis vermitteln - jedenfalls in einem gewissen Umfang. In diesem Sinne hatte schon Aristoteles von der Wahrnehmung gesagt, sie sei „ontologisch nichts anderes als Erkennen" (Welsch 1987, S. 447). Anscheinend gibt es eine Wahrnehmung und Erfahrung, die nicht erst sprachlich-begrifflich transformiert werden muß, um zu Erkenntnis und Wissen „gemacht" zu werden. Wahrnehmung und Konzeptbildung scheinen enger zusammenliegen, als dies gemeinhin angenommen wird. Dies kann man schon bei kleinen Kindern erkennen. Sie nehmen nicht nackte Formen und Klänge wahr, sondern bilden Konzepte und Strukturen bei der Wahrnehmung und nehmen dann z. B. ein lächelndes Gesicht und eine freundliche Stimme wahr. Es scheint eine Form von Konzeptbildung zu geben, die mit Sprache und logisch-rationaler Induktion oder Deduktion nicht identisch ist. Damit soll nicht die Bedeutung und Notwendigkeit der Sprache für Begriffsbildung und Erkenntnis geleugnet werden. Nur ist deren Dominanz offensichtlich nicht in allen Bereichen und unter allen Umständen so entscheidend zur Begründung von Erkenntnis, wie dies traditionellerweise angenommen wird. Dies gilt zumal für Kinder.

Gerade im Sachunterricht müssen wir uns davor hüten, das Wahrnehmen an das Schlepptau vorgegebener Begriffsbildung zu legen, müssen wir uns davor hüten, „die ersten Anfänge des naturwissenschaftlichen Denkens und Verstehns [...] zugunsten einer schnellen Begrifflichkeit" zu überspringen (Köhnlein 1982, S. 99). Mit dem Philosophen Edmund Husserl sollten wir den Ausgang „von dem nehmen, was vor allen Standpunkten liegt: von dem Gesamtbereich des anschaulich und noch vor allem theoretischen Denken selbst Gegebenen, von alledem, was man unmittelbar sehen und erfassen kann" (Husserl 1950, S. 46).

4.2 Das Verhältnis von Wahrnehmung und Erkenntnis: Das Beispiel Albert Einstein

Albert Einstein hat das Verhältnis zwischen Wahrnehmen und Erkenntnis als Begriffs- und Theoriebildung in einer Weise beleuchtet, die - ohne eine abschließend befriedigende Lösung zu bringen - zumindest Nachdenken provoziert und die mir gerade im Hinblick auf den natur- und naturwissenschaftsbezogenen Sachunterricht diskussionswürdig erscheint.

1. Einstein fordert als *ersten Schritt* ein Ausgehen von den *Sinnesempfindungen*. „Gewisse sich wiederholende Komplexe von Sinnesempfindungen [...] werden gedanklich aus der Fülle des Sinneserlebens willkürlich herausgehoben, und es wird ihnen ein Begriff zugeordnet - der Begriff des körperlichen Objekts. [...] Dieser Begriff verdankt [...] seine Bedeutung und Berechtigung ausschließlich der Gesamtheit jener Sinnesempfindungen, denen er zugeordnet ist."

2. Der *zweite Schritt* besteht sodann darin, dem *Begriff des körperlichen Objekts* einen „von den jenen Begriff veranlassenden Sinnesempfindungen weitgehend unabhängige Bedeutung zu[zu]schreiben."

3. Während der Begriff des körperlichen Objekts sich noch immer auf die Sinnesempfindungen zurückführen läßt, sind die *Theorien*, die wir in einem *dritten Schritt* einführen, „nicht mehr unmittelbar mit Komplexen von Sinneserlebnissen verbunden" (Einstein 1979a, S. 64ff.).

Nach Einstein gibt es keine methodische Gewißheit über den Weg von der Wahrnehmung zur wissenschaftlichen Erkenntnis. Es gibt *keine logische Brücke zwischen der Vielzahl unserer fragmentarischen Sinneswahrnehmungen und unserer sie überspannenden Weltsicht*. „Es gibt keine induktive Methode, welche zu den Grundbegriffen der Physik führen könnte" (Einstein 1979a, S. 85).

Vielmehr wird die von Sinnesempfindungen unabhängige Bedeutung, die wir Objekten beilegen, mittels eines *„intuitiven Sprungs"* erreicht: „Zu diesen elementaren Gesetzen führt kein logischer Weg, sondern nur die auf Einfühlung in die Erfahrung sich stützende Intuition" (Einstein 1972, S. 108). Zwischen Wahrnehmung und intuitivem Sprung besteht eine Wechselwirkung: die - gänzlich individuellen - Intuitionen bilden den Ausgangspunkt für Betrachtungen und Beobachtungen, ebenso wie der Vergleich von Sinnesbeobachtungen und -erfahrungen zu Korrekturen der Intuition führt.

Für Einstein sind *alle Beobachtungen theoriegeladen, so wie alle Theorie beobachtungsgeladen ist*. Begriffe können für ihn deshalb ebenso „erlebnisnah" wie „erlebnisfern" sein (Einstein 1979b, S. 5), zwischen beiden besteht ein Kontinuum. Zwar sind die Begriffe „freie Setzungen" unseres Denkens, können aber ihre *Verankerung in den Sinneserfahrungen* nicht leugnen. Einsteins Position ist vergleichbar mit der Max Plancks, nach dem alle Begriffe der Physik der Sinnenwelt entnommen sind und durch Rückbeziehung auf diese verbessert und vereinfacht werden, weshalb er dafür plädiert, daß die Physik den Kontakt mit der Sinnenwelt immer aufrecht erhalten muß (Planck 1965, S. 207, 226, 230). Nach Einstein lassen sich Begriffe nicht direkt von den Sinneswahrnehmungen ableiten, sie stellen auch nicht deren Abstraktion dar. *Vielmehr werden die Begriffe durch einen freien Sprung unserer Phantasie intuitiv von den Sinneserfahrungen gebildet*. Die Natur dieses intuitiven Sprungs allerdings bleibt im Dunkeln: „Die Begriffe und Sätze erhalten ‚Sinn' bzw. ‚Inhalt' nur durch ihre Beziehung zu Sinneserlebnissen. Die Verbindung der letzteren mit den ersteren ist rein intuitiv, nicht selbst von logischer Natur. Der Grad der Sicherheit, mit der diese Beziehung bzw. intuitive Verknüpfung vorgenommen werden kann, und nichts anderes, unterscheidet leere Phantasie von der wissenschaftlichen ‚Wahrheit'" (Einstein 1979b, S. 4).

4.3 Wahrnehmungsstrukturierung versus Begriffsbildung

So groß die Gefahr ist, daß ästhetisches Wahrnehmen durch die umstandslose, voreilige Anwendung von Begriffen taub gemacht wird, so sehr stellt die Hoffnung „auf eine direkte Sinneserkenntnis, auf eine Einsehbarkeit der Welt ohne die Anstrengung der Systematisierung und Abstrahierung" eine „idyllische Illusion" dar (Köhnlein 1988, S. 525). Einstein, der so entschieden dem „naiven Realismus" Gehör verschaffen wollte, wonach „die Dinge so ‚sind', wie wir sie mit unseren Sinnen wahrnehmen" (Einstein 1972, S. 36), hat diese Vorstellung schließlich als „plebejische Illusion" bezeichnen müssen. Der naive Realismus ist einerseits der Ausgangspunkt aller Physik, die andererseits wiederum dem naiven Realismus den Todesstoß versetzt. Einstein zitiert Bertrand Russell: „Der naive Realismus führt zur Physik, und die Physik ihrerseits zeigt, daß dieser naive Realismus, sofern er konsequent bleibt, falsch ist" (Einstein 1972, S. 36). Unverkennbar ist, daß wir eines „Denkens" bedürfen, um uns „in dem Gewirre von Sinnesempfindungen zurecht zu finden"; „die Gesamtheit der Sinneserlebnisse [...] muß durch das Denken [...] angeordnet werden" (Einstein 1979a, S. 65). „Man braucht also ein Denken dazu, um das in der Sinnlichkeit Gehörte, Gesehene, Getastete, Geschmeckte, Gerochene zu verhören als einen Zeugen, was es denn zu sagen hat", sagt Ernst Bloch (1977, S. 194). Auf der anderen Seite darf sich ein der ästhetischen Erkenntnis verpflichtetes Denken nicht der „aristokratischen Illusion von der unbeschränkten Durchdringungskraft des Denkens" (Einstein 1972, S. 36) hingeben, darf nicht das Anlegen präformierter logischer Begriffe oder die Unterwerfung unter naturwissenschaftliche Gesetze bedeuten, darf nicht dazu führen, daß das Begreifen zu einem Auf-den-Begriff-Bringen reduziert wird. Wenn man die Anwendung präformierter Begriffe ablehnt, ist es geboten, über andere Möglichkeiten nachzudenken, um ästhetisches Wahrnehmen zum „ästhetischen Denken" (Welsch 1990), zum ästhetischen Erkennen, zum „Sinnenbewußtsein" (zur Lippe 1987) werden zu lassen.

Versteht man Erkenntnis als ästhetisches Erkennen, müssen andere Mittel als die rational-logische Erkenntnis eingesetzt werden. Auch wenn ästhetische Erkenntnis sich nicht auf diskursive Begriffe stützt, wenn ihr Ziel vielmehr die „Verknüpfung der Sinnesdaten [...] *unter Verwendung eines Minimums von primären Begriffen*" sein muß, um so zu einem „System von denkbar größter Einheitlichkeit und Begriffsarmut der logischen Grundlagen" zu gelangen (Einstein 1979a, S.67), so erfordert Wahrnehmung, soll sie zur Erkenntnis und zum Wissen werden, doch immer eine *Strukturierung* des Wahrgenommenen und Erfahrenen. Erkenntnis stellt sich erst ein, wenn wir ein *gegliedertes Ganzes* vor uns haben, das so gebaut ist, daß wir jeder einzelnen Aussage ihren richtigen Platz zuweisen können. Was aber ist das Spezifische des Strukturierungsmediums der ästhetischen Erkenntnis, wenn es nicht die Begriffsbildung ist, wenn Begreifen nicht ein Auf-den-Begriff-Bringen bedeuten darf? Ich möchte dem Prinzip der Begriffsbildung das *Prinzip der Wahrnehmungsstrukturierung* gegenüberstellen. Was sind die Unterschiede zwischen Begriffsbildung (hierzu im Kontext des Sachunterrichts Soostmeyer 1988, S. 353ff.) und Wahrnehmungsstrukturierung? Begriffe konstituieren nicht das Phänomen selbst, auch nicht die Erfahrung von Phänomenen. Sie sind immer nur Substitute, Wissen *über* etwas, nicht Erkenntnis *von* etwas. Kurz zusammengefaßt lassen sich die Charakteristika der Wahrnehmungsstrukturierung im Vergleich zur Begriffsbildung in folgenden Gegensatzpaaren zusammenfassen:

Wahrnehmungsstrukturierung	*Begriffsbildung*
1. konnotativ, intrinsisch, immanent	1. denotativ, designativ, indikativ
2. offen, nichtabgeschlossensen	2. geschlossen
3. Konkretheit, Eigentümlichkeit	3. Verallgemeinerung, Abstraktion
4. unmittelbar, direkt	4. vermittelt, indirekt
5. präsentativ, nichtdiskursiv	5. diskursiv
6. Erkenntnis *von* etwas	6. Wissen *über* etwas

Die ästhetische Wahrnehmungsstrukturierung hat zum Ziel, das übliche Auseinanderreißen von Sinnlichkeit und Rationalität zu überwinden, sie strebt eine fruchtbare Polarisierung an, in der die ästhetische Wahrnehmung sich nicht dem Begriffsdiktat zu beugen hat, in der ästhetische Wahrnehmung nicht als verworren und dumpf diskreditiert wird, in der die Begriffe nicht zum Absoluten fetischisiert und damit im Kantischen Sinne „leer" und „blind" werden. Ästhetische Wahrnehmungsstrukturierung geht von der Annahme aus, daß Gegenstände nicht in ihrem Begriff aufgehen. Dabei wird das Verhältnis von logisch-szientifischer und ästhetischer Erkenntnis als Komplementarität begriffen. *Mundus sensibilis* und *mundus intelligibilis* gehören zusammen.

4.4 Zwei Beispiele: Das Prinzip der Wahrnehmungsstrukturierung als Erkenntnisgewinnung bei Aristoteles und Goethe

Die Bedeutung des Prinzips der Wahrnehmungsstrukturierung im Verhältnis zur Begriffsbildung möchte ich anhand zweier bekannter Beispiele aus der Wissenschaftsgeschichte erläutern: anhand von Aristoteles' Physik und Goethes Farbenlehre. Die von Aristoteles und Goethe vorgezeichnete Vorgehensweise scheint mir gerade für den natur- und naturwissenschaftsbezogenen Sachunterricht für Kinder beispielgebend zu sein.

4.4.1 Aristoteles' Physik

Nach Aristoteles hängt alle Erkenntnis letztlich vom Gebrauch unserer Sinne ab (vgl. Hieber 1982, Mittelstrass 1973, 1974, S. 63ff., Welsch 1987; zur Aristotelischen Physik allgemein: Wieland 1962). Der *„Dreisprung" Wahrnehmung - Erinnerung - Erfahrung* macht bei Aristoteles das Prinzip der Wahrnehmungsstrukturierung aus. „Aus der Wahrnehmung bildet sich [...] die Erinnerung, aus der Erinnerung, wenn sich derselbe Vorgang öfter wiederholt, die Erfahrung (*emperia*). Die zahlenmäßig häufigen Erinnerungen führen nämlich zu einer einheitlichen Erfahrung. Aus der Erfahrung oder aus dem von allen Erinnerungen in der Seele zurückgebliebenen Allgemeinen, das ist eine neben dem vielen, was in allen Wahrnehmungen dasselbe blieb, entsteht Können und Wissen" (Aristoteles, Analytica posteriora, 100a). Der Dreisprung „Wahrnehmung -Erinnerung - Erfahrung" läuft - dargelegt anhand des Aristotelischen Trägheitssatzes wie folgt ab:

1. Viele gleiche *Sinneswahrnehmungen* (z.B.: *„Dieser Stein, den ich loslasse, fällt nach unten zur Erde. Auch dieser Stein, den ich jetzt loslasse, fällt nach unten zur Erde."* usw.) führen zur

2. *Erinnerung* (*„Wenn immer ich Steine losgelassen habe, so sind sie nach unten zur Erde gefallen."*). Die Erinnerung schließlich führt zur

3. *Erfahrung* (*„Steine fallen senkrecht nach unten zur Erde"*). Die Erfahrung selbst ist dann der notwendige Ausgangspunkt für die Strukturierung der sinnlich wahrgenommenen Erscheinungen.

Erst diese Wahrnehmungsstrukturen führen zur Erkenntnis von der Natur, d. h. zur Kenntnis der natürlichen Ursachen (*„Die Ursache dafür, daß ein Stein sich bewegt, wenn man ihn - ohne ihn zu werfen - losläßt, liegt in seinem Bestreben, seinen natürlichen Ort, nämlich dem Mittelpunkt der Erde, zu erreichen"*). Aristoteles definiert Erfahrung als ein begriffliches (allgemeines) Wissen, das aus „Erinnerungen" hervorgeht und dabei als ein „Wissen des Besonderen" in *exemplarischer, nicht etwa deduktiver* Weise gleichzeitig eine „Wahrnehmung des Allgemeinen", repräsentiert durch den Begriff (nicht den generellen Satz), leistet. Erfahrungswissen und theoretisches Wissen stehen im Aristotelischen Sinne in einem *genetischen Zusammenhang* (und das bedeutet für ihn zugleich: in einem *analytischen Zusammenhang*) mit dem durch die alltägliche Erfahrung erworbenen Wissen. Die Aristotelische Erkenntnisweise besteht in einer *Weiterführung und „Objektivierung" des in einer gemeinsamen vortheoretischen Erfahrung liegenden begrifflichen Wissens*. Basiswissen und Begründungswissen sind dabei strukturell dasselbe. Erfahrungswissen im Aristotelischen Sinne bedeutet die Fähigkeit sicherer Orientierungen, das Vertrautsein mit alltäglichen Handlungs- und Sachzusammenhängen, ohne einen Rekurs auf ein dazu unabhängig erworbenes theoretisches bzw. wissenschaftliches Wissen.

4.4.2 Goethes Farbenlehre

Goethe hat seine Farbenlehre ganz im Sinne der These Baumgartens von der sinnlichen Wahrnehmung und Erkenntnis entworfen. Er sammelt Beobachtungen am unverstellten *Phänomen Farbe*, sucht sie *unter der Voraussetzung einer ganzheitlichen Ordnung zueinander in Beziehung zu setzen* und bekämpft die mathematisch-physikalische Umsetzung der Farbqualität in meßbare Größen. Seine Auseinandersetzung mit der mechanistischen Optik und Farbenlehre

Newtons ist zwar zugunsten des Begründers der neuzeitlichen Physik entschieden worden, dennoch haben seine Argumente und sein Untersuchungsansatz immer größeres Verständnis, selbst bei Naturwissenschaftlern, gefunden.[4] Goethe wählt zur Untersuchung das Scheinhafteste aus, überzeugt, daß er den Reichtum der Phänomene, der sich dem Sehen öffnet und im Medium des Lichtes entfaltet, in *sorgfältigem Nachempfinden und Nachdenken* erfahren könne. Sein forschendes Denken ist offenbar von der Einsicht geleitet, daß es der reflektierenden Vernunft nur durch intensive Erfahrung gelingen könne, der viel umfassenderen *Sinnhaftigkeit des Lichts*, der alle Organismen und Lebewesen zu folgen scheinen, auf die Spur zu kommen. Licht ist für Goethe nicht ein für sich existierendes *Quantum*, sondern die für uns sichtbare *Qualität* der Helligkeit. Die *unverstellte Begegnung mit den Urphänomenen und das sich unablässig korrigierende Sehen* selbst sind die leitenden Prinzipien dieses Forschungsansatzes. Was Goethes Farbenlehre für das Paradigma der ästhetischen Erkenntnis so wichtig macht, ist die Tatsache, daß sie vom *Sehen* handelt, davon, daß man als affektiver Mensch Farben, ja *Farbphänomene* sieht. Im Gegensatz hierzu handelt *Newtons* Farbtheorie von den *objektiven* Eigenschaften des Lichts, sie ist *Physik*, sie registriert die nach Wellenlängen feststellbaren Anteile des Lichts.

Wichtig ist Goethes Vorgehen für die ästhetische Erkenntnisweise auch wegen seiner Insistenz, „die Phänomene bis zu ihren Urquellen zu verfolgen, bis dorthin, wo sie bloß erscheinen und sind und wo sich nichts weiter an ihnen erklären läßt" (Goethe 1955, S. 327). Das begriffliche Erklären wird bei Goethe also durch *die sich im Anschauen, Betrachten, Beobachten offenbarende Erkenntnis* ersetzt. Goethes Vorgehensweise ist das überzeugende Beispiel für das Prinzip des *ästhetischen Sehens als anschauender Erkenntnis* (vgl. oben Ziff. 3.3.2). Während die mathematisch bestimmte Naturwissenschaft eines Newton darauf abzielt, „durch irgendeine Erklärungsart die Phänomene beiseite[zu]bringen", muß man sich nach Goethe die Mühe machen, „das Einzelne kennen zu lernen und ein Ganzes zu erbauen" (Goethe 1955, S. 322f.). Goethes Farbenlehre und Newtons Farbtheorie bewegen sich auf zwei unterschiedlichen Ebenen der Wirklichkeit: Bei Newton ist Farbe ein Gegenstand der Physik, bei

---

[4] Heisenberg (1967, S. 41 f.): „Wir werden von Goethe auch heute noch lernen können, daß wir nicht zugunsten des eines Organs, der rationalen Analyse, alle anderen verkümmern lassen dürfen; daß es vielmehr darauf ankommt, mit allen Organen, die uns gegeben sind, die Wirklichkeit zu ergreifen." Auch C.F. von Weizäcker hält „die Sinneserfahrung, in der Goethes Wissenschaft wurzelt", für „unersetzlich" (Weizäcker 1966, S. 225). Zu Goethes Farbenlehre aus der Sicht der modernen Naturwissenschaft vgl. auch Heisenberg 1947; Goegelein 1972.

Goethe hingegen ist *Farbe als Phänomen ein Gegenstand der sinnlichen Affektion des Menschen.* Die Phänomenalität der Farbe bezieht sich bei Goethe nicht auf den Gegenstand, sondern auf das *erkennende Subjekt.*

In Goethes Farbenlehre finden sich Prinzipien für eine Wahrnehmungsstrukturierung, die mir gerade für eine ästhetische Zugangsweise in den natur- und naturwissenschaftsbezogenen Fächern, insbesondere bei Kindern, wichtig zu sein scheinen. Ich nenne vor allem:

- Goethe stellt dem Gesetz als funktionaler Beziehung quantitativer Daten das *Prinzip der qualitativen strukturellen Beziehung zwischen den Phänomenen* gegenüber.
- Der Erklärung als Angabe von kausalen Ursachen für Wirkungen stellt er die *Erklärung als Angabe von Anlässen für das Hervortreten von Phänomenen* gegenüber.
- Der theoretischen Herstellung der Einheit gegebener Daten durch Reduktion auf zugrundeliegende Entitäten (Atome, Moleküle) stellt er die *theoretische Einheit im Urphänomen* entgegen.

4.5 Das Prinzip der Wahrnehmungsstrukturierung im natur-und naturwissenschaftsbezogenen Sachunterricht bei Kindern

Es sollte deutlich geworden sein, daß der Aristotelischen Physik und der Goetheschen Farbenlehre mehr als ein lediglich antiquarisches Interesse zukommt. Gerade im Kontext des natur- und naturwissenschaftsbezogenen Sachunterrichts bei Kindern wäre es falsch, Aristoteles und Goethe als „Verlierer" der Wissenschaftsgeschichte beiseite zu räumen. Ihre Vorgehensweise scheint mir gerade in diesem Bereich von besonderer Bedeutung zu sein, messen sie doch der ästhetischen Wahrnehmung, sofern sie sich der Mühe unterzieht, den Phänomenen in ihrem Grund nachzuspüren, von vornherein Erkenntnischarakter zu. Aus dieser *Erkenntnisfunktion der Wahrnehmung* erklärt sich auch die Hochschätzung des Wahrnehmens.

Ein weiteres Charakteristikum der Aristotelischen und Goetheschen Naturlehre ist für unseren Kontext von Bedeutung: Ästhetische Erkenntnis zielt auf die Erkenntnis von einzelnen Phänomenen ab, konzentriert Wahrnehmung sich doch auf die Dimension der Phänomene selbst. Ästhetische Erkenntnis will nicht das Allgemeine in Gestalt physikalischer Gründe und Ursachen erfassen. Wenn in diesem Charakteristikum die moderne Naturwissenschaft eine Erkenntnisschwäche oder Inferiorität ästhetischer Wahrnehmung und Erkenntnis erkennen mag, so schätzen wir dies gerade als Stärke. Diese Stärke liegt darin, das Einzelne, Individuelle, das Phänomen zu erfassen. Da sich die wissenschaftliche

Erkenntnis in ihrem Streben nach Allgemeinheit diesem Einzelnen, Individuellem verweigert, liegt gerade in der *Fokussierung auf das Phänomen* der unaufhebbare Erkenntnisstatus der ästhetischen Erkenntnis. Überdies hat das Erfassen des Phänomens Grundlegungsbedeutung für Erkenntnis überhaupt, ist doch das Einsehen von Allgemeinem nicht anders als durch das Erfassen des Einzelphänomens möglich. Hierin liegt die *epistemologische Basisfunktion der ästhetischen Erkenntnis*. Für die vom Einzelnen ausgehende Induktion ist ästhetische Wahrnehmung unentbehrlich, ja grundlegend; denn die Induktion nimmt von der Erfahrung des Einzelnen ihren Ausgang; die Erfassung des Einzelnen aber ist nur durch sinnliche Wahrnehmung möglich. So gilt der Satz, daß ästhetische Wahrnehmung Einzelnes, nicht auch Allgemeines, zu erfassen vermag, auch in seiner Umkehrung: *Das Einzelne kann nur durch die ästhetische Wahrnehmung erfaßt werden*. Die Kompetenz der Wahrnehmung für das Einzelne hat zugleich den Charakter einer exklusiven Kompetenz für Wahrnehmung und Erkenntnis des Einzelnen. Da aber das Allgemeine nicht direkt erfaßt werden kann, sondern nur aus Wahrnehmungsgehalten - wie Goethe demonstriert - gleichsam „herausgeschaut", also induktiv gewonnen werden kann, ist die *Erkenntnis des Allgemeinen unweigerlich an die Wahrnehmung zurückgebunden*. So fungiert die ästhetische Wahrnehmung nicht nur in bezug auf das Einzelne als Erkenntnismittel, sondern bildet zugleich - was zunächst nicht erkennbar ist und ihre Bedeutung steigert - Ausgangspunkt und Grundlage aller Erkenntnis. Damit erstreckt sich die Kompetenz der Wahrnehmung über das Einzelne hinaus auf den gesamten Bereich des theoretischen Wissens. *Wahrnehmung ist das unentbehrliche und unersetzliche Fundament allen Erkennens.*

Aristoteles' und Goethes *Vorgehensweise des sorgfältigen Wahrnehmens, Beobachtens und Vergleichens von Phänomenen sowie die behutsame Verschränkung dieses Wahrnehmens, Beobachtens und Vergleichens mit Vorstellungen, Gedanken, Hypothesen, vorläufigen Schlußfolgerungen* erscheint beispielgebend für das Prinzip der Wahrnehmungsstrukturierung als Erkenntnisprinzip im natur- und naturwissenschaftsbezogenen Sachunterricht für Kinder. Ein Rückgriff in die Geschichte der Pädagogik im Hinblick auf die Bedeutung des ästhetischen Wahrnehmens (vgl. hierzu Danner 1988, Merkle 1991, Niethammer 1989) macht die *pädagogische Dimension* dieses Vorgehens deutlich. Rousseau betont wiederholt den Zusammenhang zwischen ästhetischer Wahrnehmung und Begriffsbildung, wobei er entschieden auf die sinnliche Ausgangsbasis verweist: „Verwandeln wir unsere Sinneswahrnehmungen in Begriffe, aber springen wir nicht plötzlich von sinnlichen auf geistige Gegenstände über. Nur über die ersteren kommen wir zu den anderen. Schon bei den ersten geistigen Operationen müssen die Sinne unsere Führer sein" (Rousseau 1978,

S. 159). Den Weg von der ästhetischen Wahrnehmung zur Bildung von Konzepten (Rousseau nennt sie „Vorstellungen") beschreibt er als einen Prozeß des Vergleichens von Sinneswahrnehmungen: „Zuerst hatte unser Schüler nur Sinnesempfindungen. Jetzt hat er Vorstellungen. Zuerst empfand er nur, jetzt urteilt er. Denn aus dem Vergleich mehrerer aufeinanderfolgender und gleichzeitiger Sinneswahrnehmungen und aus dem darüber gefällten Urteil entsteht eine Art gemischter oder zusammengesetzter Vorstellungen, die ich Begriffe nenne" (Rousseau 1978, S. 203). Diese „einfachen Begriffe" stellen nach Rousseau nichts anderes als „verglichene Sinneswahrnehmungen" dar.

Ähnlich argumentiert Pestalozzi. Nach ihm kommt es darauf an, „langsam selber auf eigene Erfahrungen [zu] kommen, [...] als schnell Wahrheiten, die andere Leute einsehen, durch Auswendiglernen ins Gedächtnis zu bringen, und [...] den freien, aufmerksamen und forschenden Beobachtungsgeist [...] zu verlieren" (Pestalozzi, Bd. 9, S. 139). Vorschnelle, den ästhetischen Wahrnehmungen und Erfahrungen vorauseilende Wissensvermittlung ist „wie das Brüten einer Henne, die keine Eier unter sich hat" (Pestalozzi, Bd. 8, S. 209). Es gilt zu vermeiden, daß anstelle der Erfahrung das präsentierte Fertigprodukt von Wissen über einen Gegenstand, anstelle der in der Erfahrung wirksamen Verstehens geistlose Rezeption tritt.

Man mag einwenden, daß eine sich auf Wahrnehmungsstrukturierung stützende ästhetische Erkenntnis den Ansprüchen moderner Naturwissenschaft nicht genügt. Es trifft zu: Aristoteles ist, wissenschaftshistorisch gesehen, Galilei unterlegen, so wie Goethe sich gegenüber Newton nicht durchsetzen konnte. Aber damit sind die ästhetische Zugangsweisen von Aristoteles und Goethe nicht obsolet geworden. Ihre Beispiele zeigen vielmehr, wie notwendig es für den natur- und naturwissenschaftsbezogenen Sachunterricht ist, die ästhetische Wahrnehmung von *Phänomenen auszuschöpfen* (Köhnlein 1986). Wir sollten uns davor hüten, vorschnell mit wissenschaftlichen Theorien nicht kongruente Auffassungen von Kindern in bezug auf Phänomene als Fehlauffassungen zu diffamieren und an deren Stelle umstandslos wissenschaftliche Begründungen zu setzen. Der Kognitionspsychologe Gardner plädiert für ein Aufschieben einer solchen Korrektur von Fehlauffassungen, bis „das Kind ganz und gar in die Phänomene vertieft ist, mit denen sich die Naturwissenschaft befaßt, und seine intuitiven Theorien und Grundideen ausgeschöpft hat" (Gardner 1994, S. 265). Auch Kinder verfügen über eine „Intelligenz der Sinne" (Gadamer 1979, S. 23). Dabei darf „Intelligenz" nicht mit der Fähigkeit zur Rationalität der Logik gleichgesetzt werden. „Intelligenz der Sinne" ist vielmehr zu verstehen als „ein unspezialisierter Sinn, ein Äußerstes an Empfänglichkeit und Empfindlichkeit".

In diesem Sinne meint Intelligenz „ein wahres Universalvermögen und ist keineswegs beschränkt auf die für die technische Rationalität unentbehrlichen Rechenkünste, Messungsverfahren und Kalkulationsleistungen" (Gadamer, a.a.O.). Man muß sich von der Vorstellung frei machen, ästhetische Erkenntnis ausschließlich unter der Perspektive einer Form von wissenschaftlicher Erkenntnis zu betrachten, die sich an den angeblich objektiven Naturgesetzen (die übrigens keine Gesetze der Natur, sondern Setzungen der menschlichen Vernunft sind) orientiert und die gesamte ästhetische Erfahrung und Erkenntnis als überholt abräumt. Richtigerweise kann es nicht um die Überwindung, sondern um die *Erweiterung ästhetischer Erfahrungen* gehen (Wagenschein 1976, S. 92). Es wäre auch unzutreffend anzunehmen, wissenschaftliche Erkenntnis stelle eine Präzisierung ästhetischer Erfahrung dar. Beiden Erfahrungs- und Erkenntnisweisen, der ästhetischen wie der wissenschaftlichen, muß ihre jeweilige Eigenbedeutung belassen werden. Die *ästhetische Erkenntnisweise* behält ihre Eigenbedeutung gegenüber der wissenschaftlichen Erkenntnis, sie ist nicht nur eine ursprüngliche, sondern zugleich eine *notwendige und durch die wissenschaftliche Erkenntnis nicht überholbare Erfahrungs-und Erkenntnisweise*.

5. Die didaktische Relevanz der ästhetischen Erkenntnis

Vor dem Hintergrund einer Verwissenschaftlichung von Unterricht, einer einseitig auf Abstraktionsvermögen ausgerichteten Unterrichtsgestaltung, einer zunehmenden „Verrationalisierung" schulischen Lernens erhält die ästhetische Erkenntnis einen entscheidenden Stellenwert. Ästhetische Erkenntnis, verpflichtet der *Sinnlichkeit als konstruktivem Erkenntnisprinzip und einer konstitutiven Verbindung von Logik und Ästhetik (Baumgarten), von Verstand und Einbildungskraft (Kant)*, ist daraufhin zu befragen, welche Dimensionen der Lernstruktur von Erkenntnis dieses Paradigma offenzulegen vermag. Wie kann das Paradigma der ästhetischen Erkenntnis in den pädagogischen Denkhorizont integriert werden?

5.1 Die Charakteristika der ästhetischen Erkenntnis

Bevor ich den Problemzusammenhang zwischen Lernen und ästhetischer Erkenntnis diskutiere, möchte ich zunächst die wesentlichen Charakteristika der ästhetischen Erkenntnis zusammenfassen:

- Ästhetische Erkenntnis *repräsentiert* als dynamisches Erkenntnisprinzip den *sinnlich wahrgenommenen und erfahrenen Reichtum und Mannigfaltigkeit der Welt.*
- Ästhetische Erkenntnis nimmt die *subjektiven Wahrnehmungen und ästhetischen Erfahrungen der Lernenden* ernst und stellt insofern eine *Vermittlung zwischen Subjekt und Objekt* her.
- Ästhetische Erkenntnis ist *nicht individualistisch,* sondern *konstitutiv auf Mitteilung und Mitteilbarkeit angelegt* und stellt insofern eine *Vermittlung zwischen Individualität und Allgemeinheit* her.
- Ästhetische Erkenntnis ist produktiv; sie ist ein *kontinuierlicher Prozeß des Bildens von Wahrnehmungsstrukturen, nicht dominiert von begrifflichen Vorfestlegungen.*
- Dem ästhetischen Erkenntnis- und Strukturierungsprozeß liegt ein subjektiv-notwendiges Bedürfnis zugrunde, *die ästhetisch wahrgenommene und erfahrene Mannigfaltigkeit und den Reichtum von Welterfahrung in einem System stimmig zu machen, d. h. zu erkennen.*
- Ästhetische Erkenntnis ist eine *notwendige komplementäre Komponente zum begrifflichen Denken* und stellt insofern eine *Vermittlung von Sinnlichkeit und Vernunft* her.

5.2 Ästhetische Erkenntnis und Lernen

Das Paradigma der ästhetischen Erkenntnis stellt das Gegenmodell dar zum formal-logischen Erkenntnisbegriff, der als einfach und faszinierend zuverlässig erscheinende Bestimmung des Anfangs wie des Endes unseres Wissens unseren Unterricht dominiert und dessen Besonderheit darin liegt, daß die Relation Subjekt-Objekt als eine absolut lineare vorgestellt wird. Aus dieser Linearität ergibt sich eine eindeutige Ausrichtung auf das Ende, auf das Resultat. Die Verabsolutierung des Resultatscharakters hat einen problematischen Formalismus zur Folge. Für den schulischen Lernprozeß werden zunehmend Funktionen der Identifizierung, Klassifizierung, Systematisierung relevant. Wirklichkeit wird festgemacht an formal-logischen Definitionen und wird damit als prinzipiell statisch, unveränderbar erfahren. Der Zusammenhang von Lernen und Verändern kann nicht mehr thematisiert werden. Erfahrung und Erkenntnis als Prozeß, deren Lernstrukturen als ästhetische Integration von Individualität und Allgemeinheit sind ausgeblendet. Die Unterdrückung der kindlichen Erfahrung und Erkenntnis basiert auf monistischen Einschränkungen im Sinne einer nur rezipierenden Beziehung zur Umwelt.

Goethes Methode des „anschauenden Denkens" macht die *pädagogische Dimension des ästhetischen Zugangs zur Welterkenntnis* deutlich. Ziel des ästhetischen Zugangs zur Welterkenntnis ist nicht die Gewinnung eines Standpunktes, von dem aus die Naturphänomene in objektiver Distanz beherrscht und quantifiziert werden. In der Maxime *Die Absicht eingeleitet* (1807) fordert Goethe von uns, daß wir uns in der Begegnung mit der Natur selbst „so beweglich und bildsam" zu verhalten haben, so wie auch die Natur sich uns gegenüber verhält. *Die Natur kann nicht als statische Größe gedacht werden, so wenig wie wir selbst uns vor der Natur als lediglich registrierende Apparate verhalten dürfen.* Natur zu erkennen, setzt voraus, selbst „*bildsam*", *offen* und „*beweglich*" zu sein. Anschauen, Beobachten, Fragen und Denken müssen behutsam miteinander verbunden werden. Dementsprechend besteht die pädagogische Aufgabe in der Förderung einer *genetischen Einsichtsfähigkeit*, mit deren Hilfe der Entwicklungsgang der Natur ästhetisch verstanden werden kann.

Buck (1967, S. 18f.) hat gezeigt, daß *Erfahrung* nicht inhaltlich als Summe eines ruhenden Bestandes einzelner in die Vergangenheit weisender Erfahrungen, sondern vielmehr als der *Ausgangspunkt* zu begreifen sei, *von dem aus etwas überhaupt lernbar* ist. Die Organisation eigener Erfahrungen ist nicht rückwärts gerichtet, sondern nach vorn. Wir machen Erfahrung nicht nur in Antwort auf Erfahrungen, die wir bereits gemacht haben, sondern ebenso in Antwort auf Erfahrungen, die wir selbst (noch) nicht gemacht haben. „Die Antizipation ist ursprünglicher als die Erinnerung" (Dewey 1960, S. 26). Erfahrung ist als Entwicklung des Lernvermögens zu verstehen. In diesem Sinne ist *ästhetische Erkenntnis nach vorne gerichtet* und legt die Erfahrungsfähigkeit des Menschen frei. Ästhetische Erkenntnis charakterisiert als zentrales Moment der Erkenntnis gerade die *Veränderbarkeit durch Lernen*. Ästhetische Erkenntnis erlaubt für den Lernprozeß, das Verhältnis von Individuum und Umwelt als eine *auf das Subjekt geöffnete Vermittlung* zu begreifen. Eine dem Prinzip der Zweck-Mittel-Relation verpflichtete Unterrichtskonzeption behindert die Entfaltung der Lernstruktur ästhetischer Erfahrung und Erkenntnis. Im Gegensatz zu traditionellen Unterrichtsmodellen, nach denen die didaktische Organisation von Lernen sich auf psychologische Gesetzmäßigkeiten vom Ursache-Wirkung-Typ stützt, zeugt der Prozeß der ästhetischen Erkenntnis hingegen ein hohes Maß an scheinbarer Unregelmäßigkeit, an scheinbar Chaotischem und Zufälligem. Die Lernstruktur der ästhetischen Erfahrung und Erkenntnis ist eben nicht linear-additiv beschreibbar. Die Fähigkeit, im Lernen eigene Wahrnehmungen, Erfahrungen und Erkenntnisse zu organisieren, läßt sich nicht in die Figur von Ursache und Wirkung pressen.

Ästhetische Aktivität vermittelt für sich gesehen keine ästhetische Erkenntnis (kritisch auch Helbig 1991). So wichtig es ist, auf dem Eigenwert der ästhetischen Wahrnehmung zu bestehen (Aissen-Crewett 1990c, d), so sehr muß im Kontext von natur- und naturwissenschaftsbezogenem Sachunterricht betont werden, daß das durch die Sinne Wahrgenommene der Verarbeitung bedarf. Wenn Dewey, dem wir grundlegende Überlegungen zum Zusammenhang zwischen dem Ästhetischen, der Erfahrung und der Erziehung verdanken (vgl. hierzu Aissen-Crewett 1987b, 1988b), sagt: „Es ist keine Erfahrung, wenn ein Kind in die Flamme greift" (Dewey 1986, S. 140), dann läßt sich dem hinzufügen, daß es ebensowenig eine ästhetische Erfahrung darstellt, wenn man - um das inzwischen geradezu sprichwörtlich gewordene Beispiel zu zitieren - einen Baum streichelt. Zur ästhetischen Erfahrung und Erkenntnis wird ästhetische Wahrnehmung erst, wenn wir „das, was wir den Dingen *tun,* und das, was wir von ihnen *erleiden,* nach rückwärts und vorwärts miteinander in Verbindung bringen" (Dewey 1986, S. 141). Der „Maßstab für den Wert einer Erfahrung" liegt „in der größeren oder geringeren Erkenntnis der Beziehungen und Zusammenhänge, zu der sie uns führt" (Dewey 1986, S. 141). Erfahrung entsteht nur in der dynamischen Partizipation, „dem aktiven und aufgeweckten Umgang mit der Welt" (Dewey 1934/80, S. 28), in dem erregenden Wechselspiel zwischen dem Ich und der Welt, in welchem Bedeutungsinhalte deutlich werden und so zu einem volleren Verständnis des eigentlichen Wertes und der eigentlichen Bedeutung der Erfahrung beitragen. Dabei gehören Erfahren und Denken zusammen. „Es gibt keinerlei sinnvolle Erfahrung, die nicht ein Element des Denkens enthielte" (Dewey 1986, S. 146). Dieses Denken, das *nicht Ziel, sondern Mittel* der ästhetischen Erfahrung ist, erschließt erst die ästhetische Wahrnehmung.

5.3 Konsequenzen für Unterrichtsziele und -mittel

Die Umsetzung der ästhetischen Erkenntnis erfordert, soll sie im Unterricht gelingen, Konsequenzen für Unterrichtsmittel und -ziele. Insbesondere erscheint die Ermöglichung oder Inszenierung folgender Gelegenheiten geboten:

- *Gelegenheit, die Kunst der Wahrnehmung zu praktizieren:* Ästhetische Erkenntnis setzt ästhetische Wahrnehmung und Erfahrung voraus. Die Kinder sollten deshalb lernen bzw. ihnen sollte die Gelegenheit gegeben werden, mit allen Sinnen wahrzunehmen und zu erkennen, und zwar ohne Festlegungen und Vorgaben.

- *Gelegenheit, zu kreieren, zu erfinden, zu improvisieren:* Die Gelegenheit für genuine Intuition, Improvisation und Kreativität auf seiten der Kinder ist im konventionellen Unterricht relativ selten anzutreffen. Wenn es richtig ist, daß viele der komplexesten Probleme, denen wir uns gegenübersehen, nicht mittels Messung, Kalkulation, logischer Deduktion oder stromlinienförmiger Ableitung gelöst werden können, ist es notwendig, daß Kinder Gelegenheit zu ästhetischen Erfahrungen haben, in denen inventive, intuitive Denkweisen gefordert werden.

- *Gelegenheit, Vorstellungen und Erfahrungen darzustellen*: Wahrnehmen reicht nicht. Es ist ebenso wichtig, in der Lage zu sein, das, was man wahrnimmt, zu strukturieren, zu deuten, zu bewerten, darzustellen und zu kommunizieren. Hierzu sollten den Kindern vielfältige Möglichkeiten gegeben werden.
- *Gelegenheit, sich in genuinen Untersuchungen zu engagieren:* Untersuchung bedeutet immer ein „Herausfinden". Kindern sollte deshalb Gelegenheit gegeben werden, ohne Festlegungen, mit „offenem Ende" Probleme zu identifizieren und Hypothesen aufzustellen, um Daten zu ermitteln, diese zu sammeln, zu analysieren und zu synthetisieren, um hierdurch zu lernen, Hypothesen zu verifizieren oder falsifizieren, möglicherweise auch eine Theorie zu bilden und diese mit anderen Kindern zu diskutieren.

Literatur

Abbs, P.: Art as a way of knowing. In: A. Bloomfield (Ed.): Creative and Aesthetic Education. In: Aspects of Education: Journal of the Institute of Education (The University of Hull), 34 (1985), pp. 4-17

Aesthetics and Science. Proceedings of the International Symposium in Honor of Robert R. Wilson. Batavia, IL: Fermi National Accelerator Laboratory 1979

Aissen-Crewett, M.: Das Ästhetische in der physischen Welt. In: Grundschule, 19 (1987a) 9, S. 38-43

Aissen-Crewett, M.: Kunst als Erfahrung. Zu John Deweys Ästhetik. In: Zeitschrift für Ästhetik und allgemeine Kunstwissenschaft, 32 (1987b), S. 200-225

Aissen-Crewett, M.: Das Ästhetische und die alltägliche Umwelt. In: Grundschule, 20 (1988a) 9, S. 49-51; 11, S. 23-27

Aissen-Crewett, M.: John Deweys Ästhetik und die ästhetische Erziehung. In: BDK-Mitteilungen - Fachzeitschrift des Bundes Deutscher Kunsterzieher e.V., 24 (1988b) 2, S. 14-20

Aissen-Crewett, M.: Ästhetische versus naturwissenschaftliche Erkenntnis im Sachunterricht. In: K. H. Wiebel (Hrsg.): Zur Didaktik der Physik und Chemie. Probleme und Perspektiven. Vorträge auf der Tagung für Didaktik der Physik/Chemie in Münster/Westf., September 1988. Alsbach: Leuchtturm 1989a, S. 119-121

Aissen-Crewett, M.: Das Ästhetische und die alltäglichen Gegenstände. In: Grundschule, 21 (1989b) 5, S. 56-58; 6, S. 56-59

Aissen-Crewett, M.: Aisthetische und naturwissenschaftliche Erfahrung. Überlegungen zu einem naturwissenschaftsbezogenen Unterricht. In: G. Selle (Hrsg.): Experiment Ästhetische Bildung. Aktuelle Beispiele für Handeln und Verstehen. Reinbek: Rowohlt Taschenbuch Verlag 1990a, S. 77-94

Aissen-Crewett, M.: Alltagserfahrung und experimentell-empirische Erfahrung. In: K. H. Wiebel (Hrsg.): Zur Didaktik der Physik und Chemie. Probleme und Perspektiven. Vorträge auf der Tagung für Didaktik der Physik/Chemie in Kassel, September 1989. Alsbach: Leuchtturm 1990b, S. 362-364

Aissen-Crewett, M.: Sinnliches Wahrnehmen. In: Grundschule, 22 (1990c) 5, S. 46-49

Aissen-Crewett, M.: Zu Sinnen kommen... In: Grundschule, 22 (1990d) 9, S. 60-62; 10, S. 62-63

Aristoteles: Zweite Analytik (Analytica posteriora). Übers. und hrsg. von P. Gohlke. Paderborn: Schöningh 1958

Baumgarten, A. G.: Theoretische Ästhetik. Die grundlegenden Abschnitte aus der "Aesthetica" (1750/58). Übers. und hrsg. von H. R. Schweizer. Hamburg: Felix Meiner 1983

Best, D.: The Rationality of Feeling. Understanding the Arts in Education. London: Falmer Press 1992

Bloch, E.: Zwischenwelten in der Philosophiegeschichte. Aus Leipziger Vorlesungen. In: Gesamtausgabe. Bd. 12. Frankfurt a. M.: Suhrkamp 1977

Blumenberg, H.: Die Genesis der kopernikanischen Welt. 2. Aufl. Frankfurt a. M.: Suhrkamp 1985

Böhme, G.: Die Verwissenschaftlichung der Erfahrung. Wissenschaftsdidaktische Konsequenzen. In: G. Böhme/M. v. Engelhardt (Hrsg.): Entfremdete Wissenschaft. Frankfurt a. M.: Suhrkamp 1979, S. 114-136

Böhme, G.: Alternativen der Wissenschaft. Frankfurt a. M.: Suhrkamp 1980.

Bresler, L.: Arts and knowledge. A discussion. In: Educational Theory, 45 (1995) 1, pp. 63-70

Buck, G.: Lernen und Erfahrung. Zum Begriff der didaktischen Induktion. Stuttgart/Berlin/Köln/Mainz: Kohlhammer 1967

Chandrasekhar, S.: Beauty and the Quest for Beauty in Science. In: Ders.: Truth and Beauty. Aesthetics and Motivations in Science. Chicago, IL: University of Chicago Press 1987, pp. 59-73

Danner, H.: Zur hermeneutischen Bedeutung der Sinne. In: Bildung und Erziehung, 41 (1988), S. 305-316

Degenhardt, M. A. B.: Art and intellect. In: Studies in Philosophy and Education, 11 (1991), pp. 135-148

Descartes, R.: Meditationen über die Grundlagen der Philosophie (1641). Hamburg: Felix Meiner 1960

Dewey, J.: Kunst als Erfahrung (1934). Frankfurt a. M.: Suhrkamp 1980

Dewey, J.: Experience, Nature and Freedom. Indianapolis, In: Hackett 1960

Dewey, J.: Erziehung durch und für Erfahrung. Eingel., ausgew. und komm. von H. Schreier. Stuttgart: Klett-Cotta 1986

Einstein, A.: Mein Weltbild. Hrsg. von C. Seelig. Frankfurt a. M./Berlin/Wien: Ullstein 1972

Einstein, A.: Aus meinen späten Jahren. Stuttgart: Deutsche Verlags-Anstalt 1979a

Einstein, A.: Autobiographisches. In: P. A. Schilpp (Hrsg.): Albert Einstein als Philosoph und Naturforscher. Braunschweig: Fr. Vieweg 1979b, S. 1-25

Eisner, E.: (Ed..): Learning and Teaching the Ways of Knowing. Eighty-fourth Yearbook of the Society for the Study of Education. Part II. Chicago, IL: University of Chicago Press 1985

Flannery, M.: Using science's aesthetic dimension in teaching science. In: Journal of Aesthetic Education, 26 (1992) 1, pp. 1-15

Foss, L.: Art as cognitive. Beyond scientific realism. In: Philosophy of Science, 38 (1971), pp. 234-250

Gadamer, H.-G.: Verlust der sinnlichen Bildung als Ursache des Verlustes von Wertmaßstäben. In: Ders. u.a.: Der Mensch ohne Hand oder Die Zerstörung der menschlichen Ganzheit. Ein Symposium des Werkbundes Bayern. München: Deutscher Taschenbuch Verlag 1979, S. 15-28

Gardner, H.: Abschied vom IQ. Die Rahmen-Theorie der vielfachen Intelligenz. Stuttgart: Klett-Cotta 1992a

Gardner, H.: Multiple Intelligences. The Theory in Practice. New York: Basic Books 1992b

Gardner, H.: Der ungeschulte Kopf. Wie Kinder denken. 2. Aufl. Stuttgart: Klett-Cotta 1994.

Goegelein, Chr.: Zu Goethes Begriff von Wissenschaft auf dem Wege der Methodik seiner Farbstudien. München: Hanser 1972

Goethe, J. W. von: Naturwissenschaftliche Schriften. Hamburger Ausgabe. Hrsg. von E. Trunz. Bd. 13. Hamburg: Chr. Wegner 1955

Grimmsches Wörterbuch: Stichwort "sinnlich". Band 16 (1905). Reprint: München: Deutscher Taschenbuch Verlag 1983, Sp. 1185

Hager, F. P.: Aisthesis (Wahrnehmung). In: J. Ritter (Hrsg.): Historisches Wörterbuch der Philosophie. Bd. 1. Darmstadt: Wissenschaftliche Buchgesellschaft 1971, Sp. 119-121

Heisenberg, W.: Die Goethische und die Newtonsche Farbenlehre im Lichte der modernen Physik. In: Ders.: Wandlungen in den Grundlagen der Naturwissenschaft. 4. Aufl. Leipzig/Stuttgart: S. Hirzel 1947

Heisenberg, W.: Das Naturbild der heutigen Physik. Hamburg: Rowohlt Taschenbuch Verlag 1955

Heisenberg, W.: Das Naturbild Goethes und die technisch-naturwissenschaftliche Welt. In: Goethe-Jahrbuch, Neue Folge, 29 (1967), S. 27-42

Helbig, P.: Lernen ist mehr als sinnliche Erfahrung. Zu den Grenzen einer sensualistischen Grundschuldidaktik. In: Grundschule, 23 (1991) 5, S. 8-11

Heyfron, V.: The objective status of aesthetic knowing. In: M. Ross (Ed.): The Arts. A Way of Knowing. Oxford: Pergamon Press 1983, pp. 43-72

Hieber, L.: Die aristotelische Naturphilosophie und der epistemologische Bruch der neuzeitlichen Wissenschaft. In: L. Hieber/R. W. Müller (Hrsg.): Gegenwart der Antike. Zur Kritik bürgerlicher Auffassungen von Natur und Gesellschaft. Frankfurt a. M./New York: Campus 1982, S. 171-182

Hoy, R. C.: Cognitive aspects of art and science. In: Philosophy of Science, 40 (1973), pp. 294-297

Hübner, K.: Wissenschaftliche und nichtwissenschaftliche Naturerfahrung. In: Philosophia Naturalis, 18 (1980), S. 67-86

Husserl, E.: Ideen zu einer reinen Phänomenologie und einer phänomenologischen Philosophie. Den Haag: Martinus Nijhoff 1950 (Husserliana Bd. III)

Kant, I.: Kritik der reinen Vernunft (KdrV). In: Werke in 6 Bänden. Hrsg. von W. Weischedel. Bd. II. Darmstadt: Wissenschaftliche Buchgesellschaft 1963

Klauß, H.: Zur Konstitution der Sinnlichkeit in der Wissenschaft. Eine soziologische Analyse der Wandlungen des Subjekt-Objekt-Verhältnisses. Rheda-Wiedenbrück: Daedalus 1990

Köhnlein, W.: Exemplarischer Physikunterricht. Beispiele und Anmerkungen zu einer Pädagogik der Physik. Bad Salzdetfurth: Franzbecker 1982

Köhnlein, W.: Zur Konzipierung eines genetischen, naturwissenschaftlich bezogenen Sachunterrichts. In: H. F. Bauer/W. Köhnlein (Hrsg.): Problemfeld Natur und Technik. Bad Heilbrunn: Klinkhardt 1984, S. 193-215

Köhnlein, W.: Phänomene lehren - Ansätze naturwissenschaftlichen Denkens im Sachunterricht. Science is self-conscious common sense. In: physica didactica, 13 (1986) Sonderheft, S. 119-128

Köhnlein, W.: Sachunterrichts-Didaktik und die Aufgabe grundlegenden Lernens. Vorüberlegungen zur Konzipierung des Curriculums. In: Sachunterricht und Mathematik in der Primarstufe, 16 (1988) 12, S. 524-531

Kutschmann, W.: Der Naturwissenschaftler und sein Körper. Die Rolle der "inneren Natur" in der experimentellen Naturwissenschaft der frühen Neuzeit. Frankfurt a. M.: Suhrkamp 1986

Kutschmann, W.: Über Sinne und Sinn in der modernen Naturwissenschaft oder: Die Unmöglichkeit, der Natur in der wissenschaftlichen Erkenntnispraxis einen Sinn zu unterstellen. In: Philosophia Naturalis, 24 (1987) 3, S. 269-280

Lange, H.: Die Rolle der Anschauung im physikalischen Denken. In: Kant-Studien, 57 (1966), S. 378-391

Langer, S. K.: Problems of Art. Ten Philosophical Lectures. New York: Charles Scribner's Sons 1957

Langer, S. K.: Mind. An Essay on Human Feeling. Vol. I. Baltimore: Johns Hopkins University Press 1967

Lévi-Strauss, C.: Mythos und Bedeutung. Vorträge. Frankfurt a. M.: Suhrkamp 1980

Lippe, R. zur: Sinnenbewußtsein. Grundlegung einer anthropologischen Ästhetik. Reinbek: Rowohlt Taschenbuch Verlag 1987

Mach, E.: Erkenntnis und Irrtum. Leipzig: J. A. Barth 1917

Mach, E.: Die Mechanik. 9. Aufl. (1933). Unveränderter Nachdruck. Darmstadt: Wissenschaftliche Buchgesellschaft 1963

Menge, H.: Langenscheidts Großwörterbuch Griechisch-Deutsch. 23. Aufl. Berlin: Langenscheidt 1973

Merkle, S.: Ein Exkurs in die Geschichte der Pädagogik und Didaktik. In: Grundschule, 23 (1991) 5, S. 54-57

Mittelstrass, J.: Metaphysik der Natur in der Methodologie der Naturwissenschaften. Zur Rolle phänomenaler (Aristotelischer) und instrumentaler (Galileischer) Erfahrungsbegriffe in der Physik. In: K. Hübner/A. Menne (Hrsg.): Natur und Geschichte. X. Deutscher Kongreß für Philosophie, Kiel, 8.-12. Oktober 1972. Hamburg: Felix Meiner 1973, S. 63-87

Mittelstrass, J.: Die Möglichkeit von Wissenschaft. Frankfurt a. M.: Suhrkamp 1974

Niethammer, A.: Die sinnlich-geistige Anschauung der Welt bei Schleiermacher und Fröbel im Rahmen einer historischen Betrachtung. In: Pädagogische Rundschau, 43 (1989), S. 133-160

Paetzold, H.: Kunst als visuelle Erkenntnis. In: Neue Deutsche Hefte, 23 (1976) 4, S. 698-712

Pestalozzi, J. H.: Sämtliche Werke. Kritische Ausgabe. Begr. von A. Buchenau, E. Spranger, H. Stettbacher. Zürich/Berlin/Leipzig 1927ff

Picht, G.: Kunst und Mythos. Mit einer Einf. von C. F. von Weizsäcker. 3. Aufl. Stuttgart: Klett-Cotta 1990

Planck, M.: Vorträge und Erinnerungen. Darmstadt: Wissenschaftliche Buchgesellschaft 1965

Plessner, H.: Die Einheit der Sinne. Grundlinien der Ästhesiologie des Geistes (1923). In: Ders.: Gesammelte Schriften. Bd. III. Frankfurt a. M.: Suhrkamp 1980

Polanyi, M.: Implizites Wissen. Frankfurt a. M.: Suhrkamp 1985

Popper, K. R.: Logik der Forschung. 3. Aufl. Tübingen: J. C. B. Mohr (Paul Siebeck) 1969

Reid, L. A.: Feeling and aesthetic understanding. In: R. A. Smith (Ed.): Aesthetic Concepts and Education. Urbana, IL: University of Illinois Press 1970, pp. 45-76

Reid, L. A.: Feeling, thinking, knowing. In: Proceedings of the Aristotelian Society, 87 (1976a), pp. 165-184

Reid, L. A.: Feeling and aesthetic knowing. In: Journal of Aesthetic Education, 10 (1976b) 3-4, pp. 11-27

Reid, L. A.: Art: feeling and knowing. In: Journal of Philosophy of Education, 15 (1981) 1, pp. 43-52

Reid, L. A.: Aesthetic knowledge in the arts. In: M. Ross (Ed.): The Arts. A Way of Knowing. Oxford: Pergamon Press 1983, pp. 19-41

Reid, L. A.: Arts and knowledge. In: British Journal of Aesthetics, 25 (1985) 2, pp. 114-124

Reimer, B.: What knowledge is of most worth in the arts? In: B. Reimer/R. A. Smith (Eds.): The Arts, Education, and Aesthetic Knowing. Ninety-first Yearbook of the National Society for the Study of Education. Part II. Chicago, IL: University of Chicago Press 1992, pp. 20-50

Rousseau, J.-J.: Emil oder Über die Erziehung. Vollst. Ausgabe. Bes. von L. Schmidts. 4. Aufl. Paderborn: Schöningh 1978

Russell, B.: Probleme der Philosophie (1912). Wien/Stuttgart: Europa 1950

Schack, A.: Anschauung und Erkenntnis in der Physik. Düsseldorf: Bagel 1961

Schiller, F.: Über die ästhetische Erziehung des Menschen in einer Reihe von Briefen. In: Sämtliche Werke. Hrsg. von G. Fricke/H. G. Göpfert. Bd. V. München: Hanser 1967, S. 570-669

Schnelle, H.: Sprache, Anschauung, Sinnesdaten. In: Neue Hefte für Philosophie, 18/19 (1980), S. 33-57

Schreier, H.: Wege zum Naturschönen. In: Grundschule, 18 (1986) 2, S. 20-22

Soostmeyer, M.: Zur Sache Sachunterricht. Zur Begründung eines situations-, handlungs- und sachorientierten Unterrichts in der Grundschule. Frankfurt a. M.: Peter Lang 1988

Uexküll, J. von: Theoretische Biologie (1928). Frankfurt a. M.: Suhrkamp 1973

Voges, R.: Das Ästhetische und die Erziehung. München: Fink 1979

Vollmer, G.: Probleme der Anschaulichkeit. In: Philosophia Naturalis, 19 (1982) 3-4, S. 278-314

Wagenschein, M.: Die Erde unter den Sternen: Ein Weg zu den Sternen für jeden von uns. München: Oldenbourg o.J. [1955]

Wagenschein, M.: Die Pädagogische Dimension der Physik. 4. Aufl. Braunschweig: Westermann 1976

Wagenschein, M.: Naturphänomene sehen und verstehen. Genetische Lehrgänge. Hrsg. von H. Chr. Berg. Stuttgart: Klett 1980

Weizsäcker, C. F. von: Die Tragweite der Wissenschaft. Bd. I. 2. Aufl. Stuttgart: S. Hirzel 1966

Weizsäcker, C. F. von: Zum Weltbild der Physik. 12. Aufl. Stuttgart: S. Hirzel 1976

Weizsäcker, C. F. von: Der bedrohte Friede. Politische Aufsätze 1945-1981. München/Wien: Hanser 1981

Weizsäcker, C. F. von: Aufbau der Physik. München/Wien: Hanser 1985

Welsch, W.: Aisthesis. Grundzüge und Perspektiven der Aristotelischen Sinneslehre. Stuttgart: Klett-Cotta 1987

Welsch, W.: Ästhetisches Denken. Stuttgart: Reclam 1990

Wieland, W.: Die aristotelische Physik. Untersuchungen über die Grundlegung der Naturwissenschaft und die sprachlichen Bedingungen der Prinzipienforschung bei Aristoteles. Göttingen: Vandenhoeck & Ruprecht 1962

Wulf, Chr.: Das gefährdete Auge. Ein Kaleidoskop der Geschichte des Sehens. In: D. Kamper/Chr. Wulf (Hrsg.): Das Schwinden der Sinne. Frankfurt a. M.: Suhrkamp 1984, S. 21-45

Kinderwelten - Zur ethnographischen Dimension von Kindheit

Erich Renner, Pädagogische Hochschule Erfurt

1. Ausgangspositionen

Der eigenständige Beitrag der Grundschulpädagogik zu dem, was heute interdisziplinär unter Kindheitsforschung firmiert, sollte sein Profil in der Vorstellung gewinnen, daß Kindheit/ Kindsein als Zeit „erhöhter Lernbereitschaft" zu sehen ist, eine Zeit, in der sich grundlegende Lern- und Bildungsprozesse vollziehen. Ergebnisse der Kindheitsforschung konstituieren vor diesem Hintergrund nicht nur die erziehungswissenschaftliche Grundlegung der Grundschulpädagogik, sondern ergeben auch einen Bezugsrahmen für gegenstandsbezogene, d.h. unterrichtliche Aufgabenfelder mit den Kernfächern Deutsch, Sachunterricht, Mathematik. (Renner 1990; 1995, S. 52, 53). Kinderwelten oder auch Kinderleben/Kindsein in anderen Kulturen sind in diesem Kontext als mögliche und notwendige Konkretisierungen von Kindheitsforschung zu verstehen. Zweierlei Perspektiven lassen sich daraus ableiten, der Anspruch, wenig oder „un"-bekannte „Wege für das Verstehen der Welt" zu untersuchen und damit unser Verständnis vom kindlichen Menschsein zu erweitern und in Konsequenz daraus, solche Kinderwelten als modellähnliche Bezugsgrößen für eine interkulturelle Begründung des Sachunterrichts heranzuziehen.

2. Forschungslinien

Mary Ellen Goodman hat in ihrer Studie „Die Kultur der Kindheit" (1973[2]) versucht, Trugschlüsse amerikanischer Pädagogik und Kindererziehung anhand interkulturellen Materials aufzudecken. Sie meint damit vor allem zwei Trugschlüsse: der eine setze voraus, es gäbe universelle altersspezifische Verhaltensweisen in der kindlichen Entwicklung, der andere zeige sich als Unterschätzung des Kindes in seiner Fähigkeit, soziale Zusammenhänge wahrzunehmen und auf sie zu reagieren. Zur Diskussion ihrer Problemstellung verwendet sie Forschungsberichte und Selbstzeugnisse über Erziehung und Entwicklung aus Kulturen sehr unterschiedlicher Komplexität quer durch alle Kontinente. Ihre Analysen ergeben interessante Hinweise darauf, welche Konturen die kindliche Sicht auf ihre eigenen Lebensverhältnisse hat, z.B.: Kinder im Alter zwischen sechs und dreizehn Jahren nehmen die Konfigurierung des Eltern-Kind-Verhältnisses wahr und strukturieren ihre eigenen Erwartungen entsprechend (S. 62); Kinder (der gleichen Altersgruppierung) haben generell eine Neigung, genau und kritisch zu beobachten. Ihre Urteile über sich und andere sind im Kontext der eigenen, der beobachteten Lebenswelt angesiedelt (S. 94).

Elisabeth Grohs hat in einer ethnopädagogisch-vergleichenden Untersuchung (1992), in der sie Studien über die Bambuti/Zaire, Kung-San/Botswana, Inuit/Kanada; Iatmul/Neuguinea, Alor/Indonesien, Tallensi/Ghana, Hausa/Nigeria diskutiert, auf die eigenständige Rolle der Kinder im Sozialisationsprozeß hingewiesen. Danach werden die komplexen erzieherischen und sozialisatorischen Einflüsse in den verschiedenen kulturellen Milieus von den Kindern „unterschiedlich aufgegriffen". Dies funktioniere nur deshalb, weil es zumeist keine starren Muster der Internalisierung gäbe. Grohs sieht vor allem in den Spielgruppen und ihren Aktivitäten ein Feld der Erprobung familiär-kultureller Vorgaben.

Marie-José van de Loo und Margarete Reinhart haben in den Beiträgen ihres Sammelbandes „Kinder", ethnologische Forschungen in fünf Kontinenten (1993), „Kindheit als eine eigene Lebenswelt" (S. 10) ins Gespräch gebracht. Sie wollen die Verschiedenheit und Unvergleichbarkeit von Kindheiten belegen und Argumente dafür liefern, daß Kindsein kein prototypisches Erwachsensein bedeuten könne. Damit dokumentieren die Beiträge ein verändertes Verständnis von Kindheit und zeigen dies vor allem in ihren Forschungsansätzen. Kinder als Subjekte ethnologischer Forschungsfragen finden sich in den Arbeiten von Ingrid Kummels bei den Raramuri (Tarahumara) in Nordmexiko, von Florence Weiss bei den Iatmul auf Neuguinea, von Unni Wikan in den Armenvierteln Kairos, von Charlotte Hardman bei den Schulkindern von St. Barnabas/Oxford. Jean Lydall und Edith Turner praktizieren Feldforschung in Begleitung und unter Einbezug ihrer eigenen Kinder bei den Hamar, Äthiopien bzw. den Ndembu, Sambia.

Der Sammelband „Kinderwelten", pädagogische, ethnologische und literaturwissenschaftliche Annäherungen (Renner 1995), versteht sich ausdrücklich als Weiterführung der Kindheitsdiskussion im Sinne der These „children as social actors", wie sie durch die oben vorgestellten Publikationen umrissen worden ist.

Die darin vorgelegten Beiträge verfolgen ganz bewußt eine interdisziplinäre Linie. Die kinderliterarischen und autobiographisch ausgerichteten Arbeiten (Richter, Ulrich, Seidenfaden) kreisen um das Problem des Spielraums kindlicher Selbstverfügung. Die Anwendung ethnographischer Forschungskonzepte in den Beiträgen von Pasquale/Behnken/Zinnecker, Kirchhöfer, Schneider zeigt, wie eine stärkere Berücksichtigung der Kinder als Subjekte ihrer eigenen Kindheit notwendig und möglich ist. Ergebnisse ethnologischer bzw. ethnopädagogischer Forschungen (Kubik, Lydall, Rauter, Renner, Weiss) belegen die außerordentliche Varianz an Situationen des Aufwachsens.

Nachfolgend sollen zwei kontrastive kulturelle Modelle des Aufwachsens vorgestellt werden, und zwar das Beispiel der Navajo im Südwesten der USA und das der Fulbe im heutigen Mali. Grundlage dafür sind authentische Erfahrungen aus diesen Lebenswelten. Authentisch heißt, es wird vor allem selbstbiographisches Material verwendet, das von Angehörigen der genannten Kulturen stammt, von ihnen erzählt und/oder aufgeschrieben worden ist. Kinderwelten des Aufwachsens sollen so die Sicht von Betroffenen spiegeln. *Selbstbiographische Texte werden in diesem Zusammenhang als Lern- und Bildungsgeschichten angesehen, in denen die Autoren authentische, d.h. erlebte und mitgeteilte Erfahrungen im Hinblick auf ihre eigene Identität, auf ihr Selbstverständnis verarbeiten.* Sie entwerfen damit subjektive Theorien ihrer eigenen Entwicklung, die den Charakter von Optionen haben. Der ethnopädagogische Ansatz auf biographischer Grundlage ist ein Instrument zur Rekonstruktion solcher Selbstthematisierungen. (Vgl. dazu Renner 1996 [b]; Renner 1997)

3. Aufwachsen als Navajo - die gesungene Harmonie des Leben

3.1 Hoskininis Ururenkel

Große Teile der heutigen Navajo-Reservation waren bis ins 20. Jahrhundert von weißen Einflüssen nahezu unberührt. Dies gilt in besonderer Weise für den sogenannten Paiute-Strip, ein Gebiet nördlich der Black Mesa bis zum San Juan River, also Teile des nördlichen Arizona und des südlichen Utah mit Monument Valley als Zentrum. Der legendäre Hoskinini war in diesem Areal der bedeutendste Navajoführer. Der Deportation der Navajos im Jahr 1864 konnte er sich durch Rückzug in das unwegsame Canyongebiet um Navajo Mountain entziehen. Sein Sohn Hoskinini-Begay erinnert sich an diese Zeit, als er selbst fünf Jahre alt gewesen ist, als eine Zeit großer Entbehrungen. (Kelly 1953) Durch die Weitsicht des Vaters, der die von Kit Carson nicht getöteten Herdentiere zusammentreiben und Futter- und Nahrungsreserven anlegen ließ, konnte die anfängliche Notsituation im Rückzugsgebiet überstanden und schließlich ins Positive gewendet werden. Nach sechs Jahren der selbst gewählten Isolation und nach der Rückkehr der deportierten Navajos ins angestammte Land konnte dann die Hoskinini-Gruppe mit ihrem zwischenzeitlich deutlich gewachsenen Herdenbestand für die ausgehungerten Stammesgenossen eine große Hilfe sein. Jahre der Prosperität folgten für die Navajos, Jahre der traditionellen Intensivierung und Restaurierung des Lebens.

Erst nach der Jahrhundertwende, im Jahr 1906 gründete James Wetherill in diesem Gebiet den Handelsposten Oljeto gegen den anfänglichen Widerstand Hoskininis und seiner Navajos. (Gillmore, Wetherill 1934) Knapp 20 Jahre später,1925, folgte ihm Harry Goulding mit der Gründung des Trading Post „Goulding's". Auch gegen seine Niederlassung gab es Widerstände von seiten der Navajos. Nach zweijähriger Existenz des Handelspostens als Zeltlager drängten die Hoskinini-Navajos auf Abzug. Goulding weigerte sich, und die Indianer hatten keine Möglichkeit, ihn loszuwerden. Aber erst 1938 gelang es Goulding, das Areal käuflich zu erwerben, denn es gehörte zu dem Gebiet, das sich der Staat Utah für kommunale Zwecke vorbehalten hat. (Moon, S. 29, 36) Meine beiden Gewährsleute für traditionelles Aufwachsen unter den Navajos, Vergil Bedoni (geb. 1953) und sein Halbbruder Joe Atene (geb. 1970), sind direkte Nachkommen Hoskininis. Er war ihr Urururgroßvater. In Vergils rhetorisch wiederholender, typischer Navajo-Version: „Der Vater meines Großvaters hieß Hoskinini-Begay, das heißt Hoskininis Sohn, dessen Vater Hoskinini, der große Häuptling des Monument Valley im 19. Jahrhundert gewesen ist. (...) Ich bin stolz, Teil der Familie zu sein, deren Urgroßvater Hoskinini gewesen war, (…) Ich habe (die Geschichten über Hoskinini) von meinem Großvater gelernt, dessen Großvater wiederum der große Hoskinini war." (Renner 1996 [a], S. 75, 76)

3.2 Die gesungene Harmonisierung des Alltags

Authentische Erfahrungen mit dem alltäglichen Leben der Navajos, die von den 20er Jahren bis Anfang der 60er Jahre unseres Jahrhunderts reichen, liefert uns die Biographie des Monument Valley - Händlers Harry Goulding. Neben dessen selbstbiographischen Texten umfaßt diese Publikation Äußerungen und Kommentare seiner Frau Mike und ihres Bruders Maurice (Moon 1992). Sie entwerfen insgesamt ein sehr positives Bild der Navajos, in dem das non-zeremoniale Singen ein interessantes Charakteristikum bildet. „In jenen Jahren hörte man sie schon von weitem zum Trading Post kommen, die ganze Ebene entlang, wenn sie mit Gespannen oder zu Pferd unterwegs waren. (...) Es gibt hier bis heute im ganzen Valley keinen Navajo, der nicht singen kann. (...) Und sie sangen ihre besonderen Lieder, daß sie von den Klippen hinter dem Trading Post widerhallten. Besonders morgens war das sehr eindrucksvoll." (Moon, S. 44, eigene Übersetzung; vgl. auch andere Beispiele S. 73, 158, 168). Und Harry Goulding erinnert sich sogar an einen besonders schönen Chant, so daß er ihn in englischer Version wiedergibt. (Vgl. S. 45). Sein Schwager Maurice kommentiert die eigenen Erfahrungen mit dem Singen der Navajos so: „Sie sind ein glückliches Volk, hätte man sie nur so gelassen. Jeden Morgen bei Tagesanbruch konnte man sie auf ihren Pferden durch den Canyon kommen hören - und alles nur mit Gesang. Aber damit ist es aus. Muß man nicht das Singen aufgeben bei einer Regierung, die einem ständig zusetzt? (Die Navajos) hatten das perfekte Leben, bis die Weißen sie darin störten." (Moon, S. 65, eigene Übersetzung).

Ganz offenbar verfügt auch der durchschnittliche Navajo über ein bestimmtes Song-Repertoire, wie es Vogt/Albert in der „Harvard - Comparative Study of Values" konstatieren: „Die Männer gewinnen einen Großteil ihrer Lebensfreude beim Singen sowohl in ritualisierten als auch alltäglichen Situationen." (1966, S. 278). Für den 1948 geborenen Tom Tsosie verschmelzen non-zeremoniale Erfahrungen des Singens mit zeremoniellen, wie er in einem selbstbiographischen Interview bekennt: „Mein Großvater hat oft gesungen, deshalb wollte er, daß ich mit ihm singe. Und immer, wenn man ihn zu einer Zeremonie gerufen hat, habe ich ihn begleitet und so einiges von unserer Religion gelernt. Großvater sang den Spirit Way, deshalb habe ich viele Lieder von ihm gelernt." (Moon, S. 189). Vergil Bedonis Erinnerungen an das Leben mit den Großeltern mütterlicherseits sind geprägt von intensiven Erfahrungen mit deren Songrepertoire: „Wenn ich mit meinem Großvater Schafe hüten war, sang er Lieder und die Texte bedeuteten etwas. Manchmal sang er von der Vergangenheit, wie man damals anders lebte, aber die Zeiten waren sehr hart. Also sang er Lieder über die Taten der Leute. Viele waren traurig, und er dachte damit an die guten Zeiten zurück, die vergangen waren. Großvater brachte mir viel bei. Er lehrte mich, ein Pferd zu reiten und auch, wie man ein Pferd gefügsam macht. Er sang ein Navajo-Lied, das er das Pferdelied nannte. Wenn man dieses Lied singen konnte, war es leichter ein Pferd zu zähmen, und es half, das ganze Leben über Pferde zu besitzen. Wenn man dieses Pferdelied singen konnte, half es einem bei vielen Dingen, die mit Pferden zu tun hatten. Mit den Schafen war es genau so. Großmutter hatte meistens die Aufgabe, auf die Schafe aufzupassen. Wir hatten etwa 400 bis 500 Schafe, und sie kannte das Lied der Schafe, deshalb besaß sie soviel Schafe." (Renner 1996 [a], S. 71). An anderer Stelle erzählt auch Vergil, wie ihn der Großvater zu den Zeremonien mitgenommen hat. Wenn sie dann beide zusammen auf dem Pferd viele Meilen miteinander geritten sind, hat er ihm Lieder beigebracht: „Zuerst begann er mit ganz einfachen Liedern, die vielleicht nur eine Strophe hatten, nach und nach kamen dann auch die längeren Lieder an die Reihe. Ich lernte ziemlich schnell, was die Lieder bedeuteten, jedes Lied handelte vom Leben oder der Geschichte unseres Volkes, und obwohl man auch einfach Lieder erfinden konnte, so waren diese Lieder doch heilig und voller Bedeutung. Die meisten Lieder habe ich wieder vergessen, weil ich sie nicht oft genug wiederholt habe, aber immer wenn ich sie bei einer Zeremonie wiederhöre, bringt das viele Erinnerungen zurück. Trotzdem ist es nie dasselbe, weil mein Großvater die Lieder auf eine bestimmte Art sang, die nur ich verstehen konnte." (Renner 1996 [a], S. 65/66) .

Die Schwitzhütte stellt ein anderes Erlebnisfeld dar, in dem alltägliches non-zeremonielles und zeremonielles Singen eng aufeinander bezogen sind, weil dafür keine Ritualspezialisten gebraucht werden. Jeder Navajo kann eine Schwitzhütte bauen, um sich rituell zu reinigen, sofern er die dafür notwendigen Vorschriften beachtet. Sowohl Vergil als auch Joe erzählen aus ihren Kindertagen ausführlich über Erfahrungen mit und in der sweat lodge. (Renner 1996 [a], S. 121-123, 191). Beide machen aber deutlich, daß bestimmte Lieder gesungen werden müssen, die zur Reinigungszeremonie gehören, d.h., es muß jemand oder mehrere müssen dabei sein, die diese Lieder kennen. In der Schwitzhütte „finden währenddessen viele Zeremonien statt, viele heilige Lieder und Gebete werden gesungen und gesprochen, aber die Männer machen auch Witze, erzählen Geschichten aus ihrem Leben, manchmal lustig, manchmal traurig,..."(Renner 1996 [a], S. 122). Vergil stellt, ausgehend von seinen Kindheitserfahrungen, für sich einen aktuellen Bezug her: „Bis heute gehe ich regelmäßig in die Schwitzhütte, um mich und meine Gedanken zu reinigen, immer wenn ich ein Problem habe, kann ich dort meine Gedanken ordnen und komme gestärkt wieder heraus. Ich kann dann das angehen, was meine Seele oder meinen Kopf beschäftigt. Nach einem Besuch in der Schwitzhütte fühlt man sich sehr aktiv und energiegeladen, hat einen klaren Kopf, kann alle Probleme angehen."(Renner 1996 [a], S. 123).

Lucky's Erinnerungen an die Spiele seiner frühen Kindheit zu Anfang unseres Jahrhunderts zeigen, wie die Alltäglichkeiten der Erwachsenen die Kinder zur Nachahmung veranlassen. Also imitiert er mit anderen Kindern die miterlebte Pubertätszeremonie (kinaaldá), die sein Großvater geleitet hat. Und Lucky berichtet, wie er selbst dann die Leitung der imitativen kindlichen Zeremonie übernommen hat, wie er zu singen anfängt und die Spielkameraden ihn begleiten, ohne daß sie wissen, was es mit dem Singen auf sich hat. (Vgl. dazu Renner

1995, Anmerkung 5, S. 197). Die allerersten Erinnerungen des Blessingway-Singer Frank Mitchell haben mit Zeremonien in seiner Familie zu tun. Man ermahnte die Kinder, nicht einzuschlafen. Als es Frank doch passierte, wurde er vom Großvater ziemlich rigoros wieder zur Besinnung gebracht (1978, S. 29).

Der Klassiker unter den selbstbiographischen Dokumenten von Navajos, die von Walter Dyk aufgenommene zweibändige Lebensgeschichte von Son of Old Man Hat bzw. Left Handed (1947, 1967[2]; 1980), enthält eine Fülle von Erfahrungen, in denen das Singen als Konzept der Harmonisierung des alltäglichen Lebens praktiziert wird. Diese Erfahrungen reichen vom Beobachten des Vaters, der Lieder bei einfachen Heilhandlungen singt (S. 32/33), der den Owl Song zelebriert, um die Schafe vor der Witterung zu schützen (S. 67), bis zur systematischen Unterweisung im Alter von etwa 10 Jahren durch einen Verwandten, bei der es um ein Repertoire von Liedern geht, mit denen die materielle Wohlfahrt gesichert werden soll (S. 75-81). Als Jugendlicher muß Left Handed dann eine zweite komplexe systematische Lernphase absolvieren, die das ursprünglich gelernte Repertoire vervollständigt (S. 256-258).(Vgl. dazu Renner 1995, S. 189; Anmerkung 3, S. 196/197).

1.3 Die zeremonielle Harmonisierung des Lebens

In den zitierten Kindheitserinnerungen wurde die Verflechtung des Alltäglichen mit dem Zeremonialleben bereits angedeutet. Die Lieder der Großeltern haben den Enkeln, gewollt und ungewollt, die zeremoniale Sinnstruktur der Navajotradition permanent vor Augen geführt, d.h., die Enkel haben sie implizit gelernt, im Mitsingen, im Begleiten der Älteren zu den Zeremonien, im Dabeisein und Erleben der Zeremonien. Insbesondere internalisiert der Nachwuchs bei den Zeremonien deren multifunktionale Konzeption. Zeremonien werden immer für einzelne Patienten veranstaltet, denn sie „zielen auf die Wiederherstellung eines ausgewogenen Verhältnisses zur Schöpfung für eine konkrete Person und leisten damit einen Beitrag zur allgemeinen" Harmonisierung des Lebens (Renner 1995, S. 190), aber andere können, sollen sich beteiligen. Die Ausrichtung insgesamt hat außerdem eine kollektive, eine öffentliche Seite, somit geht es auch um eine Harmonisierung der kollektiven Situation. Und Kinder sind, über ihre Teilnahme mit Eltern und Großeltern hinaus, bei wichtigen Zeremonien einbezogen. Bei der Yeibichai-Zeremonie (Night Chant) in Shiprock, N.M., an der ich im Herbst 1993 mit meinem Sohn Andreas teilgenommen habe, waren Kinder mit Erwachsenen zusammen nicht nur Nebenpatienten, sondern wurden an verschiedenen Tagen mit Erwachsenen in die Zeremonie initiiert:

„Gegen 21.00 Uhr haben sich am Hogan-Eingang Knaben, Männer und Frauen verschiedenen Alters zur Initiationsfeier versammelt. An der Westseite sitzt der

Zeremonialleiter mit seinen Assistenten im Kreis. Die Initianden sitzen im Halbkreis zwischen Ofen und Hogantür. Zwei Yei-Tänzer sind im Raum. Während die Gruppe der Medizinmänner rhythmisch zu singen anfängt, von Kürbisrassel und Trommel des Leiters und eines Assistenten geführt, arbeiten die Yei-Tänzer mit den Initianden. Sie benutzen zwei Yuccarippen, die sie kreuzweise auf den nackten Rücken und die Brust auflegen. Dabei stoßen sie wolfsähnliche Heultöne aus. Dann müssen die Initianden Maismehl aus einem Beutel nehmen und dieses den Yeis auf Mund und Kopf tupfen, dann sich selbst. Schließlich dürfen die Initianden durch eine Yei-Maske hindurchsehen. Beendet wird das Ritual durch Einreiben von Körper und Beinen mit einer Art Weihrauch." (Tagebuchauszug vom 30.09.1993; vgl. Renner 1996 [a], S. 32; vgl. auch Kluckhohn/Leighton 1946, S. 145/146).

Vergil Bedonis Kenntnisse bestimmter Zeremonien sind so detailliert, wie sie nur durch eigenes Erleben entstehen können. Er erzählt in vielen Einzelheiten vom Night Chant (Yeibichai), vom Squaw Dance (Enemy Way), vom Fire Dance, von der Girl's Puberty Ceremony (Kinaaldá) und kommt zu der Bewertung, daß die Navajos ihre Heilungszeremonien als sehr bedeutsam ansehen und deshalb die Medizinmänner hochschätzen. Und er bringt diese Erfahrung für sich auf den Punkt. Zuerst schildert er ausführlich seine „erste Zeremonie", dann fährt er fort: "Seit dieser ersten Bekanntschaft mit der Zeremonie meines Großvaters glaube ich an unsere Zeremonien und nehme oft an ihnen teil, und ich lasse auch für mich regelmäßig Zeremonien abhalten." (Vgl. Renner 1996 [a], S. 52-53; 53).

Vergils Halbbruder Joe Atene bezeichnet seine gesamte Familie als traditionell erzogen. Seine Brüder, insgesamt 10 an der Zahl, seien traditionell orientiert, sie glaubten an traditionelle Zeremonien, aus ihnen bezögen sie Halt und Hilfe. Die Wirklichkeit dieser Traditionsorientierung erfahre ich während meines Aufenthalts im Herbst 1994, als ich zur Teilnahme an einer Enemy-Way-Zeremonie für Vergils und Joes Mutter eingeladen werde. Dabei lerne ich verschiedene Familienmitglieder kennen, u.a. Joes Vater, der als aussichtsreicher Medizin-mann-Aspirant gilt, und erlebe die von Joe beschworene Relevanz traditionellen Lebens. (Tagebuch vom 16.09.94, in Renner 1996 [a], S. 42-47).

Eine Sammlung von 22 autobiographischen Texten, unter Federführung des Navajo Community College in Tsaile, Arizona entstanden, enthält vielfältige Erfahrungen mit der Zeremonialstruktur der Navajos, der zeremoniellen Harmonisierung des Navajolebens (Johnson 1977). Die Erzähler, zwischen 1882 und 1920 geboren, repräsentieren Navajo-Generationen, zu deren Selbstverständnis die Internalisierung des traditionellen Wissens gehört. Der als Illustrator des traditionellen Lebens bekanntgewordene Hoke Denetsosie formuliert diese Erfahrung so: „Man erwartete von jedem, daß er das Grundwissen der Navajokultur, Sozialstruktur, religiöse Konzeption und Rituale kannte und lernte. Durch Legenden, Mythen und Lieder brachte man es den Kindern bei." (S. 78) Als „never-ending-old-time-lectures" erinnert Buck Austin, einer der anderen Autoren, diese Erfahrung (S. 136). Die Navajofrau Ashie Tsosie bringt eine aktuelle Perspektive ins Gespräch: „Unsere Kinder müssen beides kennen, ihre indianische Kultur und die Anglokultur. Wenn wir beides beachten, können wir sicher sagen, unsere Kinder werden die Weisheit der Navajo mit ihren eigenen Kindern teilen." (S. 117). Von Lilly Atene, seiner Mutter, weiß Vergil Bedoni, daß sie, trotz ausdrücklichen Traditionsbewußtseins, sehr interessiert darin gewesen ist, „daß wir alle eine Ausbildung bekämen, die Art der Weißen kennenlernen,..." (Renner 1996 [a], S. 55).

3.4 Die gesungene Harmonisierung des Lebens
- eine schulische Version

In den vierziger Jahren gab es ein gewisses Umdenken in der schulischen Ausbildung der Navajokinder, man wollte insbesondere den bilingualen Unterricht forcieren. In diesem Kontext entstand das als „Little Herder"- Serie bekanntgewordene jahreszeitlich gegliederte, vierbändige Lehrmaterial mit Geschichten über das Alltagsleben eines Navajomädchens, womit die Relevanz der Navajokultur offizielle Anerkennung erfährt.

Autorin der Lehrbücher war Ann Nolan Clark, Illustrator der oben zitierte Hoke Denetsosie (vgl. dazu Johnson, S. 97). In dreien dieser Bände kommt dem vokalen Grundmuster der Navajokultur eine zentrale Bedeutung zu.

In Band 1, „Little Herder in Autumn", erzählt das Mädchen von der Arbeit ihres Vaters als Silberschmied: „Today - my father sang - as he worked - at making a bracelet - for my arm.

His song - flowed into the silver circle - making it a circle of song. „Dazu gehört die Navajoversion, hier nur exemplarisch von den Zeilen „His song... " an wiedergegeben: „Bíghiin nizhóní yeé - shílátsíní shaah sitáago - nahalingo béénáshniih dooleet." (S. 39). Auch zur alltäglichen Arbeit der Mutter werden musikalische Bezüge hergestellt, z.B. beim Spinnen der Wolle (Under her fingers - it twists the wool - into straight beauty - like a trail of pollen - like a trail of song.); oder beim Weben (When my mother sits - on her sheepskin - weaving a blanket, on her loom - I think - it is like a song.). (Vgl. 1940, S. 56, 71).

In Band 2, „Little Herder in Winter", erzählt die Titelfigur u.a. von den alltäglichen Erschwernissen des Winters und wie der Vater mit Liedern das

Leben zu erleichtern versucht: „Quickly - my father sings - a funny song - to make laughter come - to my mother - and me" (1942, S. 43). Hauptthema dieses Bandes ist dann der Besuch einer Zeremonie, eines „Sing" (S. 69-88). Schon während der Fahrt mit dem Gespann dorthin erzählt das Mädchen von den Liedern seines Vaters (S. 72-74), von den rituellen Gesängen während der Zeremonie (S. 81-88) sowie den darauf folgenden sozialen Aktivitäten.

Band 4, „Little Herder in Summer", bringt wiederum eine Vielzahl alltäglicher Aktivitäten des Navajolebens, die von Liedern begleitet oder mit ihnen in Verbindung gebracht werden, z.b. das morgendliche Gebet (1942, S. 51), das Hüten der Schafe und das Bewahren der Besitztümer im allgemeinen (S. 68, 91/92, 94): „A song - a song - I am singing a song - to my sheep" (S. 94). Dabei wird auch deutlich, daß diese Lieder nicht immer überliefert sein müssen, sondern daß eigentlich jeder selbst welche machen kann. Das Mädchen erzählt, wie es für seine Besitztümer ein Lied macht, um die Schafe damit nach Hause zu begleiten: „I made a song about them - to sing the sheep home." (S. 97). Der Band schließt damit, wie der Vater mit dem heiligen „Star Song" seine Tochter in den Schlaf singt: „Softly my father sings - the Star Song - to the stars and me. (...) It is night. - Happiness comes to me. - I sleep." (Happiness...in Navajo: T'áá 'attsonì shá yá át' ééh. - 'Ashhosh.) (S. 116/117).

3.5 Diskussion: Das Verstehen der Welt als Navajo

In welcher Weise das Singen im traditionellen Stil zum Habitus heutiger Navajos gehören kann, haben meine beiden Gewährsleute Vergil Bedoni und Joe Atene spontan in verschiedenen Situationen demonstriert. Während seines Aufenthaltes in unserer Familie in Deutschland wurden wir zusammen von Freunden eingeladen. Nach einem üppigen Abendessen, kurz vor dem Abschied erklärt Vergil, er wolle sich mit einem Navajolied bedanken. Es ist ein einfaches, aber dennoch eindrucksvolles Lied. Ich bitte unsere Gastgeber, nicht nach dem Wortlaut zu fragen. Joe, den wir als guide bei einer Monument Valley Tour kennenlernen, zeigt uns die Sehenswürdigkeiten, zieht sich zurück in seinen Pickup und singt leise vor sich hin. An Tonfall und Wortlaut kann man hören, daß es keine moderne Musik ist. Als Joe dann vier Wochen bei uns zu Hause lebt, nimmt er mich unaufgefordert mit in sein Zimmer, legt mir eine seiner zahlreichen Kassetten in den Walkman und läßt mich traditionelle Navajolieder hören.

Das Standardwerk über die Navajos von Kluckhohn/Leighton (1946) enthält deutliche Hinweise auf die vokale Dimension des alltäglichen Lebens: „Jede Familie besitzt eine Anzahl von „good luck songs", von denen man Schutz der Familienmitglieder und der Besitztümer, Hilfe bei der Vermehrung der Ernte sowie Sicherheit und Vergrößerung der Herden erwartet" (S. 142). Auch für das Reisen gibt es viele Lieder, bei Trockenperioden, während der Wachstumsperioden der Feldfrüchte, beim Reinigen in der Schwitzhütte werden Lieder gesungen (Vgl. S. 142-144). Die Bedeutung des Zeremoniallebens für den durchschnittlichen Navajo wird in dieser Untersuchung sehr hoch angesetzt: „Alle erwachsenen Männer und einige Frauen sind in der Lage, an zeremoniellen Sandbildern mitzuarbeiten und aktiv am Singen der Zermonien teilzunehmen. ... Aus dem Ramah-Gebiet ist belegt, daß die erwachsenen Männer 1/4 bis 1/3 ihrer aktiven Zeit bei Zeremonien verbringen, bei den Frauen ist es 1/6 bis 1/5" (S.160). Gladys Reichard, Expertin für die Navajoreligion, schätzt die Vokalität der Navajos ähnlich hoch ein: „Für Navajos sind Lieder etwas Unabdingbares, sie sind Interpretation, Hoffnung, Schutz und Trost, (...) ein Mittel, um Frustration in Stärke zu verwandeln." (1950, S. 291).

Ein zweites Standardwerk von Leighton/Kluckhohn über die Navajos (1948[2]) konzentriert sich auf die Entwicklung vom Kind zum Erwachsenen. Die Autoren, der Kultur- und Persönlichkeitsschule verpflichtet, sammeln Material in drei Regionen der Navajo-Reservation: Rainbow Area; Shiprock Area; Ramah Area. Sie arbeiten mit selbstbiographischen Texten, untersuchen ihre Probanden mit einer ganzen Reihe von Tests und exemplifizieren Navajo-Entwicklungsverläufe anhand von 16 Fallstudien. Das Auffallendste bei den untersuchten 16 Kindern sei die große Variabilität ihrer Persönlichkeiten, auf denen der kulturtypische Überbau an Verhaltensweisen, Vorlieben und Zielen beruhe. (S. 225, 226). Dieser Überbau, das zentrale kulturelle Bindeelement der Navajokultur dürfte in ihrer ausgeprägten Vokalität zu suchen sein. Als Navajo die Welt im traditionellen Sinne zu verstehen bedeutet, vokal-ästhetische Erfahrungen aufzunehmen und zu internalisieren und diese in die Harmonisierung des eigenen Lebens zu investieren. Wer sich darauf einläßt, wandelt auf dem Navajo Trail of Beauty. Das kulturelle Selbstverständnis meines Gewährsmannes Vergil Bedoni dürfte ein Beispiel dafür sein.

4. Aufwachsen als Fulbe - Altersgruppen als Schule des Gemeinschaftslebens

4.1 Seßhafte und nomadisierende Fulbe

Bei den Fulbe handelt es sich um eine Ethnie, deren Verzweigungen in Westafrika, in der Sahelzone sowie in den Staaten Mali, Niger, Nigeria, Kamerun wohnhaft sind. Traditionellerweise sind die Fulbe Großviehzüchter, haben sich aber im Laufe des 19. Jahrhunderts im Kontext eines von ihnen begründeten islamischen Reiches und in enger Verbindung mit anderen Ethnien teilweise niedergelassen. Heute unterscheidet man sie eben nach nomadisierenden, rotohrige Fulbe genannt, und seßhaften ackerbau- und handeltreibenden Teilgruppen. Aber alle Teilgruppen stehen in der islamischen Tradition, die auf jene Staatengründung im Nigergebiet sowie auf den Mekkapilger El Hadji Omar zurückgeht, während ihre Nachbarvölker wie etwa die Bambara in religiöser Hinsicht den afrikanischen Ursprüngen treu geblieben sind. Trotzdem leben beide Ethnien eng miteinander zusammen, sind teilweise symbiotische Bindungen miteinander eingegangen. Interessant ist in diesem Kontext, wie seßhafte islamische Fulbe mit ihrer eigenen afrikanischen Tradition und der ihrer Nachbarn umgehen.

Der Fulbe-Gelehrte, Schriftsteller und Weise Amadou Hampâté Bâ (1993) ist für uns der Gewährsmann für Lebensverhältnisse islamischer Fulbe und traditioneller Bambara in der Stadt Bandiagara, heute in Mali gelegen. Bâ schildert in seinem autobiographischen Werk „Jäger des Wortes" seine Kindheit in diesem Teil Westafrikas (1991, dt. 1993).

4.2 Spielen, Lernen -Teilnehmen, Lernen

Da die Spielkameraden vor allem dem Volk der Bambara angehören, wird der kleine Amkoullel, so der Kindername Bâs, schon in einem sehr frühen Alter in die Bambaragemeinschaft der Kinder durch ein bestimmtes Ritual initiert. Dadurch kann er den Zeremonien der heiligen Maske des Komo gemeinsam mit seinen Freunden beiwohnen: „Da wir nun einmal im Bambaramilieu lebten, war es unerläßlich, dort Mitglied zu werden, denn andernfalls wäre es nicht möglich gewesen, unsere Kameraden in Bougouni (Stadtviertel) zu besuchen, da sie alle solchen Vereinigungen angehörten, und wir wären gezwungen gewesen, jedes Mal im Haus eingeschlossen zu bleiben, wenn die heilige Maske des Komo ihre Abgeschiedenheit verließ und anläßlich von Festen oder Zeremonien durch die Straßen lief. Für die kleinen Muslime war es reine Formsache dazuzugehören. Man lehrte uns die Geheimnisse des Riutals, die Erkennungszeichen und ein paar kleine Geschichten, aber kaum mehr." (S. 157). „Für (Vater) bedeutete meine Verbindung zu den kindlichen Initiationen der Bambara eine zusätzliche Gelegenheit, mir Wissen anzuzeigen." (S. 158; vgl. dazu Zahan 1969; Leiris 1985, S. 93-100).

Kurz darauf, im Alter von sieben Jahren, wird Amkoullel im Beisein seiner Eltern aus seiner frühen Kindheit entlassen, genannt „Tod der frühen Kindheit" und durch einen Koranlehrer mit einer kleinen Zeremonie zum Schüler bestimmt und erhält die erste Lektion: "... (ich war) tief beeindruckt von den feierlichen Begleitumständen meiner ersten Lektion"(S. 161). Täglich besucht er nun die Koranschule. Doch die Gleichzeitigkeit der Einflüsse beider kultureller Traditionen bleibt erhalten. Im Gehöft seiner Eltern finden jeden Abend Zusammenkünfte statt, bei denen die bedeutendsten Erzähler, Dichter, Musiker, Traditionalisten der Fulbe und Bambara zusammentreffen. Wenn bedeutende Feste stattfanden, kommen Bambara-Maskentänzer hinzu. „Schon in meiner frühen Kindheit hatte ich viele historische Erzählungen vernommen, die sowohl meiner Familiengeschichte väterlicherseits wie auch mütterlicherseits verknüpft waren, und ich kannte die Erzählungen und Geschichtchen, die man an die Kinder weitergab. Aber da entdeckte ich nun die wunderbare Welt der Mythen und großen phantastischen Geschichten, deren initiatorischer Sinn sich mir erst später offenbaren würde, den Rausch der großen Epen, die von den Taten der Helden unserer Geschichte berichteten, und den Zauber der großen Darbietungen von Musik und Dichtung, wo alle miteinander in Stegreifdichtung wetteiferten. (...) Alles, was ich abends im Hof meiner Eltern hörte, gab ich am Tag darauf an meine kleinen Spielkameraden weiter, und so verdiente ich mir die ersten Sporen als Erzähler;..." (S. 165, 166).

4.3 Schule des Gemeinschaftslebens

Zur traditionellen Fulbe-Sozialstruktur gehört ein System von Altersklassen, Waaldé genannt. Die ersten Waaldés werden bereits im Kindesalter gegründet. Ihre Gründung beruht auf der Initiative einzelner Kinder, die unter ihren Kameraden anerkannt sind. Mit elf ausgewählten Kameraden im Alter von 10 bis 12 Jahren beginnt Amkoullel, seine erste Altersklasse zu organisieren. Um offizielle Anerkennung zu erreichen, braucht er dazu Schirmherrschaft und Schutz einer Waaldé von Älteren. Er wählt dazu die seines älteren Bruders. Außerdem bedarf es der Wahl eines Ältesten, eines Vaters (mawdo) aus einer Altersklasse der Erwachsenen, der gleichzeitig Repräsentant, Ehrenpräsident, Verteidiger gegenüber der Bevölkerung sein muß. Die Struktur der Waaldé ist „hierarchisch aufgebaut und ein Abbild der Gesellschaft des Dorfes" (S. 203). Dabei sind verschiedene Ämter zu vergeben: ein Oberhaupt (amiru), ein Stellvertreter (diokko), ein Richter (kadi), Kommissare für Disziplin (mutassibi) und Sprecher (griots). Nachdem Amkoullel als Vorsitzender gewählt ist, gibt man sich eine Geschäftsordnung, in der strenge Verfahrensregeln festgelegt sind, nach der auch Strafen verhängt werden können. Vollversammlungen sind in der Trockenzeit wöchentlich, in der Regenzeit monatlich. Amkoullel erzählt, wie nach der ordentlichen Konstituierung die jüngeren Kinder aus der Waaldé seines Bruders in die seine überwechseln, so daß nach einiger Zeit, nach erfolgreicher Auseinandersetzung mit anderen Waaldés, die seine aus bis zu 70 Jungen aller ethnischen und sozialen Schichten Bandiagaras besteht. Sein Kommentar zur

Funktion solcher Vereinigungen: „Manche westlichen Leser werden sich vielleicht wundern, daß Jungen im Durchschnittsalter von zehn bis zwölf Jahren so regelmäßig Versammlungen abzuhalten und eine solche Sprache zu führen imstande waren. Das kommt daher, daß alles, was wir unternahmen, darauf abzielte, das Verhalten der Erwachsenen nachzuahmen, und *daß vom zartesten Alter an der Boden, der uns nährte, das Wort war.* Es fand keine Zusammenkunft, kein Palaver, keine Gerichtssitzung statt - mit Ausnahme von Kriegsversammlungen oder Zusammenkünften der Geheimgesellschaften - ohne unsere Anwesenheit, unter der Bedingung, daß wir uns ruhig verhielten und schwiegen. Die Sprache war damals blumig, üppig, mit beziehungsreichen Bildern beladen, und die Kinder, die weder Ohren noch Zungen in der Tasche trugen, hatten keine Mühe, sie wiederzugeben,... (...) Das Leben der Kinder in den Altersklassen stellte tatsächlich eine echte Schule des Gemeinschaftslebens und der Verantwortlichkeiten dar, unter dem unauffälligen, aber wachsamen Blick der Älteren, die die Schirmherrschaft innehatten." (S. 206).

Die Tradierung kulturellen Wissens in den Gruppierungen, in denen Amkoullel aktiv ist bzw. in denen er teilnehmender Beobachter ist, vermittelt neben dem Wissen auch die Erfahrung einer spezifisch afrikanischen Oralität, einer anthropologisch-ästhetischen Dimension afrika-nischer Herkunft. In seiner Formulierung lautet sie: „Die Schrift ist eine Sache und das Wissen eine andere. Die Schrift ist die Fotografie des Wissens, aber nicht das Wissen selbst. Das Wissen ist das Licht, das sich im Menschen befindet. Es ist das Erbe von allem, was die Vorfahren erkennen konnten und uns im Keim übermittelt haben, ganz so wie der Affenbrotbaum, der im Samenkorn in all seiner Mächtigkeit enthalten ist." (S. 212). Von Bâ stammt auch die Aussage, daß mit jedem Greis, der in Afrika stirbt, eine ganze Bibliothek verloren geht.

Zur Fulbetradition gehört auch, daß sich eine Waaldé um die Partnerschaft mit einer etwa gleichaltrigen Vereinigung der Mädchen bemüht. Dabei muß üblicherweise mit anderen Vereinigungen um die Gunst der Mädchen konkurriert werden. Amkoullels Schilderung der Werbung und Aktivitäten um eine Mädchen-Waaldé ist ein Dokument der Gleichberechtigung zwischen den Geschlechtern. Als Amkoullel von seiner Waaldé beauftragt wird, zusammen mit dem Ehrenpräsidenten, die Ehrenpräsidentin einer angesehenen Mädchenvereinigung aufzusuchen, um ihr einen entsprechenden Antrag zu unterbreiten, antwortet diese: „Ich persönlich habe der Waaldé von Amkoullel nichts abzuschlagen. (...) Ich bin eine Freundin und Altersgefährtin von Kadidja (seiner Mutter), Amkoullel ist mein Sohn. Aber ich verhehle dir nicht, daß die Waaldé von Maîrama Jeîdani sehr begehrt ist. Sie hat schon drei Anträge erhalten. Eurer ist der vierte. Die Sitte will, wie du weißt, daß die Mädchen selbst ihre Entscheidung treffen; ich darf sie nicht beeinflussen. Aber wenn sie mich um

Rat fragen sollten, dann weiß ich, wen ich empfehlen werde: die Waaldé von Amkoullel, das ist selbstverständlich." (S. 225).

Im Alter von 14 Jahren lebt Amkoullel mit seiner Familie in der Militärstadt Kati. Um Kontakt mit anderen Kindern zu bekommen, bemüht er sich um die Aufnahme in eine Vereinigung unbeschnittener Bambara, die aber zunächst scheitert. Schließlich gründet er mit anderen Bambara und der Unterstützung seiner Eltern auch hier eine eigene Waaldé. Etwas später wird er dann auch in die ursprünglich angestrebte Waaldé aufgenommen. (Vgl. dazu Leiris 1985, S. 93/94).

4.4 Rituelle Gemeinschaften und Bindungen

Im Zusammenhang mit der Schilderung der Beschneidung seines älteren Bruders vergleicht Bâ verschiedene Traditionslinien des Mannbarkeitsritus. Danach haben die islamisierten Fulbe die unter Muslimen übliche Beschneidungszeit der Jungen vom siebten Tage nach der Geburt auf das Alter zwischen sieben und vierzehn Jahren verschoben, während die „Busch-Fulbe" Mut als aktiven Beweis der Mannbarkeit voraussetzen, z.B. beim Schutz der Herden gegen Raubtiere, was ein höheres Alter notwendig macht. Den Bambara, mit denen die Fulbe in Bandiagara eng zusammenleben „gilt 21 Jahre als ideales Alter" (S. 235). In der Praxis werden die Bambara häufig früher beschnitten, um dadurch Beschimpfungen als „Unbeschnittener" (bilakoro) zu vermeiden. *Aber das Ansinnen Amkoullels, gleichzeitig mit seinem älteren Bruder beschnitten zu werden, lehnt der Rat des väterlichen Clans ab, weil die kameradschaftlich-brüderlichen Verpflichtungen, die sich aus gemeinsamer Beschneidung ableiten, der Altershierarchie der beiden Brüder zuwiderlaufe, Gehorsam und Pflicht des Jüngeren zur Hilfe gegenüber dem Älteren unmöglich mache* (S. 235/236). Zu den Verpflichtungen, die sich aus gemeinsamer Beschneidung ableiten, gehört lebenslange Kameradschaft, ja Bruderschaft mit der Pflicht zu wechselseitiger Hilfe. Damit verbunden ist das Recht der sogenannten Scherzverwandtschaft, joking relationship (dendiraku), nach der man sich auch in Öffentlichkeit „auf den Arm nehmen darf" sowie eine gewisse Galanterie gegenüber den Ehefrauen der Mitbeschnittenen zeigen darf.

Jahre später, Amkoullel ist bereits 15 Jahre alt und durch Schulaufenthalte außerhalb Bandiagaras immer noch nicht beschnitten, will der Vater die Zeremonie um ein weiteres Jahr verschieben, um ein der vornehmen Abstammung aus zwei bedeutenden Clans gemäßes Ritual zu feiern. Aus Furcht, während dieses weiteren Jahres als „bilakoro" zum Gespött seiner Altersgenossen zu werden, läßt er sich mit Hilfe einer Verwandten im Krankenhaus der Stadt Bamako beschneiden. Er erreicht damit, noch vor seinen Kameraden „kamalenkoro", Erwachsener im traditionellen Sinne zu sein und darf die entsprechende

Mütze tragen. (S. 371-374). Seine Familie nimmt ihm diese Eigenmächtigkeit letztlich nicht übel, sondern hat Verständnis.

4.5 Diskussion: Das Verstehen der Welt als Fulbe
Paul Riesman hat in langjähriger Feldarbeit bei den Fulbe die Entwicklung ihrer Grundpersönlichkeit zu erforschen versucht. Dabei vergleicht er die Fulbe mit ihren ehemaligen Sklaven, den Riimaaybe, mit denen sie in enger Symbiose leben. Würde, Zurückhaltung, Selbstkontrolle, Vornehmheit der Fulbe stehen danach in starkem Kontrast zu Emotionalität, Ausgelassenheit, Spontaneität der Riimaaybe, obwohl die Erziehungspraktiken beider Gruppen weitgehend übereinstimmen, so daß sich Kindheit in beiden Gruppen gleicht (S. 170). Nach Riesman sind für die Entwicklung bestimmter Grundpersönlichkeiten nicht die in der Eltern-Kind-Interaktion gemachten Erfahrungen der frühen Entwicklung prägend, sondern erst das Bewußtsein, einer bestimmten Gruppe zuzugehören, begründet die eine oder andere Entwicklungsrichtung. Danach ist das kulturspezifische Selbstverständnis einer Person Ergebnis der „Wahrnehmung davon, wie jemand mit der übrigen Welt in Verbindung steht - mit der eigenen Verwandtschaft, mit der eigenen Gesellschaft, mit anderen Gesellschaften und der Natur" (S. 177).

Diese Einschätzung entspricht den von Amadou Hampâté Bâ thematisierten Erfahrungen seiner Kindheit. Das außerfamiliäre Altersklassensystem auf der Grundlage individueller Initiativen führt die afrikanischen Traditionen der Bambara und der Fulbe zusammen, läßt aber konkurrenzfrei das Maskenbundwesen und den Islam nebeneinander bestehen. Es erlaubt sowohl den Bambara- als auch den Fulbekindern eine kulturelle Selbstorientierung. Amkoullels Identität hat außerdem den Hintergrund einer familiären Altershierarchie nach islamischem Muster sowie eine traditionelle Clan-Hierarchie der Fulbe. Das kulturelle Bindemittel, das die unterschiedlichen Traditionen zur Wirkung kommen läßt, ist in der ausgeprägten Oralität zu sehen. Die orale Ästhetik des alltäglichen und zeremoniellen Lebens gibt dem kulturellen Selbstverständnis der Fulbe ihre spezifische Kontur.

5. Zusammenfassung und vergleichende Aspekte

5.1 Lebensweltliche Atmosphären des Aufwachsens: Vokalität und Oralität

Beide Lebenswelten, die der Navajos und die der Fulbe, repräsentieren für die Heranwachsenden spezifische Versionen von Geborgenheit, eine vokalgestimmte bzw. eine oralgestimmte. Diese kulturellen Grundgestimmtheiten haben den Charakter anthropologisch-pädagogischer Atmosphären. Ihre strukturellen Merkmale sind eine allseitige Durchdringung aller Lebensbereiche, ihre ständige lebenspraktische Bedeutung und vor allem eine vielseitige Beteiligung der Generationen. Die in solchen Atmosphären wachsenden Erfahrungen beruhen für Kinder und Jugendliche nicht nur auf ihrer teilnehmenden Beobachtung und imitativem Nachleben, sondern sie gründen auf einer Art dialogischem Prinzip. Erwachsene Bezugspersonen stehen mit ihrer Lebensweise für diese Erfahrungen, die Heranwachsenden erleben sie im funktionalen Sinn als Vorbilder. Auf dieser Grundlage können sich dialogische Beziehungen entwickeln, von denen aus für die Heranwachsenen Wege zum Verstehen der Welt eröffnet werden.

Auch als Varianten lebensweltlicher Atmosphären haben die Navajo- und die Fulbe-Tradition gewisse Gemeinsamkeiten. Ein Navajokind, das erlebt, wie seine Bezugspersonen ihr alltägliches Leben, ihre Aktivitäten permanent vokal begleiten, dürfte sich in seiner natürlichen emotionalen Gestimmtheit besonders angesprochen fühlen. Wenn diese Vokalität sich dann als Lebensprinzip herausstellt, das auch die sozialen und religiösen Aktivitäten bestimmt, ergibt sich eine besonders prägsame sozialisatorische Dichte.

Für ein Fulbekind ist das Zusammenschließen in altersähnlichen Gruppierungen bereits eine frühe Lebenserfahrung. Dazu gehört die Wahrnehmung, daß diese Gruppierungen im Kontext der Fulbe-Lebenswelt gewollt sind, und daß sie, obwohl sie als eine Art eigenständiger Kinderkultur erscheinen mögen, dennoch ständig im Blickfeld der Erwachsenen bleiben. Besonders einflußreich ist in diesem Kontext das kulturspezifische kommunikative Grundverhältnis, d.h., die von den Erwachsenen praktizierte vielseitige Oralität hat eine vorbildhafte Funktion für die Altersvereinigungen des Nachwuchses, sie ist deren sozialisatorisches Bindeelement.

5.2 Vergleichende Aspekte

Der Blick auf fremdkulturelle Welten des Aufwachsens provoziert nicht nur implizit einen Vergleich mit den eigenen Verhältnissen. Läßt man sich explizit darauf ein und versucht eine kulturelle Grundhaltung der abendländisch-westlichen Kultur auf etwa der gleichen Ebene zu bestimmen, wie sie mit der Vokalität der Navajo und der Oralität der Fulbe herausgearbeitet wurde, dann dürfte in Rationalität/Modernität wohl eine entsprechende Kategorie zu sehen sein. Wir verbinden damit die Vorstellung einer rational begründeten Denk- und Lebensweise, von der aus eine individuelle Sinngebung des Lebens möglich sein soll. Im Kontext des Aufwachsens zeigen sich diese Vorgaben vor allem in Tendenzen zu einer möglichst frühen Kognitivierung kindlicher Lebenswelten, wie sie beispielsweise im Zusammenhang mit der Proklamierung einer allgemeinen und prinzipiellen Wissenschaftsorientierung während der Schulreformansätze Ende der 60er/Anfang der 70er Jahre öffentlich geworden sind. Daß diese Versuche in ihren verabsolutierenden Varianten als Fehlschläge betrachtet werden können und deshalb wieder zurückgenommen wurden, hat die prinzipielle Orientierung an Rationalität und Kognitivierung nicht aufheben können. Immerhin hat sich in der Folge ein stärkeres Bewußtsein für die sozial-emotionale Seite von Entwicklung und Lernen durchgesetzt. Noch nicht angemessen wahrgenommen scheint die Notwendigkeit, daß die sozial-emotionale Seite der Entwicklung und des Lernens lebensweltliche Kontexte in Familie und Schule braucht, die positiv personal besetzt sind. Jean Piaget, der ja häufig zu einseitig als Protagonist einer kognitivistischen Betrachtung der kindlichen Entwicklung gilt, formuliert, daß „...die intellektuelle Verarbeitung unserer Erfahrung der Welt beständig von der affektiven Verarbeitung der zwischenmenschlichen Beziehungen getragen werden" (nach Malson 1981, S. 62). Die vokal bzw. oral gestimmten lebensweltlichen Atmosphären des Aufwachsens bei Navajo und Fulbe können uns Beispiele einer sozial-emotionalen Einbettung der Entwicklung insgesamt und damit auch ihrer kognitiven Seite sein.

Literatur

Bâ, Amadou Hampâté: Jäger des Wortes. Eine Kindheit in Westafrika. Wuppertal: Hammer 1993

Bâ, Amadou Hampâté: Wangrins seltsames Schicksal. Frankfurt/M.: Lembeck 1986

Clark, Ann: Little Herder in Autumn. 1940; Little Herder in Winter. 1942; Little Herder in Spring. 1940; Little Herder in Summer. 1942. A Publication of the Education Division, US Office of Indian Affairs. Phoenix, Arizona

Goodman, Mary Ellen: The Culture of Childhood. Child's-Eye Views of Society and Culture. Columbia University - Teachers College Press 1970

Frisbie, Charlotte J./McAllester, David P.(eds.): Navajo Blessingway Singer. The Autobiographie of Frank Mitchell 1881-1967: Tucson: The University of Arizona Press 1978

Gillmor, Francis/Wetherill, Louisa Wade: Trader of the Navajo. Albuquerque: University of New Mexico Press 1934, 1952

Grohs, Elisabeth: Frühkindliche Sozialisation in traditionellen Gesellschaften. In: Müller, Klaus E./Treml, Alfred K. (Hrsg.): Ethnopädagogik. Sozialisation und Erziehung in traditionellen Gesellschaften. Berlin: Reimer 1992, S. 31-60

Hoskaninini-Begay: Chief Hoskanini as told to Charles Kelly. In: Utah Historical Quarterly 21, July 1953, S. 219-226

Johnson, Broderick H. (ed.): Stories of Traditionel Navajo Life and Culture by Twentytwo Navajo Men and Women. Tsaile, Arizona: Navajo Community College Press 1977

Kluckhohn, Clyde/Leighton, Dorothea: The Navaho. Cambridge, Mass.: Harvard University Press 1946

Leighton, Dorothea/Kluckhohn, Clyde: Children of the People. The Navaho Individual and his Development. Cambridge, Mass.: Harvard University Press 1948[2]

Leiris, Michel: Phantom Afrika. Tagebuch einer Expedition von Dakar nach Djibouti 1931-1933. Erster Teil. Frankfurt/M.: Suhrkamp 1985, stw 576

Loo, Marie-José van de/Reinhard, Margarete (Hrsg.): Kinder. Ethnologische Forschungen in fünf Kontinenten. München: Trickster 1993

Malson, Lucien u.a.: Die wilden Kinder. Frankfurt/M.: Suhrkamp 1981

Moon, Samuel: Tall Sheep. Harry Goulding - Monument Valley Trader. Norman, London: University of Oklahoma Press 1992

Reichard, Gladys A.: Navaho Religion. A Study of Symbolism. Princeton: University Press 1977

Renner, Erich: Die Suche nach Harmonie: Navajo-Versionen. Weinheim: Deutscher Studien Verlag 1996 [a]

Renner, Erich : Changing Woman's Enkel: Führt der Pfad der Schönheit in die Zukunft. In: derselbe (Hrsg.): Kinderwelten. Pädagogische, ethnologische, literaturwissenschaftliche Annäherungen. Weinheim: Deutscher Studien Verlag 1995, S. 184-201

Renner, Erich: Heimweh nach den Renen. Problem des Kulturwandels und individueller Modernisierung bei den Samen (Lappen). In: Rist, Thomas (Hrsg.): Sprache, Sprachen, Kulturen - Entdecken, Erforschen, Lernen, Lehren. Thematische Festschrift zum 65. Geburtstag von Heribert Rück, Landauer Universitätsschriften, Landau: Knecht Verlag 1996 [b], S. 511-532

Renner, Erich (Hrsg.): Kinderwelten. Pädagogische, ethnologische, literaturwissenschaftliche Annäherungen. Weinheim: Deutscher Studien Verlag 1995

Renner, Erich: Konturen der Grundschulpädagogik als Wissenschaftsdisziplin. In: Uniprisma, Zeitschrift der Universität Koblenz-Landau, Heft 1/1990, S. 57-60

Renner, Erich: Navajo Trail of Beauty versus American Way of Life: Probleme individueller Modernisierung in einer traditionellen Kultur. In: Behnken, Imbke/Schulze, Theodor (Hrsg.): Tatort: Biographie. Spuren - Zugänge - Orte - Ereignisse. Opladen: Leske + Budrich 1997, S. 209-224

Renner, Erich: Sozialisation in zwei Kulturen. Analyse autobiographischer Texte. Frankfurt/M., New York: Campus 1986

Renner, Erich: Versuch einer integrativen Grundschullehrerausbildung. In: Grundschule 10/1995, S. 52-55

Riesman, Paul: Stimmt Freud in Afrika? Über das Verhältnis von Erziehung und Person. In: Loo, José-Marie van de/Reinhart, Margarete (Hrsg.): Kinderwelten, a.a.O., S. 156-183

Vogt, Evon Z./Albert, Ethel M. (eds.): People of Rimrock. A Study of Values in five Cultures.

Cambridge, M.: Harvard University Press 1966

Zahan, Dominique: Die Initiation in das n'domo. In: Popp, Volker (Hrsg.): Initiation. Frankfurt/M.: Suhrkamp 1969, S. 85-95

III. Anregungen für eine konstruktivistische Wende

Kinder und Computer, Multimedia, Vernetzung und virtuelle Welten

Renate-Schulz-Zander, Universität Dortmund und
Roland Lauterbach, Universität Leipzig

Die Antisinnlichkeit meines Wesens rührt daher, daß ich nie einen Stein in der Hand gehalten habe, noch je in das Grün schlammigen oder kristallklaren Wassers getaucht bin, und auch, daß es Gase gibt, erfuhr ich nicht etwa eines Morgens mit Hilfe meiner Lungen und danach durch Berechnungen, denn ich habe weder Hände, etwas anzufassen, noch einen Körper, noch eine Lunge; darum ist die Abstraktion für mich das Ursprüngliche, das Sinnliche dagegen sekundär, so daß ich letzteres erst erlernen mußte.

Also sprach GOLEM (Stanislaw Lem)

1. Veränderte Lebenswelten

Veränderungen sind Normalität. Sie werden für uns relevant, wenn sich ihre Typik, ihr Tempo, ihre Richtung, ihr Umfang ändern und ihre Stetigkeit aufgehoben wird. Wir behaupten, daß dies mit der Emergenz des Computers geschieht und die Formen bisheriger Normalität diskontinuierlich entfallen. Wirklichkeit, auch die des Alltags, wird digitalisiert, das Phänomenologische des lebensweltlich Elementaren wird dabei aufgelöst und informatisch aufgehoben. Komplementär wird die Konstruktion von Wirklichkeit vor allem ein Prozeß der Informationsorganisation.

Für die psychologische Wirklichkeitskonstruktion des Individuums beschreiben wir damit annähernd das geltende Paradigma. Hier jedoch äußern wir darüber hinausgehend die Vermutung, auch die materiale, personale und soziale Wirklichkeit, wie sie uns vertraut ist, werde nach überkommenem Verständnis entmaterialisiert, entpersonalisiert und entsozialisiert. Wirklichkeit verliert die ontologische und kontextuelle Bindung. Das hat nicht nur Nachteile, denn sie kann dann prinzipiell voraussetzungslos nach dem Muster der medialen Rekonstruktionen von Welt, wie sie mit Multimediasystemen bereits heute möglich und im Fernsehen bereits alltäglich sind, von jedem überall und jederzeit medial vermittelt konstruiert und technologisch realisiert werden.

Welche Folgen hat dies für unsere Realitätsvorstellungen, mehr noch aber für die Realitätsvorstellungen unserer Kinder? Obwohl wir den Wandel feststellen, reflektieren und vielleicht beeinflussen können, ist unsicher, ob wir ihn bei uns selbst nachvollziehen können. Unsere Kinder, auch schon die heutigen Grundschulkinder, dürften bereits andere Realitätsvorstellungen entwickeln als wir. Für sie gibt es freilich keinen Wandel von Normalität, das Neue ist ihre Normalität. Wie anders also sind unsere Kinder, wie anders werden sie noch werden? In diesem Beitrag beantworten wir diese Frage nicht, wir differenzieren sie im Forschungsinteresse, indem wir zeigen, wie sich die Lebenswelten der Kinder durch Computer verändern und welche Aufgaben daraus erwachsen.

Computer gehören in der Bundesrepublik Deutschland inzwischen zum häuslichen Alltag. Bereits 1994 befanden sich in 17% der bundesdeutschen Haushalte insgesamt etwa 5,1 Millionen PCs, davon waren schon damals 29% mit CD-ROM und 23% mit Soundkarten ausgestattet. In 54% der Haushalte wurden die Computer für Spiele, in 46% für Aus- und Weiterbildung, in 30 % für die Arbeit zu Hause benutzt. Die durchschnittliche Nutzungsdauer betrug 9 Stunden pro Woche, davon hauptsächlich für Textverarbeitung (63%) und 3,6 Stunden pro Woche für Spiele (40%). 57% der Befragten waren an der Erweiterung ihrer Computer für Multimedia interessiert (DM-Multimedia 95).
Seither hat die Anzahl der mit Computern ausgestatteten Haushalte, die Nutzungsdauer und der Nutzungsumfang für Anwendungen und Sachgebiete stetig zugenommen. Die Verkaufszahlen steigen weiter, der Markt ist offen, die Branche boomt und expandiert. Mit Computern wird gespielt, geschrieben, gerechnet, gemalt, musiziert. Mit ihnen bestellen wir Waren, buchen Reisen, empfangen und verschicken Bilder, Texte und Nachrichten, kommunizieren und kooperieren miteinander.

Die Anzahl der Computer in den Haushalten ist tatsächlich noch größer als angegeben. Computer sind dem Namen nach Rechner und daher keineswegs auf die bekannte Erscheinung von PCs beschränkt. Sie befinden sich als „chips" (Splitter, Scheibchen), kleine und kleinste prozeßsteuernde Bauelemente, in Haushalts- und Heimwerkergeräten, in Spielzeugen und Unterhaltungsapparaten, in Fernsehgeräten und Telefonapparaten.

Die „intelligenten" Umgebungen werden, wie Nicholas Negroponte, Gründer und Direktor des Massachusetts Institute of Technology's Media Lab, anhand der neueren Entwicklungen, u.a. im Verkehrswesen und in der Ausstattung von Gebäuden, beschreibt, zum Alltag. Computer würden sich zukünftig nach dem richten, was wir ihnen sagen und was wir von ihnen erwarten. Sie lernen sogar von unserem Verhalten abzulesen, was wir von ihnen wollen.

Computer sind heute in unserer und der Lebenswelt der Kinder nicht mehr zu übersehen. Demgegenüber sind sie in deutschen Grundschulen kaum zu finden (vgl. Arenhövel 1994; Mitzlaff 1996). Die wenigen Geräte sind veraltet, ausgemusterte Exemplare aus Sekundarstufen und Elternhäusern. Im Vergleich zur Heimausstattung sind sie äußerst leistungsschwach. Deutschsprachige Schulsoftware ist nach professionellen Standards eher didaktisch schlicht (Lauterbach 1989) und zumeist unattraktiv, wiewohl die neueren Produkte ansprechender und auch didaktisch interessanter werden. Die Adressaten sind vor allem die Eltern. Die Entwicklung, Erprobung und Verbreitung pädagogischer Software braucht allerdings viel Zeit, so daß ein Programm bis zur Publikationsreife bereits durch die technischen Entwicklungen des Hard- und Softwaremarktes überholt wird. Didaktische Konzepte sind immer noch rar, und nur wenige Lehrerinnen und Lehrer der Grundschule kennen sich mit Computern aus; sie sind auch wenig daran interessiert, diese im Unterricht einzusetzen.

Untersuchungen und Erprobungen zur Computernutzung von Kindern im Grundschulalter sind in Deutschland ebenfalls vergleichsweise selten, und sie sind zudem nicht ergiebig. Das liegt nur zum Teil an der empirisch kargen Ausstattung der Untersuchungen. Systematische Kontrollstudien erbringen hier wie anderswo keine klaren Vorteile des computergestützten gegenüber des herkömmlichen Unterrichts. Diese Ergebnisse stellen die Erfolgsmeldungen dennoch nicht in Frage. Innovationen garantieren schon wegen der erhöhten Aufmerksamkeit und Motivation der Beteiligten, der sorgfältigeren Vorbereitung und des gesteigerten professionellen Aufwands besseren Unterricht und demzufolge bessere Leistungen bei Lehrerinnen und Lehrern sowie bei Schülerinnen und Schülern. Mit der Rückkehr zum Schulalltag scheinen sich diese Vorteile bald zu verflüchtigen. Dieses Muster hat sich seit den ersten empirischen Untersuchungen in den siebziger und achtziger Jahren wenig geändert. Das mag u. a. auch daran liegen, daß in den Studien vor allem nach Steigerungen in den herkömmlichen Leistungsbereichen gesucht, das mögliche Neue dagegen eher vernachlässigt wurde.

Auch in den Lehrplänen und Schulbüchern kommen Computer thematisch kaum vor, obwohl sie der Erfahrungswelt der meisten Grundschulkinder ebenso angehören, wie vieles andere aus Natur und Technik, das wir ganz selbstverständlich zum Grundbestand des Sachunterrichts zählen und didaktisch bearbeiten. Insofern ist der Auftrag, den wir mit diesem Beitrag übernommen haben, nur bedingt zu erfüllen. Der Bestandsbericht wird nicht ergiebig, und er bleibt empirisch rudimentär, weil hinreichend überzeugende neue Ergebnisse gegenüber den bereits aus den achtziger Jahren ermittelten nicht vorliegen.

Seither hat sich allerdings die Qualität der Computer rapide weiter entwickelt und dadurch haben sich neue, bisher kaum denkbare Erfahrungsräume eröffnet mit gegenwärtig noch unabsehbaren Wirkungen und Möglichkeiten. Die Leistungsangebote der bisherigen Computergenerationen verlieren demgegenüber an Bedeutung. Die Bewertung des Neuen jedoch läßt sich offenkundig noch nicht vornehmen, weil jedwede Begründung mangels empirischer Substanz und didaktischer Perspektiven spekulativ bliebe. Dies ist die erste der befremdlichen Thesen dieses Beitrags. Die zweite behauptet, daß Computer sehr viel anders sind als das uns bisher Bekannte aus Natur und Technik, und zwar so viel anders, daß die herkömmlichen Kategorien der Weltdeutung, die uns zur Verfügung stehen, dieses Neue nicht hinreichend erfassen. Diese kategoriale Unbestimmbarkeit gilt noch weitreichender für das Gebilde „Internet", für das Negroponte in einem Interview im November 1996 schlicht feststellte: „Nobody understands it." Es sei zu riesig, und es wandele sich zu rasch. „The rate of change is what's mind-boggling."

Insofern zeigt dieser Bestandsbericht lediglich Momentaufnahmen aus einer Entwicklung, deren Gesetze nicht bekannt und - zumindest gegenwärtig - auch noch nicht ermittelbar sind.

Trotz dieser Einschränkung bleibt festzuhalten, daß die didaktische Forschung und Entwicklung für den Sachunterricht der Beschäftigung mit Computern nicht ausweichen darf. Im Gegenteil, sie hat die Aufgabe, sowohl ein Konzept begleitender Beobachtungsforschung im Typus des Monitorings zu erarbeiten, das sich selbst methodisch reflektiert und ausbildet, als auch ein Konzept prospektiver Forschung zu entwickeln, nach dem mögliche Entwicklungslinien antizipatorisch vorgezeichnet und simulativ verfolgt oder zumindest Szenarien begründet entworfen und geschützt erprobt werden, die möglichst viel von dem wenigen, das wir wissen, berücksichtigen.

In diesem Beitrag konzentrieren wir uns demgemäß auf das erkennbar Neue, das mit den Begriffen Vernetzung, Multimedia und virtuelle Welten bezeichnet wird, ohne allerdings die bisherigen Erfahrungen und Erkenntnisse zum Computergebrauch und Computereinsatz gänzlich außer acht zu lassen.

2. Veränderte mediale Voraussetzungen

Was sind Computer? Sind sie, wie inzwischen im Alltagsgebrauch verstanden, Medien oder selbständige technische Systeme?

Eine systematische begriffliche Differenzierung des Computerbegriffs ist in diesem Beitrag nicht beabsichtigt. Sie erübrigt sich zum einen mangels der herstellbaren Verbindlichkeit von Definitionen für den lebensweltlichen Gebrauch, zum andern wegen der relativen Selbstverständlichkeit des Gemeinten im umgangssprachlichen Kontext. Einige Präzisierungen erscheinen uns dennoch erforderlich.

Computer sind dem Namen nach Rechner. Mit dem Begriff werden umgangssprachlich inzwischen allerdings alle elektronischen Steuereinheiten vom Prozessorchip bis zu Rechnerverbundsystemen und zur Robotik bezeichnet. Ferner kennzeichnet er Prozesse und Produkte, die mit dieser Hardware verbunden sind, vom Entwurf, über die Konstruktion und Herstellung bis zum Vertrieb und der Nutzung. Darüber hinaus werden mit dem Wort „Computer" spezielle Bereiche von Technik und Technikwissenschaften („computer technology" und „computer science") inhaltlich assoziiert, z.B. Informationstechnik und Informatik. Schließlich signalisiert „Computer" Modernität und zukünftige technische Lebensformen wie die Idee der Verschmelzung von Mensch und Maschine. Mit der Entwicklung von Computersystemen verbinden sich Erwartungen der Weltverbesserung ebenso wie Befürchtungen menschlichen Autonomieverlustes. *Computer* gelten als die Herausforderung zur Neubestimmung der Mensch-Maschinen-Verhältnisse mit relativ autonomen technischen Systemen, bei denen sich die Frage nach der Beherrschbarkeit von Technik ultimativ stellt: Wird konviviale Technik, wie sie Ivan Illich für ein menschenwürdiges Leben forderte, durch Computer herstellbar, oder verfeinern wir lediglich die Benutzerfreundlichkeit der Megamaschine?

Für Kinder wie für viele Erwachsene sind Computer personalisierte Technik (vgl. Turkle 1984). Spätestens seit „Star Wars" sind sie überdies in gut und böse zu sortieren, sie können psychoseähnliche Zustände erleiden („Odyssee 2000"), mitfühlend sein oder sich sogar verlieben.

Die sogenannte „realistische" Annahme, Computer tun nur das, wozu sie programmiert sind, ist in der verbreiteten schlichten Fassung nicht haltbar. Sie täuscht deren prinzipielle Kontrollierbarkeit vor. Tatsächlich sind lernende Computer keine Fiktion mehr. Diese Automaten sind darauf programmiert, in der Wechselwirkung mit ihrer Umgebung zu lernen und sich zu entwickeln. Die Verkehrsautomaten der Carnegie Mellon University finden sich inzwischen auch im leichten Verkehr selbst zurecht. Roboter bauen Roboter unter der

„Maxime" der kriterienorientierten Verbesserung, wobei die Qualität der Dienstleistung in Bezug zu den Interessen der Anbieter, Bedarf der Nutzer und der Optimierung des Automaten selbst gesetzt wird.

Mit der Verknüpfung einzelner Computer und Computersysteme entstehen die Voraussetzungen für die Emergenz neuer Leistungen mit dem Potential zu einer entwickelteren Systemorganisation, die sich nach den systemtheoretischen Analysen von Krohn, Küppers (1992) und anderen Autoren jeder Vorhersagbarkeit entziehen.

Durch die Verbindung des Computers mit Medien hat sich der Universalrechner u. a. auch zum Universalmedium entwickelt. *Multimedia* bezeichnet inzwischen nicht mehr eine beliebige Kombination von Medien, sondern die computergesteuerte integrierte Verarbeitung, Speicherung und Darstellung unabhängiger Informationen mehrerer zeitabhängiger und zeitunabhängiger Medien. Multimediale Systeme (vgl. u. a. Steinmetz, Rückert, Racke 1990) verknüpfen Symbolfolgen wie Texte, Grafiken, Tabellen, Standbilder sowie Bewegtbilder (Video, Animation), Tonfolgen oder auch Signale von Sensoren. Das Neue der Multimedia ist die Integration verschiedener Medien im Computersystem und folglich die interaktive Verknüpfung verschiedener Präsentations- und Verarbeitungsformen.

Multimedia-Systeme, die durch die Verknüpfung von Informationseinheiten („Knoten") über Verweise („Links") beliebige, vernetzte Informationsstrukturen, also insbesondere nicht-lineare Strukturen aufweisen, bezeichnet man als *Hypermedia*-Systeme. Die weitgehend unbeschränkte Verknüpfbarkeit beliebiger Informationseinheiten unterscheidet das *Hypertext*-Konzept von klassischen Datenbank-Ansätzen.

Unter *Telekommunikation* ist der Datenaustausch zwischen Personen unter Nutzung der Datenfernübertragung (DFÜ), aber auch der Zugriff auf externe Datenbanken zu verstehen. Electronic-Mail ist die am weitesten verbreitete Anwendung von Datennetzen. Sie dient sozusagen als elektronisches Gegenstück zur Briefpost der asynchronen Kommunikation.

Internet, ein weltweiter Verbund von Computersystemen und Computernetzen, entstand ursprünglich aus dem Ende der 60er Jahre im Auftrag des amerikanischen Verteidigungsministeriums entwickelten militärischen ARPANET (**A**dvanced **R**esearch **P**rojects **A**gency **N**et). Inzwischen ist es ein Netz, das weltweit im Wissenschaftsbereich für den Austausch öffentlich bereitgestellter Informationen genutzt wird, und zwar mit dem Zugriff auf Bibliotheken, das WWW (world wide web), die Electronic Mail, Diskussionsforen und Konferenzen.

Das *WWW* ist ein hypermedialer Dienst mit graphischer Benutzeroberfläche zur Verbesserung der Kommunikation, Kooperation und Information ursprünglich von Wissenschaftlerinnen und Wissenschaftlern. Inzwischen beteiligen sich am Internet auch kommerzielle Anbieter. Damit ändert sich der Charakter des Datennetzes: Es wird zum allgemein zugänglichen Kommunikationsnetz mit einer Vielfalt von öffentlichen, kommerziellen und privaten Informationsanbietern und online-Diensten.

Die traditionelle Trennung von Informations- und Kommunikationstechnik ist heute nicht nur technisch, sondern weitgehend systematisch und auch technologisch aufgehoben. Deshalb ist die inzwischen geläufige Bezeichnung *Informations- und Kommunikationstechnologie (IKT)* sachlich zutreffend.

Die hier vorgenommenen Begriffsbestimmungen sollten nicht als formale Bestandteile eines systematischen Beitrags mißverstanden werden. Sie sollen vielmehr die Neu- und Andersartigkeit der Wirklichkeiten von, mit, in und durch Computer anzeigen, die Kinder heute ganz selbstverständlich spielend, erlebend und lernend bilden. Welche „Fähigkeiten" der Computer für die Wirklichkeitsbildung von besonderer Bedeutung sind und wie diese in und außerhalb der Schule auch vermittelt wirken, gehört zu den Forschungsaufgaben, die wir vor uns haben.

3. Veränderte Lernorte

Mit Computern, Multimedia und Netzen gewinnt die Frage des Lernortes eine neue Perspektive.

Interaktive Lernumgebungen und Lernumwelten unter Einbeziehung der neuen Informations- und Kommunikationstechnologien sollen konstitutiv für die Lernprozesse im „Haus des Lernens" sein, so heißt es in der Denkschrift der Bildungskommission in Nordrhein-Westfalen (Bildungskommission NRW 1995, S. 93).

Der Computer ist aufgrund der technologischen Weiterentwicklung zum Universalmedium für Lehr-/Lernprozesse von neuer Bedeutsamkeit. Die Möglichkeit des Computers, Texte, Grafiken, Photos, Videos, Animationen, Simulationen und akustische Informationen im Computer zu speichern, integriert zu verarbeiten und darzustellen und darüber hinaus über Netze weltweit Informationen abzurufen und mit anderen Gruppen Informationen auszutauschen und zu kooperieren, eröffnet den Schulen ein breites Feld pädagogischer Anwendungen im aktuell eingeleiteten Prozeß ihrer Erneuerung durch die Nutzung von Multimedia und Telekommunikation.

Drei Szenarien:

3.1 Erstes Szenario: Forschendes, kooperatives Lernen mit Kids' Network

Eine Schulklasse ist mit ökologischen Fragen befaßt, etwa mit Klimaveränderungen, mit saurem Regen oder dem Müllaufkommen (vgl. Schulz-Zander 1996). Im Unterrichtsprojekt eignen sich die Schülerinnen und Schüler das erforderliche Wissen weitgehend selbständig in Gruppen an. Sie entscheiden, welche Informationen sie benötigen, welche Informationsquellen sie wählen, an welchen Stellen sie weiterforschen. Sie knüpfen an ihr bisheriges Wissen und ihre Erfahrungen an. Ihre Lehrperson ziehen sie zwischendurch zu Rate. Im Klassenraum oder in der Bibliothek ist eine Medienecke eingerichtet, in der sie Informationen erhalten können. Hierzu gehören Druckmedien, Videos, ein Computer mit Netzanschluß und Multimedia-Lernumgebungen. Schülergruppen erheben lokale Daten, indem sie selbst Messungen vornehmen, z.B. Temperatur- und Luftdruckmessungen, oder sie bestimmen die Wasserqualität aufgrund von Wasserproben. Darüber hinaus arbeiten sie mit anderen Klassen im nationalen und internationalen Rahmen zusammen und haben Zugriff auf Daten weiterer Regionen. Voraussetzung für die gemeinsame Auswertung der Daten sind Absprachen bezüglich der verwendeten Modelle, Methoden und der Software. Verwendet werden im Prinzip das Instrumentarium und Modelle, die in wissenschaftlichen Forschungsprojekten in Universitäten genutzt werden, wenn auch in reduziertem Umfang. Begrenzte technische Ressourcen der Schule können dadurch ausgeglichen werden, daß der Schulcomputer mit einem leistungsfähigen Computer einer Universität vernetzt ist, so daß dort die Auswertung ihrer Daten durchgeführt und ihnen die Ergebnisse zur weiteren Bearbeitung, Interpretation und Diskussion zurückgesandt werden.

In dieser Lernsituation bearbeiten die Lernenden wichtige ökologische Probleme unserer Zeit. Sie sind mit authentischen Problemen befaßt, setzen sich mit diesen forschend auseinander und sind zu einem gewissen Grade an der Wissenschaftswelt beteiligt. Gearbeitet wird mit professionellen Modellen, wenn auch mit einem reduzierten Umfang an Variablen, sie greifen auf sehr leistungsstarke Rechner und professionelle Software zu. Das Gruppenprojekt befähigt Schülerinnen und Schüler, an verschiedenen Orten themenbezogen zusammenzuarbeiten. Es zeigt ihnen den Wert von Teamarbeit, da jede Gruppe zur Ideenfindung verpflichtet ist, um die Gruppenlösung zu verbessern.

Lernsituationen, in denen im Ansatz diese Ziele und Methoden realisiert werden, finden wir im National Education Supercomputer Program und im *National Geographic Society Kids Network* Projekt in den USA. Die Untersuchung von

Klimamodellen ist im *National Education Supercomputer Program (NESP)* angesiedelt, ein Programm unter Beteiligung von Staat und Wirtschaft, das auch für amerikanische Verhältnisse als ein vorbildliches pädagogisches Projekt gewürdigt wird (Johnson 1994). Klimatologen, die Einblick in dieses Projekt erhielten, zeigten sich beeindruckt darüber, welche Qualität die klimatologischen Arbeiten einer 5. Klasse bereits aufweisen können. Das Entscheidende dabei ist vielleicht, daß die Lernenden den Eindruck gewinnen, etwas wirklich Wichtiges zu tun. Am *National Geographic Society Kids Network* Projekt sind inzwischen 44 Länder aus der ganzen Welt beteiligt. Bei einer Befragung von betreuenden Lehrerinnen und Lehrern in diesem Projekt wird u. a. die Bewertung gegeben, daß den Schülerinnen und Schülern eine Vielfalt von Quellen erschlossen und das Denken stimuliert wird, und sie sich als Teil einer globalen Gemeinschaft sehen. Zudem erwerben sie Kompetenzen im Umgang mit einer neuen Kulturtechnik.

3.2 Zweites Szenario: Wissenskonstruktion mit dem Programm Grünes Klassenzimmer

In einer Schule wird die Umgestaltung des Schulhofs beabsichtigt. Die Kinder planen u. a. eine Raumzone, die sie für Naturerfahrungen nutzen können. Für detaillierte Planungen benötigen sie umfangreiche Kenntnisse auch über ökologische Zusammenhänge. In der Projektarbeit sind sie aufgefordert, sich diese möglichst selbständig zu beschaffen. Im Klassenraum oder in der Bibliothek ist eine Medienecke eingerichtet, in der sie Informationen erhalten können. Hierzu gehört ein Computer mit der hypermedialen Arbeitsumgebung „Grünes Klassenzimmer". Es können unterschiedliche situative Anlässe eine Recherche veranlassen. So kann etwa der Wunsch entstehen, dafür zu sorgen, daß sich mehr Vögel, z. B. Kohlmeisen, auf dem Schulhof ansiedeln. Fragen folgender Art könnten dann entstehen: Wo und wovon leben Kohlmeisen? Wovon leben ihre Beutetiere? Wie brüten sie? Wie baut man Vogelkästen? Wie teuer wird das Ganze? In der Hypermedia-Arbeitsumgebung werden die Schülerinnen und Schüler etliche Informationen finden. Sie können auch Gedichte, Geschichten und Lieder über Vögel heraussuchen.

Was zeichnet dieses Projekt aus?

Die Schülerinnen und Schüler eignen sich im projektorientierten Unterricht das erforderliche Wissen selbständig in Gruppen an. Sie entscheiden, welche Informationen sie benötigen, welche Informationsquellen sie wählen, an welchen Stellen sie weiterforschen. Sie knüpfen an ihr bisheriges Wissen und ihre Erfahrungen an. Ihre Lehrperson ziehen sie zwischendurch zu Rate. In der Software ist eine vernetzte Wissensbasis verfügbar, d. h. es gibt keine vorgezeichneten Lernwege, sondern sie steht sozusagen als multimediales Lexikon zur Verfügung. Über „sensible Felder" oder über Suchbegriffe können sie ihre Recherche betreiben. In die Software sind Werkzeuge integriert, so daß die Schülerinnen und Schüler Texte schreiben, vorgegebene Informationen verändern und diese abspeichern, rechnen und kalkulieren können. Durch die Integration von themenbezogener Datenbank und Werkzeugen sind gewünschte Berechnungen in Sinn- und Sachzusammenhängen durchführbar. Mit anderen Worten, die Lernenden können sich eine eigene Datenbank mit den für sie wichtigen Informationen in einer sogenannten Arbeitsmappe anlegen und diese speichern und ausdrucken (van Lück 1993).

3.3 Drittes Szenario: Kommunikation durch E-mail und Internet

Eine Schulklasse in Aurich (Niedersachsen) tauscht sich per e-mail mit einer amerikanischen Schulklasse in der Bronx (New York) über selbstgewählte Themen aus, so über ihre unterschiedlichen Lebensbedingungen, das Freizeitverhalten, das Freizeitangebot, Kleidung, Jobs, das Schulsystem, Musik/Filme/Videoclips oder über gegenseitige Vorurteile und Stereotype, Rechtsradikalismus, Einwanderungspolitik. E-mail lebt von der schnellen Reaktion der Kommunizierenden, so daß jeweils ein ein- bis zweiwöchiges Projekt mit intensivem Informationsaustausch durchgeführt wird. Belebt wird diese Kommunikation darüber hinaus durch die traditionelle Post, die dann Photos und Materialien ins Klassenzimmer bringt. Dies ist der bisherige Fall.

Wir verschieben das Szenario auf eine Grundschulklasse irgendwo in Sachsen. Sie tauscht sich per Internet mit einer belgischen Schulklasse aus dem Grenzgebiet nahe Liège ebenfalls über selbstgewählte Themen aus, über ihre unterschiedlichen Lebensbedingungen zu Hause und in der Schule, ihre Umgebung, die Ereignisse des Alltags, ihre Haustiere, das Freizeitverhalten, das Freizeitangebot, Kleidung, die Schule, Musik/Filme/Videoclips und vielleicht auch über gegenseitige Vorurteile und Stereotype. Die Schule verfügt über einen Internetanschluß mit einer Videokamera. Die Kinder können einander sehen, miteinander sprechen und einander zeigen, womit sie umgehen und was sie mit dem Gesagten meinen. Denn dieser Unterricht wird auch von der bekannten und dennoch fremden Sprache anregt. Die Themen knüpfen an die Erfahrungswelt der Schülerinnen und Schüler an.

Im April, als die gemeine Kuhblume üppig blüht, stellen die Kinder verblüfft fest, daß ein Name dieser Blume, nämlich „Löwenzahn", auch im Französischen üblich ist. Sie gehen der Herkunft des Namens nach und entdecken, daß dies im Spanischen und Englischen ebenso zutrifft. Sie vergleichen Erscheinung, Wuchs, Ausbreitung und Blütezeiten und lernen ganz nebenbei, daß all dies vom

Klima, den Standorten, den Jahreszeiten, anderen Pflanzen, Tieren und von den Eingriffen des Menschen abhängt. Sie lernen die Blume und ihre kulturelle Bedeutung als Heil- und Kulturpflanze kennen und stellen fest, daß der Löwenzahn in Belgien und Nordfrankreich als Salatpflanze sehr geschätzt und deshalb sogar gezüchtet wird. Sie tauschen Rezepte für Löwenzahngerichte und probieren sie aus (vgl. Lauterbach 1996).

Es erfolgt wechselseitiges Lehren und Lernen über Natur und Kultur. Im Unterricht ergeben sich direkte Kommunikationsanlässe, um im Klassenverband die Informationen zu verarbeiten, zu diskutieren und bisherige Sichtweisen zu überdenken. Durch die Art der persönlichen Kontakte wird ein verstärktes Interesse an anderen Kulturen geweckt, zugleich verstärkt der kulturelle Austausch das Interesse an der alltäglichen Umgebung und Lebensweise. Die eigene Lebenswelt erschließt sich wie von selbst durch die Fragen und den Blick der anderen.

4. Veränderte Lernsituationen

Was ist das prinzipiell Neue an Unterrichtssituationen, wenn Schülerinnen und Schüler mit Informations- und Kommunikationstechnologien lernen und auf Datennetze zugreifen?

4.1 Unbeschränkter Informationszugriff

Im klassischen Unterricht haben wir es mit „Lerninseln" zu tun, in denen weniger mit externen Personengruppen kommuniziert oder gar kooperiert wird. Eine Lehrperson ist verantwortlich für die Wissensvermittlung und die Lernorganisation im Klassenverband oder in Kursen; Lernen ist zeitlich und örtlich eingegrenzt. Das Schulbuch und die Lernmaterialien, von der Lehrperson ausgewählt, bestimmen weitgehend den Unterricht.

Die Lernenden können bei der Nutzung von Netzen unbegrenzt auf Daten zugreifen, auf Daten, die oftmals die Lehrperson nicht kennt. Lehrerinnen und Lehrer sind dann nicht mehr die Hauptlieferanten von Informationen und Wissen. Externe Expertinnen und Experten können befragt werden. Schülerinnen und Schüler werden mit unterschiedlichen Sichtweisen konfrontiert und müssen diese abwägen. Sie werden auf dieser Grundlage neue Fragen aufwerfen und neue Problemstellungen in das Lerngeschehen einbringen. Die Grenzen zwischen Lehrenden und Lernenden werden durchlässig. Dies ist eine neue Situation für Schule, die die Rolle der Lehrperson strukturell verändert. Das kann manche Lehrerinnen und Lehrer verunsichern. Es mag eingewandt werden, daß Lernende schon immer auf eine Fülle von Informationen z. B. in Bibliotheken zugreifen konnten. Das ist zwar im Grundsatz richtig, dennoch sind Informationen vielfach nicht so aktuell, und zudem ist der Zeitaufwand für diese Art der Informationsbeschaffung oftmals weitaus höher. Insofern unterbleiben häufig diese Aktivitäten. Beim Recherchieren im Netz ist durch die Nutzung von Suchmaschinen eine Unterstützung für einen gezielten Zugriff auf Daten gegeben. Hier zeigt sich inzwischen allerdings die derzeitige Begrenztheit von Suchmaschinen sehr deutlich. Da auf Sucheingaben überaus viele Einträge gemeldet werden, bleibt die Recherche oftmals aufgrund der Datenfülle nutzlos. Der uneingeschränkte Zugang zu Daten ist gleichzeitig auch heftig umstritten, zumindest wenn es sich um rassistische und sexistische Inhalte handelt. Als Problem wird ebenfalls gesehen, daß Informationen unbesehen ins Netz gegeben werden und eine Qualitätskontrolle unterbleibt, die derzeit durch Verlage gegeben ist. Mit Bildungsservern wird diesem Problem teilweise begegnet.

4.2 Uneingeschränkte Kommunikation und Kooperation

Eine zweite grundsätzlich neue Form schulischen Lernens entsteht durch die Kommunikations- und Kooperationsmöglichkeit durch die Informations- und Kommunikationstechnologien über den Lernort Schule hinaus. Es hat zwar immer Ansätze gegeben, Lernen zu öffnen, dies zeigt etwa die pädagogische Diskussion der Öffnung von Schule und der Lernorte. Mit dem Internet ist jedoch ein Raum geschaffen, der die Kommunikation und das gemeinsame Entwickeln von Arbeitsergebnissen, das gemeinsame Produzieren von Ideen geradezu herausfordert und in einem bisher nicht vorhandenem Maße unterstützen kann. Die Kommunikation kann mit Personen weltweit geschehen. In diesem Prozeß konstruieren die Beteiligten ihr Wissen, indem sie ihre Ideen aufschreiben müssen, Reaktionen und Ideen von den Partnerinnen und Partnern erhalten und ihre Ideen in diesem Prozeß weiter ausdifferenzieren. Gruppenprojekte ermöglichen Schülerinnen und Schülern über Entfernungen hinweg themenbezogen zusammenzuarbeiten. Sie können den Wert von Teamarbeit zeigen, wenn sich jede Gruppe zur Ideenfindung verpflichtet fühlt, um die Gruppenlösung insgesamt zu verbessern.

Da Aktivitäten, Entscheidungsbefugnisse und Verantwortlichkeiten von Lernenden bei der Nutzung von Informations- und Kommunikationstechnologien prinzipiell gefordert sind, wird Lernen stärker schülerzentriert und damit als eigenaktiver und selbstorganisierter Prozeß unterstützt.

4.3 Verknüpfen von Informationen und Wissensgebieten

Grundsätzlich besteht die Möglichkeit, bei der Bearbeitung komplexerer Probleme Expertinnen und Experten unterschiedlicher Disziplinen ihr Wissen und ihre Sichtweisen einbringen zu lassen. Lehrende und Lernende werden dadurch herausgefordert, die Probleme unter verschiedenen Aspekten zu beleuchten, unterschiedliche Standpunkte zu reflektieren und ihr Wissen auf diesem Hintergrund zu entwickeln. Durch die Kooperation verschiedener Partner und Disziplinen ist die Auseinandersetzung mit komplexeren, authentischen Problemen eher möglich. Das zeigen Projekte wie *G.R.E.E.N*, *Kids Network* und *Global Lab*. In ihnen werden ökologische Probleme in tatsächlicher Kooperation bearbeitet. Die Wasserqualität von Gewässern in verschiedenen Regionen wird beispielsweise von Schülergruppen gemessen. Unter der Voraussetzung, daß Absprachen über die verwendeten Modelle, Methoden und Software getroffen wurden, kann jeweils auf die Daten anderer Regionen zugegriffen werden und eine vergleichende Auswertung erfolgen (vgl. auch Schulz-Zander 1996).

Die Bedeutung von Computer und Multimedia liegt in der integrierten Verarbeitung unterschiedlicher Symbolsysteme und der interaktiven Nutzung. Als besonders unterstützend für Lernen wird die Veranschaulichung abstrakter Sachverhalte wie Theorien, Modelle und Konzepte durch Abbildungen, bildliche Analogien, logische Bilder, Simulationen und Animationen bewertet. Die technische Weiterentwicklung der Virtuellen Welten (s.u.) wird zukünftig vermutlich noch eine verbesserte Veranschaulichung bieten.

Zusammenfassend läßt sich feststellen (vgl. Schulz-Zander 1996; 1997a):

- Lernende können an ernsthaften gesellschaftlichen Anwendungen teilhaben und sich in einem gewissen Grade forschend mit authentischen Problemen kooperativ in Gruppen auseinandersetzen.
- Es können Kommunikationsanlässe im Unterricht geschaffen werden, sich mit Inhalten intensiv im sozialen Kontext auseinanderzusetzen.
- Lernende können ihren Wissenserwerb stärker selbst organisieren und aktiv gestalten.
- Es entstehen neue Lernorte, alte Lernorte erfahren eine Veränderung.
- Kooperationen entstehen zwischen Ausbildungsstätten und Bildungseinrichtungen.
- Interdisziplinäre Partnerschaften können eine Unterstützung erfahren.

5. Verändertes Lernen

5.1 Konstruktion

Bisherige Lern- und Übungsprogramme führen die Lehrenden durch schrittweise Verhaltensänderung an das gewünschte Endverhalten heran, wobei die gewünschte Verhaltensänderung durch jeweils unmittelbare Rückmeldung bzw. Belohnung verstärkt wird. Das typische Lernschema ist: Die Schülerin bzw. der Schüler erhält eine Information mit einer Frage, bei richtiger Antwort wird durch Lob verstärkt, bei falscher Antwort wird der dargebotene Inhalt mit der Frage wiederholt oder eine Zusatzinformation mit der Wiederholung der Frage gegeben. Häufiger können sich die Lernenden aus angebotenen Themen und den dazugehörigen Aufgaben ein Übungsprogramm zusammenstellen, das unterschiedliche Schwierigkeitsgrade aufweist. Die pädagogische Qualität des Computereinsatzes wird in der Individualisierung von Lernprozessen gesehen: Es wird individuell auf die Lernmöglichkeiten und -schwierigkeiten der Lernenden eingegangen, etwa auf Wissenslücken, auf Fehler beim Aufgabenlösen und auf das jeweilige Lerntempo. Die Lernenden werden zur Aktivität aufgefordert und erhalten meist durch unmittelbare Rückmeldungen Informationen über ihren Lernfortschritt. Die Kritik an dieser Form des Lernens zielt auf die Sichtweise des Lernens nach dem Reiz-Reaktions-Schema. Lernwege werden nach diesem Paradigma kleinschrittig vorgezeichnet, und das zu Lernende wird eintrainiert. Papert hat hierfür das Label „drill and kill" kreiert, Krauthausen charakterisiert es mit „dem Affen Zucker geben". Lernen und Üben erfolgt isoliert in einem eigenen Kontext und nicht in lebensweltlichen Sinn- und Sachzusammenhängen. Ein begrenzter Erfolg ist belegt. Meta-Analysen kommen zu dem Ergebnis, daß mit Drill- and Practice-Programmen zwar ein kurzzeitiger Effekt erzielt werden kann, langfristig sind sie dem traditionellen Unterricht jedoch nicht überlegen. Unterricht holt die Lernvorsprünge wieder ein. Das mag an der Ineffektivität der Programme liegen oder an der Einstellung der besondere Förderung nach dem erzielten Lernerfolg (Lehmann, Lauterbach 1985; Frey 1989).

Die bisherigen Lern- und Übungsprogramme sind meistens durch die eben aufgezeigte Lernform geprägt. Sie werden vor allem im Förderunterricht eingesetzt und in freier Arbeitszeit oder im häuslichen Bereich verwendet. Dazu gehören Programme wie *Lalipur*, *Piraten*, *Alfons* und *Felix*. In der umfangreichsten bundesweiten Datenbank für Unterrichtssoftware SODIS werden 1994 nur ca. 1,5% der Lern- und Übungsprogramme für den Einsatz im Unterricht empfohlen (Lang, Schulz-Zander 1994).

Mit dem lerntheoretischen Paradigmenwechsel zum Konstruktivismus werden lineare oder auch verzweigte Wissenspräsentationen, abgesehen von eng begrenzten Teilbereichen, nicht mehr für zweckmäßig erachtet. Wenn Lernen wie im Konstruktivismus als ein aktiver Prozeß verstanden wird, bei dem die Lernenden ihr Wissen, anknüpfend an frühere Erfahrungen und ihr bisheriges Wissen, individuell konstruieren, dann müßten Lerninhalte und Lernwege an eben diese Lernbiographie anschließbar sein, um die Potentiale der Lernenden optimal weiter zu entwickeln. Es entsteht jeweils eine eigene Wissensorganisation. Die Lehrperson erhält zunehmend die Rolle eines Coaches und Organisators von Lernarrangements.

Mit dem Einsatz interaktiver Medien im Unterricht, so wird behauptet, wird ein konstruierender, eigenaktiver, selbstorganisierender Prozeß ermöglicht, in dem Wissensnetze (mentale Modelle) neu aufgebaut, umgeordnet oder erweitert werden (Krauthausen, Herrmann 1994; van Lück 1994).

5.2 Multimediale Wahrnehmung, Kodierung und Sinnesmodalität

Computer für Lehr-/Lernprozesse sind durch die Multimedialität mit Zugriff auf Präsentation und Verarbeitung vernetzter Wissenssysteme attraktiv geworden. Die Lernenden erhalten freien Zugang zu gewünschten und, sofern entwickelt und verfügbar, zu geeigneten Informationen. Ihnen werden integrierte Werkzeuge wie Textverarbeitung, Kalkulation, Grafik zur Verfügung gestellt, die sie für der Wissensaneignung und -verarbeitung selbstbestimmt nutzen können.

Lernen Kinder mit Multimedia tatsächlich besser als mit herkömmlichen Arbeitsmitteln? Medienwissenschaftliche Forschungen zeigen, daß das technische Mittlersystem kein neutraler oder passiver „Mittler" ist; es beeinflußt sowohl die Botschaft als auch die Rezeption und kann sich deshalb für manche Lerner vorteilhaft, für andere nachteilig auswirken. Auf diesen Tatbestand verweist Weidenmann (1997) und begründet unter anderem damit seinen Ansatz zur Untersuchung der Rolle multimedialer Lernangebote anhand der Dimensionen Medium, Kodierung und Sinnesmodalität. Er kommt zu dem Ergebnis, daß die naive Auffassung, der Einsatz möglichst vieler Medien führe zu besserem Lernen, einer differenzierten Analyse so nicht standhält. Tatsächlich handele es sich um ein Abhängigkeitsverhältnis zwischen dem medialen Angebot, den darin enthaltenen Kodierungen und intentionalen Strukturierungen, den angesprochenen Sinnesmodalitäten und dem Vermögen der Lernenden, die Inhalte zu erschließen und die Vielfalt des Angebots zu steuern.

Für die Entwicklung von multimedialen Lernangeboten folgt daraus zunächst, daß ein hinreichend vielfältiges Angebot für verschiedene Sinnesmodalitäten und mit unterschiedlichen Kodierungen verfügbar sein und dem Lernenden ausreichende Möglichkeiten zu steuernden Eingriffen in das Angebot gegeben werden müssen.

Insgesamt ist die Befundlage zu schmal, um gegenwärtig die Überlegenheit von Multimedialität bedenkenlos behaupten zu können oder die These der „Nicht-Evaluierbarkeit von Multimedia" (Schulmeister 1996) energisch zurückzuweisen.

5.3 Interaktivität

Die Bedeutung der neuen Informations- und Kommunikationstechnologien für Lernen ist entscheidend von der Qualität der Interaktivität abhängig. Interaktivität wird oft als Zusammenspiel von Nutzereingaben und Programmreaktionen verstanden. Es erscheint jedoch sinnvoll, die Bewertung von Interaktivität im Kontext von Handlungszielen auf höherer Ebene vorzunehmen (vgl. Baumgartner; Payr 1994), also etwa danach, welche Möglichkeiten das System unterstützt, um Wege erschließen zu können, ein gewähltes Ziel möglichst gut zu erreichen.

Interaktivität wird dann bezüglich sachbezogener, sozialer und kommunikativer Aspekte differenziert; diese Aspekte beziehen sich wiederum auf Handeln, Reflexivität und Erfahrung (de Witt 1993). Die Qualität der Interaktion mit dem Computer ist abhängig von der Fähigkeit und Erfahrung der Lernenden beim Umgang mit Multimedia und dem Grad der Unterstützung bei der Interaktion durch das Programm bzw. der Lernumgebung. Beobachtungen von Schülerinnen und Schülern bei der gemeinsamen Arbeit mit hypermedialen Arbeitsumgebungen zeigen, daß sie sich zumeist mit Blick auf den Bildschirm über sachbezogene Inhalte oder über geeignete Strategien bezüglich der weiteren Informationssuche auseinandersetzen, dabei sind sachbezogene und soziale, aber auch systembedingte technische Aspekte bestimmend.

Die sachbezogene Interaktion stellt die Nutzerinnen und Nutzer bei den derzeitigen hypermedialen Systemen oftmals vor prinzipielle Probleme und erfordert strategisches Wissen. Es ist vielfach feststellbar, daß die Lernenden über keine Suchstrategien verfügen, die sachlogisch begründet wären. Sie gehen nach einem schlichten Versuch-und-Irrtum-Verfahren vor. Vielfach verlieren sie die Orientierung, wo sie sich im Informationsnetz befinden, und können gewünschte Informationen nicht finden („lost in hyperspace"). Darüber hinaus können bei der Suche nach Informationen die ursprüngliche Problemstellung und die übergreifenden Ziele leicht in Vergessenheit geraten. Die Lernenden können aber auch von ihrem ursprünglichen Informationsbedürfnis abgelenkt werden

(„Serendipity-Effekt"). Lernen mit Hypermedia erfordert nach Bogaschewsky eine höhere Konzentrationsfähigkeit (Problem des „cognitive overhead"). Die Vielfalt und Offenheit des Informationsnetzes, ist sie zugänglich und die Qualität der Information entwickelt, hat den Vorteil gegenüber klassischen Retrival-Systemen, daß zufällig Wissenswertes entdeckt werden kann.

Allerdings zeigt sich beim Arbeiten mit Hypertexten als Problem, daß die einzelnen Informationen, die sich die Lernenden aus dem System herausfiltern, nicht von selbst zu einer kognitiven Einheit fügen bzw. noch nicht dazu fügen lassen. Hypertext-Systeme, die eine problembezogene Reflexion aktiv herausfordern und Lernende dabei unterstützen sollen, Zusammenhänge zu erschließen und auch selbst darzustellen, werden mit kognitiven Tools ausgestattet (vgl. auch Schulmeister 1996).

In Abhängigkeit vom Grad der lernergeeigneten Strukturiertheit der hypermedialen Systeme scheint ein Lernen von Lernen, also ein Metalernen prinzipiell möglich. Als geeignet gelten Lernumgebungen, die ein hohes Maß an Eigeninitiative zulassen sowie pädagogisch-didaktische Maßnahmen zum Erwerb von Wissen und Lernkompetenz und kognitive Tools zur Wissenskonstruktion und -präsentation bereitstellen (Glaser 1991; Collins et al. 1989).

6. Veränderte Wirklichkeiten

Wir haben diesen Beitrag mit der These eingeleitet, daß mit der Emergenz des Computers die materiale, soziale und personale Wirklichkeit ihre für uns im Alltag selbstverständliche, unbefragte ontologische Qualität verliert. Ihr Realitätscharakter verflüchtigt sich, indem nahezu beliebige Konstruktionen medial herstellbar sind und auch als Realitätsersatz zugelassen werden.

Die aufgezeichnete Sendung und das virtuelle Studio gehören bekanntermaßen zum Fernsehalltag, bei dem die Zuschauer nicht mehr interessiert sind und auch nicht unterscheiden können, ob ein Ereignis an einem bestimmten Ort tatsächlich geschieht oder nicht, ob es je so geschehen ist oder nicht, ob es überhaupt so geschehen kann oder nicht. Realität, Wirklichkeit und Projektion sind immer weniger voneinander zu unterscheiden. Die Sache, Du und Ich, die Anderen, wir alle und alles werden medial aufgehoben. Das ist vom Prinzip nichts neues. In einem Text geschieht scheinbar nichts anderes. Tatsächlich jedoch verlieren wir die phänomenologische Sicherheit der Evidenz durch schlichtes Zeigen. „Ich habe es gesehen und gehört!", garantiert nun nicht einmal mehr „mir" selbst, daß es tatsächlich so ist.

6.1 Realität und Wirklichkeit

Heute klärt uns die moderne neurophysiologische Forschung darüber auf, wie unsere Wirklichkeit rekursiv aus der Wechselwirkung unseres Organismus mit der uns umgebenden Welt entsteht (z.B. Maturana 1994; Roth 1994). Seit Jean Piaget (1926, 1988) das Grundmodell der konstruktivistischen Erkenntnisentwicklung theoretisch wie empirisch an der kindlichen Entwicklung untersuchte, wandelte sich die ursprünglich philosophische Frage zur biologischen und entwicklungspsychologischen und schließlich auch zur didaktischen und pädagogischen. Heute darf als gesichert gelten, daß unser Gehirn mit Hilfe unserer Sinnesorgane und dem gesamten Nervensystem das, was wir für wirklich halten, konstruiert. Darin und nur darin kommt die Welt und damit auch das *Ich* für sich vor. Als naiver Realist, der ein Mensch für das alltägliche Leben sein muß, um überleben zu können, existiert das *Ich* in einem Körper, der einer Außenwelt gegenüber steht, als Subjekt seiner mentalen Akte, Wahrnehmungen und Handlungen. „Ich" bin „mir" wirklich und so ist es auch die Welt, in der „ich" lebe. Anderen geht es ebenso, seien sie Menschen oder Tiere. Allerdings sind deren Wirklichkeiten von „meiner" Wirklichkeit verschieden. Das Dilemma des Konstruktivismus ist bekannt: Die „wahre" Welt ist nicht erkennbar (radikalen Konstruktivisten wie v. Glasersfeld erübrigt sich die Frage nach der tatsächlichen Realität), und doch müssen wir so handeln, als hätten wir sie erkannt. Roth, von seiner Herkunft Neurobiologe und Philosoph, schlägt deshalb vor, konzeptuell und auch sprachlich zwischen „Wirklichkeit" als die vom Subjekt konstruierte Welt und „Realität" als die dieser Konstruktion vorausgesetze Welt zu unterscheiden. Nach Roth (S. 296) unterscheidet auch das reale Gehirn in der von ihm konstruierten Wirklichkeit zwischen „materieller" Außenwelt, Körper und Mentalem. Außenwelt wäre all das, was durch unsere Wahrnehmung, Körper, was zusätzlich durch Empfindung, und Mentales, was ohne Wahrnehmung vermittelt ist. Demnach wäre *Ich* alles *mir* Wirkliche, *mein* Körper allein Wahrnehmung *und* Empfindung von Realität. Computer wären uns folglich wirklich. Daß es sie so gibt, wie sie uns jeweils als wirklich erscheinen, wäre zwar erkenntnistheoretisch bestenfalls im Sinne des hypothetischen Realismus als wahr (Vollmer 1994) anzunehmen; doch wir müssen diese hypothetische Realität im Alltag voraussetzen, um zu leben. Ob es sie tatsächlich so gibt, wie sie uns erscheint, werden wir nicht weiter diskutieren. V. Glasersfeld hält eine solche Frage aus konstruktivistischer Sicht ohnehin für nicht beantwortbar.

6.2 Virtualität

Die erkenntnistheoretische Unterscheidung von Realität und Wirklichkeit genügt nicht, um die reale Wirklichkeit und wirkliche Realität des Computers zu erfassen. Der neue Sachverhalt, um den es geht, wird im Gegensatz zur „Realität" unter dem Konzept der „Virtualität" diskutiert. Wir unterscheiden dementsprechend zwischen realer und virtueller Wirklichkeit.

Die Begriffe *Virtuelle Realität, Virtuelle Welt, Cyberspace* oder *Tele-Existence* beziehen sich auf gänzlich neue Erfahrungsbereiche, die eine neue Qualität des Erlebens durch den Einstieg in künstliche Welten ankündigen. Astheimer et al. (1994, S. 281) sehen mit der Virtuellen Realität bzw. Umgebung den Einstieg in eine „neue Epoche in der Mensch-Maschine-Kommunikation" gegeben.

Unter *Virtueller Realität* (VR) werden „Techniken verstanden, die es erlauben, einen Menschen unmittelbar in computergenerierte Welten zu integrieren. Als Mensch-Maschine-Schnittstelle der Zukunft angesehen, sprechen Techniken der Virtuellen Realität mehrere Sinne des Menschen zugleich an, beispielsweise Gesichts-, Hör- und Tastsinn." Kennzeichnend für Virtuelle Umgebungen sind dreidimensionale Präsentations- und Interaktionstechniken, die der Nutzerin/ dem Nutzer den Eindruck vermitteln sollen, sie/er befände sich innerhalb des dargestellten Szenariums. Grundlagen der Virtuellen Realität sind zum einen die Immersion, d. h. mit Hilfe von Stereoskopie, Blick-Tracking und anderen Techniken wird die Illusion erzeugt, der Operator befinde sich innerhalb einer computergenerierten Welt und zum anderen die Navigation, d. h. der Möglichkeit, sich innerhalb eines Computermodells zu bewegen, z. B. in einem Molekül oder in einer Stadt. Der Mensch wird als „aktiver Bestandteil in eine vom Computer generierte, künstliche Umgebung integriert " (Astheimer et al. 1994, S. 282). Dadurch entstehen nicht nur virtuelle Übungsräume zur Orientierung in Raum und Zeit, z.B. Orientierungsübungen auf virtuellen Landkarten (Lauterbach 1985b), auch die hypothetische Erschließung von Realität wird durch Rekonstruktion und Simulation möglich.

Virtuelle Umgebungen sind als Weiterentwicklungen der herkömmlichen Visualisierung bzw. Animation, die eine Präsentation visueller Informationen in Echtzeit und die Manipulation dieser Information mittels Gesten oder Körperbewegungen ermöglichen. Anwendungen sind derzeit in Architektur, Design, Modellierung chemischer Moleküle, Simulatortechnik, industrieller Automatisierung und Medizintechnik zu finden (vgl. Astheimer et al. 1994).

Ob diese Technik tatsächlich eine neue Epoche der Mensch-Maschinen-Verschmelzung einleitet, kann heute nur spekulativ beantwortet werden. Doch mit der Anwendung und Vermarktung dieser Technik für alltägliche Aufgaben werden die Voraussetzungen dafür geschaffen, daß unserer „realen" Wirklichkeit eine virtuelle mit gleichem Anspruch hinzugefügt wird. Virtuelle Suchmaschinen wie *Alta Vista* oder *Fireball* erleichtern schon jetzt das Aufspüren benötigter oder gewünschter Informationen und Kontakte. In virtuellen Umgebungen werden bald personalisierte *virtuelle* Agenten aufgaben- und interessensspezifische Aufträge erledigen.

6.3 Virtuelle Wirklichkeit, Interaktion und Kommunikation

Mit Computern kann sich prinzipiell jeder an der Erzeugung von Wirklichkeit, sei sie real oder virtuell, beteiligen. Soziale Konstruktionen erfolgen selbstverständlich weiterhin. Sie werden jedoch immer weniger kulturell und biographisch geformt, sondern zunehmend in der jeweils aktuellen Kommunikation anhand der verfügbaren Informationen synthetisiert, und zwar vor allem durch die Kommunikation selbst. Ein Rückgriff auf gemeinsame soziale Erfahrung außerhalb der Kommunikation ist nicht erforderlich. Sie könnte sich sogar als hinderlich erweisen, weil das Mißverstehen des anderen, sofern er einer anderen Kultur angehört, von beiden nicht erkennbar ist und jeweils der Unzulänglichkeit des Kommunikationspartners zugeschrieben würde. Die prinzipielle Anerkennung einer irgendwie ganz anderen Lebenswelt des Kommunikationspartners, die nicht bekannt ist und daher auch nicht voraussetzungslos verstanden werden müßte, entlastet dagegen. Man braucht weder das soziale Wissen und die soziale Kompetenz der anderen noch der eigenen Kultur, um miteinander zu kommunizieren.

Ähnlich verhält es sich bei der individualpsychologischen Betrachtung einer solchen Kommunikationskonstellation. Die Kommunikationspartner sind für einander letztlich nur in der Kommunikation und durch sie existent; sie „brauchen" einander in der Kommunikation, sonst nicht. Was und wie der oder die andere und man selbst sonst noch ist und war, darf irrelevant sein. Auch das kann entlasten, vor allem befreit es.

Relevant ist hiernach allein die Kommunikationssituation und ihre Geschichte. Die Kommunikation beschränkt sich auf die innermediale Realität der Kommunikationspartner und verzichtet (zwangsläufig) auf einen außermedialen Kontext. Die „gemeinsame" Geschichte besteht daher allein in den eigenen Erinnerungen. Die Dokumente der Kommunikation entbehren Materialität, Sozialität, Kontext, Kultur und Biographie.

Was ist inzwischen empirisch untersucht?
Die Forschungen zur computerunterstützten Kommunikation (CMC: computer-mediated communication) liefern unterschiedliche, zum Teil differierende

Ergebnisse. Beobachtet wurden mangelnde soziale Präsenz, fehlende Gruppenkoordination, fehlende Abstimmung über den gemeinsamen Wissenshintergrund, ein Überangebot an Informationen und die fehlende Verbindung von Daten (Hesse et al. 1995, S. 255).

Einige Forschungsergebnisse zeigen, daß stärker aufgabenorientiert und damit durchaus effizient gearbeitet wird, aber soziale Bedürfnisse vernachlässigt werden (Ellis, Gibbs, Rein 1991 und Bikson, Eveland 1990 nach Hesse et al. 1995, S. 256;). Die Kommunikation kann sich eher unpersönlich entwickeln, die wahrgenommene psychologische Distanz der Teilnehmerinnen und Teilnehmer kann sich vergrößern (Rutter 1987 nach Hesse et al. 1995). Der Mangel an sozialer Präsenz kann bei den Kommunikationspartnern das Gefühl erzeugen, in die Kommunikationssituation nur gering involviert zu sein. Die übermittelte Information bleibt in gewisser Weise abstrakt, da die Vermittlung der Kontexte, der Situationen nur erheblich eingeschränkt erfolgen kann. Verschiedene empirische Untersuchungen zeigen, daß die kommunizierenden Personen eine größere persönliche Distanz empfinden, sich stärker auf die übermittelte Nachricht konzentrieren, weniger an persönlichen Motiven sichtbar machen und sich weniger durch Normen beeinflußt fühlen. Durch das fehlende unmittelbare Feedback und eine damit einhergehende geringere Normenbindung kann ein ungehemmtes Verhalten und eine stärkere Selbstbezogenheit entstehen (Sproull, Kiesler 1986 nach Hesse et al. 1995, S. 256). Es gibt zwar die Möglichkeit, durch Eingabe festgelegter Symbole einige Gefühle mitzuteilen, z. B. ob man sich über eine Nachricht ärgert oder freut. Bisherige Erfahrungen im Projekt „Das transatlantische Klassenzimmer" der Körber Stiftung zeigen, daß Schülerinnen und Schüler sich z. B. „persönliche Brieffreundschaften" mit ihrer Peer-group auf der anderen Seite des Atlantiks wünschen. Sofern der Kreis der e-mail-Kommunizierenden zu groß wird, erhält der Austausch einen anonymen Charakter und wird als weniger befriedigend empfunden.

Aber auch in technisch gestützter Kommunikation lassen sich eher individuell und eher gruppenbezogene Orientierungen unterscheiden. So konnten Spears und Lea (1992) nicht grundsätzlich eine stärkere Selbstbezogenheit feststellen, sondern unterscheiden zwei Arten der Verhaltensausrichtung: die individuelle Identität, d. h. das Verhalten wird an den eigenen Werten und Normen orientiert, und die Gruppenidentität, d. h. das eigene Verhalten wird stärker nach den Gruppennormen ausgerichtet. Begründet sehen dies Spears und Lea nicht in der elektronischen Kommunikation, sondern lediglich in ihrer Verstärkung der vorherrschenden Identität. Nach Walther und Burgoon (1992, nach Hesse et al. 1995) nimmt die weniger ausgeprägte soziale Orientierung bei längeren

Kommunikationszeiträumen ab. Sie schlußfolgern, daß nicht allein das Kommunikationsmedium für verschiedene Phänomene ausschlaggebend sei, sondern daß vielmehr die Intentionen, Bedürfnisse und Stile der Nutzer und Nutzerinnen eine große Rolle dabei spielen. Ihre Interpretationen erscheinen plausibel.

Forschungen zur Unterstützung kooperativer Prozesse befassen sich mit Fragen der Repräsentation der „natürlichen" Dynamik von Kommunikationsprozessen im künstlichen Medium Computer. Zur Strukturierung von Prozessen wird z.b. ein „Group Facilitator" eingeführt, der die formelle Steuerung der „elektronischen Kommunikationsprozesse" übernimmt. Er führt beispielsweise in der Anfangsphase eines Prozesses die Normen und Regeln ein und gewährt eine Unterstützung bei der Abstimmung individueller Beiträge.

Hinweise gibt es auch darauf, daß elektronische Kommunikation weniger statusbezogen verläuft und insofern zu einer gleichberechtigten Teilhabe an Entscheidungsprozessen beitragen kann. („Periphere" Mitglieder von Organisationen können einen größeren Gewinn aus elektronischer Kommunikation ziehen als besser Positionierte (Sproull, Kiesler 1991)). Dies ist damit erklärbar, daß Hinweise physikalischer und nonverbaler Art auf den relativen Status der Beteiligten fehlen. Statusgeringere nehmen größere Kommunikationsanteile wahr, so daß ein gleichberechtigter Austausch in der Gruppe möglich wird.

Grundsätzlich wissen wir jedoch zu wenig über das Kommunikationsverhalten von Kindern und Jugendlichen bei der Nutzung von Netzen im schulischen und außerschulischen Bereich. Forschung ist dringend notwendig. Sherry Turkles neue Studie zum Kommunikationsverhalten am Bildschirm enthält dazu Anregungen (Turkle 1995).

7. Veränderte Rollen und Rollenerwartungen von Lehrerinnen und Schülern

Durch den Einsatz von Computer und Multimedia verändert sich die Rolle von Lehrenden und Lernenden im Unterricht. Die Eigenaktivität von Schülerinnen und Schülern verstärkt sich. Die Lehrperson wird, wie erwähnt, zunehmend zum Coach und Organisator von Lernprozessen.

In qualitativen Studien haben Miller und Olson, zwei kanadische Schulforscher, über mehrere Jahre hinweg untersucht, wie die Lerneffektivität durch Computer unterstützt werden kann und wie kompetent Lehrerinnen und Lehrer den Computer für Lernprozesse nutzen (Miller, Olson 1995). Ihre Ergebnisse zeigen eher die Komplexität der Situation und was Lehrerinnen und Lehrer in Betracht ziehen und weniger das Potential von Informations- und Kommunikationstechnologien für die Schule. Lehrpersonen nutzen Computer dann effektiver, wenn sie ihre Ziele und den Einsatz reflektieren, bevor sie ihn einsetzen.

Der These, daß Lehrpersonen durch den Einsatz neuer Multimedia mehr Zeit für andere, wichtige pädagogische Aktivitäten erhalten, begegnen Miller und Olson nach ihren Beobachtungen mit Skepsis. Ihre Ergebnisse zeigen, daß es Lehrpersonen gibt, die mit oder ohne Computereinsatz das Lernen ihrer Schülerinnen und Schüler intensiv fördern und sich auch sonst um sie kümmern, und andere, die dies unabhängig vom Computereinsatz nicht tun. Der vorausgegangene Unterricht wirkt stärker - so ihr Befund - als der Einsatz der neuen Informations- und Kommunikationstechnologien. Die bisherigen Unterrichtsmethoden und didaktischen Ansätze haben die Fähigkeiten und das Verhalten von Schülerinnen und Schülern nachhaltig geformt. So fördert z. B. der Einsatz eines Textverarbeitungsprogramms nicht automatisch den Schreibprozeß im Sprachenunterricht, wichtig ist vielmehr der didaktische Ansatz.

In einer weiteren nordamerikanischen Studie, in der 240 Lehrpersonen und Lernende im Internet befragt wurden, gaben 70% an, daß sich durch diese Tätigkeit ihre Sichtweise von Unterricht geändert habe. Auf die Frage nach den Veränderungen zum traditionellen Unterricht wurde genannt:

Die Rolle der Lehrperson ändert sich zum „Facilitator" und Mentor, Schülerinnen und Schüler sind aktiv Teilnehmende in Lernprozessen; die Diskussionen führen mehr in die Tiefe, der Zugriff auf Daten weitet sich entscheidend aus, die Lernenden werden unabhängiger, die Interaktionen zwischen den Lehrenden nehmen deutlich zu, der Unterricht wird schülerzentrierter, und die Lehrer-Schüler-Hierarchie wird aufgebrochen (Harasim et al 1996, S. 14 f.).

Ob aber allein der Zugang zum Internet eine Katalysatorfunktion haben kann, lassen eigene Beobachtungen in Zweifel ziehen. Schülerinnen und Schüler haben zunächst eine höhere Lernmotivation und erbringen teilweise auch bessere Lernergebnisse als bisher. Dies kann allerdings auf den Neuigkeitswert oder die Versuchssituation zurückgeführt werden und durchaus von vorübergehendem Erfolg sein. Diese Effekte sind bereits aus Untersuchungen zum Computereinsatz in den 80er Jahren bekannt. Nicht untersucht ist, ob kurzfristige Motivation sich nachteilig oder begünstigend für die Rollenentwicklung auswirkt. Immerhin werden die Lehrpersonen nicht gefordert, grundsätzlich über eine qualitative Veränderung von Lehren und Lernen nachzudenken; traditionelle Lernformen können sich festigen.

Angesichts der Resistenz von Verhaltensweisen gegen Änderungen ist es nicht unerheblich, welche Unterrichtsformen und Aktivitäten im Unterricht gegenwärtig in bundesrepublikanischen Schulen praktiziert werden. 40% der Lehrerinnen und Lehrer einer repräsentativen Befragung des IFS geben an, daß in ihrem Unterricht die Schülerinnen und Schüler niemals oder nur ganz selten selbständig an selbstgewählten Aufgaben arbeiten oder eigene Untersuchungen durchführen. Die stärker auf die Eigentätigkeit der Schülerinnen und Schüler sowie auf forschendes Lernen ausgerichteten Unterrichtsformen - zusammen mit der Arbeit am Computer - sind ganz am Ende der Rangreihe plaziert. Das Idealbild der Lehrerinnen und Lehrer sieht dagegen anders aus: Am häufigsten, nämlich mit 63% der Nennungen, wünschen sie gemeinsame Diskussionen im Unterricht. Aber auch Gruppenarbeit und die „selbständige Bearbeitung von selbstgewählten Aufgaben" sowie die Durchführung eigener Untersuchungen durch die Schülerinnen und Schüler werden von den Lehrerinnen und Lehrern häufig gewünscht. Ein ähnliches Bild gibt die Schülerbefragung: Nur 8% geben an, daß die Lehrpersonen Schülerinnen und Schüler mitbestimmen lassen, dagegen sagen 74%, daß die Lehrerpersonen im großen und ganzen bestimmen, was Schülerinnen und Schüler im Unterricht machen sollen. Die regelmäßige Computernutzung im Unterricht ist die Ausnahme. Selbst im Bereich Arbeitslehre, Technik, Wirtschaft sagen nur 14%, insgesamt sogar weniger als 5%, daß Computer im Unterricht regelmäßig eingesetzt werden. Die Mehrheit der Befragten kritisiert dies durchgängig, und zwar Jungen und Mädchen gleichermaßen, am meisten für den Bereich der Naturwissenschaften.

Diese Ergebnisse, die die aktuelle Situation in den Sekundarstufen I betreffen, zeigen sehr deutlich, daß zwischen den Visionen über die Möglichkeiten des Computereinsatzes in Schulen und dem tatsächlichen Einsatz in Schulen eine erhebliche Kluft besteht.

Vielleicht sind unsere Grundschullehrerinnen und Grundschullehrer wandlungsfähiger. Ergebnisse einer qualitativen Studie bei Grundschullehrerinnen und -lehrern, die mit der Hypermedia-Arbeitsumgebung „Grünes Klassenzimmer" gearbeitet haben, zeigen, daß diese ihre eigene Rolle in der Weise geändert sehen, daß sie weniger im Mittelpunkt stehen, die Schülerinnen und Schüler stärker eigenaktiv sind und sie teilweise selbst die Rolle des Lernenden einnehmen. Mehrfach wird von den befragten Lehrerinnen und Lehrern geäußert, daß sie durch die Freiarbeit der Schülerinnen und Schüler Zeit zur Beobachtung der Lernenden erhalten und diese für die Steuerung sozialer Prozesse im Unterricht nutzen können. Gleichzeitig weisen jedoch auch einige Lehrerinnen darauf hin, daß sich ihre Rolle gar nicht so sehr geändert habe, da sie bereits vorher projektorientiert gearbeitet hätten. Grundsätzlich beurteilen sie den medialen Einsatz für ihren Unterricht sehr positiv (Müller, Schulz-Zander 1998). Auf die Frage, ob sich ihre Lehrerrolle geändert hat, antworteten sie:

„Die Rolle hat sich insofern geändert, da ich nicht so im Vordergrund des Unterrichts stand. Die Kinder kamen nur selten mit Fragen zu mir. Die meisten Fragen lösten sie eigenständig am Computer. Meine Rolle wurde nur noch eine begleitende Rolle. Ich gab ihnen Ratschläge und Verbesserungsvorschläge. Ich glaube, daß sie den Computer als Lehrer ansahen, da er ihnen das Wissen übergab. Man spricht immer von der Rolle des Coaches. Ich denke, daß ich so eine Funktion übernommen habe." (Müller, Schulz-Zander 1998)

„Also, ich habe vorher auch schon immer total viel Wochenplan und Freiarbeit gemacht. Von daher hat sich meine Rolle als Lehrer, daß ich mich da jetzt total zurücknehme, nicht so sehr verändert. Es hat sich insofern verändert, daß auch ich mich auf ein neues Medium einstellen mußte, mit dem ich nicht so vertraut war, und daß ich manchmal die Fragen der Schüler gar nicht beantworten konnte, sondern teilweise von den Schülern lernen konnte. " (Müller, Schulz-Zander 1998)

In dieser Antwort wird die vorausgegangene Unterrichtsmethodik angesprochen und keine grundsätzliche Veränderung festgestellt, eine Einschätzung, die stimmig ist mit den Ergebnissen von Miller und Olson.

„Ich muß sagen, daß man sich wirklich erst daran gewöhnen muß, daß man als Lehrer da nicht mehr so im Mittelpunkt steht, sondern daß der Schüler im Grunde genommen selbst bestimmen kann, was er jetzt machen möchte und was nicht. Der Lehrer zieht sich zurück und berät die Kinder nur. Man kann mehr beobachten, und das ist sehr angenehm." (Müller, Schulz-Zander 1998)

Angesichts der schmalen Befundlage und der bekannten Diskrepanzen zwischen Realität und Selbstbewertung werden empirische Studien erforderlich, um u. a. zu klären: Wie verändert sich die Rolle von Grundschullehrerinnen und Grundschullehrern im Unterricht durch den Einsatz von Informations- und Kommunikationstechnologien? Wie verändert sich das Verhältnis zwischen Kindern und Lehrerinnen? Wird die Eigenaktivität von Schülerinnen und Schülern verstärkt?

8. Veränderte Anforderungen: z.B. Multimediakompetenz

Die neuen Informations- und Kommunikationstechnologien wirken auf die Nutzerinnen und Nutzer und werden von ihnen mitgestaltet. Soll der Umgang sozial verantwortlich, kreativ und selbstbestimmt geschehen, werden entsprechende Kompetenzen benötigt, die individuell und gesellschaftlich zu entwikkeln sind. Alle Bürgerinnen und Bürger werden sie benötigen. Computer- und Multimediakompetenz werden zu Schlüsselqualifikationen und folglich zu Anforderungen, die an Kinder bereits in der Grundschule gestellt werden.

Zur Multimediakompetenz gehören zunächst die Auswahl, Nutzung, Bewertung und Gestaltung von Medien. Das schließt eine neue Lese- und Schreibfähigkeit mit erweiterten analytischen, bewertenden und gestalterischen Fähigkeiten ein.

Multimedia auswählen und nutzen können

In der Informationsgesellschaft wird Informationskompetenz benötigt: Mit geeigneten Strategien sind die benötigten Daten aus großen Datenmengen zu selektieren, sie sind zu analysieren und zu interpretieren. Dabei müssen sich aktive Multimedianutzerinnen und -nutzer bewußt werden, daß sie es mit konstruierten Bedeutungen zu tun haben und selbst Bedeutungen konstruieren. Sie müssen mit Komplexitäten umgehen, sowie geeignete Suchmaschinen und Werkzeuge anwenden können. Hierzu müssen systemische Kenntnisse erworben werden. Benötigt werden diesbezüglich Orientierungswissen, strategisches Wissen und Entscheidungsfähigkeit.

Es wird des weiteren erwartet, daß Lernende mit anderen Personengruppen über das Internet kommunizieren und kooperieren können. Dazu müssen sie nicht nur über eine Lesefähigkeit, sondern auch über eine neue Schreibfähigkeit verfügen.

Multimediabotschaften lesen, verstehen und bewerten können

Beim Umgang mit Multimedia und Netzen ist eine erweiterte Lesefähigkeit erforderlich, die nicht allein auf Sprachkompetenz beruht: Fähigkeiten und Fertigkeiten zur Wahrnehmung, Analyse und Interpretation von Bildern und dynamischen Vorgängen werden benötigt. Bei Bildmedien, aber auch bei Texten im Internet, stellt sich inzwischen grundsätzlich die Frage nach der Authentizität der übermittelten Informationen. Aufgrund tradierter Lesegewohnheiten werden Bilder eher als authentisch gewertet.

Notwendig wird die Kompetenz zur Entschlüsselung von Botschaften und ihrer Bewertung: Informationen und Multimediabotschaften sind in Situationen und in bestimmten soziokulturellen Zusammenhängen entstanden. Mediale Repräsentationen sind immer interessengeleitete subjektive Konstruktionen. Bei den Daten im Internet ist der soziokulturelle Kontext, der Situationsbezug oftmals nicht erkennbar. Eine Rekontextualisierung muß erst hergestellt werden. Spezifische interpretative Fähigkeiten sind notwendig. Das Problem der Rekontextualisierung stellt sich grundlegend. Der fehlende gemeinsame Wahrnehmungsraum, die fehlenden nonverbalen Zeichen, die veränderte Raum-Zeit-Ordnung erschweren das Verstehen und Bewerten grundsätzlich. Bei der Nutzung des Internet können sehr unterschiedliche Funktionalitäten und Kommunikationsräume wahrgenommen werden, in denen jeweils unterschiedliche Kommunikationskulturen wirken. Im Hinblick auf virtuelle Umgebungen wird zukünftig eine spezifische Wahrnehmungsfähigkeit erworben werden müssen.

Multimedia selbst gestalten und im Netz bereitstellen

Es wird erwartet, daß Daten multimedial gestaltet, für das Netz aufbereitet und im Netz bereitgestellt werden können. Dies erfordert, mit anderen im Netz zusammenarbeiten zu können. Es wird hierbei nötig, sich mit den verschiedenen Zeichensystemen, den Gestaltungsmöglichkeiten und -techniken, den Möglichkeiten des Mediums aber auch den möglichen Nutzern und Nutzerinnen auseinanderzusetzen. Hierbei werden auch Einschränkungen und Begrenzungen, aber ebenso Manipulationsmöglichkeiten durch das Medium erfahren. Bei der Gestaltung von Multimedia soll auch gegenwärtig sein, daß Multimedia stets subjektive Konstruktionen sind, die in spezifischen soziokulturellen Zusammenhängen entstehen.

Multimedia hinsichtlich ihrer gesellschaftlichen Bedeutung analysieren und beeinflussen

Die Kinder werden darauf vorbereitet werden, die gesellschaftliche Bedeutung von Datenautobahnen und Multimedia und die jeweiligen Interessen analysieren und bewerten sowie unterschiedliche Gestaltungsmöglichkeiten bei Anwendungen reflektieren zu können. Man wird sie befähigen wollen, Veränderungen in der Arbeitswelt, der Umwelt, der Politik, der Freizeit sowie in sozialen und kulturellen Bereichen zu reflektieren, zu bewerten und Gestaltungsräume zu erkennen. Überdies werden sie die Chancen und Gefahren der Veränderungsprozesse aus unterschiedlichen Sichtweisen, die stets interessengeleitet sind, reflektieren und einschätzen können sollen.

Multimedia hinsichtlich ihres Wirklichkeitsgehaltes analysieren und bewerten

Von Kindern wird erwartet das sie Informations- und Kommunikationsinhalte und –prozesse verstehen, reflektieren und mit Erfahrungen außerhalb der Virtualität in Beziehung setzen zu lernen. Sie sollen überdies in der Lage sein, in vernetzten Systemen und Multimediawelten eine Balance zu finden zwischen verschiedenen Formen der Erfahrung - den unmittelbaren und den medial aufbereiteten - sowie die Beziehungen und Übergänge zwischen den Wirklichkeitsebenen praktisch zu meistern. Dies erfordert, sich Kommunikationsprozesse auch sinnlich erfahrbar zu machen und Unterschiede in der direkten und der virtuellen Kommunikation bewußt wahrzunehmen und zu bewerten.

Multimedia in ihrer Bedeutung zur Identitätsentwicklung erfahren, analysieren und bewerten

Das experimentierende, spielerische Umgehen mit Identitäten und Daseinsentwürfen, das Ausprobieren von sozialen Rollen, das Sammeln von Erfahrungen im Umgang mit dem Anderen, die Konfrontation mit verschiedenen Sichtweisen und das eigene Erproben von Handlungsentwürfen ist grundlegend für die Identitätsentwicklung. Die neuen Multimedia bieten diesbezüglich erweiterte Erfahrungsräume (Turkle 1995). Für die Kinder sind jedoch dafür keine traditionsbewährten Orientierungshilfen verfügbar. Sie werden deshalb gefordert, diese in ihren Möglichkeiten und Grenzen selbst zu erfahren, bewußt wahrzunehmen, zu reflektieren und zu bewerten.

Multimedia mit sozialer und ethischer Kompetenz nutzen

Verschiedene Untersuchungsergebnisse zeigen, daß soziale Werte und Normen bei der Kommunikation und Kooperation über Netze eher vernachlässigt werden. Einander werden auch weniger persönliche Motive deutlich gemacht. Oftmals wird eine größere persönliche Distanz und eine geringere Normenbindung erlebt. Vermutlich werden die Anforderungen an soziales Lernen und soziale Kompetenz steigen und die Forderungen nach ethischer Kompetenz zunehmen. Es werden Fähigkeiten erwartet, in der Informationsgesellschaft sozial verantwortlich mitgestalten zu können und dabei die Persönlichkeit anderer zu achten und die Rechte anderer zu wahren.

9. Fazit

Die bildungspolitische Verantwortung für die Grundschule und die pädagogische Verantwortung für die Kinder fordert Maßnahmen, die die Chancen der

Informations- und Kommunikationstechnologien nutzen und erkennbare Gefahren abwenden.

Wir wissen aus bisherigen Innovationsschüben, daß breit angelegte Technologieoffensiven aus sich noch keine qualitative Verbesserung des Lebens bewirken. Weder läßt sich nachweisen, daß Lernen mit neuen Informations- und Kommunikationstechnologien für Kinder nachhaltig effektiver ist als der personengeführte Unterricht, noch ist belegt, daß die „gute" Schule durch Technik verwirklicht wurde. In Zeiten des Umbruchs ist dies nicht überraschend. Wer neue Technik nur nutzt, um das Bisherige mit herkömmlichen Lehr- und Lernformen im traditionellen Kontext zu vermitteln, wird das geschichtlich entstandene Optimum nur selten übersteigen und folglich wirkungsarm bleiben. Dennoch ist eine Qualitätsverbesserung des Lehrens und Lernens mit Hilfe geeigneter Technik in historischen Dimensionen unabweisbar. Noch nie - so die nicht erhärtbare These - haben so viele Kinder soviel und so anspruchsvoll gelernt wie heute, und noch nie sind sie so gern in die Schule gegangen. Belegt ist lediglich, daß die Grundschule bei ihren Lehrerinnen und Lehrern beliebt ist und von mehr als zwei Drittel der Eltern trotz mancher Kritik geschätzt wird.

Computer, Multimedia, Vernetzung und Virtualität sind auch deshalb nur bedingt im Kontext der heutigen deutschen Grundschule bewertbar, die sich ihren idealen Alltag aus der Reformpädagogik der letzten und den Reformideen der vorletzten Jahrhundertwende entwirft. Die neuen Informations- und Kommunikationstechnologien müssen aus ihren Potentialen für Lehren und Lernen pädagogisch und didaktisch neu gedacht und entwickelt werden. Dabei können sich auch die bisherigen Wertmaßstäbe verändern. Deren Qualität zu gewährleisten, ist eine gemeinsame Aufgabe von Pädagogik und Didaktik. Uns muß es gelingen, Beispiele zu geben und Wege aufzuzeigen, wie die Qualität von Schule, von Lehren und Lernen, durch die Nutzung der neuen Informations- und Kommunikationstechnologien tatsächlich nach pädagogischen und didaktischen Qualitätsprinzipien verbessert werden kann.

Eine Nutzung neuer Medien darf beispielsweise nicht zu einem Verlust an authentischen Erfahrungen und sozialem Lernen führen. Die unmittelbare Begegnung von Menschen, die Entfaltung sozialer und kommunikativer Kompetenz ist grundlegend für soziales Lernen. Soziale Kommunikation bedarf gemeinsamer Wahrnehmungsräume. Verstehen und Erkennen brauchen soziale Erfahrung und Begegnung.

Allzu oft stehen technische Fragen bei der Einführung dieser Innovation im Vordergrund. Ist die Handhabung der Systeme erlernt, scheinen häufig genug auch schon die Projektziele erreicht. Es ist zur Zeit noch sehr schwer abzuschätzen, welche Veränderungen mit dem Einsatz der Informations- und Kommunikationstechnologien sich für schulisches Lernen ergeben. Wir benötigen projektive Entwicklungsforschung. Da die Schlüsselperson im gesamten Prozeß letztlich aber die Lehrperson bleibt, sie ist „gate-keeper" aller Innovationen, ist die Qualifizierung zukünftiger und bereits in der Praxis tätiger Lehrerinnen und Lehrer unverzichtbar für jegliche pädagogischen wie didaktischen Erfolge. Und wir müssen auf Rahmenbedingungen drängen, die Qualitätsentwicklung nachhaltig sichern (vgl. Lauterbach 1985a; Schulz-Zander 1997a).

Literatur

Arenhövel, F.: Computereinsatz in der Grundschule. Donauwörth: Auer 1994

Astheimer, P./ Böhme, K./ Felger, W./ Göbel, M./ Müller, S.: Die virtuelle Umgebung - Eine neue Epoche in der Mensch-Maschinen-Kommunikation. Teil I: Einordnung, Begriffe und Geräte. In: Informatik Spektrum (1994) 17, S. 281-290

Baumgartner, P.; Payr, S.: Lernen mit Software. Innsbruck: Österr. Studien-Verlag 1994

Bildungskommission NRW: Zukunft der Bildung - Schule der Zukunft: Denkschrift der Kommission „Zukunft der Bildung - Schule der Zukunft" beim Ministerpräsidenten des Landes Nordrhein-Westfalen/Bildungskommission NRW. Neuwied: Kriftel; Berlin: Luchterhand 1995

Collins, A./ Brown, J. S./Duguit, P.: Situated Cognition and the Culture of Learning. Educational Researcher, 18 (1989) 1, pp. 32-42

de Witt, C.: Pädagogische Theorien der Interaktion im Zeitalter neuer Technologien. Frankfurt/Main: Lang 1993

Frey, K.: Effekte der Computerbenutzung im Bildungswesen. Ein Resümee des heutigen empirischen Wissensstandes. In: Zeitschrift für Pädagogik 35 (1989) 5, S. 637-656

Fricke, R.: Zur Effektivität computer- und videounterstützter Lernprogramme. In: Jäger u.a. (Hrsg.): Computerunterstütztes Lernen. Beiheft 2 zur Zeitschrift Empirische Pädagogik, (1991), S. 167-204

Glaser, R.: The maturing of the relationship between the science of learning and cognition and educational practice. Learning and Instruction, 1 (1991) 2, pp. 129-144

Harasim, L./ Hiltz, S./ Teles, L./ Turoff, T.: Learning Networks. Cambridge/Mass, London: MIT Press 1996, second printing

Hesse, F. W./ Grasoffky, B./ Hron, A.: Interface-Design für computerunterstütztes kooperatives Lernen. In: Issing, L./ Klimsa, P. (Hrsg.): Information und Lernen mit Multimedia. Weinheim: Psychologie Verlags Union 1995, S. 253-267

Johnson, D. LaMont: The National Education Supercomputer Program: A Model for Business and Government Involvement in Education. In: Computers in the Schools, 11 (1994) 2, pp. 1 - 4

Kanders, M./ Rolff, H.-G./Rösner, E.: Das Bild der Schule aus der Sicht von Schülern und Lehrern. In: Rolff u.a. (Hrsg.): Jahrbuch der Schulentwicklung, Band 9. Weinheim, München: Juventa 1996, S. 57-114

Krauthausen, G./ Herrmann, V. (Hrsg.): Forum Grundschule. Computereinsatz in der Grundschule? Stuttgart 1994

Krohn, W./ Küppers, G. (Hrsg.): Emergenz: Die Entstehung von Ordnung, Organisation und Bedeutung. suhrkamp taschenbuch wissenschaft 984. Frankfurt/M.: Suhrkamp 1992

Lang, M./ Schulz-Zander, R.: Informationstechnische Bildung in allgemeinbildenden Schulen - Stand und Perspektiven. In: Rolff/ Bauer/ Klemm/ Pfeiffer/ Schulz-Zander (Hrsg.): Jahrbuch der Schulentwicklung, Band 8. Juventa: Weinheim/München 1994, S. 309-353

Lauterbach, R. (1985a): Towards a generative Strategy for Computers in Education. The Research Base. In: State Commitee for Science and Technical Progress of the People's Republic of Bulgaria (Hrsg.): Children in an Information Age: Tomorrow's Problems Today. Varna 1985, pp. 545-564

Lauterbach, R. (1985b): Zum Einfluß des Computers auf die Wirklichkeitsvorstellungen von Kindern. In: Spreckelsen, K. (Hrsg.): Schülervorstellungen im Sachunterricht der Grundschule. Kassel: Gesamthochschule Kassel 1985, S. 99-113

Lauterbach, R.: Auf der Suche nach Qualität: Pädagogische Software. In: Zeitschrift für Pädagogik (1989) 5, S. 699-710

Lauterbach, R.: Verständigung über Natur. In: Duncker, L. (Hrsg.): Bildung in europäischer Sicht. Langenau-Ulm: Armin-Vaas 1996, S. 81-106

Lehmann, J./ Lauterbach, R.: Die Wirkungen des Computers in der Schule auf Wissen und Einstellungen. In: LOG IN 5 (1985) 1, S. 24-27

Lem, S.: Also sprach GOLEM. suhrkamp taschenbuch 1266. Frankfurt/M.: Suhrkamp 1986

Maturana, H.: Was ist Erkennen? München, Zürich: Piper 1994

Miller, L./ Olson, J.: How Computers live in Schools. In: Educational Leadership, 53 (1995) No. 2, pp. 74-77

Mitzlaff, H. (Hrsg.): Handbuch Grundschule und Computer. Vom Tabu zur Alltagspraxis. Werkstattbuch Grundschule. Weinheim: Beltz-PVU 1996

Müller, C: /Schulz-Zander, R.: Einsatz von Multimedia im Grundschulunterricht. Ergebnisse einer Befragung zur Veränderung von Lehr-/Lernprozessen. In: Computer und Unterricht (1998) 29 (im Erscheinen)

Negroponte, N.: The Digital Man. Interview mit Nicholas Negroponte (Internet: Suchbegriff „Negroponte") 1996

OTA: U. S. Congress, Office of Technology Assessment: Making the Connection, OTA-EHR-616 (Washington, DC: U.S. Government Printing Office) April 1995

Papert, S.: Revolution des Lernens. Kinder, Computer, Schule in einer digitalen Welt. Hannover: Heise 1994

Peschke, R./ Schulz-Zander, R.: Multimedia und Telekommunikation - Vielfalt der Lernorte. In: Computer und Unterricht (1996) 22, S. 5-9

Piaget, J.: Das Weltbild des Kindes. dtv/Klett-Cotta 15044. München: dtv 1988 (Erstveröffentlichung 1926)

Roth, G.: Das Gehirn und seine Wirklichkeit. Frankfurt/M.: Suhrkamp^{2}1995 (1994)

Schulmeister, R.: Grundlagen hypermedialer Lernsysteme. Bonn; Paris u. a.: Addison-Wesley 1996

Schulz-Zander, R.: Lernen in der Informationsgesellschaft. In: Pädagogik, (1997)[3], S. 8-12

Schulz-Zander, R. (1997b): Medienkompetenz - Anforderungen an schulisches Lernen. In: Enquete-Kommission (Hg.): Medienkompetenz (im Erscheinen)

Schulz-Zander, R.: Veränderte Lernwelten mit Multimedia und Telekommunikation? Computer und Unterricht, (1996) 21, S. 41-46

Spears, R./ Lea, M.: Social influence and the influence of the social in computer-mediated communication. In: Lea, M. (Ed.): Social contexts of computer-mediated communication. Hemel Hempstead, GB: Harvester Wheatsheaf 1992, pp. 30-65

Sproull, L. S./ Kiesler, S.: Connections. New Ways of Working in the Networked Organisation. Cambridge Mass: The MIT Press 1991

Steinmetz, R./ Rückert, J./ Racke, W.: Multimedia-Systeme. In: Informatik Spektrum, (1990) 13, S. 280-282

Turkle, S.: Die Wunschmaschine. Vom Entstehen der Computerkultur. Reinbeck: Rowohlt 1984

Turkle, S.: Life on the Screen. Identity in the age of the Internet. New York: Simon & Schuster 1995

van Lück, W.: Lernen in Sinn- und Sachzusammenhängen unterstützt durch Neue Medien. In: Computer und Unterricht, (1993) 11, S. 5-11

van Lück, W.: Qualitätssteigerung von Schule und interaktive Neue Medien. In: PädF 5, (1994) 1, S. 24-28

Vollmer, G.: Evolutionäre Erkenntnistheorie. Stuttgart: F. Hirzel 1994, 6. Aufl.

von Glasersfeld, E.: Siegener Gespräche über radikalen Konstruktivismus. In: Schmidt, S. (Hrsg.): Der Diskurs des Radikalen Konstruktivismus. stw 636. Frankfurt: Suhrkamp 1994[4], S. 401-440

Weidenmann, B: „Multimedia": Mehrere Medien, mehrere Codes, mehrere Sinneskanäle. Empirische Pädagogik, 25 (1997) 3, S.197-206

Alltagsvorstellungen und Konzeptwechsel im naturwissenschaftlichen Unterricht - Forschungsstand und Perspektiven für den Sachunterricht in der Primarstufe

Reinders Duit, IPN an der Universität Kiel

1. Vorbemerkungen

Im folgenden Beitrag wird versucht, vom internationalen Stand ausgehend, Anregungen für Forschungen zum Sachunterricht in der Primarstufe zu geben. Auf eine Synopse des heutigen Standes der naturwissenschaftsdidaktischen Lernforschung in diesem Bereich muß allerdings verzichtet werden, dazu wäre eine stärkere Vertrautheit des Autors mit den aktuellen Stand der Diskussion zur Didaktik des Sachunterrichts, wie er zum Beispiel in der GDSU geführt wird, nötig. Ein solcher Verzicht fällt umso leichter, als Einsiedler (1997) eine umfassende Übersicht über den Stand der empirischen Sachunterrichtsforschung gegeben hat, in der er sich auch ausführlich mit Alltagsvorstellungen und ihrer Bedeutung für den Unterricht beschäftigt. Weiterhin liegt eine Reihe weiterer Arbeiten vor, die Teilsapekte beleuchten. Hier sei insbesondere ein Beitrag von Kircher (1997) genannt.

2. Das Kind dort abholen, wo es sich befindet

Es ist seit langem didaktisches Allgemeinwissen, daß Unterricht das vorunterrichtliche Wissen der Lernenden in Betracht zu ziehen hat. Diesterweg (1835) hat dies bereits vor mehr als 150 Jahren in seinem „Wegweiser für deutsche Lehrer" wie folgt zum Ausdruck gebracht:

„Ohne die Kenntnis des Standpunktes des Schülers ist keine ordentliche Belehrung desselben möglich".

Ausubel (1968, S. vi) faßte diese Einsicht in seinem häufig zitierten Diktum wie folgt zusammen:

„The most important single factor influencing learning is what the learner already knows. Ascertain this and teach him accordingly".

Das fachspezifische Vorwissen hat sich in unzähligen empirischen Lernstudien als der wichtigste Faktor erwiesen, der Lernen und Problemlösen bestimmt - im Bereich der Naturwissenschaften wie in allen anderen Lernbereichen.

Untersuchungen zu „Schülervorstellungen", die seit Mitte der 70er Jahre weltweit in großer Zahl durchgeführt werden, zeigen klar, daß die vorunterrichtlichen Vorstellungen, mit denen die Lernenden in den naturwissenschaftlichen Unterricht hineinkommen, das Erlernen der naturwissenschaftlichen Begriffe und Prinzipien tiefgreifend bestimmen. In aller Regel sind die vorunterrichtlichen Vorstellungen mit den zu lernenden wissenschaftlichen Vorstellungen nicht kompatibel, gar nicht selten stehen sie sogar im scharfen Gegensatz zu ihnen. Lernschwierigkeiten sind die Folge, weil die vorunterrichtlichen Vorstellungen den Rahmen bereitstellen, in dem die Lernenden das vom Lehrer oder Lehrbuch Präsentierte interpretieren. Es ist sicherlich nur wenig übertrieben festzustellen, daß die Lernenden in aller Regel im naturwissenschaftlichen Unterricht nicht zum eigentlich beabsichtigten Verständnis vorstoßen, sondern bei „Hybridvorstellungen" (Jung 1993) stehen bleiben. Sie integrieren, in anderen Worten, einige Aspekte der wissenschaftlichen Vorstellungen in ihre vorunterrichtlichen Vorstellungen, sie bleiben auf ihrem Lernweg also gewissermaßen „auf halbem Wege" stecken.

Die Rolle der vorunterrichtlichen Vorstellungen, in der Primarstufe sind die meisten von ihnen Alltagsvorstellungen, ist ambivalent. Auf der einen Seite erschweren die von ihnen bereitgestellten Sichtweisen das Erlernen der naturwissenschaftlichen Begriffe und Prinzipien. Auf der anderen Seite aber sind sie unverzichtbarer Ausgangspunkt des Lernens zur naturwissenschaftlichen Sicht. Sie „behindern" also das Lernen, sind aber auch notwendige Anknüpfungspunkte des Lernens, stellen also - bildlich gesprochen - die Bausteine bereit, die benötigt werden, um neues Wissen aufzubauen. Es gilt, Lernwege so zu planen, daß der genannten Ambivalenz entsprochen wird (s. dazu die Diskussion von Löffler und Köhnlein, 1985, ob ein bruchloser Weg von den Alltagsvorstellungen zu den wissenschaftlichen Vorstellungen möglich ist).

Wenn hier von „Vorstellungen" die Rede ist, so ist darauf zu verweisen, daß ein Sprachgebrauch aufgenommen wird, der sich bei uns durchgesetzt hat. Vorstellungen stehen hier ganz allgemein für geistige Entwürfe, die sich ein Mensch von der ihn umgebenden und durch Sinneseindrücke auf ihn wirkenden Welt macht. Der Termenden Welt macht. Der Terminus ist nicht eingeschränkt auf „bildliche" Vorstellungen. Es gibt in der internationalen Literatur eine große Anzahl von

Termini, um das, was hier Vorstellungen genannt wird, zu fassen (Duit 1992). Am nächsten dürfte der englische Terminus „conception" dem kommen, was bei uns mit Vorstellungen bezeichnet wird.

Inzwischen liegt eine sehr große Zahl von empirischen Untersuchungen zu Schülervorstellungen (nebenbei bemerkt ebenfalls zu Vorstellungen der Lehrenden) und ihrer Entwicklung im Lernprozeß (Pfundt, Duit 1994) vor. Diese Untersuchungen decken die wichtigsten Inhalte des naturwissenschaftlichen Curriculums ab. In den letzten Jahren sind auch Vorstellungen auf Meta-Ebenen (wiederum von Lernenden wie Lehrenden) erforscht worden, nämlich Vorstellungen zur Natur und Reichweite naturwissenschaftlichen Wissens sowie Vorstellungen vom Lernprozeß. Die Untersuchungen umfassen die gesamte Spannweite des naturwissenschaftlichen Unterrichts von der Primarstufe bis zur Universität. Es gibt auch einige Untersuchungen dieser Art in informellen Lernumgebungen, wie sie beispielsweise in „science centres" gegeben sind.

Untersucht man die Altersabhängigkeit der Vorstellungen, so scheinen sich zwei wichtige Befunde herauszubilden. Einerseits findet man eine Reihe von „Alltagsvorstellungen" (die nicht mit den wissenschaftlichen Vorstellungen übereinstimmen) von der Primarstufe bis zur Universität. Andererseits allerdings ist eine Entwicklung in Richtung der wissenschaftlichen Vorstellung unverkennbar (Driver 1995; Kattmann, Schmitt 1996). Das reiche Material zu Schülervorstellungen und zu Möglichkeiten, an ihnen anknüpfend zu den wissenschaftlichen Vorstellungen voranzuschreiten, erlaubt es, nunmehr die eingangs zitierten sehr allgemeinen Forderungen von Diesterweg und Ausubel in die Praxis umzusetzen. Erst mit diesem Material wissen wir in den wichtigsten Bereichen des naturwissenschaftlichen Unterrichts, wo sich unsere Lernenden befinden und wie man sie „entsprechend" unterrichten kann („... teach them accordingly"; Ausubel 1968).

Für den Sachunterricht der Primarstufe liegen Untersuchungen zu Schülervorstellungen, die seit der Mitte der 70er Jahre entstanden sind, vor allem zu Themen vor, die der Physik zugehörig sind oder ihr doch nahestehen (vgl. Einsiedler 1997, S. 23f). Biologische Aspekte sind in Erhebungen zu „Naturvorstellungen" von Feest, Gans und Heyroth (1993) und Hedewig (1988) sowie in der Untersuchung von Kattmann und Schmitt (1996) zur Klassifikation von Tieren zu finden. In der Chemie gibt es einige Untersuchungen von Nay und Mitarbeitern (Nay, Glatzel 1978; Nay, 1989) sowie von Seebald und Häußler (1987). Die Untersuchungen zu physikalischen Aspekten umfassen ein breites Spektrum alltäglicher Erfahrungen, wie das Gleichgewicht am Hebel (Hagstedt, Spreckelsen 1986), Auftrieb (Wiesner 1991), zu Licht und Schatten (Claus, Stork, Wiesner 1982; Wiesner,

Stengl 1985; Wiesner, Claus 1985), Spiegelbilder (Blumör, Wiesner 1992), Schall (Kircher, Engel 1994; Wulf, Euler 1995), Magnetismus (Kircher, Rohrer 1993) und zu elektrischen Stromkreisen (Kircher, Werner 1994; Kircher 1995; Wiesner 1995).

Untersuchungen zu Schülervorstellungen in der Primarstufe haben natürlich einen spezifischen Akzent, der durch die Ziele des Unterrichts in dieser Schulstufe bestimmt ist (vgl. Kircher 1997). Da das Erlernen der „wissenschaftlichen" Sicht hier noch weniger im Mittelpunkt steht als im nachfolgenden Fachunterricht, scheint ein „unverkrampfterer" Umgang mit den Vorstellungen der Kinder möglich zu sein als in den nachfolgenden Schulstufen. Hier sei daran erinnert, daß die ersten Untersuchungen zu „Schülervorstellungen" im Rahmen der „Kinderpsychologie" durchgeführt worden sind, also im Rahmen von Bemühungen, das Denken und Lernen von Kindern näher aufzuklären. So hat Stanley Hall in den USA Anfang des 20. Jahrhunderts Vorstellungen von Kindern zu Naturphänomen wie Feuer, Frost und Kälte untersucht (s. Hall, Brown 1903). Die frühen Untersuchungen im deutschen Sprachraum von Zietz (1936) und Banholzer (1936) haben eine ähnliche Orientierung. Schließlich können Piagets Untersuchungen, die ja viele naturwissenschaftliche Phänomene einschlossen, ebenfalls in diesem Zusammenhang gesehen werden. Bereits Mitte des 20. Jahrhunderts lag ein erstaunlich reichhaltiges Material zu Vorstellungen von Kindern über natürliche und technische Phänomene vor (Oakes 1947).

3. Von der Untersuchung zu Schülervorstellungen zu inklusiven konstruktivistischen Ansätzen des Lernen und Lehrens in den Naturwissenschaften

Die von Zietz, Banholzer und anderen begründete Tradition, Schülervorstellungen im Unterricht ernst zu nehmen, wurde nach dem zweiten Weltkrieg in der Bundesrepublik Deutschland zunächst fast ausschließlich im Rahmen der Didaktiken der Grundschule und der Hauptschule gepflegt (Duit 1989; s. z.B. die Untersuchungen von Stückrath 1953; Jaide 1955; Zietz 1955; Krause 1962). Forschungen auf allen Schulstufen und in allen Schularten setzten erst Mitte der 70er Jahre ein. Dafür gibt es eine Reihe von Gründen (White 1987; Duit 1989). Der wichtigste - auf internationaler Ebene betrachtet - scheint die Enttäuschung über den mangelnden Erfolg der mit großem Aufwand, vor allem in den USA, entwickelten neuen Curricula der 60er und frühen 70er Jahre gewesen zu sein. Die Orientierung an den grundlegenden Strukturen der Wissenschaften hatte nicht zu Curricula geführt, die Schülerinnen und Schülern das intendierte Verständnis der Wissenschaft im nennenswert besserem Maße vermittelte als der herkömmliche Unterricht. Nach wie vor gab es jedenfalls große Lernschwierigkeiten. Es schien an der Zeit zu sein, auch den Lernenden größere Aufmerksamkeit zu widmen. Im folgenden wird versucht, die Entwicklungen dieses Forschungsgebiets kurz nachzuzeichnen.

Von der Untersuchung von Schülervorstellungen zu naturwissenschaftlichen Inhalten zur Erforschung von Schüler- und Lehrervorstellungen auch auf Meta-Ebenen

Der Schwerpunkt lag zunächst - notwendigerweise - auf der Untersuchung von Schülervorstellungen zu naturwissenschaftlichen Phänomenen, Begriffen und Prinzipien, vor und nach (traditionellem) Unterricht. In der Regel zeigte es sich, daß die Änderungen relativ marginal waren. Vorstellungen zu den wichtigsten Themen des naturwissenschaftlichen Unterrichts wurden erforscht. Erstaunlich ist die Dominanz der Physik. Das gilt wie erwähnt auch für den Sachunterricht in der Primarstufe. In der vierten Auflage der Bibliographie von Pfundt und Duit (1994) ergab sich, daß 66% aller aufgenommenen Studien aus dem Bereich der Physik stammten, die Biologie nur mit 20% und die Chemie mit lediglich 14% vertreten waren. Zur Erforschung von Schülervorstellungen auf der inhaltlichen Ebene traten im Verlaufe der 80er Jahre und insbesondere seit Beginn der 90er Jahre Untersuchungen zur Natur und Reichweite naturwissenschaftlichen Wissens (also „wissenschaftstheoretische" Vorstellungen) und zum Lernen (meta-kognitive Vorstellungen) hinzu, weil sich klar abzeichnete, daß diese Vorstellungen, die den Erwerb des inhaltlichen Wissens stark mitbestimmen, in der Regel ähnlich „naiv" bzw. „vorwissenschaftlich" waren wie die Vorstellungen auf inhaltlicher Ebene. Überdies wendete man sich auch der Untersuchung von Lehrervorstellungen zu, in entsprechender Breite wie bei den Schülervorstellungen.

3.2 Konzeptwechselansätze

Nach wie vor gibt es in der Literatur Untersuchungen der oben genannten Art. Allerdings setzten bereits Anfang der 80er Jahre Bemühungen ein, Untersuchungen zu Vorstellungen der Schüler (bisweilen auch der Lehrer) in die Entwicklung und Evaluation neuer Ansätze für den naturwissenschaftlichen Unterricht zu integrieren. Für solche Ansätze hat sich der Terminus „Konzeptwechsel" („conceptual change") eingebürgert (Duit 1996). Dabei ist der Terminus nicht sehr glücklich, weil er nahelegt, Lernen als Wechsel von einem Konzept zum anderen, also gewissermaßen als Auswechseln des Konzepts zu sehen. Es hat sich aber gezeigt, daß ein solcher Austausch nicht stattfindet, auch wenn man sich im Unterricht intensiv darum bemüht. In aller Regel lassen sich die vorunterrichtlichen Vorstellungen nicht einfach auslöschen und durch die wissenschaftlichen Vorstellungen ersetzen. Die vorunterrichtlichen Vorstellungen haben sich schließlich in vielen Alltagssituationen bestens bewährt - und sie werden in Alltagssituationen ständig neu unterstützt. Konzeptwechsel, wie er in den führenden Ansätzen dieser Art verstanden wird, bedeutet also den Wechsel zu einem neuen Konzept in bestimmten Situationen. Es wird also davon ausgegangen, daß vorunterrichtliche Alltagsvorstellungen und die wissenschaftlichen Vorstellungen in einer gewissen Koexistenz nebeneinander bestehen bleiben.

Einen großen Einfluß auf die Entwicklung von Ansätzen des „conceptual change" hat die Theorie von Posner, Strike, Hewson und Gertzog (1982) gehabt, die vor allem durch die folgenden vier Bedingungen für Konzeptwechsel bekannt geworden ist:

1. Die Lernenden müssen mit den bereits vorhandenen Vorstellungen unzufrieden sein, wenn Konzeptwechsel einsetzen sollen (*dissatisfaction*);
2. die neue Vorstellung muß logisch verständlich sein (*intelligble*);
3. sie muß einleuchtend sein (*plausible*);
4. sie muß fruchtbar sein, sich in neuen Situationen als erfolgreich erweisen (*fruitful*).

Ansätze des Konzeptwechsels sind in der Regel in die konstruktivistische Sichtweise des Wissenserwerbs eingebettet. Es gibt eine große Anzahl von Spielarten dieser Sichtweise, die allerdings einen gemeinsamen Kern haben, den Gerstenmaier und Mandl (1995) als „pragmatischen und moderaten" Konstruktivismus bezeichnet haben. Wissenserwerb wird als aktive Konstruktion auf der Basis der vorhandenen Vorstellungen gesehen. Der aktive, selbstgesteuerte Lerner steht im Mittelpunkt, aber die ideosynkratischen Konstruktionsprozesse müssen als eingebunden in den sozialen und materiellen Kontext, der durch die Lernsituation gegeben ist, gesehen werden. Diese konstruktivistische Sichtweise stellt das folgende Bild vom „Lernen als Konzeptwechsel" bereit. Lernen wird als Prozeß der kognitiven Entwicklung gesehen, der von bestimmten vorunterrichtlichen Vorstellungen ausgehend zur naturwissenschaftlichen Sichtweise führt. Es gilt, diese Lernwege („learning pathways"; Scott 1992) angemessen zu planen.

3.3 Kritik an Konzeptwechselansätzen

Die Konzeptwechselansätze, die sich auf konstruktivistischer Grundlage im Verlaufe der 80er Jahre entwickelt hatten, gerieten Anfang der 90er Jahre unter massiven Beschuß. Einerseits wurde geltend gemacht, diese Ansätze seien auf „kalte" Kognition (Pintrich, Marx, Boyle 1993) beschränkt, d.h. legten bei der Planung von Lernwegen das Hauptaugenmerk auf rationale Aspekte und vernachlässigten Interesse und Motivation der Lernenden wie emotionale Aspekte der Lernumgebungen. Andererseits wurde den Konzeptwechselansätzen vorgeworfen, sie legten ihren Schwerpunkt zu sehr auf die individuellen Konstruktionsprozesse und vernachlässigten, daß Lernprozesse immer in eine bestimmte soziale Situation eingebettet sind (O'Loughlin 1992).

Beide Vorwürfe sind berechtigt, wenngleich die führenden Konzeptwechselansätze bereits wesentliche Kritikpunkte, gewissermaßen im „vorauseilenden Gehorsam", berücksichtigt hatten. In der Tat besteht die Gefahr, daß bei der notwendigen sorgfältigen Planung der Lernwege von den vorunterrichtlichen Vorstellungen zu den wissenschaftlichen Vorstellungen den affektiven Aspekten weniger Aufmerksamkeit gewidmet wird . Die Kritik weist also zurecht darauf hin, daß bei der Planung von Konzeptwechselprozessen darauf zu achten ist, daß die Konzeptwechsel in Lernumgebungen eingebettet sind, die diese Konzeptwechsel nachhaltig unterstützen. In anderen Worten, neben dem Kognitiv-Rationalen ist ein ganzes Bündel von Faktoren zu berücksichtigen, das u.a. Motivation, Interesse und Überzeugungen (beliefs) der Lehrenden und Lernenden sowie Faktoren des Klassenklimas und Machtstrukturen umfaßt.

Der zweite Vorwurf wird aus phänomenologischer (Linder 1993, im Anschluß an Marton 1986) und sozial-konstruktivistischer Sicht vorgetragen. Er hat Entwicklungen zu einer inklusiven konstruktivistischen Sicht des Erlernens der Naturwissenschaften eingeleitet, die Aspekte der individuellen und sozialen Konstruktion miteinander verbinden, also die konstruktivistische Sichtweise der „klassischen" Konzeptwechselansätze der 80er Jahre wesentlich erweitern. In diesen „klassischen" Ansätzen wird naturwissenschaftliches Wissen als individueller Besitz gesehen. Konzeptwechsel bedeutet aus dieser Perspektive den Wechsel von einem „mentalen Modell" zu einem anderen. Linder (1993) weist darauf hin, daß aus der phänomenologischen Sicht von Marton (1986) Konzeptwechsel als Wechsel des Verhältnisses des Individuums zur Welt zu sehen ist. Wissen bedeutet in dieser phänomenologischen Perspektive wie auch in sozial-konstruktivistischen Ansätzen (Roth 1996a) nicht allein individuell Gespeichertes sondern auch sozial Geteiltes.

Es ist hier nicht möglich, die sozial-konstruktivistischen Positionen (auch bei ihnen gibt es eine Reihe von Spielarten mit unterschiedlichen Akzenten) im Detail ausführlich darzustellen. Eine wichtige Rolle spielt die Idee des „situierten Lernens" (Hennessy 1993; Roth 1995). Sie betont, daß das Gelernte unter keinen Umständen vom Akt des Lernens und von der Situation getrennt werden kann, in der gelernt wird, d.h. daß Lernen immer als Prozeß zu sehen ist, in dem personinterne Faktoren mit personexternen, situativen Komponenten in Wechselbeziehung stehen (Mandl, Gruber, Renkl 1995). Lernen ist deshalb aus sozial-konstruktivistischer Sicht als Wechsel von einem sozio-kulturellen Kontext, in der Regel dem Alltagskontext, zu einem neuen, dem wissenschaftlichen Kontext, zu sehen.

3.4 Auf dem Wege zum einer inklusiven konstruktivistischen Sicht vom Lernen der Naturwissenschaften

In der naturwissenschaftsdidaktischen Lehr- und Lernforschung wie in der Lehr- und Lernforschung ganz allgemein zeichnet sich derzeit eine Tendenz ab, unterschiedliche Sichtweisen des Lernens nicht als einander ausschließend, sondern als komplementär zu sehen. Es scheint sich die Einsicht durchzusetzen, daß die unterschiedlichen Sichtweisen jeweils unterschiedliche Facetten des komplexen Phänomens Lernen betonen. Die Lehr- und Lernforschung hat in den vergangenen Jahren gezeigt, daß monistische Positionen nicht geeignet sind, als eine fruchtbare Grundlage für die Entwicklung von erfolgreichem Unterricht zu dienen. Die Kognitionspsychologin S. Vosniadou (1996, S. 95) spricht sich für eine Integration von „klassischen" Positionen und sozial-konstruktivistischen Perspektiven des Wissenserwerbs wie folgt aus (s. auch Schnotz 1996):

„What is needed is a new conception of the mind, not as an individual information processor, but as a biological, developing system that exists equally well within an individual brain and in the tools, artifacts, and symbolic systems used to facilitate social and cultural interaction."

Für die Forschungen zur Rolle von „Schülervorstellungen" beim Lernen naturwissenschaftlicher Begriffe und Prinzipien bedeutet eine solche „klassische" konstruktivistische Sichtweisen des Konzeptwechsels und sozial-konstruktivistische Perspektiven verbindende inklusive Sicht eine wesentliche Verlagerung der Akzente. Zwar spielen die vorunterrichtlichen Vorstellungen, wie sie oben diskutiert worden sind, nach wie vor eine zentrale Rolle beim Lernen der Naturwissenschaften - als notwendige Bausteine für die individuellen Konstruktionen wie auch als zu berücksichtigende Lernhemmnisse. Als Ko-Konstrukteure aber treten die sozialen und materiellen Gegebenheiten der jeweiligen Lernsituation hinzu. Damit wird auch den Handlungen der Lernenden im Umgang mit den materiellen Gegebenheiten, also im Umgang mit bereitgestellten Experimenten, Werkzeugen, vorgelegten Zeichnungen und dergleichen die gebührende Aufmerksamkeit gewidmet. Denn sie sind als konstitutive Teile der Konstruktionsprozesse zu sehen (Roth 1995; 1996b).

4. Zu Forschungsmethoden im Bereich von „Schülervorstellungen"

Ein kurzer Blick auf Forschungsmethoden soll die derzeit laufenden Entwicklungen im Forschungsgebiet noch einmal aus einer etwas anderen Perspektive beleuchten. Zunächst ist festzuhalten, daß der überwiegende Teil der Forschungsarbeiten der qualitativen Forschung (Erickson 1986; Mayring 1990; Flick et al. 1991) zuzurechnen ist. Das hängt zum einen mit den Fragestellungen der Forschung zusammen, bei denen das Gewinnen und Ausschärfen von Hypothesen eine größere Rolle spielt als das formale Testen bereits wohl fundierter und damit fixierbarer Hypothesen. Zum anderen spielt aber auch eine Rolle, daß die konstruktivistische epistemologische Sicht zweifellos qualitative Methoden favorisiert, wenngleich damit quantitative Methoden nicht ausgeschlossen sind (Tobin 1993). Im Rahmen dieser Sichtweise durchgeführte Untersuchungen müssen grundsätzlich davon ausgehen, daß Vorstellungen nicht als etwas bezeichnet werden sollten, das der Untersuchte gewissermaßen besitzt. Der Forscher interpretiert verbale und non-verbale Äußerungen des Lernenden aus seiner Perspektive, d.h. bestenfalls von einem Rahmen aus, den er dem Lernenden unterstellt. Deshalb sollte darauf geachtet werden, daß die „Vorstellungen der Schüler" (oder Lehrer), die in der Literatur vorgestellt werden, streng genommen als Vorstellungen der Forscher von den Vorstellungen der Schüler (bzw. Lehrer) zu betrachten sind (Marton 1981). In anderen Worten, Vorstellungen sind Konstruktionen der Forscher.

Einen vorzüglichen Überblick über Methoden zur Untersuchung von Schülervorstellungen (vorwiegend, aber keineswegs ausschließlich auf der Ebene naturwissenschaftlicher Inhalte) bietet das Buch mit dem programmatischen Titel „Probing understanding" von White und Gunstone (1992). Es wird dort die gesamte Breite der am häufigsten verwendeten Methoden, von Multiple-Choice-Tests, über Interviews verschiedener Art, Concept Mapping Verfahren und Interpretation von Zeichnungen bis zu Assoziationstests, vorgestellt.

Die meisten Untersuchungen, die bislang durchgeführt worden sind, arbeiten nach dem Vor-Nach-Modus, d.h. es werden die Vorstellungen vor und nach einem bestimmten Unterricht (manchmal auch nur zu einem Zeitpunkt) erfaßt. Bisweilen werden auch Untersuchungen zu Vorstellungen zu weiteren Zeitpunkten einbezogen. In den letzten Jahren allerdings gibt es einen Trend, Lernprozesse möglichst nicht nach dem „Stroboskop-Verfahren" zu untersuchen, d.h. sich auf eine Folge von wenigen Erhebungszeitpunkten zu beschränken, sondern sie möglichst kontinuierlich zu untersuchen (s. Duit, Goldberg, Niedderer 1992; Niedderer 1996). Hier kommen vor allem Beobachtungsverfahren zur Anwendung, die Unterrichtsverläufe in Labor- wie in Schulsituationen kontinuierlich aufzeichnen, wie z.B. Videodokumentationen. Es zeigt sich, daß auf diese Weise wertvolle Informationen zu gewinnen sind, die bei der Planung effektiver Lernwege wichtige Beiträge liefern.

Die oben beschriebenen Entwicklung zur Verbindung klassischer Konzeptwechselansätze und sozial-konstruktivistischer Ansätze erfordert, das „klassische" Untersuchungsrepertoire zu erweitern. Untersuchungsmethoden, die dem klassischen Ansatz verpflichtet sind, konzentrieren sich auf Vorstellungen des Individuums. Typisch dafür sind Untersuchungsumgebungen, in denen Schülerinnen und Schülern Aufgaben verschiedenen Typs zur eigenständigen Bearbeitung (ohne Kooperation mit anderen) vorgelegt oder in denen Interviews mit einzelnen Schülerinnen und Schülern durchgeführt werden. Werden Transkripte von Klassendiskussionen, von Videodokumenten von Gruppenarbeit oder von Interviews mit mehreren Interviewpartnern ausgewertet, so liegt der Schwerpunkt auf den individuellen Konstruktionen. Nun sind es gerade Dokumente der letztgenannten Art, die aus sozial-konstruktivistischer Sicht andere Akzente erlauben. Es wird dabei zum Beispiel unter Einbeziehung diskursanalytischer Methoden untersucht, wie sich diese individuellen Konstruktionen im sozialen und materiellen Kontext entwickeln. Der Schwerpunkt einer solchen Analyse liegt dann auf den Interaktionen der Partner dieser kollaborativen Lernprozesse und auf der Rolle der in der Lernumgebung bereitgestellten Werkzeuge, Zeichnungen, vorgelegten Analogien, Experimente und dgl. (s. Roth 1995; für ein Beispiel einer Analyse, die Konzeptwechselperspektiven und sozial-konstruktivistische Aspekte verbindet, s. Duit, Roth, Komorek, Wilbers 1997).

Gerade für die Primarstufe liefern die sozial-konstruktivistischen Akzente der kollaborativen Wissenskonstruktion in Gruppen wichtige Informationen. Viele Untersuchungen zu kooperativem entdeckendem Lernen in Gruppen sind in dieser Schulstufe durchgeführt worden. Es zeigt sich zum Beispiel, daß in solchen Untersuchungen zu „open inquiry" ein vernünftiges Maß an Offenheit eingehalten werden muß, da ohne Impulse und Leitung von außen die Konstruktionsprozesse leicht in Sackgassen enden, aus denen die Beteiligten nur schwer zurückgeholt werden können (Metz 1997; s. auch Bliss 1997).

Wie bereits oben angedeutet, spielt auf der Primarstufe seit langem die Idee des Handelnden Lernens eine große Rolle, d.h. dem Handeln wird eine wichtige und unverzichtbare Funktion im Lernprozeß zugebilligt. Diese Idee wird, wie ebenfalls bereits erwähnt, von sozial-konstruktivistischen Ansätzen nachdrücklich unterstützt. Als ein Beispiel für eine Studie in diesem Geiste sei auf die Arbeit von Penner, Giles, Lehrer und Schauble (1997) verwiesen. Sie lassen Kinder in der Primarstufe Modelle des Ellenbogens basteln, damit sie verstehen, wie er funktioniert. Die sozial-konstruktivistisch orientierte Auswertung der gesammelten Daten zeigt klar, daß die Arbeit mit diesen Modellen bereits Kindern in der ersten Klasse eine erstaunliche Tiefe des Verständnisses bringt.

Literatur

Ausubel, D. P.: Educational psychology: A cognitive view. New York: Holt, Rinehart & Winston 1968

Banholzer, A.: Die Auffassung physikalischer Sachverhalte im Schulalter. Dissertation. Tübingen: Universität Tübingen 1936

Bliss, J.: Piaget und Vygotsky: Ihre Bedeutung für das Lehren und Lernen der Naturwissenschaften. In: Zeitschrift für Didaktik der Naturwissenschaften, 2 (1997), S. 3-16

Blumör, R./Wiesner, H.: Das Spiegelbild. Untersuchungen zu Schülervorstellungen und Lernprozessen (Teil 1 und 2). In: Sachunterricht und Mathematik in der Primarstufe, 20 (1992), 1, S. 2-6 und 50-54

Claus, J./Stork, E./Wiesner, H.: Optik im Sachunterricht. Eine empirische Untersuchung zu Vorstellungen und Lernprozessen. In: Sachunterricht und Mathematik in der Primarstufe, 10 (1982), S. 82-92

Diesterweg, F.A.M.: Wegweiser zur Bildung für deutsche Lehrer 1835. Reprint in Heilmann, P.: Quellenbuch der Pädagogik. Leipzig: Dürrsche Buchhandlung 1909

Driver, R.: Constructivist approaches to science teaching. In: Steffe, L.P./Gale, J. (Eds.): Constructivism in education. Hillsdale, New Jersey: Lawrence Erlbaum Associates 1995, S. 385-400

Duit, R.: Research on students conceptions in science - perspectives from the Federal Republic of Germany. In: Adey, P. (Ed.): Adolescent development and school science. London: Falmer Press 1989, S. 259-265

Duit, R.: Forschungen zur Bedeutung vorunterrichtlicher Vorstellungen für das Erlernen der Naturwissenschaften. In: Riquarts, K./Dierks, W./Duit, R./Eulefeld, G./Haft, H./Stork,H. (Hrsg.): Naturwissenschaftliche Bildung in der Bundesrepublik Deutschland. Band IV. Kiel: Institut für die Pädagogik der Naturwissenschaften an der Universität Kiel 1992, S. 47-84

Duit, R.: Lernen als Konzeptwechsel im naturwissenschaftlichen Unterricht. In: Duit, R./Rhöneck, Ch. von (Hrsg.): Lernen in den Naturwissenschaften. Kiel: Institut für die Pädagogik der Naturwissenschaften an der Universität Kiel 1996, S. 145-162

Duit, R./Goldberg, F./Niedderer, H. (Eds.): Research in physics learning: Theoretical issues and empirical studies - Proceedings of an International Workshop held in Bremen, March 4-8. Kiel: Institute for Science Education at the University of Kiel 1992

Duit, R./Roth, W.-M./Komorek, M./Wilbers, J.: Fostering conceptual change by analogies - between Scylla and Charybdis. Submitted to Learning and Instruction 1997

Einsiedler, W.: Probleme und Ergebnisse der empirischen Sachunterrichtsforschung. In: Marquardt-Mau, B./Köhnlein, W./Lauterbach, R. (Hrsg.): Forschung zum Sachunterricht. Probleme und Perspektiven des Sachunterrichts, 7. Bad Heilbrunn: Klinkhardt 1997, S. 18-42

Erickson, F.: Qualitative methods in research on teaching. In: Wittrock, M. (Ed.): Handbook of research on teaching, 3rd.ed. New York: Macmillan 1986, S. 119-161

Feest, J./Gans, U./Heyroth, I.: Phänomene aus Natur und Technik- Erklärungen von Kindern im Alter von 5 bis 11 Jahren. In: Vogt, H./Hesse, M. (Hrsg.): Berichte des Institutes für Didaktik der Biologie. Münster: Institut für Didaktik der Biologie der Westfälischen Universität Münster 1993, S. 49-61

Flick, U./Kardoff, E. von/Keupp, H./ Rosenstiel, L. von/Wolff, S.: Handbuch - Qualitative Sozialforschung. München: Psychologie-Verlags-Union 1991

Gerstenmaier, J./Mandl, H:. Wissenserwerb unter konstruktivistischer Perspektive. In: Zeitschrift für Pädagogik, 41 (1995)

Hagstedt, H./Spreckelsen, K.: Wie Kinder physikalischen Phänomenen begegnen. In: Sachunterricht und Mathematik in der Primarstufe, 14 (1986), S. 318-323

Hall, G.S./ Browne, C.E.: Children's ideas of fire, heat, frost and cold. In: Pedagogic Seminar, 10 (1903), S. 27-85

Hedewig, R: Naturvorstellungen von Schülern - Ergebnis einer Befragung von Schülern der Jahrgangsstufen 3 bis 10 unterschiedlicher Schulformen. In: Hedewig, R./Stichmann, W. (Hrsg.): Biologieunterricht und Ethik. Köln: Aulis, 1988, S. 212-229

Hennessy, S.: Situated cognition and cognitive apprenticeship: Implications for classroom learning. In: Studies in Science Education, 22 (1993), S. 1-41.

Jaide, W.: Das kindliche Verständnis für Natur und Technik. In: Neue Deutsche Schule, 7 (1955), S. 284-287.

Jung, W.: Hilft die Entwicklungspsychologie dem Naturwissenschaftsdidaktiker. In: Duit, R./Gräber, W. (Hrsg): Kognitive Entwicklung und Lernen der Naturwissenschaften. Kiel: IPN an der Universität Kiel 1993, S. 86-108

Kattmann, U./Schmitt, A.: Elementares Ordnen: Wie Schüler Tiere klassifizieren. In: Zeitschrift für Didaktik der Naturwissenschaften, 2 (1986), 2, S. 21-38.

Kircher, E.: Analogien im Sachunterricht in der Primarstufe. In: Sachunterricht und Mathematik in der Primarstufe, 23 (1995), 5, S. 192-198

Kircher, E.: Humanes Lernen in den Naturwissenschaften? Über den Umgang mit Schülervorstellungen im Sachunterricht. In: Marquardt-Mau, B./Schreier,H. (Hrsg): Grundlegende Bildung im Sachunterricht. Bad Heilbrunn: Klinkhardt 1998

Kircher, E./Engel, C.: Schülervorstellungen über Schall. In: Sachunterricht und Mathematik in der Primarstufe, 22 (1994), 2, S. 53-57

Kircher, E./Rohrer, H.: Schülervorstellungen zum Magnetismus in der Primarstufe. In: Sachunterricht und Mathematik in der Primarstufe, 21 (1993), 8, S. 336-342

Kircher, E./Werner, H.: Anthropomorphe Modelle im Sachunterricht der Grundschule am Beispiel „Elektrischer Stromkreis". In: Sachunterricht und Mathematik in der Primarstufe, 22 (1994), S. 144-151

Krause, H.: Wie deuten Kinder chemische Vorgänge? In: Westermanns Pädagogische Beiträge 14 (1962), S. 359-365

Linder, C.J.: A challenge to conceptual change. Science Education 77 (1993), S. 293-300

Löffler, G./Köhnlein, W.: Weg in die Naturwissenschaften - ein bruchloser Weg? In: physica didactica, 12 (1985), 4, S. 39-50

Mandl, H., Gruber, H./Renkl, A.: Situiertes Lernen in multimedialen Lernumgebungen. Forschungsbericht 50. München: Universität München, Institut für Pädagogische Psychologie und empirische Pädagogik 1995

Marton, F.: Phenomenography - describing conceptions of the world around us. In: Instructional Science, 10 (1981), S. 177-200

Marton, F.: Phenomenography - a research approach to investigate different understandings of reality. In: Journal of Thought, 21 (1986), 3, S. 28-49

Mayring, P.: Einführung in die qualitative Sozialforschung. Eine Anleitung zu qualitativem Denken. München: Psychologie Verlags Union 1990

Metz, K.: Scientific inquiry in reach of young children. In: Fraser, B./Tobin, K. (Eds.): International Handbook of Science Education. Section 2: Learning. Dordrecht, The Netherlands: Kluwer 1997 (im Druck)

Nay, U.: Kinder deuten chemische Versuche. Münster: Eigenverlag 1989

Nay, U./Glatzel, D.: Schulkindliche Identifizierung von Säuren und Laugen. In: Sachunterricht und Mathematik in der Primarstufe, 6 (1978), S. 244-249

Niedderer, H.: Übersicht über Lernprozeßstudien in Physik. In: Duit, R./Rhöneck, Ch. von (Hrsg.): Lernen in den Naturwissenschaften. Kiel: Institut für die Pädagogik der Naturwissenschaften an der Universität Kiel 1996, S. 119-162

O'Loughlin, M.: Rethinking science education: beyond Piagetian constructivism toward a sociocultural model of teaching and learning. In: Journal of Research in Science Teaching, 29 (1992), S. 791-820

Oakes, M.E.: Children's explanations of natural phenomena. New York: Columbia University, Teachers College 1947

Penner, D.E./Giles, N.D./Lehrer, R./Schauble, L.: Building functioning models: designing an elbow. Journal of Research in Science Teaching, 34 (1997), S. 15-143

Pfundt, H./Duit, R.: Bibliographie Alltagsvorstellungen und naturwissenschaftlicher Unterricht. 4. Aufl. Kiel: IPN an der Universität Kiel 1994 (aktueller Stand jeweils als Computerdatei)

Pintrich, P.R./Marx, R.W./Boyle, R.A.: Beyond cold conceptual change: The role of motivational beliefs and classroom contextual factors in the process of conceptual change. In: Review of Educational Research, 63 (1993), S. 167-199

Posner, G.J./Strike, K.A./Hewson, P.W./Gertzog, W.A.: Accommodation of a scientific conception: Toward a theory of conceptual change". In: Science Education, 66 (1982), S. 211-227.

Roth, W.-M.: Authentic school science: Knowing and learning in open-inquiry laboratories. Dordrecht, The Netherlands: Kluwer 1995

Roth, W.-M.: Situated cognition. In: Duit, R./Rhöneck, Ch. von (Hrsg.): Lernen in den Naturwissenschaften. Kiel: Institut für die Pädagogik der Naturwissenschaften an der Universität Kiel 1996a, S. 163-179

Roth, W.M.: Art and artifact of children's designing: A situated cognition perspective. In: The Journal of the Learning Sciences, 5 (1996b), S. 129-166

Schnotz, W.: Psychologische Aspekte des Wissenserwerbs und der Wissensveränderung. In: Duit, R./ Rhöneck, Ch. von (Hrsg.): Lernen in den Naturwissenschaften. Kiel: Institut für die Pädagogik der Naturwissenschaften an der Universität Kiel 1996, S. 15-36

Scott, P.: Conceptual pathways in learning science: A case study of the development of one student's ideas relating to the structure of matter. In: Duit, R./Goldberg, F./ Niedderer, H. (Eds.): Research in physics learning: Theoretical issues and empirical studies. Kiel: Institute for Science Education at the University of Kiel 1992, 203-224

Seebald, D./ Häusler, K.: Was wissen Schüler der Primarstufe von Säuren? In: Naturwissenschaften im Unterricht - Physik/Chemie, 35 (1987), S. 290

Stückrath, F.: Die Anfänge der Chemie im Weltbild des Kindes. In: Westermanns Pädagogische Beiträge, 8 (1953), 213-218

Tobin, K.: Applications of qualitative and quantitative data in interpretive research. Taipei, Taiwan: National Science Council/National Taiwan Normal University 1993.

Vosniadou, S.: Towards a revised cognitive psychology for new advances in learning and instruction. In: Learning and Instruction, 6 (1996), S. 95-109

Vosniadou, S./Brewer, W.F.: Mental models of the earth: a study of conceptual change in childhood. In: Cognitive Psychology, 24 (1992), S. 535-585

White, R.: The future of research on cognitive structure and conceptual change. Paper presented at the annual meeting of the American Educational Research Association, Washington D.C 1987.

White, R./Gunstone, R.: Probing understanding. London: Falmer Press 1992

Wiesner, H.: Schwimmen und Sinken: Ist Piagets Theorie noch immer eine geeignete Interpretationshilfe für Lernvorgänge?. In: Sachunterricht und Mathematik in der Primarstufe, 19 (1991), 1, S. 2-7

Wiesner, H.: Untersuchungen zu Lernschwierigkeiten von Grundschülern in der Elektrizitätslehre. In: Sachunterricht und Mathematik in der Primarstufe, 23 (1995), 2, S. 50-58

Wiesner, H./Claus, J.: Vorstellungen zu Schatten und Licht bei Schülern der Primarstufe. In: Sachunterricht und Mathematik in der Primarschule, 13 (1985), S. 318-322

Wiesner, H./Stengl, D.: Vorstellungen von Schülern der Primarstufe zu Temperatur und Wärme. In: Sachunterricht und Mathematik in der Primarstufe, 12 (1984), S. 445-452

Wulf, P./Euler, M.: Ein Ton fliegt durch die Luft - Vorstellungen von Primarstufenkindern zum Phänomen Schall. In: Physik in der Schule, 33 (1995), S. 7-8, S. 254-260

Zietz, K.: Die Physik des Kindes. Die Deutsche Schule, 40 (1936), S. 263-269

Zietz, K.: Kind und physische Welt. München: Kösel 1955

Untersuchungen zum Aufbau bereichsspezifischen Wissens in Lehr-Lernprozessen des Sachunterrichts

Kornelia Möller, Universität Münster

Mit dem vorliegenden Beitrag möchte ich einen möglichen Rahmen für Forschungsprojekte zur Untersuchung bereichsspezifischen Wissens zur Diskussion stellen, der sich im wesentlichen auf konstruktivistisch orientierte Lerntheorien stützt. Nach einigen didaktischen Vorüberlegungen werde ich vorhandene Konstruktivismusansätze aus den Bereichen der Kognitions- und Entwicklungspsychologie kurz skizzieren und auf einige Problempunkte hinweisen. Aus dieser Darstellung leite ich Elemente und Forderungen für einen auf die Grundschule bezogenen Forschungsansatz ab. Ein Forschungsdesign, das sich an diesen Ansatz anlehnt, stelle ich anschließend zur Diskussion.

1. Didaktische Vorüberlegungen

Jeder Forschungsansatz ist eingebunden in präskriptiv-normative Vorgaben, die offen gelegt werden sollten. Der von uns vertretene didaktische Ansatz im naturwissenschaftlich und technisch orientierten Sachunterricht zielt auf die Förderung von Selbsttätigkeit und Autonomie des Schülers. Bezogen auf Lernprozesse impliziert dieser Ansatz die Forderung nach „Verstehendem Lernen".

Auf den Begriff „Verstehen" möchte ich an dieser Stelle nicht eingehen (vgl. Möller 1992). Der Begriff verweigert sich sicher auch, da ist Reusser und Reusser-Weyeneth (1994) zuzustimmen, einer analytischen Explikation.

Verstehendes Lernen im naturwissenschaftlichen und technischen Bereich bezieht sich auf das Verstehen von Kausal- beziehungsweise Funktionszusammenhängen. Allerdings wird sich das Verstehen von Grundschulkindern in der Regel nicht auf der Ebene des wissenschaftlichen Verstehens ereignen, sondern eher auf der Ebene des Deutens von Phänomenen und erster Modellbildungen.

Welcher Art das Verstehen von Grundschulkindern in verstehensfördernden Lernumgebungen ist, wird Gegenstand von Untersuchungen sein müssen.

Verstehendes Lernen bereits in der Grundschule zu ermöglichen, scheint mir eine wichtige Aufgabe zu sein. Nur durch frühe, positive Lernerfahrungen läßt sich eine interessierte Grundhaltung in diesem Lernfeld anbahnen, die weiterführendes Lernen fördert und Lernbarrieren möglichst gar nicht erst entstehen läßt.

Verstehendes, auf Selbsttätigkeit gründendes Lernen ist gerade im naturwissenschaftlich und technisch orientierten Sachunterricht nicht leicht zu realisieren. Gründe hierfür liegen in der Sachstruktur und in der Denkstruktur von Grundschulkindern.

Eine Vielzahl der heute vorliegenden Unterrichtsvorschläge zu diesem Bereich enthält zwar eine Fülle von Anregungen zum entdeckenden Lernen, insbesondere für die Organisation von Schülerversuchen und Stationenunterricht; Zweifel sind jedoch angebracht, wenn es um den Ertrag des Handelns, um den eigenständigen Aufbau von Denkprozessen geht. Hier überwiegt noch immer das instruktive Lehren. Geht man jedoch von konstruktivistischen Grundannahmen aus, so müssen Schüler aktiv und selbsttätig Denkstrukturen aufbauen. Der Lehrer hat die Aufgabe, verstehensfördernde und auf Eigentätigkeit zielende Lernumgebungen zu schaffen und gegebenenfalls geeignete Hilfen anzubieten.

Neben dem bisher angesprochenen kognitiven Aspekt hat das auf Verstehen ausgerichtete Lernen auch eine emotionale Dimension. Dazu gehört die Befriedigung, die durch Verstehen erlebt wird, wie auch das „Zu-Eigen-Machen" einer Sache, indem ich dieser Sache auf den Grund gehe. Positive Auswirkungen auf Lernfreude und Selbstvertrauen können vermutet werden. Verstehendes Lernen als Ziel des Sachunterrichts verfolgt daher kognitive und nicht kognitive Intentioner

2. Zum Forschungsansatz

Der Lernende versteht, wenn er das Neue, Unerklärliche, Fremdartige mit seiner bestehenden kognitiven Struktur in Verbindung bringen kann (Assimilationsprozeß). Reichen die vorhandenen Konzepte nicht aus, so müssen Konzepte neu gebildet, verändert oder umstrukturiert werden (Akkomodationsprozeß). Verstehen setzt das Ordnen und Herstellen von Vernetzungen zwischen Konzepten voraus; es beinhaltet Differenzierungs- und Integrationsleistungen (Einsiedler 1995, S. 18). Die Aktivität des Lernenden ist hierbei entscheidend; Strukturen müssen aktiv und selbsttätig aufgebaut werden.

Bedeutsam für den unterrichtlichen Lernprozeß sind die Konzepte, mit denen der Lernende in den Lernprozeß eintritt. Solche Konzepte bezeichne ich, in Anlehnung an den wissenschaftlichen Sprachgebrauch, als Präkonzepte. Dieser Begriff scheint mir eher geeignet als der ebenfalls gebräuchliche Begriff der Alltagsvorstellungen, der den wissenschaftlichen Vorstellungen gegenübergestellt wird.

Untersuchungen zu Präkonzepten liegen insbesondere für den naturwissenschaftlichen Bereich, vorwiegend für den Sekundarbereich, weniger für den technischen und sozialwissenschaftlichen Bereich sowie für den Grundschulbereich vor. Auch greifen nur wenige Untersuchungen, so die Übersicht Einsiedlers (1997), den Aspekt der Veränderung oder des Neuaufbaus von Vorstellungen durch Unterricht auf.

Aus der oben entwickelten didaktischen Zielsetzung ergibt sich die Frage, ob und auf welche Weise Grundschulunterricht, ausgehend von Präkonzepten der Kinder, verstehensorientierte und autonomiefördernde Lernsituationen schaffen kann, in denen Grundschüler weitgehend selbsttätig Denkstrukturen im Vorfeld von Naturwissenschaft und Technik aufbauen können.

Welche Verstehensfortschritte die aufgebauten Denkstrukturen beinhalten, ist Gegenstand der Untersuchungen.

3. Theoretische Grundlagen

3.1 Kognitionspsychologische Grundlagen

Der oben skizzierte Ansatz basiert auf konstruktivistischen Sichtweisen des Wissenserwerbs. Auch wenn die hierzu vorliegenden Konzepte sich nicht auf eine konsistente Theorie zurückführen lassen (Duit 1996, S. 147), so läßt sich doch ein gemeinsamer Grundgedanke formulieren, den Gerstenmaier und Mandl (1995) als pragmatischen und moderaten Konstruktivismus bezeichnen. Wissenserwerb wird danach als aktiver Prozeß auf der Basis vorhandener Vorstellungen betrachtet. Der aktive, selbstgesteuerte und selbstreflexive Lerner steht im Mittelpunkt, eine Betrachtungsweise, die sich zum Beispiel in den didaktischen Ansätzen zum „Entdeckenden Lernen" und zum „Offenen Unterricht" wiederfindet. Deutlich hat in dieser inzwischen, insbesondere in der Didaktik der Naturwissenschaften, etablierten Theorie ein Perspektivenwechsel stattgefunden, der individuelle Lernprozesse zum Gegenstand von Untersuchungen macht.

Im radikal konstruktivistischen Ansatz steht der individuelle Konstruktionsprozeß des Lernenden im Mittelpunkt. Radikal formuliert: Die Struktur im Kopf des Lernenden bestimmt, was der Lernende aufnimmt. Strukturen und Bedeutungen müssen aktiv vom Lernenden konstruiert werden; eine passive Übertragung von Wissensstrukturen ist nicht möglich.

Auslösendes Moment für die Veränderung vorhandener Konzepte ist, daß der Lernende unzufrieden ist mit den bestehenden Vorstellungen. Passen die vorhandenen Konzepte nicht, so müssen sie verändert beziehungsweise durch neue Konzepte ersetzt werden -oder der Lernende, so Driver (1985, S. 27), zieht sich aus der Situation zurück, weil sie keinen Sinn gibt. Paßt die vorhandene, veränderte oder neu gebildete Konstruktion, so versteht der Lernende. Verstehen ist daher - aus konstruktivistischer Sichtweise - ein Vorgang der individuellen Bedeutungskonstruktion. Ein „objektives", überindividuelles Verstehen kann es aus dieser Perspektive nicht geben. Das Verstehen ist abhängig von der subjektiv empfundenen Passung der individuell konstruierten Konzepte.

Sowohl im radikalen wie auch im moderaten Konstruktivismus wird Lernen als ein Konzeptwechsel (Conceptual Change) betrachtet, womit in der Regel ein Wechsel von vorhandenen Präkonzepten zu angemesseneren wissenschaftlichen Vorstellungen gemeint ist. Carey (1985) spricht statt von Konzeptwechsel von weichen oder harten Umstrukturierungen vorhandenen Wissens. Während „harte" Umstrukturierungen einem Neuaufbau von Schemata entsprechen, geht es bei „weichen" Umstrukturierungen um Wissensausdifferenzierungen.

Die diesen Vorstellungen zugrundeliegende rational ausgerichtete, „kalte" Theorie des Conceptual Change von Posner, Strike, Hewson und Gertzog (1982) wurden inzwischen gründlich kritisiert, da affektive und soziale Aspekte des Lernens unberücksichtigt blieben. Pintrich, Marx und Boyle (1993) haben eine sogenannte „heiße" Theorie zum Conceptual Change vorgelegt, die vor allem emotionale Faktoren im Lernprozeß berücksichtigt.

Sozial-konstruktivistische Studien (Knorr-Cetina 1981) konnten zeigen, daß gerade im schulischen Kontext neben rationalen und emotionalen auch soziale Faktoren, wie institutionelle Bedingungen, Machtstrukturen und ähnliches den individuellen Konstruktionsprozeß bestimmen.

Ansätze zur Theorie der situierten Kognition (Gerstenmaier und Mandl 1995) betonen die situationale Kontextgebundenheit von Konstruktionen. Danach ist Lernen immer ein Prozeß, in dem personinterne Faktoren in Wechselbeziehung mit personexternen, situativen Komponenten stehen. Wissen läßt sich nicht einfach transferieren; das Individuum konstruiert kognitive Strukturen am

besten in authentischen Situationen und in sozialen Interaktionen, in denen die Kommunikation eine wichtige Rolle spielt (Einsiedler 1997, S. 31).
Diese kurzen Bemerkungen mögen an dieser Stelle genügen; sie sollen den zugrundeliegenden theoretischen Ansatz skizzieren. Aus grundschulpädagogischer und lernbereichsdidaktischer Perspektive möchte ich einige Anmerkungen hinzufügen:

- Eine Übertragung des konstruktivistischen, in der Naturwissenschaftsdidaktik entwickelten Konstruktivismusansatz auf den Grundschulbereich muß mit Vorsicht erfolgen. Ausgangspunkt für eine Vielzahl konstruktivistisch orientierter Untersuchungen waren die Lernschwierigkeiten, die beim Wechsel von Alltagsvorstellungen zur naturwissenschaftlichen Sicht- und Sprachweise auftraten. Ursprünglich ging das Modell des Conceptional Change davon aus, daß Alltagskonzepte im schulischen Lernen durch wissenschaftliche Konzepte abgelöst werden müssen.[1] Auch wenn inzwischen eingeräumt wird, daß Alltagsvorstellungen in gewissen Situationen auch nach einem Konzeptwechsel ihre Bedeutung bewahren, ist letztlich doch der Aufbau wissenschaftlicher Vorstellungen erklärtes Ziel dieses Ansatzes.

Im Grundschulbereich geht es aber weniger um einen Wechsel der Hinsichten[2], als um eine allmähliche Annäherung an wissenschaftliche Denkweisen, also um ein Lernen im Vorfeld von Naturwissenschaft und Technik, das weiterführendes Lernen grundlegt. Das Forschungsinteresse sollte sich daher weniger auf sogenannte „qualitative Sprünge" richten, sondern auf Prozesse der Umstrukturierung von Wissensbestandteilen. Susan Carey spricht von sogenannten weichen Ausdifferenzierungen als einer Variante von Conceptual Change. Auch Einsiedler (1997) weist darauf hin, daß die von Susan Carey entwickelte Conceptual Change-Theorie für das Grundschulalter einschlägiger ist als die klassische Conceptual Change-Theorie von Posner, Strike, Hewson und Gertzog.[3]

- Bei der Gestaltung autonomiefördernder und verstehensorientierter Lernumgebungen werden, in Anknüpfung an die sogenannte heiße Conceptual Change-Theorie von Pintrich, Marx und Boyle und an die Theorien zur

---

[1] Daß die naturwissenschaftliche Didaktik diese Auffassung inzwischen vehement selbst kritisiert, wird bei Duit (1966, S. 146) deutlich formuliert.

[2] vgl. dazu die Diskussion um eher kontinuierliche oder diskontunuirliche Wege in die Naturwissenschaften in der ehemaligen Arbeitsgruppe „Naturwissenschaftlich-technischr Sachunterricht" innerhalb der GDCP; z.B. Löffler und Köhnlein 1985 und Köhnlein 1991 sowie Wiesenfarth 1991.

[3] Damit soll nicht ausgeschlossen werden, daß in einigen Inhaltsbereichen solche Sprünge möglich sind.

situierten Kognition, motivationale und situative Faktoren zu berücksichtigen sein. Dabei kann es allerdings nicht allein um die Anwendung der Projektmethode gehen, wie es Pintrich und andere empfehlen, auch nicht allein um Gruppenunterricht und Formen offenen Unterrichts (Duit 1996, S. 158). Solche Methoden garantieren noch nicht die eigenständige Entwicklung von Denkstrukturen. Aufgabe von Untersuchungen wird es sein, Charakteristika für bereichsspezifische, autonomiefördernde und verstehensorientierte Lernumgebungen zu beschreiben.
- Der radikale Konstruktivismus betont den individuellen Charakter der Bedeutungskonstruktion. Er vernachlässigt allerdings, daß individuelles Lernen auch immer interaktives Lernen ist. Bedeutungen werden nicht nur individuell gebildet, sondern in einem soziokulturellen Kontext intersubjektiv ausgehandelt. Die Veränderung individueller Vorstellungen durch Dialoge mit Mitschülern konnten wir in unseren Untersuchungen eindeutig belegen (Möller 1991a und b). Der radikale Konstruktivismus ist daher durch sozialkonstruktivistische Ansätze zu ergänzen, ohne allerdings die Bedeutung individueller Konstruktionen zu mindern.
- Die Betonung der Subjektivität der individuellen Konstruktion im radikalen Konstruktivismus hat dazu geführt, Prozesse des Lehrens als wichtige Einflußfaktoren für Lernprozesse weitgehend außer acht zu lassen. Erst in jüngsten Veröffentlichungen greift zum Beispiel die fachdidaktische Lernforschung im Bereich der Naturwissenschaften Aspekte des Lehrens auf, indem kognitive Veränderungen im Unterricht als Wechselwirkung von bestehender kognitiver Struktur und Lernumgebung verstanden und Hypothesen über die Auswirkung von Unterrichtselementen auf kognitive Veränderungen formuliert werden (vergleiche Niedderer, Goldberg 1995, S. 73 und 76). Noch fehlen aber in diesen Ansätzen differenzierte Hypothesen über die Gestaltung von Lernumgebungen beziehungsweise Lehrinterventionen zur Förderung individueller Konstruktionen. Auch Einsiedler (1997) formuliert in ähnlichem Sinne Kritik an den klassischen konstruktivistischen Lerntheorien, indem er fordert, Theorien zur Selbststeuerung des Schülers im Lernprozeß durch Theorien zur Steuerung und Strukturierung durch den Lehrer zu ergänzen. Ein gemäßigter Konstruktivismus würde solche notwendigen Impulse durch den Lehrer berücksichtigen.

Folgende Sichtweise des Lernens im Vorfeld von Naturwissenschaft und Technik zeichnet sich nach dieser Diskussion ab:

Der Lernende muß Vorstellungen aktiv konstruieren, wobei die vorhandenen Präkonzepte zu berücksichtigen sind. Die Konstruktionen beschränken sich nicht auf Konzeptwechsel im engen Sinne, d.h. auf einen Wechsel von der Alltagssicht zur wissenschaftlichen Sichtweise, sondern umfassen auch eher kontinuierliche Prozesse wie „conceptional growth" (Duit 1996, S. 148), „enrichment"(Carey 1991) oder „evolution" (Nussbaum 1983). Autonomie- und verstehensfördernde Lernumgebungen müssen soziale, affektive und situationale Faktoren berücksichtigen. Eine Strukturierung von Lernsituationen durch den Lehrer, auch Impulse des Lehrers, erfolgen nicht mit dem Ziel der Instruktion, sondern mit der Absicht, individuelle Konstruktionen anzuregen und zu überprüfen.

3.2 Entwicklungstheoretische Grundlagen

Während der kognitionspsychologisch begründete, konstruktivistische Ansatz zur Zeit große Akzeptanz findet, werden entwicklungstheoretische Grundlagen kontrovers diskutiert. Innerhalb der konstruktivistisch ausgerichteten Fachdidaktik sind zwei Lager auszumachen, von denen das eine jeglichen Bezug auf entwicklungstheoretische Theorien, insbesondere auf Piaget ablehnt (zum Beispiel Jung 1993a und b), während das andere sich explizit darauf bezieht. So bezeichnen zum Beispiel Glasersfeld und Stork Piaget als genuin konstruktivistischen Denker beziehungsweise als den „Urheber der Auffassung des Lernens als Konstruktion" (Glasersfeld 1993, Stork 1995).

Die Ablehnung entwicklungspsychologischer Betrachtungsweisen geschieht häufig mit dem Verweis auf eine Kritik an Piagets Stadienmodell und an Piagets Methodik. Problematisch wird diese Position, insbesondere für grundschulbezogene Fragestellungen, wenn damit eine pauschale Distanzierung von entwicklungstheoretischen Theorien verbunden ist. Eine nähere Diskussion neuerer entwicklungspsychologischer Ansätze und ein Vergleich mit kognitionspsychologischen Modellen erscheinen daher angebracht. Das besondere Interesse gilt dabei empirischen Forschungsansätzen.

Im Gegensatz zum lerntheoretisch orientierten Konstruktivismus verfolgte Piaget nicht primär den Aufbau kognitiver Strukturen im Individuum. Sein Interesse richtete sich vielmehr auf die Aufdeckung alterstypischer Strukturen in der geistigen Entwicklung. Entsprechend waren seine empirischen Untersuchungen als Querschnittstudien angelegt, deren Ziel es war, entwicklungstypische Strukturen zu belegen. Das Experiment hatte bei Piaget die Funktion, vorhandene Strukturen offenzulegen. Die Bildung von geistigen Strukturen im Experiment war für Piaget kein Forschungsgegenstand.

Ein weiterer wichtiger Unterschied zum lerntheoretisch orientierten Konstruktivismus kommt hinzu: Piaget war primär an der Aufdeckung allgemeiner, zumeist logischer Strukturen interessiert; das Interesse des lerntheoretischen Ansatzes richtet sich dagegen primär auf die Bildung bereichsspezifischer Vorstellungen.[4]

In Weiterentwicklung des Piagetschen Ansatzes finden sich in neueren Veröffentlichungen konstruktivistisch orientierter Entwicklungspsychologen Hinweise auf Paradigmadifferenzierungen, die eine fruchtbare Annäherung entwicklungs- und lerntheoretischer Positionen innerhalb des konstruktivistischen Paradigmas beinhalten.

So betonen zum Beispiel Weinert und Helmke (1993) die Notwendigkeit, die Erforschung universeller, genereller und struktureller kognitiver Fähigkeiten (sensu Piaget) durch bereichsspezifische, differentielle Untersuchungen zu ergänzen.

Auch Inhelder (1993) spricht von einer notwendigen Weiterentwicklung des von Piaget vertretenen epistemischen Konstruktivismus zu einem psychologischen Konstruktivismus, der das individuelle Subjekt berücksichtigt und Querschnittsstudien durch prozeßorientierte Verlaufsstudien zur individuellen kognitiven Entwicklung ersetzt. Dieser Ansatz impliziert die Beobachtung des Aufbaus kognitiver Strukturen im Verlauf eines Experimentes.

Eine weitere Paradigmadifferenzierung erscheint mindestens genauso wichtig: Piaget führte die Entwicklung geistiger Strukturen auf die Interaktion des Individuums mit der Umwelt zurück. Neuere Ansätze betonen die Bedeutung der Interaktion zwischen lernendem Individuum und Partnern. Die soziale Interaktion wird hierbei als entscheidender Motor geistiger Entwicklungsprozesse angesehen (Edelstein 1993). In der sozialen Interaktion entwickelte Konstruktionen bezeichnen Doise und Mugny (1984) als Ko-Konstruktionen. Diese werden nicht als Folge, sondern als Voraussetzung individueller Konstruktionen betrachtet. Ausgehend von diesem Ansatz entwickeln Doise und Mugny das empirische Paradigma der soziokognitiven Konfliktinduktion. Dabei wird das Kind von einem Partner mit einem falschen „Deutungsvorschlag" konfrontiert.

Neben der Induzierung soziokognitiver Konflikte nennt Hoppe-Graff (1993) als neuere Forschungsparadigmen innerhalb des entwicklungstheoretischen Konstruktivismus Lernexperimente und kontinuierliche Längsschnittstudien.

---

[4] Dabei besteht allerdings unter Umständen wieder die Gefahr, daß die Untersuchung allgemeiner Denkfähigkeiten, deren Bedeutung in Lernexperimenten nachweisen werden konnte, vernachlässigt werden (vgl. Weinert und Helmke 1993, S. 27).

Allen drei Forschungsrichtungen ist gemeinsam, daß die Entwicklung kognitiver Strukturen durch Interventionen beobachtbar gemacht wird. Die Interventionen erfolgen in der interpersonalen Auseinandersetzung mit dem Kind. Das Entwicklungsprozessen zugrundegelegte paradigmatische Schema der Interaktion zwischen Kind und Umwelt wird also um die personale Interaktion ergänzt.

Der Einbezug intrinsischer, emotionaler Faktoren (Schmid-Schönbein 1993) wie auch externaler, sozialisationsbedingter Faktoren in einem sozialkonstruktivistischen Ansatz (Edelstein 1993) erweitert das Schema der Entwicklung kognitiver Strukturen.

Insgesamt wird zu prüfen sein, ob bei einer Übertragung des konstruktivistischen Paradigmas auf den Grundschulbereich der kognitionspsychologische Ansatz durch entwicklungstheoretische Konzepte erweitert werden müßte. Ohne dabei auf Piagets Stadienmodell zurückgreifen zu wollen, müßte untersucht werden, in welcher Weise Grundschulkinder bereichsspezifische Vorstellungen aufbauen und welche Lernschwierigkeiten unter Umständen dabei auftreten. Insbesondere wird zu prüfen sein, inwieweit der Aufbau von Denkstrukturen im Individuum durch eine entwicklungsgemäße Gestaltung von Lernsituationen gefördert werden kann. Die oben skizzierten Weiterentwicklungen innerhalb der Entwicklungspsychologie sollten dabei berücksichtigt werden.

3.3 Erkenntnistheoretische Grundlagen

Ich möchte es nicht unterlassen, zumindest kurz erkenntnistheoretische Grundlagen konstruktivistischer Ansätze anzusprechen. Stork (1995) macht darauf aufmerksam, daß diese nicht, wie häufig in der Literatur zu beobachten, mit der lerntheoretischen Perspektive verwechselt werden dürfen.

Der erkenntnistheoretisch orientierte Konstruktivismusansatz geht davon aus, daß Wirklichkeit konstruiert wird. Diese auch als „radikal-konstruktivistisch" bezeichnete Position, wie sie zum Beispiel von Glasersfeld (1993) vertreten wird, sucht nicht nach wahrem, sondern nach viablem Wissen. Die Viabilität ist ein Kriterium für optimale Konstruktionen, die sich in der Anwendung bewähren. Eine objektive Erkenntnis der Wirklichkeit ist nach diesem Ansatz nicht möglich.

Auf den erkenntnistheoretisch zugrundeliegenden, jahrtausendealten Streit um die Objektivität unseres Wissens möchte ich an dieser Stelle nicht eingehen. Es liegt mir fern, den radikalen Konstruktivismus als erkenntnistheoretische Grundlage für konstruktivistisch orientierte Lern- Lehrprozeßforschung zu for-dern. Allerdings sollte uns bewußt sein - hier schließe ich mich Inhelder an

-, daß die Relativität unserer Konstruktionen insbesondere für jene Konstruktionen gilt, „mittels derer wir die kognitive Entwicklung zu verstehen versuchen" (Inhelder 1993, S. 20). Kognitive Prozesse entziehen sich als interne Prozesse der direkten Beobachtung. Zudem ist aus empirischen Untersuchungen hinläng-lich das Problem der Beeinflußbarkeit von Ergebnissen durch die Art Befragung von Kindern bekannt.

5.4 Folgerungen

Ich schlage vor, die oben beschriebenen Weiterentwicklungen in lern-, entwicklungstheoretisch beziehungsweise sozial orientierten Konstruktivismusansätzen als theoretische Grundlagen eines Forschungsansatzes für fachdidaktische, bereichsspezifische Lehr- Lernforschung zu nutzen. Ohne eine radikal konstruktivistische Position aus erkenntnistheoretischer Perspektive einnehmen zu wollen, scheint mir für den Grundschulbereich ein moderat konstruktivistischer Ansatz (vergleiche Duit 1996) fruchtbar zu sein, der lerntheoretische, sozialkonstruktivistische und entwicklungstheoretische Forschungsansätze mit didaktischen Überlegungen verbindet. Monoperspektivische Ansätze sind aus folgenden Gründen problematisch:

- Der lerntheoretisch begründete Forschungsansatz bezieht zwar sozialkonstruktivistische Theorien zunehmend ein, tendiert aber dazu, entwicklungsbedingte Denkvoraussetzungen beim Aufbau kognitiver Schemata nicht genügend zu berücksichtigen. Auch die didaktische Perspektive des Lehrens wurde innerhalb dieses Ansatzes lange vernachlässigt.

- Der entwicklungstheoretisch begründete Ansatz vernachlässigte bisher die im Lernprozeß sich bildenden kognitiven Strukturen und bereichsspezifische Veränderungen im Wissensaufbau.

- Sozialkonstruktivistische Ansätze arbeiten zwar die soziale und situative Bedingtheit individueller Konstruktionen heraus, vernachlässigen aber zu leicht individuelle Lernprozesse und entwicklungsbedingte Voraussetzungen.

Eine Verknüpfung der genannten Ansätze erscheint mir auch deshalb sinnvoll, da die obengenannten Paradigmenveränderungen im lerntheoretisch wie auch im entwicklungstheoretisch orientierten Ansatz nahezu parallel verlaufen und eine Aufeinander-Zu-Bewegung der Ansätze signalisieren.

Aus didaktischer Perspektive muß die Bedeutung von Interventionen des Lehrenden und der Zusammenhang zwischen Lehr- und Lernprozessen thematisiert werden. Auch diese Perspektive wird sowohl in lerntheoretischen wie auch in entwicklungstheoretischen Modellen erst ansatzweise berücksichtigt.

4. Theorieelemente eines Ansatzes zur Erforschung bereichsspezifischen Wissensaufbaus im Sachunterricht

Ich schlage folgende Theorieelemente als Basis einer didaktisch ausgerichteten, moderat konstruktivistisch orientierten Lehr- Lernprozeßforschung vor:

- Unterricht muß die Präkonzepte der Schüler berücksichtigen, um einen individuellen Aufbau von Denkstrukturen zu fördern (Präkonzeptforschung).
- Verstehen setzt aktives Konstruieren und das Einordnen in die eigene, individuelle kognitive Struktur voraus (moderater konstruktivistischer Ansatz).
- Der Aufbau von Denkstrukturen kann entweder als weiche oder radikale Umstrukturierung erfolgen. Für den Grundschulbereich sind vor allem auch die sogenannten weichen Umstrukturierungen im Sinne von Wissensausdifferenzierungen von Bedeutung (Conceptual Change-Forschung).
- Veränderungen von Konzepten sind nicht allein auf kognitive Konflikte (klassische Conceptual Change-Theorien), sondern auch auf emotionale Faktoren (Neugier, Interesse, Erfolg, Wirksamkeit...) zurückzuführen (sogenannte heiße Theorien).
- Der Aufbau von Denkstrukturen wird durch soziale und situative Faktoren mitbedingt (sozial-konstruktivistische Theorien).
- Die soziale Interaktion fördert den Aufbau und die Überprüfung kognitiver Konzepte (Modell der soziokognitiven Konfliktinduktion).
- Authentische Lernsituationen erleichtern den Aufbau kognitiver Strukturen (Theorie der situierten Kognition).
- Steuerungs- und Strukturierungsimpulse des Lehrenden helfen beim individuellen Aufbau von Denkstrukturen (Didaktische Theorien zur Bedeutung der Intervention des Lehrenden).

5. Forschungsansatz für Untersuchungen zum Aufbau bereichsspezifischen Wissens in Lehr- Lernprozessen des Sachunterrichts

Folgende Fragen leiten unsere Untersuchungen:

Sind Grundschulkinder in der Lage, in verstehensorientierten und autonomie-fördernden Lernumgebungen Präkonzepte in Richtung angemessenerer Konzepte weitgehend selbsttätig zu verändern? Welcher Zusammenhang besteht zwischen Interventionen des Lehrers und individuellen Konstruktionen? Welche Rolle spielen soziale, motivationale und situative Faktoren? Wie angemessen sind die neuen Konzepte? Sind die Schüler in der Lage, die Angemessenheit der entwikkelten Konzepte überprüfen zu können? Nehmen die Schüler die neuen Konzepte als fruchtbar wahr? Wie stabil sind die neu aufgebauten Konzepte? Hat ein klassischer Konzeptwechsel stattgefunden? Welche Lern-schwierigkeiten lassen sich beobachten? Gibt es entwicklungsbedingte Konstruktionsprobleme?

Ein Forschungsdesign, das diesen Fragen nachgehen möchte, muß Gelegenheit geben, die Bildung individueller Konstruktionen im Lehr- Lernprozeß zu untersuchen. Die hierfür klassische Untersuchungsform ist die Einzelfallanalyse. Die Bedeutung situativer und sozialer Faktoren findet hierbei allerdings nicht genügend Berücksichtigung. Auch lassen sich in Einzelfall-Untersuchungen nur sehr schwer authentische Lernsituationen erzeugen.

Wir bevorzugen deshalb eine Kombination von Einzelfalluntersuchungen und Kleingruppenanalysen. Die Kleingruppengrößen müssen so gewählt werden, daß eine Dokumentation der individuellen Lernprozesse möglich ist und gleichzeitig soziale Interaktionen unter den Schülern gefördert werden. Gute Erfahrungen haben wir mit Gruppengrößen von drei bis vier Schülern gemacht.

Einzelfallbefragungen wenden wir bei der Ermittlung von Präkonzepten wie auch bei Nachuntersuchungen an, die der Ermittlung des Lernerfolgs dienen.

Die audiovisuelle Aufzeichnung und anschließende Transkription hat sich trotz eines beträchtlichen Aufwandes als geeignet erwiesen. Sie ist der reinen Tonaufzeichnung überlegen, da auch nonverbale Äußerungsformen erfaßt werden können - ein Vorteil, der gerade im Grundschulbereich und bei sprachschwachen Schülern entscheidend ist.

Das folgende Forschungsdesign haben wir in einigen Durchgängen zu den Themenkreisen „Wieso schwimmt ein Eisenschiff?", „Wie kommt es, daß ein Flugzeug fliegt?", „Luftdruck und Vakuum" bereits erprobt:

1. Ermittlung von Präkonzepten

Ziel:
Erhebung von Vorerfahrungen, Interessen, Deutungen, Vorverständ...

Methode:
Einzelinterviews (mit aktionaler, ikonischer und symbolischer Repräsentationsmöglichkeit)

2. Unterrichtliche Intervention

Ziel:
Ermittlung von Konzeptveränderungen im Lehr-Lernprozeß

Methode:
Unterrichtsintervention in Kleingruppen in unterrichtsähnlichen Situationen : Erfassung der aktionalen, verbalen und ikonischen Äußerungen, der sozialen Interaktionen und der emotionalen Reaktionen in Abhängigkeit von Lehrinterventionen, situativen Bedingungen und sozialen Prozessen

Zwischenerhebungen zum Konstruktionsstand nach definierten Einheiten: Gruppengespräche mit Induktion soziokognitiver Konflikte durch die Lehrperson

3. Ermittlung der Postkonzepte in Nachuntersuchungen nach 3-4 Monaten

Ziel:
Ermittlung relativ stabiler Konzeptveränderungen

Methode:
Einzelinterviews mit dosierten Hilfen für die Rekonstruktion entwickelter Konzepte

Eine Weiterführung des Ansatzes könnte darin bestehen, aus diesen Untersuchungen Bedingungen für verstehens- und autonomiefördernde, bereichsspezifische Lernumgebungen zu ermitteln und geeignete Lehrinterventionen hypothetisch zu entwerfen. Die verstehens- und autonomiefördernde Wirkung solcher Lernumgebungen wäre dann zu überprüfen. Das entsprechende Forschungsdesign würde aus einer Kombination von Einzelfalluntersuchungen zur Ermittlung der Prä- und Postkonzepte und der Durchführung entsprechender Unterrichtssituationen bestehen, in denen gegebenenfalls in Kleingruppen- oder Einzelfallanalysen Zwischenkonzepte erhoben werden könnten.

Der Untersuchungsaufwand würde sich in diesem Design erheblich reduzieren, da die kontinuierliche Erfassung des Lernprozesses wegfiele. Zudem stiege die Unterrichtsnähe der Untersuchungssituation. Allerdings kann der individuelle Lernprozeß so nicht mehr in seinem Verlauf, sondern nur an definierten Punkten ermittelt werden.

Das didaktische Ziel dieser Untersuchungen besteht letztlich in dem Versuch, allgemeine beziehungsweise inhaltsspezifische, begründete Empfehlungen für die Gestaltung verstehens- und autonomiefördernder Lernsituationen zu entwickeln.

Da der Aufwand jeglicher Lernprozeßforschung recht erheblich ist, stellt sich die Frage nach dem Ertrag solcher Untersuchungen. Nach unseren Erfahrungen ergeben sich aus diesen Studien nicht nur didaktische Folgerungen für die Gestaltung konkreter Lernsituationen, sondern darüber hinaus wertvolle Einblicke in spezifische Denkweisen von Kindern, in Lernschwierigkeiten, in die Bedeutung sozialer und situativer Bedingungen für individuelles Lernen, in die

Unterschiedlichkeit individueller Lernprozesse und der daraus abzuleitenden Notwendigkeit differenzierender Maßnahmen, nicht zuletzt auch in die Unterschiedlichkeit der individuellen Präkonzepte und der zugrundeliegenden kindlichen Erfahrungen und Interessen. So erweisen sich diese Untersuchungen nicht nur als Mittel, verstehens- und autonomieorientierte Lernprozesse zu initiieren, sondern auch als Möglichkeit, Kinder in ihrem Denken besser zu verstehen und ihren Anspruch auf individuelles Lernen wahrzunehmen.

Qualitative Prozeßanalysen zeichnen sich dadurch aus, daß individuelle Denkprozesse in authentischen Situationen durch den Untersucher mitverfolgt und miterlebt werden können. Auch wenn ihnen die Überzeugungskraft quantitativer Untersuchungen fehlt, eignen sie sich hervorragend als hypothesengenerierende Untersuchungen. Studierende, die an solchen Untersuchungen beteiligt werden, haben die Möglichkeit, im Detail und nachprüfbar individuelle Lernprozesse zu verfolgen und zu interpretieren. Für forschendes Lernen und empirische Staatsarbeiten bieten sich hier ausgezeichnete Gelegenheiten.

Literatur

Carey, S.: Conceptual change in childhood. Cambrige, Ma: the MIT Press 1985

Carey, S.: Knowledge acquisition: Enrichment or conceptual change? In: Carey, S./ Gelman, R. (Eds.): The epigenesis of mind. Essays on biology and cognition. Erlbaum, Hillsdale, N.J.: Erlbaum 1991, pp. 257-291

Doise, W./ Mugny, G.: The social development of the intellect. Oxford: Pergamon Press 1984

Driver, R.: Kognitive Psychologie und begriffliche Rahmen von Schülern in Mechanik. In: physica didactica, 17 (1985) 2, S. 17-33

Duit, Reinders: Lernen als Konzeptwechsel im naturwissenschaftlichen Unterricht. In: Duit, Reinders/ Rhöneck, Christoph von (Hrsg.): Lernen in den Naturwissenschaften. Beiträge zu einem Workshop an der Pädagogischen Hochschule Ludwigsburg. Kiel: IPN 1996, S.145-162

Edelstein, Wolfgang: Soziale Konstruktion und die Äquilibration kognitiver Strukturen: Zur Entstehung individueller Unterschiede in der Entwicklung. In: Edelstein, Wolfgang/ Hoppe-Graff, Siegfried (Hrsg.): Die Konstruktion kognitiver Strukturen. Perspektiven einer konstruktivistischen Entwicklungspsychologie. 1. Aufl. Bern u.a.: Huber 1993, S.92-106

Einsiedler, Wolfgang: Probleme und Ergebnisse der empirischen Sachunterrichtsforschung. In: Marquard-Mau, Brunhilde u.a. (Hrsg): Forschung zum Sachunterricht. Bad Heilbrunn: Klinkhardt 1997, S.18-42

Einsiedler, Wolfgang: Wissensstrukturierung im Unterricht. Nürnberg 1995. (=Berichte und Arbeiten aus dem Institut für Grundschulforschung (IfG) der Universität Erlangen-Nürnberg. Heft Nr. 79)

Gerstenmaier, J./ Mandl, H.: Wissenserwerb unter konstruktivistischer Perspektive. In: Zeitschrift für Pädagogik, 41 (1995), S.867-888

Glasersfeld, Ernst von: Das Radikale in Piagets Konstruktivismus. In: Duit, Reinders/ Gräber, Wolfgang (Hrsg.): Kognitive Entwicklung und Lernen der Naturwissenschaften. Tagungsband aus Anlaß des 60. Geburtstages von Prof. Dr. Heinrich Stork. Kiel: IPN 1993, S.46-53

Hoppe-Graff, Siegfried: Sind Konstruktionsprozesse beobachtbar? In: Edelstein, Wolfgang/ Hoppe-Graff, Siegfried (Hrsg.): Die Konstruktion kognitiver Strukturen. Perspektiven einer konstruktivistischen Entwicklungspsychologie. 1. Aufl. Bern u.a.: Huber 1993, S.260-275

Inhelder, Bärbel: Vom epistemischen zum psychologischen Subjekt. In: Edelstein, Wolfgang/ Hoppe-Graff, Siegfried (Hrsg.): Die Konstruktion kognitiver Strukturen. Perspektiven einer konstruktivistischen Entwicklungspsychologie. 1. Aufl. Bern u.a.: Huber 1993, S. 24 - 27

Jung, Walter: Diskussionsbemerkungen zum Vortrag von Ernst von Glasersfeld. In: Duit, Reinders/ Gräber, Wolfgang (Hrsg.): Kognitive Entwicklung und Lernen der Naturwissenschaften. Tagungsband aus Anlaß des 60. Geburtstages von Prof. Dr. Heinrich Stork. Kiel: IPN 1993(a), S. 60 - 62

Jung, Walter: Hilft die Entwicklungspsychologie dem Physikdidaktiker? In: Duit, Reinders/ Gräber, Wolfgang (Hrsg.): Kognitive Entwicklung und Lernen der Naturwissenschaften. Tagungsband aus Anlaß des 60. Geburtstages von Prof. Dr. Heinrich Stork. Kiel: IPN 1993(b), S. 86 - 107

Knorr-Cetina, K.: The manufactoring of knowledge: An essay on the constructivist and contextual nature of science. New York: Pergamon Press 1981

Köhnlein, Walter: Annäherung und Verstehen. In: Lauterbach, Roland u. a. (Hrsg.): Wie Kinder erkennen. Vorträge des Arbeitstreffens zum naturwissenschaftlich-technischen Sachunterricht am 26. und 27. März 1990 in Nürnberg. Kiel: IPN 1991, S. 7 - 20

Löffler, G./ Köhnlein, W.: Weg in die Naturwissenschaften - ein bruchloser Weg? In: physica didactica 12 (1985) 4, S.39-50

Möller, Kornelia: Handeln, Denken und Verstehen. Untersuchungen zum naturwissenschaftlich-technischen Sachunterricht. Essen: Westarp 1991(a)

Möller, Kornelia: Umstrukturierungen im Lernprozeß - Kinder bauen eine Stampfe. In: Lauterbach, Roland u. a. (Hrsg.): Wie Kinder erkennen. Vorträge des Arbeitstreffens zum naturwissenschaftlich-technischen Sachunterricht am 26. und 27. März 1990 in Nürnberg. Kiel: IPN 1991(b), S.123-136

Möller, Kornelia: Lernen im Vorfeld von Physik und Technik - Neuere Untersuchungen zum naturwissenschaftlich-technischen Sachunterricht. In: Wiebel, K. H. (Hrsg.): Zur Didaktik der Physik und Chemie. Probleme und Perspektiven. Alsbach/ Bergstraße: Leuchtturm-Verlag 1992

Niedderer, Hans/ Goldberg, Fred: Lernprozesse beim elektrischen Stromkreis. In: Bayrhuber, Horst, u. a. (Hrsg.): Zeitschrift für Didaktik der Naturwissenschaften. Biologie, Chemie, Physik. 1 (1995) H.1, S.73-86

Nussbaum, J.: Classroom conceptual change: The lesson to be learned from the history of science. In: Helm, H./ Novak, J. (Eds.): Proceedings of the International Seminar „Misconceptions in Science and Mathematics". Ithaca, N.Y.: Cornell University 1983, pp. 272-281

Pintrich, P. R./ Marx, R. W./ Boyle, R. A.: Beyond cold conceptual change: The role of motivational beliefs an classroom vontextual factors in the process of conceptual change. In: Review of Educational Research 63 (1993), pp. 167-199

Posner, G. J./ Strike, K. A./ Hewson, P.W./ Gertzog, W.A.: Accommodation of a scientific conception: Toward a theory of conceptual change. In: Science Education, 66 (1982), pp. 211 - 228

Reusser, Kurt/ Reusser-Weyeneth, Marianne: Verstehen als psychologischer Prozess und als didaktische Aufgabe: Einführung und Überblick. In: Reusser, Kurt/ Reusser-Weyeneth, Marianne (Hrsg.): Verstehen: Psychologischer Prozess und didaktische Aufgabe. 1. Aufl. Bern 1994, S. 9 - 35

Schmid-Schönbein, Christiane: Die komplementäre Rolle von Erfolg und Mißerfolg für die Konstruktion neuer Erkenntnisse - pädagogische Implikationen. In: Edelstein, Wolfgang/ Hoppe-Graff, Siegfried (Hrsg.): Die Konstruktion kognitiver Strukturen. Perspektiven einer konstruktivistischen Entwicklungspsychologie. 1. Aufl. Bern u.a.: Huber 1993, S. 178 - 194

Stork, Heinrich: Was bedeuten die aktuellen Forderungen „Schülervorstellungen berücksichtigen, 'konstruktivistisch' lehren!" für den Chemieunterricht in der Sekundarstufe I? In: Bayrhuber, Horst, u. a. (Hrsg.): Zeitschrift für Didaktik der Naturwissenschaften. Biologie, Chemie, Physik. 1 (1995) H.1, S.15-28

Weinert, Franz/ Helmke, Andreas: Wie bereichsspezifisch verläuft die kognitive Entwicklung? In: Duit, Reinders/ Gräber, Wolfgang (Hrsg.): Kognitive Entwicklung und Lernen der Naturwissenschaften. Tagungsband aus Anlaß des 60. Geburtstages von Prof. Dr. Heinrich Stork. Kiel: IPN 1993, S.27-43

Wiesenfarth, Gerhard: Kontinuität oder Diskontinuität - eine überflüssige Diskussion? In: Lauterbach, Roland u. a. (Hrsg.): Wie Kinder erkennen. Kiel: IPN 1991, S.98-122

Sachlernen als Arbeit an Deutungskonzepten
- Der Sachunterricht vor einer neuen Herausforderung

Ansgar Häußling, Universität Koblenz-Landau

1. „Denken heist Begriffe construiren...,"[1]
- Die Signatur unserer Tage

1.1. Wir sind uns fremd geworden - Eine Bestandsaufnahme

(1) In keinem Bereich ist es heute mehr möglich, ohne Umschweife zur Tagesordnung überzugehen. Unser Bewußtsein ist sich in wesentlichen Belangen selbst fremd geworden. Der Widerstreit beispielsweise zwischen Verfechtern des Projekts der Moderne und den 'Postmodernen' kann als ein Zeichen dafür gewertet werden, daß die Signatur unserer Tage problematisch ist. Was wir zu kennen glauben, ist vorzugsweise dasjenige, was ein für allemal hinter uns liegt: wozu wir eine kritische Distanz besitzen. Halten wir die Jetztzeit tatsächlich noch für *unsere* Zeit? Einerseits vertrauen wir in vielem auf sie, andererseits erscheint sie uns in wesentlichen Bereichen überlebt. An die Stelle eines einstmals hochgelobten Fortschrittsglaubens sind eher diffuse Ausblicke getreten. Was von den einen gefeiert wird: Wissenschaft und Technik, wird von anderen skeptisch beurteilt. Wir sind in Zweifel darüber geraten, ob das seit Descartes vielgepriesene *selbstgewisse Subjekt* als das *Maß aller Dinge* seine Glaubwürdigkeit verloren hat.[2] Wie sollen wir in dieser Situation das Denken von Sachverhalten verstehen: aufgeklärt-zukunftsorientiert oder postmodern oder...?

---

[1] Hamann präzisierte diese Feststellung in einem Brief an seinen Freund Lindner (in: Hamann 1988, S. 127).

[2] Heute zeigt unser Glaube an das Ungenügen des Gegebenen mehr denn je tiefe Risse. Sollen wir auch weiterhin mit allem Nachdruck das Bild zu bewahrheiten suchen, das wir aufgrund einer Neugierde uns selbst gegenüber von uns haben?

(2) Da Handeln - und Denken ist auch ein Handeln - ohne aktuell qualifizierte Einsicht blind ist, müssen wir einen Einblick in das, was heute ist, wenigstens in Umrissen gewinnen, um anderen, vor allem den Jüngsten sagen zu können, was zu tun ist. Unter diesem Aspekt könnte man unsere Zeit als eine Zeit charakterisieren, die von einer Reihe gravierender Demütigungen geprägt ist. Was das Lernen von Sachzusammenhängen betrifft, lauten einige der wichtigsten:

- All unser Wissen dürfte von lediglich hypothetischem Charakter sein (Quine): Erfahrungsunabhängige, also apriorische Erkenntnisse (Kant) konnten nicht bestätigt, aber in Frage gestellt werden - etwa durch Relativitätstheorie und Quantentheorie (vgl. Mittelstaedt 1989). Aber auch die vielfach beschworene, absolut sichere Beobachtungsbasis erwies sich als eine Fiktion: Alle unsere Beobachtungen seien, so etwa Popper (1993, S. 85 f.), immer schon theoriegetränkt. Schließlich ist es auch nicht gelungen, die analytischen Wahrheiten zu sichern: Quine wies nach, daß der Begriff der Analytizität auf dem nicht abklärbaren Begriff der Bedeutung eines Ausdrucks beruhe und kein klares Kriterium der Bedeutungsgleichheit nachweisbar sei (vgl. Quine 1975).
Was bleibt uns also *ideell*? Ein Wissen wohl von prinzipiell vorläufigem Charakter.
- Was wir im Feld der Versachlichung *haben*, ist offenbar nichts außer der je mit unseren gegenwärtigen Begriffen und Zeichen vor- und in unseren Urteilen festgestellten Welt. Auch wenn wir für unsere Begriffe und Zeichen unbegrenzte Ganzheiten, die uns gleichwohl stets nur bedingt gegenwärtig sein können, voraussetzen: am prägnantesten wohl in den modernen Wissenschaften, insgeheim aber auch in unserer *praktischen* Lebenswelt, ahnen wir heute mehr denn je, daß ihr Ursprung kein absoluter ist, wie lange Zeit angenommen wurde. Vielleicht besteht er lediglich in *Metaphern* oder ist *mythisch* bedingt. Eine Sache, die wir durch den Begriff fassen, und ein Sachverhalt, über den wir im Urteil befinden, scheinen folglich nur *wahr* zu sein, solange wir die Herkunft von Begriff und Urteil außer acht lassen. In diesem Fall müssen wir nur wissen, daß unsere Erkenntnisse sich mit unseren Begriffen, Zeichen und Urteilen verändern werden.
Was bleibt uns also *konkret*? Sachen und Sachverhalte einer *wirklichen* Welt, insofern diese uns etwas angeht und wir auf sie immer wieder die Probe machen müssen.
- All unser *Können* erweist sich zusehends weniger als *Erklären,* denn als *Auslegen.* In Wissenschaft und Technik, aber auch in Ökonomie und Politik ist nicht mehr das *Wahre* oder - säkularisiert - das *Richtige,* sondern das *Fruchtbare* gefragt. Wozu uns Wissen und Wollen befähigen, ist, so gesehen, die Maxime eines global gedachten Handelns. Entsprechend *konstruieren* wir

offenbar Konstellationsbeziehungen durch *konstruktive* Interpretation der Dinge, um mit ihnen erfolgreich arbeiten zu können. Der Paradigmenwechsel von Technik zu Technologie dokumentiert diese Sachlage ebenso eindringlich wie der Standortwechsel von der Wirtschaft zur Politik (vgl. Popper 1993, S. 110 f.; Bell 1996, S. 272).
Was bleibt uns also *faktisch?* Offenbar Interpretationskonstrukte (wie wissenschaftliche Theorien oder künstlerische Projekte, aber auch lebensweltliche Programme), die Glauben zu evozieren vermögen und damit neue Begriffsordnungen mit anderen Wertschätzungen an die Stelle von alten setzen.

1.2. Zwischen Verlust und Gewinn - Auf der Suche nach dem „Zeitgemäßen'

(3) Für eine Situation wie die eben gekennzeichnete ist charakteristisch, daß alle Gegebenheiten und Prozesse: also die Dinge ebenso wie die Ziele, das Zu-Lernende ebenso wie das Lernen selbst in Bewegung geraten sind. So gesehen muß jedermann in der rapide wachsenden Dynamik des Alltags *disponibel* agieren bzw. reagieren, also *antworten* können. Dies gilt im kleinen wie im großen. Alle Antworten müssen außerdem selbst verantwortet werden. Die Annahme, es gäbe feste Größen, an denen wir uns orientieren könnten, wäre imaginiert: Diese Schlüsselattitüde der Tradition ist heute außer Kurs. Und diese Tatsache geht alle an: Klein und Groß. Zu fragen ist nun: Wie müssen unsere Antworten geartet sein, damit sie konstruktives Lernen inmitten einer problematischen Zeit gelingen lassen?[3]

(4) Der Verlust an festen Bezugsgrößen ist nur die eine Seite: Demütigungen betreffen zumeist nur *Gewohntes*. Sie haben auch ihre guten Seiten. In diesem Sinn sind die *entdeckte* Welt der selbst zu verantwortenden Möglichkeiten und die Ausschöpfung dieser Möglichkeiten *verheißungsvoll*. Die Chancen, die in diesem Zustand stecken, gilt es sehen und ausloten zu lernen. Bei aller Dramatik

---

[3] Solange diese und ähnliche zentralen Fragen einer Antwort nicht näher gebracht wurden, und zwar durch jene, die ihre Notwendigkeit nicht mehr übersehen können, sind alle, wie auch immer gut gemeinten Anfragen bei Kindern - so, als könnten sie uns Aufschluß über ihre (und unsere) Probleme geben oder uns zu den verschütteten Quellen - im Stil einer Archäologie des Denkens und Begreifens - zurückführen, verfehlt. Den Anfang müssen die grundsätzlich *Fragenkönnenden* machen, da nun einmal - wie die Geschichte der Aufklärung zeigt - keine Aufklärung sich selbst wieder vergessen kann.

der Situation, die unnachgiebig unser Handeln, damit auch unseren Umgang mit dem Lernen betrifft, hat die erhellende Seite der Sachlage Vorrang. Nietzsche kennzeichnete sie treffend wie folgt:

"Aber ich denke, wir sind heute zum Mindesten ferne von der lächerlichen Unbescheidenheit, von unsrer Ecke aus zu dekretiren, dass man nur von dieser Ecke aus Perspektiven haben dürfe. Die Welt ist uns vielmehr noch einmal "unendlich" geworden: insofern wir die Möglichkeit nicht abweisen können, dass sie unendliche Interpretationen in sich schliesst." (Nietsche 1988, Bd. 3, S. 627).

1.3. Fingerzeige der Wissenschaft - Unsere Welt: ein Interpretationskonstrukt

(5) Wovon Nietzsche vor über hundert Jahren fast prophetisch spricht, findet seine Bestätigung in einer der jüngsten und erfolgreichsten wissenschaftstheoretischen Konzeptionen: dem *neuen Strukturalismus* nach Sneed, Stegmüller und anderen (vgl. Stegmüller 1986, S. 46 ff.). Nach dieser Position besteht die Basis moderner Theoretisierungen von Sachzusammenhängen aus *geordneten Paaren* T = (K, I). Sie werden aus einer *mathematischen Struktur* K, welche für die zeitliche Identität des jeweils theoretisch zu Erfassenden sorgt, und aus einer Menge *intendierter Anwendungen* I gebildet, in welcher die Differenzen des faktisch Gegebenen beheimatet sind. Für die Hauptbasis gilt eine empirische Grundhypothese. Sie besagt: Die mathematische Struktur, die aus *Klassen* und *Querverbindungen* besteht[4], ist in allen Anwendungen dieselbe, wobei die Anwendungen durch Querverbindungen miteinander verknüpft sind. Spezielle Bereiche einer Theorie von Sachzusammenhängen sind auf dieselbe Weise konzipiert zu denken. Alle geordneten Paare einer Theorie werden deren Theorieelemente genannt, da sie sich für die einzelnen historischen Zeitpunkte zu einem Netz über der Basis vereinen. Diesem Netz korrespondiert eine Hierarchie von Hypothesen, die den Elementen des Netzes entsprechen.

Durch diese formal-strukturelle Rekonstruktion von Theorien gelingt es dem neuen Strukturalismus, Konzepte auf verschiedenen Gebieten wie Biologie, Chemie, Physik, Literaturtheorie. Theorie der Tauschwirtschaft. Entscheidungstheorie sowie Kapital- und Mehrwerttheorie nach Aufbau, Wirkungsweise und

---

[4] Die mathematische Struktur einer empirisch relevanten Theorie besteht aus der Klasse M_p der potentiellen oder möglichen Modelle der Theorie, die alle Entitäten enthält, die das begriffliche Grundgerüst der Theorie aufweisen, der Klasse M der Modelle der Theorie, die alle diejenigen Elemente von M_p enthält, die überdies das Fundamentalgesetz der Theorie erfüllen, der Klasse M_{pp}, die aus M_p dadurch hervorgeht, daß die theoretischen Größen aus deren Elementen weggeschnitten werden, und den Querverbindungen für M_p.

Reichweite unter Einbezug der jeweiligen geschichtlichen Entwicklung erhellend darzustellen. Dabei besteht die besondere Aussagekraft der Position darin, daß wissenschaftliche und außerwissenschaftliche Theoriebildungen als Konstruktionskonzepte verdeutlicht werden. In diesem Sinn war es auch möglich, das revolutionäre, zunächst als irrational gebrandmarkte Paradigmenkonzept von Th. S. Kuhn problemlos in den wissenschaftstheoretischen Kontext einzugliedern. (vgl. Stegmüller 1986, S. 115 ff. bzw. 347 ff.; Kuhn 1976).

(6) Aber damit nicht genug! Der neue Strukturalismus enthält auch die Möglichkeit, theoretisierende Sachbestimmungen als einen *hermeneutischen* Prozeß lesen zu lernen. In diesem Licht können Sacherkenntnis und Alltagserfahrung nach analogen Strukturen verstanden werden wie die Interpretation literarischer Texte. Theoretisierte Erfahrungen wären, so gesehen, ebenso interpretatorische, also *auslegende* Verfahren wie literarische Arbeiten.

(7) Diese durchaus revolutionär zu nennende Entdeckung läßt sich, auf einen kurzen Nenner gebracht, wie folgt dokumentieren:

- Die intendierten Anwendungen I des Paares $T = (K, I)$ sind in diesem Sinn so zu lesen, daß sie die Ebene der *deskriptiven Analyse* jener Grundbereiche repräsentieren, die für die gewünschte Theoretisierung vorgegeben sind (in der Klassischen Mechanik betrifft dies den Fall von Körpern in Erdnähe, die Pendelbewegungen, Ebbe und Flut, die Planetenbewegungen und die Bewegungen von Asteroiden). Diese Ebene kann als das *vorgegebene Etwas* betrachtet werden, das mit einem *empirischen Vokabular* der deskriptiven Analyse dargestellt wird. So gesehen kann das mit diesem Vokabular erfaßte Etwas erhellend als *Text* bezeichnet werden, der allerdings noch der Deutung harrt. Solange diese nicht vollzogen ist, sind die vorgängig verfügbaren relevanten Daten über diesen Grundbereich aus der Sicht der Sprache des empirischen Vokabulars noch *chaotisch*.
- Die mathematische Struktur K des Paares $T = (K, I)$ betrifft eine andere Ebene, die als Ebene der *Synthese* verstanden werden kann. Sie kommt durch die Einführung eines *theoretischen Vokabulars* zustande (im Fall der Mechanik sind dies die theoretischen Begriffe Kraft und Masse), mit dem das empirische Vokabular zu vernetzen ist. Den Ausdruck dieser Vernetzung bilden die Grundgesetze der betreffenden Theoretisierung (im Fall der Mechanik Newtons Differentialgleichungen nach der Zeit). Auf diese Weise gelingt es, das vorgegebene Etwas, also den Ausgangstext, *als* Etwas: also systematisch als ein einheitliches Ganzes, das zugleich eine bestimmte formale Struktur erfüllt, *auszulegen* (im Fall der Mechanik als ein *dynamisches* System, das der Struktur der Newtonschen Mechanik genügt).

- Das derart individuell-ganzheitlich Ausgelegte besitzt gegenüber der eingangs vorliegenden (deskriptiv-analytischen) Ebene offenbar ein *neues Sinngefüge*. Schaffung von Sinn ist als *kreativer* Prozeß allerdings ein von Grund auf *interpretationistischer* Vorgang. In den Aktivitäten des Menschen, seien es wissenschaftliche Forschungen oder technische Erfindung, seien es Alltagshandlungen oder künstlerisches Schaffen, ist folglich Welt-Bildung in Zeit auf Zeit am Werk: Menschliche Handlungsräume mit unterschiedlicher Sinnstiftung entstehen und treten miteinander in Wettstreit, um Lebens- bzw. Lern-Räume zu schaffen. Geleistet wird dies im Fall der Wissenschaft, aber auch im Fall der Erarbeitung von Sachzusammenhängen durch die *konstruktiv-interpretatorisch* angelegte *organisierende* Kraft der jeweiligen (theoretischen) Begriffe und Konzepte, die damit auch darüber entscheiden, was jeweils *verstehen* heißt.

(8) Die eben beschriebene Systematisierung des vorgegebenen Etwas zu einem einheitlich-individuellen Ganzen besteht also gerade nicht darin, etwas an sich *Gegebenes* mit abstrakten Konstrukten zu konfrontieren. Die Systematisierung stellt vielmehr eine *Konstitutions*leistung dar: Durch die konstruktive Einführung eines theoretischen Vokabulars werden die intendierten, empirisch-analytisch erfaßten Anwendungen (als Ausdruck der vorgängigen, aber selbst schon begrifflich vermittelten Realität) überhaupt erst zu etwas: zu einem einheitlichen Ganzen von individueller Natur konstituiert, das vorab so überhaupt nicht existierte.

1.4 Natur und/oder Mensch? -
Im Licht der Sprache: beide jeweils auf ihre Weise

(9) So gesehen kann nicht mehr länger davon ausgegangen werden, daß beispielsweise der *physikalische Sinn* einer Aussage durch die Natur bestimmt werde. Die von uns objektiv befragte Natur kann uns offenbar nur *informieren*, aber nie *reformieren*. Andernfalls müßte sie auf *Wortfragen* wie z.B.: „Wer beschleunigt sich?" antworten können, was unmöglich ist; die 'Natur' kann lediglich auf die für unser Sprechen typischen *notwendigen Satzfragen* von der Art: „Übt die Erde eine beschleunigende Kraft auf den Mond aus?" antworten. In diesem Fall lautet, wie wir seit Newton 'wissen', die Antwort der Natur: „Ja"! Und außerdem enthält dieses „Ja" sozusagen die beiden *präsupponierten Existenzsätze*: Es gibt *Gegenstände*! Und: Es gibt das *Beschleunigtwerden* von Gegenständen! Allein notwendige Satzfragen sind Fragen an die Natur, die in gegebenen Situationen aufgrund ihrer jeweiligen 'Antwort' auch rückerschließbar sind. Und die *Objektivität* der Natur besteht für uns wohl lediglich

darin, daß sie in diesem Kontext eine Art Informationsquelle im nachrichtentechnischen Sinn bildet: Sie kann ja jeweils nur mit 1 bit Information antworten.[5]

(10) Die bisher entwickelte *Deutung* von (theoretisierten) Sachzusammenhängen wirft folgerichtig auch ein völlig neues Licht auf den Begriff des *Objektivierens,* sei es durch Wissenschaft, sei es durch Alltagshandeln. Objektivieren bedeutet jetzt ebenfalls soviel wie *Sinngebung*. Danach bestünde die Arbeit beispielsweise der Naturwissenschaften darin, einem jeweils gegebenen *Text* (der etwa in der Bewegung von Körpern in Raum und Zeit besteht) eine *Auslegung* zu verschaffen, die diesem *Text* bislang unbekannte Perspektiven eröffnet. Gleiches trifft natürlich auch auf die Arbeit von alt und jung an *Texten* zu, die Alltagsbereiche, wenn auch oft versteckt, besitzen. Wie virtuos selbst Kinder mit diesen nach wenigen Anstrengungen *auslegend* umzugehen wissen, belegt beispielsweise unser modernes komplexes Straßenverkehrssystem mit seiner symbolischen Textstruktur.

Nach dieser Situationsanalyse und dem Aufweis, daß die vorgestellte Position trotz aller Ernüchterungen ein neues Paradigma der Bestimmung von Sachzusammenhängen für jedermann bereitzustellen verspricht, das uns als *kreative* Wesen, die wir nach wie vor überzeugt sind zu sein, ernst nimmt, soll im folgenden diese Position mit bestehenden Lern-Konzepten und -Empfehlungen verglichen und so auf ihre Möglichkeiten hin weiter geprüft werden. Dabei sollte stets beachtet werden: Wir haben in Zukunft wohl davon auszugehen, daß alle unsere Handlungen, das Denken eingeschlossen, rein weltlich, zeitlich und individuell bedingt, also selbstverantwortlich durchzuführen sind.

---

[5] Die Frage/Wort-Antwort-Beziehung wird hier nur als ein interpretatorisches Konzept angesetzt. Die ins Spiel gebrachte Diskurs-Rede ist daher frei von Ideologie oder traditioneller Metaphysik. Gleiches gilt für die Rede von *Text*. Sie ist daher nicht im Sinn Gadamers (vgl. Anm. 7) zu verstehen.

2. Vermeintliche Offenheit und Pluralität - Zur Kritik aktueller Konzepte

2.1 Vom revolutionären Pathos zur anmahnenden Geste - Rückzug auf naive Sachlichkeit

(11) Was bisher gesagt wurde, verdient selbstverständlich nur dann weitere Aufmerksamkeit, wenn es sich sozusagen als *Gegenkonzept* auf der Basis von *Gegenbegriffen* gegenüber den heute gängigen Konzepten erfolgreich ausweisen läßt, d. h. für sich Glaubwürdigkeit einzufordern vermag und in der praktischen Erprobung zu überzeugen weiß. In diesem Erfordernis besteht ja letztlich der Anspruch von *Neuem*. Wie ist es also konzeptuell mit dem *Sachlernen* heute bestellt? Liegen hier überhaupt Differenzen zu der in Abschnitt 1 entwickelten Position vor und, wenn ja, worin bestehen sie? Konkret besagt dies: Was wird in einschlägigen Lehrplänen, Sachbüchern nebst Lehreranleitungen und wissenschaftlichen Beiträgen unter Mensch, Welt, Wirklichkeit, Sache, Leben, Lernen und Verstehen, also unter den Leitbegriffen und Leitverfahren des *Sachlernens* verstanden?

(12) In Anbetracht dieser und ähnlicher Fragen sollte man erwarten, daß in den einschlägigen Texten, die ja dazu dienen, ihre Zeit in Gedanken zu erfassen, ebenso sachkritisch wie selbstreflexiv verfahren wird. Zu fordern wäre also, daß das Verständnis der Gegebenheiten und Vorgänge, daß genauer jede Aussage, jede Tat, jede Option, jedes Programm eigens auf ihre/seine *Grundlagen* geprüft und auch daraufhin in Frage gestellt wurde, ob hier nicht auch noch andere Bedeutungen vorliegen könnten als gerade diejenigen, von denen wir heute aufgrund unseres gewohnten Verstehens meinen, sie seien die natürlichen. Die Texte enthalten nur in Ausnahmen solche Anstrengungen.

(13) Nach einer weltpolitisch bedingten Zeit der stürmischen, ja geradezu wilden Verwissenschaftlichung zentral geglaubter Lebensprozesse, wozu auch das Lernen selbst gezählt wurde, hat sich in unseren Tagen das *Sachlernen* wieder bescheidener einquartiert. An die Stelle wissenschaftsorientierter Leitbegriffe, -konzepte und -verfahren sind Programme getreten, die auf bemerkenswert zurückhaltende Weise mit Residuen der wissenschaftlichen Szenerie kokettieren. Sie lassen sich gut und gern als eine im Ganzen gefahrlos erscheinende Mischung aus alt und neu kennzeichnen, der man kaum in einem Punkt unmittelbar anmerken kann, daß sie auch noch die Wahrheit über sich selbst will. In diesem Sinn werden die Leitbegriffe auf pädagogischem, didaktischem, sachlichem und methodischem Sektor oft allzu unproblematisch gehandhabt. Dabei erfahren die Begriffe Welt, Wirklichkeit, Leben, Mensch und Sinn (wieder) eine

starke Zentrierung auf den Begriff der *Heimat.* Gleiches gilt auch für so lebenswichtige Bereiche wie Wissenschaft, Technik, Medien und Gesellschaft, ohne daß sie ihrerseits in den Heimatbegriff einen nennenswerten sachlogischen Akzent einbringen. Aufs erste gesehen, ist also den einschlägigen Texten ein Mensch- und Wirklichkeitsverständnis eigen, das man getrost als einen *Kompromiß* in eher konservativem Sinn bezeichnen kann. Eine heute griffige Formel für diese Sachlage wäre der Begriff der *Postmoderne*, ohne daß allerdings deren selbstkritischer Rang ausdrücklich mitvollzogen wird. Entsprechend wird für das *Sachlernen* all das empfohlen, was sich in unserer Kultur bislang für einen konservativ-bodenständigen Kopf anscheinend als gut herausgestellt hat. Diese Versatzstücke werden zu einem Konglomerat gefaßt, wobei man bemüht ist, keiner Seite weh zu tun. 'Kompromiß-Positionen' dieser Art erteilen selbstverständlich dem nach wie vor avantgardistischen Projekt der Moderne eine eindeutige Absage. Sie halten es lieber mit den jüngsten Bestrebungen des *Holismus* und geben, wo immer es angebracht erscheint, mit Gottfried *Benn* den Rat: "Rechne mit deinen Beständen!" (s. Gehlen 1963, S. 323)

2.2 Der Grundtenor von Lehrplänen/Sachbüchern - Anthropomorphisch gefärbte Inszenierungen

(14) Diese Bestandssicherung zugunsten eines heimatverorteten Sachzusammenhangs kommt prägnant in den in Lehrplänen empfohlenen *Zielen* des Sachunterrichts zum Ausdruck. Deren Rang ist nicht hoch genug einzuschätzen. In ihnen verschafft sich gerade das welt- und bildungspolitische Credo der politischen Institutionen der Gesellschaft Gehör.

Danach lassen sich die Bestände ordentlich garantieren, wenn man die „Lebenswirklichkeit der Kinder" durch „inhaltlich bestimmte Aufgabenschwerpunkte" (Lehrplan Nordrhein-Westfalen 1985, S. 21) bzw. durch „Erfahrungsbereiche" absichert, die deren tägliches Handeln durchschnittlich betreffen wie Licht, Luft, Wasser, elektrischer Strom, Pflanzen, Tiere, Mensch, Konsum, Wohnen, Arbeit und Produktion, Dienstleistung, Freizeit, Landschaft (Lehrplan Rheinland-Pfalz 1984, S. 8 ff.) [1] Themen dieser Bereiche betreffen folglich das praktische Leben und sollen in personalem Bezug, was Inhalt, Tätigkeitsform und sprachliche Darstellung betrifft, entfaltet werden. „Fachspezifische Sicht- und Vorgehensweisen" haben, so gesehen, im Sachunterricht nur dann „ihre Berechtigung, wenn sie für die angestrebte Sacherhellung dienlich sind und von den Kindern verständig genutzt werden können", also „Hilfe bei der Erschließung ihrer (der Kinder) Lebenswirklichkeit" anbieten (Lehrplan Nordrhein-Westfalen 1985, S. 23 bzw. 21). Im Fall des Aufgabenschwerpunktes *Luft, Wasser und Wärme* heißt dies schlicht: die Bedeutung dieser Phänomene für das Leben von Mensch, Tier und Pflanze einschätzen, die Vielfalt ihrer Erscheinungsformen und Nutzungsmöglichkeiten ebenso erkennen wie die von diesen *Phänomenen* ausgehenden Gefahren. Diese Ausrichtung führt allerdings, kaum überraschend, zu (nach wie vor) *anthropomorphisch,* d.h. am selbstbezüglichen Leitfaden der Sinne nach dem Begriff des Alltagsverstandes gebildeten Aussagen wie: 'Die Luft hat Kraft', 'Das Wasser hat Kraft, es leistet Arbeit', 'Der Strom ist da bzw. fließt'. Die Umgangssprache spielt also eine Schlüsselrolle, wobei deren erkenntnisdeterminierende Strukturen (wie das Täter-Tat-Schema (Verdoppelung des einen Geschehens), die Form-Stoff-Schematisierung (Verallgemeinerung des Einzelnen), die Macht der Namen (Schaffung von Ersatzwelten)) nicht weiter kritisch beachtet werden. Die Worte der Sprache erscheinen hier, streng betrachtet, wie Taschen, in die man bald jenes, bald dieses hineinsteckt, wobei dem Lerner gerade diese Prozesse verborgen bleiben. Zwangsläufig muß an die Stelle des intendierten objektiven Wissens Scheinwissen treten.

Diese Gefahr erhöht sich angesichts der Tatsache, daß jede Sprache notgedrungen der *Macht des Ideals* erliegt: Als oberste Instanz der Entlastung vom Druck der maßlosen Reizüberflutung betrachtet (Gehlen), tendiert die Sprache dazu, ein *Außerhalb* von ihr abzublenden - nur Hellhörige können dieses Außerhalb wahrnehmen -, so daß im Fall der Umgangssprache deren Ideal wie eine Brille vor den Augen sitzt, die uns nur unter ihren Bedingungen die Welt sehen läßt, ohne allerdings diese Bedingungen selbst mitsehen zu lassen. Indem im methodischen Bereich dem *Be-greifen* eine zentrale Rolle zugewiesen wird, erfahren auch hier die seit langem internalisierten lebensweltlichen Bindungen ihre Fortschreibung. Wer von einem *intuitiven Erfassen* des Hebelgesetzes spricht sowie vom *Begreiflichmachen* von Gesetzmäßigkeiten blendet bereits im Ansatz die *andere,* weil mit anderer Begrifflichkeit konzipierte *Welt* der Wissenschaft aus.

Aufs Ganze gesehen gilt hier für das Sachlernen, was Siegfried Lenz in 'Heimatmuseum' über die *Heimat* sagt: Dem Wort Heimat sei 'seine Unbescholtenheit zurückzugeben' und objektiv Verlorenes durch *Erinnern* zu bewahren. Was nun einmal unumgänglich Modernes betrifft, so ist dies möglichst stromlinienförmig zu assimilieren.

Es ist hier leider nicht der Raum, diese kurze Kritik der sachunterrichtlichen Texte ins Detail zu verfeinern. Allerdings dürfte es einem Kritiker äußerst schwer fallen, beim Durchlesen von Lehrbüchern für den Heimatkunde- und Sachunterricht mit ihren provokativen Titeln (wie: *Schau dich um und mach mit* (Berlin 1996); *Sachunterricht mit allen Sinnen* (München 1996); *Den Sachen auf der Spur* (Berlin 1995); *Mach mit und staune* (Berlin 1995); *Kein schöner Land* (Düsseldorf [19]1993)) Passagen zu finden, die der geschilderten Analyse entgegenstehen. Der Ertrag der Analyse - er ließe sich an anderen einschlägigen Texten leicht bestätigen - genügt bereits vollauf für die gebotenen Schlußfolgerungen.

(15) Was ist das für eine *Welt* im weiten Sinn des Wortes, die für das Sachlernen im Sachunterricht als relevant empfohlen wird?

Wo als Kriterien zeitgemäßen Sachlernens *Sachgemäßheit* unter altersspezifischer Berücksichtigung wissenschaftlicher Erkenntnisse und technischer Erfindungen, *Lebensbedeutsamkeit* bei Lebensnähe und Lebenswirklichkeit, *Sprachgemäßheit* von sachlichen Erfahrungen und - ganz zentral - *Heimatorientierung* gelten, wobei die Heimat nicht nur als 'Aufgabe', sondern geradezu als 'Vorgabe' gesetzt wird (vgl. Lehrplan Rheinland-Pfalz 1984, S. 7 f.; Lehrplan Bayern 1981, S. 609), da geht es um eine Welt, die nicht beziehungslos im *Nirgendwo* steht, sondern zentriert gedacht ist auf einen im personalen Alltag verorteten Menschen, der von hier aus seine Beziehungen zur Natur *selbst*, zu anderen Lebensspielräumen, Geschichte und gesellschaftlichen Prozessen aufbaut. Welt heißt dann hier: ein Ensemble von Lebensspielräumen, in denen der einzelne Mensch zuhause ist, indem er durch das *Einwohnen* hier im Wechselspiel mit anderen Menschen seinen *Sinn* findet. So gesehen wird sie hier als ein anthropologisch generiertes *Sinn-Gefüge* verstanden, das der historisch-lokal verortete Mensch in den Begegnungen mit dem Mitseienden jeweils ergreift.

2.3 Lust an der Einheit von allem - Versuche verspäteter Versöhnung

(16) Bezogen auf die eben gekennzeichnete Welt stellen sich zwei Fragen:

1. Kennt *diese Welt* eine Beziehung zu einer anderen, ggf. zu der *wahren* Welt, oder begreift sie sich selbst als die *eine* Welt?

2. Welches *Interesse* oder welche *Bedürftigkeit* steckt hinter diesem Begriff der Welt?

Diese und ähnlich gelagerte Fragen müßten eigentlich den Ausgangspunkt einer Fundierung des Sachlernens heute bilden, sollte es in Konkurrenz zu anderen Konzepten eine ernstzunehmende Glaubwürdigkeit entwickeln können und im Sinn der Kinder deren Unterwegssein zum *Verstehen der Welt* fördern wollen.

(17) Die erste Frage, so scheint es, läßt sich rasch beantworten: Die oben geschilderte Welt des Sachlernens ist die *eine* Welt, diese *eine* Welt enthält aber eine Vielheit von Teilwelten, besser von Teillebensräumen. Es sind dies die zahlreichen verschiedenen *Lebensformen*, die man beispielsweise unter kulturtheoretischem Aspekt als andere *Lebensstile* deuten kann. Unter diesem

Aspekt hat das Sachlernen tatsächlich die Aufgabe, das *Eigene* immer auch schon im Lichte des *Anderen* sehen zu lernen, um *interkulturell*, allerdings nicht *transkulturell* handeln zu können. Kulturell gesehen ist also die Welt des Sachlernens eine *monistische*; *pluralistisch* ist sie, was die jeweilige Ausgestaltung des Kulturellen betrifft. Wer diese Bestimmung des Begriffs *Welt* ernst nimmt, muß natürlich bei der Grundlegung des Sachlernens *kulturwissenschaftlich* und *kulturphilosophisch* vorgehen. Den Texten zum Sachlernen sind vergleichbare Anstrengungen kaum zu entnehmen.

(18) Eine Antwort auf die zweite Frage würde umfassende, hier nicht leistbare Analysen erfordern. Zur Problematik dieser Frage nur soviel: Ein in seinem Stellenwert kaum zu überschätzendes Indiz für den Standort der einschlägigen Texte zum Sachlernen ist die *Sprache*. Eine Analyse der Sprache dieser Texte zeigt sofort, daß sie stark *metaphysisch* imprägniert ist. Begriffe wie Erkenntnis, Verständnis, Bedeutung und Sinn verraten durchwegs eine Nähe zum traditionellen *Geist*begriff. Dieser Geist wurde und wird als der Wahrheit *fähig* und *bedürftig* angenommen. Von der Wahrheit selbst glaubte man im Lichte dieses Geistbegriffs, daß es sie gäbe. Entsprechend unproblematisch geht man in den Texten mit den sacherschließenden Leitbegriffen und den Voraussetzungen von Urteilen um. Warum auch nicht? Gut *griechisch* und *christlich* gedacht, sollten wir doch - so implizit - davon ausgehen können, daß es eine *wahre*, geistig erkennbare Welt auch tatsächlich gibt.

Bei den häufig verwendeten Begriffen *Leben* und *Person* sind die Hintergründe nicht in jedem Fall eindeutig auszumachen. Ihnen dürften vitalistische Vorstellungen des neueren Denkens ebenso zugrunde liegen wie griechisch-christliche. Da die einschlägigen Texte auch hierzu keine näheren Ausführungen aufweisen, wäre alles weitere Mutmaßung.

2.4 Verstehen statt Lernen - Plädoyer für ein non-pluralistisches Denken

(19) Aber auch tiefergreifende Fachbeiträge zum *Sachlernen* verfangen sich, wenn auch auf einer gedanklich bedeutsameren Ebene als die bisher angesprochenen Texte, letztlich in *metaphysischen* Annahmen. Stellvertretend für viele[6] sei dieser Sachverhalt an einem interessanten Konzept aufgewiesen, das für ein (im Ansatz) *fachliches Verstehen* votiert. Es handelt sich um den Beitrag von Kay Spreckelsen mit dem Titel 'Ansätze physikalischen Verstehens in der *Unterstufe*'.

---

[6] Zur Sichtung des Hintergrundes sind lesenswert Götz (1993) sowie Kaiser (1995)

Die Arbeit kann recht treffend mit der Devise: 'Verstehen statt Lernen' gekennzeichnet werden. Indem unter dem Leitbegriff *Verstehen* allerdings jener Prozeß gedacht wird, der „eine strukturelle Einbindung des je behandelten Sachverhaltes in bereits in der kognitiven Struktur des Schülers vorhandene Beziehungszusammenhänge darstellt", um „kraft eigener Vernunft aus Sachnotwendigkeiten heraus einzusehen" (Spreckelsen 1991, S. 257 f.), geht der Autor davon aus, daß zwischen *Sache* und *Vernunft/Verstand* eine Übereinkunft besteht, und zwar in Gestalt des *Strukturellen*. Dieses Strukturelle soll sowohl alltagssachliche und fachliche Zusammenhänge als auch Kognitives, also Bewußtseinsmäßiges gleichermaßen betreffen. Durch 'Einbindung' von realen Sachverhalten in das Denken des Lerners durch den Begriff der Struktur werden so Welt und Mensch miteinander objektiv vermittelt gedacht. Im letzten besagt dies aber: Es wird eine *Einheit* zwischen beiden im Lichte der Struktur gesehen. Damit dokumentiert diese Position nach wie vor einen *Platonismus*: Eine *Einheit* ist und bleibt, wenn auch gut neuzeitlich säkularisiert, als der *allgemeine* und *unveränderliche* Horizont aller Erkenntnis und alles Handelns, also auch des *Lernens*, vorausgesetzt, zumal wenn *Lernen* antithetisch zum Begriff des Verstehens lediglich als „unkritisches Übernehmen fremder Vorstellungen und Urteile" (Spreckelsen 1991, S. 258) gekennzeichnet wird. Mit dem ontologisch angesetzten Einheitsbegriff *Struktur* verstößt der Autor zudem gegen dessen *Gebrauch* in den einschlägigen Wissenschaften selbst. Hier wird er als ein Konstrukt-Begriff verwendet.

Indem in diesem Sinn, aber auch aufgrund der vielfältig belegten Einsichten, „*daß mehr als eine Welt sei*", „*daß wir in mehr als einer Welt leben*" (Blumenberg 1986, S. 3) und daß bis zur Stunde "kein Organ für das Erkennen, für die 'Wahrheit'" (Nietzsche 1988, Bd. 3, S. 593) ausgemacht werden konnte, ganz offenbar feststeht, daß die Einheit im Sinn des metaphysischen Glaubenssatzes der Tradition: „Alles ist Eins" (Nietzsche 1988, Bd. 1, S. 813) lediglich eine *Fiktion* ist, verbietet sich uns, von fachlichem und sachlichem *Verstehen* selber überhaupt zu reden. Wir müssen uns eben auch auf diesem Sektor bescheidener einquartieren, nachdem ersichtlich alle Begriffe eigentlich nur *Reflexionsbegriffe* zur fallweisen Realisierung des Inbegriffs möglicher Welten (Leibniz) sind. So gesehen ist *unsere* Welt allerdings *eine* unter vielen anderen für dasjenige Denken, das diese Welt auf der Basis seiner Reflexionsbegriffe und Urteile auslegt und herstellt, und zwar für jene Zeitspanne, in der sie uns überzeugend genug erscheint.

(20) Bei dieser Sachlage, also auch dem Eingeständnis: Nur „wer Sprache hat, 'hat' (in gewisser Hinsicht) die Welt" (Gadamer 1990, S. 457) kann heute die Devise eigentlich nur noch lauten:

Statt Antithesen Alternativen.[7] An die Stelle des längst unfruchtbar gewordenen *antithetischen* Denkens sind *gegenbegriffliche* Diskurse zu setzen, die den Widerstreit mit anderen Diskursen zu ihren Grundpflichten zählen. Nur auf diesem Weg sind wir offenbar in der Lage, die mit den Diskursen verknüpfbaren Weltverständnisse unserer Tage *dialektisch* miteinander zu vermitteln, um sie entsprechend fruchtbar werden zu lassen (vgl. Schulz 1974, S. 130 ff.).

3. Unsere objektive Erkenntnis muß weiter als das Auge reichen - Die neue Aufgabe

3.1 Die Macht der Interpretation - Handeln ohne Sprache ist blind, Sprache ohne Handeln leer

(21) Für den Fall, daß die Antwort seitens der Texte ausbleibt, ist man gehalten, die Antwort in der gegebenen Wirklichkeit, genauer den 'Wirklichkeiten in denen wir leben' selbst abzuholen. Hier ist die Sachlage eindeutig: Die progressiven Anstrengungen des Menschen in Wissenschaft, Technik, Ökonomie, Politik und Kunst kennen nicht das *Eine*, sie arbeiten mit *Konstrukten*, die jeweils geborgte Einheiten für sich kreieren, um mit ihnen Vielheiten in bestimmter Weise zu organisieren. Damit wird deutlich: Begriffe wie *Einheit*, *Welt*, *Gesellschaft*, *Gegenstand*, kurzum alle Leitbegriffe der Tradition sind, wie gesagt, *Reflexionsbegriffe*, mit denen man heute bewußtermaßen allein theoretisch-pragmatisch und zweckorientiert operiert. Wie wir aus der Geschichte wissen, galt dieser *konstruktive* Ansatz nicht immer. Die Reflexionsbegriffe hatten früher eine *ontologische Hypostasierung* erfahren und erfahren diese zum Teil - mangels besseren Wissens - heute immer noch. Das Resultat dieses Prozesses: Die isolierten jeweiligen Begriffs-Konzepte werden unter der Hand als *Entitäten* genommen, also als Dinge, Tatsachen, Ereignisse,..., Gefühle, Handlungen,... In 'Wirklichkeit' *gibt* es aber immer nur Vielheiten, die wir unter bestimmten begrifflichen Gesichtspunkten *neu* zusammenfügen bzw. trennen. So gesehen kann es überhaupt keine *monistisch* verstandene Welt geben, die

---

[7] Der vorliegende Ansatz folgt nicht der Überzeugung Gadamers, wonach jedes Verstehen auf Sprache beruhe. Die Natur im Kontext der Lebenswelt besitzt sprachunabhängig Erfahrungsebenen, während die Natur der neuzeitlichen Naturwissenschaften *sprachlich* bestimmt ist.

zudem mit essentiellen Leitmaßen ausgestattet wäre. Ohne Kenntnis eines *tertium comparationis* oder - anders formuliert - *frei* von einem festen, *archimedischen* Punkt des Wissens, der zwischen verschiedenen Ansichten vermitteln könnte, dürfte uns die Welt allein in der Gestalt *verschiedener Deutungen* gegenwärtig sein, und zwar als *wirkliche*, uns betreffende Deutungen und sonst nichts. Genau in diesem Sinn werden im letzten wissenschaftliche Konzepte ebenso gehandhabt wie ökonomische Strategien, Alltagskonzepte ebenso wie artifizielle Produkte.

(22) Wenn dem so ist, dann drängt sich alles in der Frage zusammen: In welcher Deutung ist für uns heute die *Welt* gerade auch im Sinn des Sachlernens *wirklich*? Die Antwort darauf läßt sich nur im *Widerstreit* der Interpretationen, die zusammen die Welt 'ergeben', entscheiden. Erst im *Experiment* also zeigt sich, welche Deutung uns etwas angeht, etwas be-deutet, indem wir sie zu verstehen vermögen, wobei *verstehen* hier heißt: mit der Interpretation theoretisch-praktisch erfolgreich, beispielsweise *lebensdienlich* oder *kulturfördernd*, umzugehen.

Ist es mit unserer 'Welt' so bestellt, dann gilt: Mit jeder Interpretation entsteht ein anderes Etwas, also ein anderer Sachverhalt und ein anderer Mensch als *andere Interpretationen* von Sachverhalt und Mensch. Diese Sachlage ist zweifelsohne für viele irritierend: Sie raubt ihnen, gerade mit Blick auf die Vergangenheit, die fixen Bezugspunkte, 'in Wahrheit' aber Illusionen. Und sie nimmt ihnen alle wohlvertrauten klassischen Orientierungen. Aber sie entspricht eben, und mehr läßt sich aus unserer Warte im Augenblick nicht sagen, überzeugender als andere Ansätze der *wirklichen* Welt, die wir sind. Und indem jedermann - auch der junge Mensch - heute einfach in diesem Verständnis von Geburt an steht, fernab von einem dogmatisch fixierbaren festen Punkt, ist er nicht nur aufgerufen, sondern auch in die Lage versetzt, interpretatorisch-konstruktiv Welt zu sehen und zu gestalten. Denn die *wirkliche* Welt ist ja *unser* (Deutungs-) Produkt, und wir spiegeln uns in ihr.

Nachdem wir mit dem zuletzt Gesagten zum Resümee des ersten Abschnittes zurückgekehrt sind, können wir nun zur Darstellung selbst von Sachzusammenhängen als Produkte von Deutungskonzepten übergehen. Ihre Darstellung wird ein weiterer Beleg dafür sein müssen, daß die hier vertretene Position sich zu rechtfertigen vermag.

(23) Für das *Sachlernen und das Fachlernen* besagt diese Sachlage: Die Lerninhalte sind so anzubieten, daß sie als *Leistung* konkreter Entwürfe aufgegriffen und umgesetzt werden können. Im Fall eines jeden Entwurfs sollte deutlich werden: Seine einzige Qualität besteht darin, daß er sich in dem 'Gespräch, das

wir sind', zu behaupten weiß. Entsprechend sollte jeder Lerner erkennen: Die ganze Last dieses Nachweises haben gerade jene Begriffe zu tragen, die wir als Bausteine unserer neuen Antwort auf vorgegebene Worte kreieren - als Gegenbegriffe, die imstande sind, die von uns gewünschten Sachzusammenhänge auch zu etablieren. Ein Lernen von Sachverhalten in diesem Licht vermittelt die Einsicht, daß die wirkliche Welt eine von uns begrifflich erarbeitete Deutung ist.

(24) Da unsere durchschnittliche Wahrnehmung immer noch, und in diesen Tagen durch *postmoderne* Auffassungen verstärkt, in traditionelle *metaphysische* Leitkonzepte von vorwiegend *holistischem* Charakter eingebunden ist, bedarf es zur Erschließung der neuen *experimentellen* Sicht auf unsere *wirkliche* Welt, in der die traditionellen Inhalte und Begriffe in *anderen* Ordnungsbeziehungen angelegt sind, vielfältigster Anstrengungen. Neue Konzepte zum *Sachlernen* müssen daher so angelegt sein, daß sie einerseits Aufklärungsarbeit über den neuen Standort, andererseits vielfältige Möglichkeiten bieten, eigene, bereits selbst entworfene Weltsichten als solche wahrnehmen zu lernen und neue Weltsichten selbst zu entwerfen. Der Lerner muß also in die Lage versetzt werden, Distanz zur bisherigen Welt zu gewinnen, die auf vielfältigste Weise in ihm steckt und sein tägliches Handeln nachhaltig bestimmt. Darüber hinaus muß ihm deutlich werden, daß er wie jeder andere auch in der Lage ist, andere Weltverständnisse im Vergleich zu den bisherigen selbst hypothetisch-konstruktiv zu entwickeln. Nur wenn er über beides verfügt, kann er im strengen Sinn des Wortes sagen, daß er ein Zeitgenosse sei. Der Weg dahin ist zweifelsohne - auch in unseren *modernen* Tagen - ein dorniger und zeitraubender.

3.2 Mit den 'Augen' der Begriffe die Welt entdecken - Entfesselung eines latenten Willens

(25) An dieser Stelle kann leider nur die Richtung des Weges angezeigt werden, durch den dieser Wechsel des Standortes ins Bewußtsein gehoben wird. Die ungeheure Detailarbeit ist - wie so oft - vielschichtig anzulegen, damit im Wechselgespräch aller Beteiligten immer wieder die Probe auf das Entworfene gemacht werden kann. Dabei sind die Rollen der am jeweiligen Lern-, besser Erfahrungsprozeß Beteiligten entscheidend: Ihre traditionelle Aufteilung in *Meister* und *Lehrlinge*[8] verbietet sich heute. Denn alle sind an der Produktion

---

[8] Eine äußerst aufschlußreiche, vielschichtig durchgeführte und meisterlich geschriebene Charakterisierung des klassischen Meister-Lehrling-Modells legte unlängst Rüdiger Safranski mit „Ein Meister aus Deutschland" vor. Seine hellsichtigen Darlegungen lassen uns am Beispiel des vielleicht bedeutendsten Denkers dieses Jahrhunderts: an Martin Heidegger, genauer an seiner Person, seinem Leben, seinem Werk und seiner Zeit unsere tiefen und fatalen Verstrickungen in die traditionellen metaphysischen Glaubenssätze von der Einheit der Dinge mit ihren jeweils großen Meister-Propheten erkennen.

von Welt beteiligt, und keine Seite weiß für den jeweiligen Augenblick 'hinreichend'[9] viel. Es besteht lediglich ein Gradunterschied im Sinn von *bewußt*. Alle müssen gleichermaßen lernen: und zwar umständebedingt von- und miteinander in einem *Dialog,* der weder einen *Anfang* hat, noch ein *Ziel* kennt, also in einem beiderseits *offenen* Dialog. Ein solcher Dialog scheint in unseren Tagen seine Aufgabe am überzeugendsten einzulösen, wenn er sich als *Wort-(Rede)-Antwort-Wechselspiel* versteht. Auf diesem *Weg* hat der Ältere *(die Lehrerin, der Lehrer)* lediglich aufgrund der Tatsache den Vortritt vor dem Jüngeren *(Schülerinnen und Schüler),* daß er um einige Nuancen früher und/oder einschlägiger der konstruktiven *Natur* unserer Welt im Rahmen der ihr bislang attestierten Einheitlichkeit auf die Schliche kam. So gesehen kann nur der Ältere das entscheidende *Wort* für das zum Weltverständnis erforderliche Sprachspiel vor- und der Jüngere die erste Antwort zurückgeben. Und ersteres ist schließlich nur zu leisten im provokativen Horizont eines in unseren Tagen überzeugenden Vorverständnisses dessen, was *etwas* ist.[10]

Die Richtung dieses Weges vom bislang dominierenden leitmotivhaft einheitlichen Konzept des Sachlernens zum pluralistisch-interpretatorischen Konzept soll in zwei Schritten verdeutlicht werden.

(26) Im ersten Schritt werden durch Vergleich der hier vertretenen Position mit einer erfolgreichen, nämlich der sensualistisch-holistischen Position die globalen Unterschiede ins Blickfeld gerückt. Auf wesentliche Gesichtspunkte konzentriert, ergibt folgende Gegenüberstellung:

---

[9] In dieser vertrackten Situation sehen wir uns wieder an Platons Diktum erinnert, wonach der Mensch, bedingt durch die lediglich „zweitbeste Fahrt" seines dialektischen Logos, vom jeweils „Vorausgesetzten" nur insoweit Rechenschaft ablegen kann, als er es auf etwas für die jeweilige Situation „Hinreichendes" zurückzuführen vermag. Dieses Hinreichende ermöglicht es ihm dann, für den Augenblick das Voraussetzungslose auch zu deuten (vgl. Platon: Der Staat VI, 511 b5-c2 bzw. VII, 533 c1 ff.); Phaidon 101 d6 ff.).

[10] Diese Tatsache bringt es - bedauerlicherweise - mit sich, daß wir den Jüngeren, was den ersten Schritt betrifft, nichts abschauen können, und daß die Jüngeren sich eben dehalb in der Situation befinden, Hals-Über-Kopf mit dem Lernen anfangen zu müssen. Nur so gewinnen sie *bewußt* den Horizont der Welt, die wir sind, den allerdings, wie gesagt, zunächst nur einige Hellsichtige ansatzweise in Erfahrung bringen. Ist aber einmal dieser Horizont angesprochen, gibt es nur noch ein wechselseitiges Geben und Nehmen. Der Anfang mit dem Kind aus Prinzip kann heute allerdings nur noch als metaphysisches Mißverständnis gewertet werden, dessen volkstümlichste Version die naturalistische Deutung des Menschen ist.

Sensualistisch-holistische vs. alternativ-konstruktivistische Position	
Als Fundament des Wissens gilt	
das jeweils sinnlich Wahrgenommene, konkret Erlebte und sachlich Erfahrene: die variierenden Phänomengegebenheiten.	das zur Zeit erfolgreiche, an markanten Leitbegriffen orientierte Denken und Handeln, an das wir vorzugsweise glauben.
Die 'Wahrheit' des Wissens ist dann mit jenen Überzeugungen gegeben,	
die sich aus dem Strom der alltäglichen Wahrnehmungs- und Erfahrungsgegebenheiten für das *Verstehen* herauskristallisieren.	die uns in Situationen auf der Basis von begriffsorientierten Deutungskonzepten sinnvoll und fruchtbar zu handeln erlauben.
Zur Aufgabe der Erfahrung zählt folgerichtig	
die *Vermittlung* dessen, was die eine, uns erfahrungsmäßig gegebene Welt oberflächenhaft inhaltlich anbietet.	die *Bereitstellung* des handlungsmäßig vorpräparierten empirischen Bestandes (intendierte Anwendung) in Gestalt des einschlägigen empirischen Vokabulars.
Das Denken, auch im Sinn des Sachlernens, bildet dann jene	
Instanz, welche die Fülle der Phänomene dieser Welt zu aussagekräftigen und handhabbaren Zusammenhängen vor allem mittels *Analogiebildungen* verbindet.	*Anstrengung*, die durch Entwurf einheitsorganisierender (theoretischer) Begriffsgefüge dem vorgegebenen empirischen Bestand einen *neuen Sinn*, also auch eine neue Geltung verschafft.
Zum Inhalt des Sachlernens wird dann	
das *Aufsuchen* bzw. *Auffinden* von Verknüpfungen in „variierenden Phänomenarragements" zur besseren Orientierung des Lerners in der Lebenswirklichkeit.	das *Entdecken/Entwerfen* alternativer Konzepte, die aus vorliegendem empirischem Material neu gedeutete Wirklichkeiten schaffen, die uns etwas angehen.
Der Einstieg des Sachlernens findet so gesehen nur statt	
über die jeweils einschlägige *Wahrnehmung* (z. B. im Fall des Lichtes über das Auge) und die damit verknüpfte Erfahrungswelt am Leitfaden der Umgangssprache.	über die lebensweltlich vorsortierten Konzepte unseres Alltagsdenkens (z. B. im Fall des Lichts über den empirisch-analytischen Begriff des *Strahls*) und ihre Strategien am Leitfaden einer bereits abgezweckten Handlung.
Als Ziel des Sachlernens gilt schließlich	
das *Aufspüren* des gleichsam unter der Oberfläche der jeweiligen Erscheinung versteckten Kerns (*Struktur*), um letztlich die Einheit von Außen und Innen wiederherzustellen.	das *Gewinnen* von selbsttätig erworbenen erfolgreichen Auslegungskonzepten auf (theoretisch-) begrifflicher Basis, die empirisch-analytisch Vorgegebenes mit neuem Sinn ausstatten und auf diese Weise uns eine *wirkliche Welt* erschließen.

Der Vergleich dokumentiert einen Standortwechsel mit weitreichenden Konsequenzen: Gewohnte Phänomene erhalten einen anderen Ort und mit diesem einen anderen Inhalt; Leitbegriffe unseres Lebens wechseln ebenfalls Inhalt und Ort.

(27) Die mit dem Standortwechsel verknüpfte neue Situation wird deutlicher, wenn in einem zweiten Schritt ein Vergleich zwischen den beiden Positionen anhand eines Lerner-bezogenen Phänomenbereichs vorgenommen wird. Eine kritische Gegenüberstellung beider Positionen könnte in diesem Sinn wie folgt ausfallen:

Sachlernen am Beispiel des (vor-)physikalischen Kraftbegriffs
Sensualistisch-holistische vs. alternativ-konstruktivistische Position

Einstieg

„Krafterleben" über den Tastsinn selbst erfahren und anderen mitteilen:
a) Kraft (Muskelkraft) auf einen Gegenstand (Ball) selbst ausüben (verformen - werfen),
b) sich mit einem schweren Gegenstand belasten (z. B. Stein auf Schulter legen bzw. vor den Körper halten),
c) jeweils einen schweren Stein auf einen Tisch mit dünner bzw. massiver Platte legen,
d) kräftig losspurten,
e) ein (Spielzeug-)Auto starten und abbremsen.

Erste Einsichten: Kräfte können Dinge bewegen (beschleunigen, in Bewegung halten, abbremsen) und verformen; schwere Gegenstände üben Druck und Zug aus.

Diverse Kraftbegriffe im Alltag aufsuchen und sie genauer kontext- und fallbezogen charakterisieren. Beispiele: Sehkraft, Arbeitskraft, Waschkraft, Motorkraft, Muskelkraft, Magnetkraft,...Mit welchen Worten bzw. Begriffen ('empirisches Vokabular') wird der jeweilige Begriff in seinem Anwendungsbereich gekennzeichnet?

Erste Einsichten: Der Kraftbegriff bedeutet je nach Zusammenhang etwas anderes. Sehkraft: Wie gut und genau unser Auge sieht; Magnetkraft: Daß ein Magnet Eisen anzieht/festhält...
Das Wort Kraft nennt, was eine Sache für uns bedeutet. Das empirische Vokabular lautet im Fall des Magneten: an einem Magneten hängenbleiben/nicht hängenbleiben; anziehen/nicht anziehen; durch Gegenstände hindurchwirken/nicht hindurchwirken; am stärksten/schwächsten;...

Ausarbeitung

Die Krafterlebnisse sinnvoll miteinander verknüpfen, bewerten und durch signifikante Zeichen veranschaulichen. Erarbeiten, daß für Druck, Zug und Verformung Stütze, Träger und Seil dienen. Zur Wiedergabe von Druck und Zug den gerichteten und längenbestimmten Pfeil einführen und an Beispielen verstärken.
Verdeutlichen, daß *Zeichen* für *Strukturen* stehen, die für die Phänomene unserer Lebenswirklichkeit ebenso gelten wie für unseren Verstand.

Vertiefte Einsicht: Wir verstehen die Welt um uns, weil für unsere Vernunft und diese Welt ein gleiches *Muster* gilt.

Magnet als Paradigma einer ersten (Vor-) Physikalisierung des (Magnet-)Kraft genauer untersuchen. Vielfalt der Wirkungen eines Magneten dahingehend prüfen, daß sie allesamt durch eine Größe erfaßbar sind: durch den Begriff der Kraft. Die empirischen Begriffe: hängenbleiben, anziehen, hindurchwirken,...erhalten jetzt einen neuen Sinn: Sie bringen zum Ausdruck, was der Begriff Kraft enthält. Einführung eines Zeichens für den Begriff Kraft. Erarbeitung des Begriffes Kraftfeld für den Raum um einen Magneten. Übertragung des neuen Kraft-Begriffs auf andere Fälle wie z. B. Feder-Gewichtsstück,...und Kennzeichnung dieses Kraft-Konzeptes durch Vergleich mit anderen 'Kraft'-Konzepten.
Vertiefte Einsicht: Viele Teilerscheinungen können mitsamt ihrem empirisch-analytischem Vokabular zu einer neuen Einheit zusammengefaßt und so neu gedeutet werden: durch neue Begriffe.

Ziel

Durchmusterung der Phänomene auf Bewegungsverhalten und Kraftbeziehungen zur Auffindung der sie bestimmenden Gesetze als Ausdruck lebensorientierender Bündelungen der Wahrnehmungen und Erfahrungen.
(Vorläufige) Schlußeinsicht: Mit unserem Verstand erkennen wir die Ordnung, die den Phänomenen der Welt zugrundeliegt. Sie hilft uns im Leben: Wir wissen so, wie wir zu handeln haben.

Stufenweise qualitative Erarbeitung des Konzepts der *Mechanik* auf der Basis der Begriffe: Weg, Zeit, Geschwindigkeit, Beschleunigung, Bezugssystem, Kraft und Masse.

(Vorläufige) Schlußeinsicht: Mit unseren Konzepten ermöglichen wir uns neues *sinnvolles* konkretes Handeln. Wir erkennen, daß *wir* die Welt herstellen: in vielfältiger Weise (Pluralismus der heutigen Welt).

(28) Dieses neue Programm wurde exemplarisch anhand einiger wichtiger Themen konkretisiert und empirisch erprobt. Dabei konnte gezeigt werden, daß die Schülerinnen und Schüler über einschlägige *Kompetenzen* sowohl im me*thodischen* als auch im *begrifflichen* Bereich verfügen. Zur Verdeutlichung seien die Ergebnisse einiger Untersuchungen kurz skizziert.

Nicht nur für die naturwissenschaftliche Sacherkenntnis, auch für das *Sachlernen* ist das *Hypothesenbilden* zentral. Es wurde umfassend am Beispiel eines sozusagen *natürlichen,* aus methodischen Gründen weder *emotional,* noch *kognitiv* vorbesetzten *Phänomens* untersucht: an der Totalreflexion des Lichts beim Übergang Wasser-Luft (im Mittelpunkt stand zunächst eine Vase aus Glas mit Blumen in einem Umfeld mit bunten Gegenständen, bei der schließlich die Wasseroberfläche auch von unten zu beobachten und zu analysieren war). Die Schülerinnen und Schüler erkannten bald, daß eine Einsicht in das merkwürdige Phänomen (die Wasseroberfläche fungiert unter einem bestimmten Sehwinkel (ca. 48°) als Spiegel, so daß sie allein die Gegenstände, die sich auf der Ebene des Bodens der Vase befinden, wiedergibt) nur gelingen kann, wenn diese Empirie durch *kühne Vermutungen,* in die gerade auch bestimmte Begriffe aufzunehmen sind, in ein neues Licht getaucht wird. Dabei kommt es zwangsläufig immer zu mehreren unterschiedlichen Vermutungen, die miteinander in Wettstreit treten. Es wurde auch erkannt, daß dieser Weg der sogenannten Erklärung eigentlich eine *Deutung* ist, die bereits im Alltag von jedermann, also auch von Kindern, betrieben wird, und zwar immer dann, wenn es um eine systematischere Erfassung eines komplexeren Sachverhalts geht (vgl. Häußling, Müller 1995, S. 476-482). Daß Hypothesenbilden ebensowenig wie eine objektive Erkenntnis ohne einschlägige Begriffe auskommt, wurde unter anderem am Beispiel des *Lichtstrahls* aufgewiesen (Leitthema: Spiegeln - Spiegelbilder). Auch in diesem Fall waren die Schülerinnen und Schüler rasch in der Lage, den Lichtstrahl abweichend vom Alltagsgebrauch als ein stellvertretendes *Zeichen* für das (unsichtbar) sich ausbreitende Licht anzunehmen, um danach dieses Zeichen auch zu *verbegrifflichen*. Sie demonstrierten auch, daß sie danach in der Lage sind, verschiedene Erscheinungen aus anderer Warte als der des Alltags neu zu deuten. Dabei erkannten sie, daß unsere Welt sich uns unterschiedlich darstellt, je nach dem, mit welchen Vorstellungen und Begriffen wir ihr gegenübertreten (vgl. Häußling 1993, S. 193-198). Auf welche Weise diese fundamentalen Einsichten verankert bzw. weitergeführt werden können, wurde an unterschiedlichen Themen, so auch an Geräten des Handwerks und des Sports (vgl. ders. 1994, S. 2-8) aufgewiesen.

Durch diese und weitere Untersuchungen konnte schließlich auch bestätigt werden: Die Schülerinnen und Schüler realisieren rasch, daß sie in mehr als einer Welt leben und folglich bemüht sein müssen, sich die für ihr Leben in diesen Welten wichtigsten Konzepte im Ansatz zu erarbeiten. Zu diesen zählten sie auch *wissenschaftliche Sachverhalte*. Sie sahen auch ein, daß diese mit eigener Sprache, eigener Praxis und eigener Lebensbedeutung ausgestattet sind. Auch war ihnen bald klar, daß sie ihren eigenen Stellenwert neben anderen lebenspraktischen Konzepten haben. Die Erhebungen bestätigten auch, daß die neue, auf *Kreativität* abhebende Sicht reges Interesse fand, und daß das in diesem Kontext *Gelernte* stärker verankert wird, als es Lernen nach traditionellem Muster gelingt. Schließlich sahen sie auch ein, daß es in unseren Tagen zu Beginn eines Problemfeldes stets eines Anstoßes durch den Älteren bedarf und daß nach diesem Anstoß beide Seiten in gewisser Weise gleichrangig sind: Der Unterricht gestaltet sich dann als ein offenes wechselseitiges Gespräch (*Wort - Antwort - Spiel*), in welchem jede Seite der anderen etwas *Wesentliches,* nur von ihr *Leistbares* zu sagen hat, wobei die Rollen auch vertauschbar sind.

(29) Junge Menschen scheinen eben, wenn auch zunächst eher unterschwellig, das radikal gewandelte Klima der jüngsten Moderne sensibel wahrzunehmen. Was sie auf bestimmten Gebieten - etwa im Geräte- und Computerbereich - bereits ausloten, verdeutlicht ihnen, daß sie in neuen Wirklichkeiten *zuhause* sind, ohne diese allerdings *wirklich zu besitzen*. Im Verein mit anderen und auf der Basis geeigneter Konzepte könnten sie, wie sie glauben, dieses Defizit aufholen und sogar in einen *Vor-Sprung* verwandeln. Ohne Zweifel wollen sie *tatsächliche Mitspieler* und nicht - wie bislang - bloße Eckensteher in einer vorgefügten Welt sein.

(30) Die Devise unserer Tage: Modernisierung mit Bedacht fordert jeden von uns auf: Luxuriere mit deinen Kompetenzen, anstatt dich von der Hülse eines überholten kulturellen Selbstverständnisses weiterhin blind gängeln zu lassen!

Literatur

Bell, Daniel: Die nachindustrielle Gesellschaft. Frankfurt 1996

Blumenberg, Hans: Wirklichkeiten in denen wir leben. Stuttgart 1986

Gadamer, Hans-Georg: Wahrheit und Methode. Grundzüge einer philosophischen Hermeneutik. Tübingen ^{6}1990

Gehlen, Arnold: Über kulturelle Kristallisation. In: ders.: Studien zur Anthropologie und Soziologie. Neuwied 1963

Götz, Margarete: Von der Heimatkunde zum Sachunterricht. Auf dem Weg zu einem offenen und pluralistischen Konzept. In: Haarmann, Dieter (Hrsg.): Handbuch Grundschule, Bd. 2, Weinheim und Basel: Beltz 1993, S. 228 - 238

Hamann, Johann G.: Briefe. Frankfurt/M. 1988

Häußling, Ansgar: Wie kann das Sachlernen dem Zirkel des Alltagsdenkens entkommen, um objektiv zu werden? In: Sachunterricht und Mathematik in der Primarstufe, 21(1993)5, S. 193 -198

Häußling, Ansgar: Ist unser Verständnis des Lernens noch zeitgemäß? In: Sachunterricht und Mathematik in der Primarstufe, 22(1994)1, S. 2 - 8

Häußling, Ansgar/Müller, Andrea: Lernen durch Hypothesenbilden. In: Sachunterricht und Mathematik in der Primarstufe, 23(1995)11, S. 476 - 482

Kaiser, Astrid: Einführung in die Didaktik des Sachunterrichts. Baltmannsweiler 1995

Kuhn, Thomas S.: Die Struktur wissenschaftlicher Revolutionen. Frankfurt a. M.^{2}1976

Lehrplan Heimat- und Sachkunde. Bayern 1981, KMBI 1 So. - Nr. 20

Lehrplan Sachunterricht für die Grundschulen in Nordrhein-Westfalen 1985

Lehrplan Sachunterricht Grundschule Rheinland-Pfalz, Mainz 1984

Mittelstaedt, Peter: Philosophische Probleme der modernen Physik. Mannheim^{7}1989

Nietzsche, Friedrich: Sämtliche Werke. Kritische Studienausgabe in 15 Einzelbänden. Hrsg. v. G. Colli/M. Montinari. München ^{2}1988

Platon: Werke. Darmstadt 1990

Popper, Karl R.: Objektive Erkenntnis. Ein evolutionärer Entwurf. Hamburg 1993

Quine,Willard V. O.: Ontologische Relativität. Stuttgart 1975

Safranski, Rüdiger: Ein Meister aus Deutschland. Heidegger und seine Zeit. Frankfurt a. M. 1997

Schulz, Walter: Philosophie in veränderter Welt. Pfullingen 1974

Spreckelsen, Kay: Ansätze physikalischen Verstehens in der Unterstufe. In: Physik in der Schule, 29 (1991), 7/8

Stegmüller, Wolfgang: Probleme und Resultate der Wissenschaftstheorie und analytischen Philosophie. Bd. II: Theorie und Erfahrung, 3. Teilband: Die Entwicklung des neuen Strukturalismus seit 1973. Berlin u.a. 1986

Autorinnen und Autoren

Aissen-Crewett, Meike, Prof. Dr., Universität Potsdam, Institut für Grundschulpädagogik.
Am Neuen Palais, Postfach 60 15 53, 14415 Potsdam

Dollase, Rainer, Prof. Dr., Universität Bielefeld, Fakultät für Psychologie.
Universitätsstraße 25, 33615 Bielefeld

Duit, Reinders, Prof. Dr., Institut für die Pädagogik der Naturwissenschaften an der Universität Kiel.
Olshausenstr. 62, 24098 Kiel

Fölling-Albers, Maria, Prof. Dr., Universität Regensburg, Institut für Pädagogik.
Universitätsstraße 31, 93040 Regensburg

Ganter, Martin, Prof. Dr., Pädagogische Hochschule Freiburg.
Kunzenweg 21, 79117 Freiburg

Gebhard, Ulrich, Prof. Dr., Universität Hamburg, Fachbereich Erziehungswissenschaft.
Von-Melle-Park 8, 20146 Hamburg

Häußling, Ansgar, Prof. Dr., Universität Koblenz-Landau, Institut für Physik.
Im Fort 7, 76829 Landau

Kaiser, Astrid, Prof. Dr., Universität Oldenburg, Fachbereich 1, Institut für Erziehungswissenschaft 1.
Ammerländer Heerstraße 67/99, 26129 Oldenburg

Lauterbach, Roland, Prof. Dr., Universität Leipzig, Erziehungswissenschaftliche Fakultät.
Karl-Heine-Straße 22 b, 04229 Leipzig

Milhoffer, Petra, Prof. Dr., Universität Bremen, Fachbereich Erziehungs- und Gesellschaftswissenschaften. Bibliothekstraße, 28359 Bremen

Möller, Kornelia, Prof. Dr., Universität Münster, Institut für Forschung und Lehre für die Primarstufe. Philippistraße 17, 48149 Münster

Renner, Erich, Prof. Dr., Pädagogische Hochschule Erfurt, Institut für Grundschulpädagogik und Kindheitsforschung. Nordhäuser Straße 74, 99089 Erfurt

Richter, Dagmar, Prof. Dr., Universität Braunschweig, Erziehungswissenschaftlicher Fachbereich. Pockelstraße 11, 38106 Braunschweig

Schreier, Helmut, Prof. Dr., Universität Hamburg, Fachbereich Erziehungswissenschaft.
Von-Melle-Park 8, 20146 Hamburg

Schulz-Zander, Renate, Prof. Dr., Universität Dortmund, Institut für Schulentwicklungsforschung. Rheinlanddamm 199, 44139 Dortmund

Spreckelsen, Kay, Prof. Dr., Universität-GHS-Kassel, Fachbereich Physik.
Heinrich-Plett-Straße 40, 34132 Kassel

In der Reihe *"Probleme und Perspektiven des Sachunterrichts"* sind beim **IPN** bisher folgende Bände erschienen:

Wie Kinder erkennen
1990 (Band 1)

Wege des Ordnens
1991 (Band 2)

Brennpunkte des Sachunterrichts
1992 (Band 3)

Dimensionen des Zusammenlebens
1993 (Band 4)

Curriculum Sachunterricht
1994 (Band 5)

Die Bände 1-5 sind erhältlich beim: Institut für die Pädagogik der
Naturwissenschaften (IPN)
an der Universität Kiel
Olshausenstr. 62, 24098 Kiel
Preis: je DM 15,—

Bei **Klinkhardt** erschienen:

Marquardt-Mau, B.; Köhnlein, W.; Cech, D.; Lauterbach, R. (Hrsg.):
Lehrerbildung Sachunterricht. Probleme und Perspektiven des Sachunterrichts, Bd. 6. Bad Heilbrunn: Klinkhardt 1996.Preis DM 27,—

Marquardt-Mau, B.; Köhnlein, W.; Lauterbach, R.: (Hrsg.):
Forschung zum Sachunterricht. Probleme und Perspektiven des Sachunterrichts,
Bd. 7. Bad Heilbrunn: Klinkhardt 1997.Preis DM 27,—

In der Reihe *"Forschungen zur Didaktik des Sachunterrichts"* ist bisher erschienen:

Hartinger, A.:
Interessenförderung - Eine Studie zum Sachunterricht. Forschungen zur Didaktik des Sachunterrichts.
Bd. 2. Herausgegeben von Köhnlein, W.; Marquardt-Mau, B.; Schreier, H.
Bad Heilbrunn: Klinkhardt 1997.Preis DM 27,—